V&R Academic

Beihefte zum Preußischen Urkundenbuch

Band 3

Herausgegeben namens
der Historischen Kommission für ost- und
westpreußische Landesforschung
von Arno Mentzel-Reuters und Jürgen Sarnowsky

Amtsbücher des Deutschen Ordens um 1450

Pflegeamt zu Seehesten und Vogtei zu Leipe

Herausgegeben und bearbeitet von
Cordula A. Franzke und Jürgen Sarnowsky

Mit 2 Abbildungen

V&R unipress

DFG Deutsche Forschungsgemeinschaft

MIX
Papier aus verantwortungsvollen Quellen
FSC® C083411
FSC www.fsc.org

Bibliografische Information der Deutschen Nationalbibliothek

Die Deutsche Nationalbibliothek verzeichnet diese Publikation in der Deutschen Nationalbibliografie; detaillierte bibliografische Daten sind im Internet über http://dnb.d-nb.de abrufbar.

ISBN 978-3-8471-0358-5

Weitere Ausgaben und Online-Angebote sind erhältlich unter: www.v-r.de

Veröffentlicht mit freundlicher Unterstützung der Copernicus-Vereinigung für Geschichte und Landeskunde Westpreußens e.V. und der Deutschen Forschungsgemeinschaft.

Mit freundlicher Genehmigung erfolgte die Druckfreigabe der Abbildungen 1 und 2 durch das Geheime Staatsarchiv Preußischer Kulturbesitz, Berlin.

Printed in Germany.
Titelbild: Hohlpfennig (o. J.) des Deutschen Ordens in Preußen. Private Aufnahme.
Druck und Bindung: CPI buchbuecher.de GmbH, Zum Alten Berg 24, 96158 Birkach

Gedruckt auf alterungsbeständigem Papier.

Inhalt

Vorwort

Der vorliegende Band 3 der Reihe *Beihefte zum Preußischen Urkundenbuch* stellt erstmalig eine Quellenedition zur pragmatischen Schriftlichkeit des Preußenlandes in den Vordergrund. Die Quellenedition entstand im Zuge des im Jahr 2013 begonnenen, für zwei Jahre konzipierten, durch die Deutsche Forschungsgemeinschaft (DFG) finanzierten Projektes *Quellen zur Wirtschaftsführung untergeordneter Amtsträger des Deutschen Ordens in Preußen* am Arbeitsbereich Mittelalterliche Geschichte des Fachbereich Geschichte an der Universität Hamburg.

Wie bei jedem mehrjährigen Buchprojekt gilt es Dank zu sagen an viele Unterstützer, ohne welche dieses Buchprojekt hätte nicht abgeschlossen werden können. Der Dank gilt an dieser Stelle zunächst den Mitarbeiterinnen und Mitarbeitern des Historischen Seminars der Universität Hamburg und Herrn Joachim Laczny für die Beratung und Unterstützung bei der Umsetzung des Projekts.

Weiter sei den Mitarbeiterinnen und Mitarbeitern des Geheimen Staatsarchivs Preußischer Kulturbesitz, Berlin (GStA PK), besonders Herrn Dr. Dieter Heckmann, für ihre Unterstützung während der Archivaufenthalte und für die kostenlose Bereitstellung der digitalen Faksimile durch das Archiv gedankt. Auch ist der Dank der Deutschen Forschungsgemeinschaft auszusprechen für ihre Unterstützung und für die Finanzierung des Projekts. Gleichermaßen gilt der Copernicus-Vereinigung Dank für die Übernahme des größeren Teils der Druckkosten. Dank ist auch an Frau Eva Künkler und Herrn Christian Michaelis zu richten, welche als studentische Hilfskräfte im Projekt im Zuge der Literatur- und Quellenrecherche, sowie in der Erstellung der Indizes mit nicht endendem Enthusiasmus halfen.

Für die kritische und weiterführende Auseinandersetzung im Umgang mit Editionen in analoger und digitaler Form ist an dieser Stelle den Veranstaltern, namentlich für die XML/TEI-Unterstützung Herrn Ass.-Prof. Dr. Georg Vogeler, der Summer School *Digitale Editionen – Methodische und technische*

Grundfertigkeiten im Jahr 2013 und der Spring School *Advanced XML/TEI technologies for Digital Scholarly Editions* im Jahr 2015, als auch den Teilnehmerinnen und Teilnehmern der projektbezogenen Tagung *Konzeptionelle Überlegungen zur Edition von Rechnungen und Amtsbüchern des späten Mittelalters* vom 2. bis 3. Februar 2015, zu danken.[1]

Abschließend gilt unser Dank den Mitarbeiterinnen und Mitarbeitern des Verlags V&R unipress für die sorgfältige Betreuung der analogen und digitalen Veröffentlichungen.

Hamburg, im August 2015

Cordula A. Franzke
Jürgen Sarnowsky

1 Joachim LACZNY, Tagungsbericht. Konzeptionelle Überlegungen zur Edition von Rechnungen und Amtsbüchern des späten Mittelalters. Hamburg, 2.2.–3.2.2015, 2015, online unter: http://www.hsozkult.de/conferencereport/id/tagungsberichte-5894 (letzte Einsichtnahme 30.7.2015).

1 Einleitung

Zur wirtschaftlichen Tätigkeit des Deutschen Ordens in Preußen im späten Mittelalter sind umfangreiche Amtsbücher, darunter Schuldbücher, Rechnungen[2] sowie Handfestenbücher,[3] überliefert, welche Einblicke in die Wirtschaftsgeschichte des Ordens gewähren. Der Deutsche Orden etablierte in Preußen bis zur Mitte des 15. Jh.s neben den zentralen Ämtern ein weitreichendes Netzwerk von Wirtschaftsstandorten auf lokaler Ebene. In diesen lokalen Zentren verwalteten Vögte und Pfleger größere Gebiete und unterstützten die Komture in der Verteilung der ein- und ausgehenden Güter, welche primär zur Versorgung der Ordensburgen und ihrer Vorwerke vorgesehen waren.[4] Daneben erfassten die

2 S. zum Beispiel Das Marienburger Treßlerbuch der Jahre 1399–1409, hrsg. von Erich JOACHIM, Königsberg 1896, ND Bremerhaven 1973; Das Pfennigschuldbuch der Komturei Christburg, hrsg. von Heide WUNDER (Veröffentlichungen aus den Archiven Preußischer Kulturbesitz, 2), Köln 1969; Das Ausgabebuch des Marienburger Hauskomturs für die Jahre 1410–1420, hrsg. von Walther ZIESEMER, Königsberg 1911; Das Marienburger Konventsbuch der Jahre 1399–1412, hrsg. von Walther ZIESEMER, Danzig 1913; Schuldbücher und Rechnungen der Großschäffer und Lieger des Deutschen Ordens in Preußen, Bde. 1–3: Großschäfferei Königsberg I–II, Großschäfferei Marienburg, hrsg. von Cordelia HESS, Joachim LACZNY, Christina LINK, Jürgen SARNOWSKY (Veröffentlichungen aus den Archiven Preußischer Kulturbesitz, 62,1–3; Quellen und Darstellungen zur Hansischen Geschichte N. F. 59,1–3), Köln 2008–2013; in Vorbereitung: Schuldbücher und Rechnungen der Großschäffer und Lieger des Deutschen Ordens in Preußen, Bd. 4: Die Liegerbücher der Großschäfferei Königsberg (Ordensfolianten 150–152 und Zusatzmaterial), hrsg. von Cordula A. FRANZKE (Veröffentlichungen aus den Archiven Preußischer Kulturbesitz, 62,4; Quellen und Darstellungen zur Hansischen Geschichte N. F., 59,4).

3 S. exemplarisch Martin ARMGART, Die Handfesten des preußischen Oberlandes bis 1410 und ihre Aussteller. Diplomatische und prosopographische Untersuchungen zur Kanzleigeschichte des Deutschen Ordens in Preußen (Veröffentlichungen aus den Archiven Preußischer Kulturbesitz, Beiheft 2), Köln 1995; Klaus NEITMANN, Die Handfesten der Hochmeister Ludwig von Erlichshausen und Heinrich Reuß von Plauen (1450–1470), in: Kancelaria wielkich mistrzów i polska kancelaria królewska w XV wieku. Materiały z międzynarodowej konferencji naukowej Malbork 2–3 IX 2004, hrsg. von Janusz TRUPINDA, Malbork 2006, S. 211–248.

4 S. Hartmut BOOCKMANN, Die Vorwerke des Deutschen Ordens in Preußen, in: Die Grundherrschaft im späten Mittelalter, hrsg. von Hans PATZE, 1 (Vorträge und Forschungen, 27), Sigmaringen 1983, S. 555–576; Jürgen SARNOWSKY, Die Wirtschaftsführung des Deutschen Ordens in Preußen (1382–1454) (Veröffentlichungen aus den Archiven Preußischer Kulturbesitz, 34),

Vögte und Pfleger die Abgaben, die im Jahr zu bewältigenden Aufgaben in der Komturei und die Zahlung der Löhne an Mägde und Knechte.[5] Während dieser Tätigkeiten wurden entsprechende Amtsbücher geführt.[6] Die Begründung der Existenz solcher Bücher findet sich schon in den Statuten des Deutschen Ordens, wonach jeder ein Amt bekleidender Bruder zur Rechenschaft Aufzeichnungen zu führen hatte.[7]

Köln 1993, S. 264–284; Zenon Hubert NOWAK, Die Vorburg als Wirtschaftszentrum des Deutschen Ordens in Preußen. Eine Fragestellung, in: Zur Wirtschaftsentwicklung des Deutschen Ordens im Mittelalter, hrsg. von Udo ARNOLD (Quellen und Studien zur Geschichte des Deutschen Ordens, 38; Veröffentlichungen der Internationalen Historischen Kommission zur Erforschung des Deutschen Ordens, 2), Marburg 1989, S. 148–162; Hans-Helmut WÄCHTER, Ostpreussische Domänenvorwerke im 16. und 17. Jahrhundert (Beihefte zum Jahrbuch der Albertus–Universität zu Königsberg/Pr., 19), Würzburg 1958. – Zur geografischen Einordnung des Ordenslandes und zur Lage der einzelnen Komtureien und Pflegerämter: Verwaltung des Ordenslandes Preußen um 1400. Historisch-geographischer Atlas des Preußenlandes, Lfg. 1, hrsg. von Hans MORTENSEN, Gertrud MORTENSEN, Reinhard WENSKUS u. a., Stuttgart 1968.

5 SARNOWSKY, Wirtschaftsführung (wie Anm. 4), S. 117–135.

6 Zu den Amtsbüchern vgl. Josef HARTMANN, Jürgen KLOOSTERHUIS, Amtsbücher, in: Die archivalischen Quellen. Mit einer Einführung in die historischen Hilfswissenschaften, hrsg. von Friedrich BECK, Eckart HENNING, Köln [4]2004, S. 40–73.

7 *Alsô daz ein iglich ambehtman mit schrifte ûfgebe, wie er daz hûs habe entphangen unde wie er lâze ez an gelde unde an schulde.* Die Statuten des Deutschen Ordens nach den ältesten Handschriften, hrsg. von Max PERLBACH, Halle a. S. 1890, S. 96–97 (Gew. 7). *Ouch sulen dî landescommendûre iêrgeliches zu einem mâle grôz capitel halden unde von ir undertânen ûfnemen ir ambeht in dem selben capitele, also daz ein igelich ambehtman mit schrifte ûfgebe, wie er er daz hus habe entphangen unde wie er ez lâze an gelde unde an schult.* Ebd., S. 102 (Gew. 18). Zur Schriftlichkeit des Ordens auf höherer Verwaltungsebene und damit zu möglichen Parallelen zu den lokalen Ämtern s. u. a. Albert KLEIN, Entstehung und Komposition des Marienburger Tresslerbuches. Ein Beitrag zur Kritik mittelalterlicher Rechnungsbücher, Offenbach 1905; Otto GÜNTHER, Schreiberdienst auf der Marienburg im 14. Jahrhundert, in: Mitteilungen des Westpreußischen Geschichtsvereins 16 (1917), S. 53–58; Rudolf GRIESER, Das älteste Register der Hochmeisterkanzlei des Deutschen Ordens, in: Mitteilungen des Österreichischen Instituts für Geschichtsforschung 44 (1930), S. 417–456; Max HEIN, Die Ordenskanzleien in Preußen 1310–1324, in: Altpreußische Forschungen 9 (1932), S. 9–21; Kurt FORSTREUTER, Zur Frage der Registerführung in der zentralen Deutschordenskanzlei, in: Archivalische Zeitschrift 52 (1956), S. 49–61; Jürgen SARNOWSKY, Das Treßleramt des Deutschen Ordens in Preußen in der Zeit Ulrichs von Eisenhofen (1441–1446). Einige Dokumente zu seiner Amtsführung, in: Beiträge zur Geschichte Westpreußens 10 (1987), S. 195–222; Christina LINK, Stetig und genau oder lückenhaft und uneinheitlich? Die Rechnungsführung der Marienburger Großschäfferei des Deutschen Ordens in Preußen, in: Von Nowgorod bis London. Studien zu Handel, Wirtschaft und Gesellschaft im mittelalterlichen Europa, hrsg. von Marie-Luise HECKMANN, Jens RÖHRKASTEN (Nova Mediaevalia, 4), Göttingen 2008, S. 297–315; Cordelia HESS, Pragmatische Schriftlichkeit in Preußen. Die Schuldbücher des Deutschen Ordens, Großschäfferei Königsberg, in: Die Rolle der Schriftlichkeit in den geistlichen Ritterorden des Mittelalters. Innere Organisation, Sozialstruktur, Politik, hrsg. von Roman CZAJA, Jürgen SARNOWSKY (Ordines militares, 15), Toruń 2009, S. 225–240; vgl. auch Jürgen SARNOWSKY, Ein Schuldbuch der Komture von Brandenburg aus dem Anfang des 15. Jahrhunderts, in: Prusy–Polska–Europa. Studia z dziejów średniowiecza i czasów

Die hier vorliegende Edition der in den Jahren um 1450 entstandenen Amtsbücher aus der Vogtei Leipe und Schönsee und dem Pflegeamt Seehesten lag angesichts der nur spärlich erhaltenen Überlieferung ebensolcher Aufzeichnungen nahe.[8] Ohne Zweifel lassen eben oftmals solche Amtsbücher der untergeordneten Ämter in erster Linie Erkenntnisse in die wirtschaftliche Tätigkeit der untersten Verwaltungseinheiten des Ordens in Preußen zu, bieten daneben jedoch u. a. auch Informationen für wirtschafts-, sozial-, rechts- und verwaltungsgeschichtliche Fragestellungen.

Die Überlieferung aus dem Pflegeamt Seehesten,[9] der Komturei Balga zugehörig,[10] erlaubt Einblick in die Planungen zur Ernteeinfuhr und zu den diversen Diensten, während die Notizen aus der eigenständigen Vogtei zu Leipe in der Komturei Schönsee im Kulmerland Angaben zur Entlohnung von Personal enthalten.[11] Doch auch wenn Schriftlichkeit als probates Mittel der Dokumentation galt, finden sich keine Bemerkungen oder Gegenzeichnungen von übergeordneten Amtsträgern zur Quittierung des Geschriebenen.

Die durch die Edition der Folianten hervorgehobenen Amtspersonen sind zeitlich anhand der Ämterstruktur des Ordens belegbar.[12] Im Pflegeamt Seehesten war Erwin Hug von Heiligenberg als Pfleger eingesetzt,[13] als Komtur ist in dieser Zeit Eberhard von Wesenthau belegt.[14] Die in der Amtszeit von Erwin

---

wczesnonowożytnych, hrsg. von Andrzej RADZIMIŃSKI, Janusz TANDECKI, Zenon Hubert NOWAK, Toruń 1999, S. 249–275.

8 S. exemplarisch die Aufzeichnungen des Pflegers von Lyck: GStA PK, XX. HA Hist. StA Königsberg, OF 176; sowie die des Pflegers zu Lochstädt GStA PK, XX. HA Hist. StA Königsberg, OF 170. Zur zahlenmäßig geringen Überlieferung von Amtsbüchern dieser Ämterebene s. SARNOWSKY, Wirtschaftsführung (wie Anm. 4), S. 21.

9 GStA PK, XX. HA Hist. StA Königsberg, OF 186.

10 Vgl. Peter Gerrit THIELEN, Die Verwaltung des Ordensstaates Preußen. Vornehmlich im 15. Jahrhundert (Ostmitteleuropa in Vergangenheit und Gegenwart, 11), Köln 1965, S. 27, 171.

11 GStA PK, XX. HA Hist. StA Königsberg, OF 186a; zur Vogtei Leipe vgl. THIELEN, Verwaltung Ordensstaat (wie Anm. 10), S. 27, 95.

12 S. zuletzt Dieter HECKMANN, Amtsträger des Deutschen Ordens in Preußen und in den Kammerballeien des Reiches. Oberste Gebietiger, Komture, Hauskomture, Vögte, Pfleger und Großschäffer, Werder, 2011–2014, online unter: http://www.researchgate.net/publication/264901590_Dieter_Heckmann_Amtstrger_des_Deutschen_Ordens_in_Preuen_und_in_den_Kammerballeien_des_Reiches_%28oberste (letzte Aktualisierung 2011–2014, letzte Einsichtnahme 30.7.2015).

13 Hug vom Heiligenberg, Erwin: Hauskomtur von Marienburg (1434; 1436), Hauskomtur von Brandenburg (1435), Pfleger von Lochstädt (1441 Juli 25), Hauskomtur von Ragnit (1443 Juni 4), Pfleger von Seehesten (1446 März 3–nach 1455 November 24).

14 Wesenthau, Eberhard von: Vogt des Bischofs von Ermland (1435), Oberster Tressler (1436 März–1438 November), Komtur von Schwetz (1438 November 6–1440 Februar 14), Komtur von Thorn (1440 Februar–1440 Juni), Oberster Trappier (1440 Mai 12–1441 Juli 4), Komtur von Balga (1441 Juli 4–nach 1452 Mai 7).

Hug entstandene Niederschrift wurde im Hinblick auf die identifizierten Hände wohl von mindestens drei Schreibern verfasst.[15]

Das Amt des Vogts zu Leipe hatte Georg von Egloffstein[16] inne, welcher jedoch auch zeitgleich Komtur von Schönsee war. In seiner Funktion als Komtur von Schönsee können aus dem hier edierten Material zu Schönsee keine untergeordneten Amtsträger ermittelt werden, jedoch treten aus dem Material der Vogtei zu Leipe zum einen Mattis Gasse als *hovemeister* von Leipe und Bruder Heincze von Seckendorff hervor. Weiter werden Schreiber in den Notizen zu Leipe und Schönsee angeführt. Welche Personen letztlich die Notizen niederschrieben, ist nicht nachvollziehbar, doch können neun unterschiedliche Hände identifiziert werden.

Die Amtsbücher entstanden während der Amtszeiten der Hochmeister Konrad und Ludwig von Erlichshausen (1441 April 12–†1449 November 7, 1450 März 21–†1467 April 4)[17] und im weitesten Sinne am Vorabend des 13jährigen Krieges (1454–1466). Dieser Umstand ist nicht aus den Amtsbüchern ersichtlich, doch wenn die über die Amtsbücher hinaus überlieferten Bestände des Or-

---

15 Ein weiteres Indiz ist vermutlich folgende Formulierung: *Dis nach geschrebin register lossen an hebin zcu schreybin [...]*, OF 186 (wie Anm. 9), fol. 210r.

16 Egloffstein, Georg von: Vogt von der Neumark (1441 Juni–1448 November), Komtur von Schönsee (1448 November 11–1453 Oktober 19) und zgl. Vogt von Leipe (1448 November 11–1454 Februar). – Die Ausführungen Erich WEISES zu Georg von Egloffstein bestechen zwar in ihrer Unterhaltsamkeit, gehen jedoch in der Interpretation von Charakter und »literarischer Begabung« von Egloffstein einen äußerst fragwürdigen Weg, Erich WEISE, Georg von Egloffstein (ca. 1409–1458) und die 1. Fortsetzung der Älteren Hochmeister-Chronik, in: Preußenland und Deutscher Orden. Festschrift für Kurt Forstreuter zur Vollendung seines 60. Lebensjahres dargebracht von seinen Freunden, hrsg. von Kurt FORSTREUTER (Ostdeutsche Beiträge aus dem Göttinger Arbeitskreis, 9), Würzburg 1958, S. 344–369. Zur Untermauerung seiner Thesen gab WEISE ein graphologisches Gutachten zur Person Egloffstein an Hand von Briefen in Auftrag, bei denen Egloffstein die Schriftführung zugesprochen wurde. Ebd., S. 370. WEISE schrieb Max KÖPPEN am 21. Januar 1957 in einem Brief, er sei »besonders neugierig [...] darauf, was die „Fachwelt" zu dem graphologischen Gutachten sagen wird. Da es in so frappanter Weise mit meinen Ergebnissen übereinstimmte, konnte ich der Verlockung nicht widerstehen, es mit abzudrucken.« Das vollständige Gutachten und die Korrespondenz im NLA, St. Stade, Rep. 91/10 Nr. 54. Leider vergaß WEISE der Fachwelt mitzuteilen, dass der vermeintliche Abdruck gegen Ende seines Aufsatzes keine getreue Wiedergabe des Gutachtens war, sondern eine gekürzte und an manchen Stellen veränderte Fassung. Neben der Sinnlosigkeit eines graphologischen Gutachtens über Personen, welche im 15. Jh. lebten, verdeutlicht dieses Beispiel einen Mangel an Objektivität und fundierter historischer Arbeitsweise.

17 Zu ihnen s. zuletzt Klaus-Eberhard MURAWSKI, Konrad von Erlichshausen (Ellrichshausen) 1441–1449, in: Die Hochmeister des Deutschen Ordens 1190–2012, hrsg. von Udo ARNOLD (Quellen und Studien zur Geschichte des Deutschen Ordens, 40; Veröffentlichungen der Internationalen Historischen Kommission zur Erforschung des Deutschen Ordens, 6), Weimar ²2014, S. 132–134; Bernhart JÄHNIG, Ludwig von Erlichshausen (Ellrichshausen) 21.3.1450–4.4.1467, in: ebd., S. 134–142.

densbriefarchivs (OBA) hinzugezogen werden, wird der Blick auf die Amtspersonen und deren Tätigkeiten differenzierter. Zunächst wäre beispielsweise das Schreiben Erwin Hug von Heiligenbergs an den Hochmeister von 1449 über die Kosten der Ausstattung zweier Diener für den Kriegsdienst zu erwähnen.[18] Die nachträglichen Vermerke auf dem Brief des Hochmeisters an Erwin Hug aus dem Jahr 1454 deuten auf einen Kriegseinsatz hin. Der Brief beinhaltete den Aufruf zum Heerdienst. Erwin Hug wurde befohlen, dass *ir euch [...] mit dinstpflichtigen dienern und andern getruwen die ir ufbrengen konnet mit harnisch und wopen fertiget unde [zur Marienburg] uffmachet*, bevorzugt mit dem Pfleger von Rastenburg. Auf der Anreise wurden Erwin Hug und Wolfgang Sauer jedoch gefangen genommen, wobei Sauer ertränkt, jedoch Hug anscheinend aus der Gefangenschaft entlassen wurde.[19]

Unter sozialgeschichtlichen Gesichtspunkten lassen sich darüber hinaus sowohl aus den Amtsbüchern als auch aus dem Quellenbestand des OBA Hinweise über die Konflikte Erwin Hugs mit seinen Untertanen und über dessen Tätigkeiten für den Deutschen Orden entnehmen. Als Pfleger von Seehesten dokumentierte er 1451 eine Auseinandersetzung mit der Dorfgemeinde Reuschendorff und dem Dorf Seehesten.[20] Ferner sind Weigerungen zweier Bewohner aus Seehesten überliefert, Erwin Hug 1455 weiterhin als Pfleger in Seehesten anzuerkennen.[21] Später beschwerte sich Erwin Hug über seine Absetzung und forderte 1456 seine Wiedereinsetzung.[22]

Zur wirtschaftlichen Lage der lokalen Ämter sind für die Jahre 1450 bis 1452 aus der Vogtei zu Leipe Kerbzettel überliefert, in denen zum einen Schulden des Vogts Georg von Egloffstein über 250 m. pr. und 262 ½ m. pr. dokumentiert sind, die in Korn zurückzahlbar waren, zum anderen Schulden eines Dieners, die er im Namen des Vogts gemacht hatte und über die unter Zeugen abgerechnet wurde.[23] Weitere Angaben zu einer Summe über 500 m. pr. sind aus den

18 Zusatzmaterial 1: GStA PK, XX. HA Hist. StA Königsberg, OBA 9919, gedruckt in: Liv-, est- und kurländisches Urkundenbuch nebst Regesten (1444–1449), hrsg. von Friedrich Georg von BUNGE, Hermann HILDEBRAND, Philipp SCHWARTZ u. a., Bd. 10, Riga 1896, S. 450, Nr. 603; vgl. Sven EKDAHL, Über die Kriegsdienste der Freien im Kulmerland zu Anfang des 15. Jahrhunderts, in: Preußenland 2,1 (1964), S. 1–14.

19 Zusatzmaterial 6: GStA PK, XX. HA Hist. StA Königsberg, OBA 12796.

20 Vgl. Cordula A. FRANZKE, *by vor lust ires halsis*. Soziale Aspekte in der Schriftlichkeit des Pflegeamtes Seehesten und der Vogtei zu Leipe des Deutschen Ordens um 1450, in: Wirtschafts- und Rechnungsbücher des Mittelalters und der Frühen Neuzeit. Formen und Methoden der Rechnungslegung: Städte, Klöster, Kaufleute, hrsg. von Gudrun GLEBA, Niels PETERSEN, Göttingen 2015, S. 119–136 [im Druck].

21 GStA PK, XX. HA Hist. StA Königsberg, OBA 14086.

22 GStA PK, XX. HA Hist. StA Königsberg, OBA 14294.

23 Zusatzmaterial 2–4: GStA PK, XX. HA Hist. StA Königsberg, OBA 10378; GStA PK, XX. HA Hist. StA Königsberg, OBA 10562; GStA PK, XX. HA Hist. StA Königsberg, OBA 11170.

hier vorliegenden Amtsbüchern nicht nachvollziehbar und die Schuldabrechnung auch hierin nicht verzeichnet.

Ergänzend sei auf den Bericht über die Missstände in der Vogtei Leipe durch den Kumpan des Vogts zu Leipe aus dem Jahr 1453 hingewiesen. Dieser benachrichtigte den Hochmeister zunächst darüber, dass die Einforderung von Schulden bei einem Thorner Bürger an dessen Abwesenheit gescheitert war. Der Mangel an Geld verhinderte nun die notwendigen Reparaturmaßnahmen nach einem Sturm, bei dem eine Scheune und Häuser beschädigt wurden, und die Versorgung des Hauses, da kein Korn vorhanden war und so geliehen werden musste. Darüber hinaus hatte ein Bauer um Unterstützung durch ein Pferd zur Bestellung des Feldes gebeten, da seine übrigen bis auf eines *abegangen* waren.[24] Es ist somit für zukünftige Forschungen unverzichtbar, die Bestände des OBA für die lokalen Ämter weiter auszuwerten.[25]

Die in Preußen zum Zeitpunkt der Anfertigung der Amtsbücher genutzte Währung bildete die preußische Mark, welche sich fast durchgehend in den Aufzeichnungen wiederfindet. Dabei wurde seit der Münzreform von 1416 zwischen der guten und der geringen Mark unterschieden (theoretisch im Verhältnis von 1:2).[26]

Die Überlieferungsgeschichte dieser Amtsbücher bzw. dieser zunächst nur zur Dokumentation geführten Hefte ist nicht zu jedem Zeitpunkt eindeutig. Die Schriften verließen zu einem ungewissen Zeitpunkt deren Entstehungsort und wurden in den Dokumentenbestand des Archivs des Deutschen Ordens integriert, wobei auch unklar bleibt, zu welchem Zeitpunkt dies geschah. Der Verlust der Marienburg im Zuge des 13jährigen Krieges führte zur Verlagerung der Kanzlei an mindestens zwei Orte. Königsberg fungierte als neuer Hochmeistersitz und erhielt einen Teil der Kanzlei zugeführt, Tapiau einen weiteren. Die hier relevanten Amtsbücher fehlen im ältesten Findbuch für den Bestand in Königsberg aus den Jahren um 1525.[27] Das Tapiauer Register dagegen listet das Amtsbuch von Seehesten als Nr. 14 unter *Zinsbücher und ausstendige Schulden*, die

24 Zusatzmaterial 5: GStA PK, XX. HA Hist. StA Königsberg, OBA 12135.

25 Dazu s. Regesta historico-diplomatica Ordinis S. Mariae Theutonicorum. Index Tabularii Ordinis S. Mariae Theutonicorum: Regesten zum Ordensbriefarchiv (1198–1454), hrsg. von Walther HUBATSCH, Erich JOACHIM (Ps. 1, Vol. 1), Göttingen 1948; Regesta historico-diplomatica Ordinis S. Mariae Theutonicorum 1198–1525. Register zu Pars I und Pars II, hrsg. von Walther HUBATSCH, Erich JOACHIM, Göttingen 1965.

26 Allgemein vgl. Oliver VOLCKART, Die Münzpolitik im Ordensland und Herzogtum Preußen von 1370 bis 1550 (Quellen und Studien, Deutsches Historisches Institut Warschau, 4), Wiesbaden 1996, S. 41–199.

27 Bernhart JÄHNIG, Das älteste Findbuch der Deutschordensfolianten (um 1525) und deren Schicksal(e) im 19. Jahrhundert, in: Deutschsprachige Literatur des Mittelalters im östlichen Europa. Forschungsstand und Forschungsperspektiven, hrsg. von Ralf G. PÄSLER, Dietrich SCHMIDTKE, Heidelberg 2006, S. 29–55.

Aufzeichnungen aus Schönsee und Leipe sind dagegen hierin nicht eindeutig zuordenbar.[28] Nach 1722 wurde der Tapiauer Bestand nach Königsberg verlegt, jedoch erst später mit dem dort vorhandenen Material vereint. Im Verlauf des Zweiten Weltkriegs gelangten die Archivalien zu deren Schutz in ein Bergwerk bei Grasleben und befinden sich heute, nach Zwischenstationen in Goslar und im Archivlager in Göttingen, im Geheimen Staatsarchiv Preußischer Kulturbesitz in Berlin unter den Signaturen GStA PK, XX. HA StA Königsberg, OF 186 und GStA PK, XX. HA StA Königsberg, OF 186a.[29]

Bislang standen diese Ordensfolianten hinsichtlich deren Rezeption nur vereinzelt im Fokus der Forschung.[30] In seinen Studien zur Wirtschaftsführung des Ordens befasste sich SARNOWSKY eingehend mit den Ein- und Ausgaben dieser lokalen Ämter und edierte bereits ausgewählte Einträge.[31]

Grundlegende Arbeiten zu digitalen Editionstechniken von Urkundenbüchern und Amtsbüchern des Deutschen Ordens verfassten seit 1999 SARNOWSKY und JENKS und stellen Editionstexte über das Internet kostenlos

28 GStA PK, XX. HA Hist. StA Königsberg, OsF 14241a, S. 21.

29 Zur Archivgeschichte zuletzt Jürgen SARNOWSKY, Das Historische Staatsarchiv und die Erschließung seiner Bestände, in: Das „Virtuelle Archiv des Deutschen Ordens“. Beiträge einer internationalen Tagung im Staatsarchiv Ludwigsburg am 11. und 12. April 2013, hrsg. von Maria Magdalena RÜCKERT, Stuttgart 2014, S. 93–105; vgl. Bernhart JÄHNIG, Die Bestände des Historischen Staatsarchivs Königsberg als Quelle zur Bevölkerungs- und Siedlungsgeschichte des Preußenlandes, in: Aus der Arbeit des Geheimen Staatsarchivs Preussischer Kulturbesitz, hrsg. von Jürgen KLOOSTERHUIS (Veröffentlichungen aus den Archiven Preußischer Kulturbesitz, Arbeitsberichte 1), Berlin 1996, S. 273–297; Jürgen SARNOWSKY, Die Quellen zur Geschichte des Deutschen Ordens in Preußen, in: Edition deutschsprachiger Quellen aus dem Ostseeraum (14.–16. Jahrhundert), hrsg. von Matthias THUMSER, Janusz TANDECKI, Dieter HECKMANN (Publikationen des Deutsch-Polnischen Gesprächskreises für Quelleneditionen, [1]), Toruń 2001, S. 171–199.

30 So z. B. nicht im veralteten, aber dennoch grundlegenden Werk von Johannes VOIGT, Geschichte Preussens, von den ältesten Zeiten bis zum Untergange der Herrschaft des deutschen Ordens, Bd. 8: Die Zeit vom Hochmeister Konrad von Erlichshausen, 1441 bis zum Tode des Hochmeisters Ludwig von Erlichshausen 1467, Königsberg 1838. Zu Leipe s. Bernhart JÄHNIG, Zur Wirtschaftsführung des Deutschen Ordens in Preußen vornehmlich vom 13. bis zum frühen 15. Jahrhundert, in: Zur Wirtschaftsentwicklung des Deutschen Ordens im Mittelalter, hrsg. von Udo ARNOLD (Quellen und Studien zur Geschichte des Deutschen Ordens, 38; Veröffentlichungen der Internationalen Historischen Kommission zur Erforschung des Deutschen Ordens, 2), Marburg 1989, S. 113–147, hier S. 135. – Zu den Editionen s. Roman CZAJA, Zum Stand hansischer und preussischer Editionen, in: Edition deutschsprachiger Quellen aus dem Ostseeraum (14.–16. Jahrhundert), hrsg. von Matthias THUMSER, Janusz TANDECKI, Dieter HECKMANN (Publikationen des Deutsch-Polnischen Gesprächskreises für Quelleneditionen, [1]), Toruń 2001, S. 213–227, hier S. 225–226. Auf weitere edierte Amtsbücher dieser untergeordneten Ämter mit wirtschaftlichem Charakter verweist Janusz TANDECKI, Stand und Bedürfnisse der Quellenedition zur Geschichte Preußens im Mittelalter und an der Schwelle zur Neuzeit, in: ebd., S. 201–212, hier S. 205–206.

31 S. SARNOWSKY, Wirtschaftsführung (wie Anm. 4), S. 759–761, 762–764, 825–830.

zum Abruf bereit.[32] Folglich werden die Projektergebnisse, im standardisierten Format (XML) nach den Regeln der Text Encoding Initiative (TEI)[33] mittels Elementen ausgezeichnet, für weitere Forschungsvorhaben im Sinne des Open Access auf den Internetseiten des Verlages zur Verfügung gestellt. Somit ist die Nachhaltigkeit der Projektergebnisse gesichert und ein zeit- und ortsunabhängiger Zugriff auf die Ergebnisse möglich.

Ferner wird die hier vorliegende gedruckte Edition der Amtsbücher durch die seitens des Verlags bereitgestellte, online abrufbare PDF-Datei gleichen Inhalts begleitet. Die digitalen Faksimiles der in dieser Edition edierten Ordensfolianten werden möglicherweise zukünftig über die Internetseiten des Geheimen Staatsarchivs Preußischer Kulturbesitz einsehbar sein.[34] Die online verfügbaren Dateien, sowohl die PDF-Datei als auch die XML-Dateien, sind jeweils durch eine Common Creative Lizenz[35] lizenziert, welcher jeweils entsprechende Berücksichtigung zu schenken ist. Diese Lizenz ermöglicht u. a. die Weiterverarbeitung im Hinblick auf zukünftige Forschungsfragen.

---

32 Vgl. Stuart JENKS, Das digitale Preußische Urkundenbuch, in: Beiträge zur Geschichte Westpreußens 17 (2000), S. 181–191; Jürgen SARNOWSKY, Das virtuelle Preußische Urkundenbuch. Neue Wege der Kooperation für Internet-Editionen, in: Beiträge zur Geschichte Westpreußens 19 (2004), S. 257–266; DERS., Digitale Urkundeneditionen zwischen Anspruch und Wirklichkeit, in: Digitale Diplomatik. Neue Technologien in der historischen Arbeit mit Urkunden, hrsg. von Georg VOGELER (Archiv für Diplomatik, Schriftgeschichte, Siegel- und Wappenkunde, Beiheft 12), Köln 2009, S. 28–39; Joachim LACZNY, Das „Virtuelle Preußische Urkundenbuch". Eine Zwischenbilanz, in: Das „Virtuelle Archiv des Deutschen Ordens". Beiträge einer internationalen Tagung im Staatsarchiv Ludwigsburg am 11. und 12. April 2013, hrsg. von Maria Magdalena RÜCKERT, Stuttgart 2014, S. 106–112. Vgl. die dazugehörigen Internetseiten Jürgen SARNOWSKY, Das virtuelle Preußische Urkundenbuch. Regesten und Texte zur Geschichte Preußens und des Deutschen Ordens, 1999–2015, online unter: http://www1.uni-hamburg.de/Landesforschung/orden.html (letzte Aktualisierung 6.2.2015, letzte Einsichtnahme 29.7.2015); Christina LINK, Jürgen SARNOWSKY, Die mittelalterlichen Schuld- und Rechnungsbücher des Deutschen Ordens um 1400. Eine synoptische Edition im Internet, Hamburg, 2008, online unter: http://www.schuredo.uni-hamburg.de/ (letzte Aktualisierung 5.3.2009, letzte Einsichtnahme 29.7.2015).

33 Vgl. TEI Consortium, TEI P5: Guidelines for Electronic Text Encoding and Interchange. Version 2.7.0, Charlottesville, Virginia, 2014, online unter: http://www.tei-c.org/release/doc/tei-p5-doc/en/Guidelines.pdf (letzte Aktualisierung 16.9.2014, letzte Einsichtnahme 30.7.2015); Georg VOGELER, Digitale Edition von Wirtschafts- und Rechnungsbüchern, in: Wirtschafts- und Rechnungsbücher des Mittelalters und der Frühen Neuzeit. Formen und Methoden der Rechnungslegung: Städte, Klöster, Kaufleute, hrsg. von Gudrun GLEBA, Niels PETERSEN, Göttingen 2015, S. 307–328, hier S. 320–328 [im Druck].

34 Geheimes Staatsarchiv Preußischer Kulturbesitz, Archivdatenbank. Suche über die Beständeübersicht und die Online-Findbücher des GStA PK, online unter: http://archivdatenbank.gsta.spk-berlin.de/ (letzte Einsichtnahme 30.7.2015).

35 Till KREUTZER, Open Content. A practical guide to using Creative Commons Licences, Bonn 2014, S. 28–31.

2 Beschreibung

2.1 Ordensfoliant 186

Der Ordensfoliant 186, eingebunden in einen Pappeinband, misst in der Höhe 30,5 cm und in der Breite 13 cm, mit einer Buchrückenhöhe von 5 cm. Der Buchblock hat die Abmaße von 29 cm in der Höhe, 11 cm in der Breite und 3,5 cm in der Tiefe. Auf dem Buchrücken ist *O. F. 186* in goldenen Lettern aufgedruckt. Auf der vorderen Buchdeckelinnenseite findet sich der Vermerk *Restauriert und neu gebunden Göttingen, den 9.12.1966 Staatliches Archivlager*. Bis auf leichte Gebrauchsspuren weist der Einband keine weiteren Schäden auf. Bei Neubindung des Buches blieben der vermutlich alte Schmutztitel, zur Stabilisierung auf eine neue Seite geklebt, und eine weitere, leere Seite, ebenfalls auf einer neuen Seite befestigt, erhalten.[36]

Auf der noch lesbaren ersten Seite des vermutlich alten Schmutztitels wurde von einer älteren Hand *Ortelspurgische Sehistische und Balgische unterschiedliche und Ämpter auch darin gelegenen Dorffir und Nutzung, alter Grenzbeschreibung* verzeichnet. Außerdem finden sich die Jahreszahlen *1449, 1450, 1451, 1452* mit Buntstift vermerkt, sowie die Vermerke *O. F. 186, 219 Blatt* und die Altsignatur *A. 75*. Mit zwei Stempeln wurde der Foliant markiert: Adler mit umlaufender Schrift *Preußisches Staatsarchiv in Königsberg* und nationalsozialistischer Hakenkreuzadler mit umlaufender Schrift *Deutsches Staatsarchiv in Königsberg*. Hierauf folgt eine weitere leere und aufgeklebte Seite. Der Foliant schließt ebenfalls mit einem neuen Blatt.

Der Ordensfoliant umfasst im Schmalfolioformat 217 Blatt bzw. 434 Seiten. Die Schriftsprache ist mittel(ost)oberdeutsch und lateinisch, niedergeschrieben in gotischer Schrift,[37] unter Nutzung römischer Zahlzeichen.

---

36 Ob eine Papierspaltung für diese Seite durchgeführt wurde und somit die zweite, aufgeklebte Seite die Rückseite der ersten, aufgeklebten Seite darstellt, lässt sich nicht feststellen.

37 Zur gotischen Schrift s. Walter HEINEMEYER, Studien zur Geschichte der gotischen Urkundenschrift (Archiv für Diplomatik, Schriftgeschichte, Siegel- und Wappenkunde, Beiheft, 4),

Aufgrund der Neubindung sind 10 Lagen zu identifizieren, wobei zwischen den Lagen anscheinend einzelne Blätter, welche vielleicht zuvor eine eigenständige Lage bildeten, eingeklebt wurden. Innerhalb der Lagen wurden einzelne, kleinere Seiten eingenäht bzw. geklebt, die vermutlich zuvor nur beigelegt waren. Aufgrund der Neubindung sind keine Hinweise darauf vorhanden, ob ursprünglich Papierstreifen zur Stabilisierung der Bindungen genutzt wurden. Die eingeklebten bzw. eingenähten kleineren Seiten sind jedoch bei der Neubindung oder bereits zuvor beschnitten worden. Besonders hierbei ist hervorzuheben, dass fol. 123r–v ursprünglich von einem wohl einmal gefalteten Blatt stammt, somit nur noch lediglich zwei der vormals vier Seiten existieren. Auf der im Buchfalz eingenähten Blattkante sind deutlich Buchstaben zu erkennen, sodass an dieser Stelle von Textverlust ausgegangen werden muss. Auch sind im Buchfalz vor der fol. 142r und fol. 205r Reste herausgeschnittener Seiten zu erkennen. Ebenso führte die Neubindung dazu, dass bisweilen Wortteile im Buchfalz geschrieben stehen und teilweise mit Restaurationspapier überklebt sind. Damit lässt sich aber nicht entscheiden, ob die Informationen in ein bereits gebundenes Buch notiert oder ob die beschriebenen Lagen später gebunden wurden.

Nach der Neubindung und Ergänzungen eines neuen Vorsatzblattes ist der Aufbau des Buches wie folgt:

Lagen	**Folio**	**genannte Jahre**	**Besonderheiten**	**verantwortliche Person**
	1r–5av	1387, 1452	vermutlich alter Schmutztitel und leere Seite sind zur Stabilisierung auf einem gefalteten Blatt aufgeklebt und eingenäht worden; fol. 3r bis 5v sind vollständig mit Restaurationspapier konserviert und eingeklebt/eingenäht worden; 5a eingeklebt/eingenähten als nicht paginierte Seite	Erwin Hug vom Heiligenberg, Pfleger von Seehesten
1	6r–23v	1449, 1450, 1451, 1452, 1454	fol. 16 eingenäht	
2	24r–38v	1444–1449		

Köln ^{2}1982. Zur Sprache s. zunächst Ralf G. PÄSLER, Zur Sprachensituation im Deutschordensland Preußen. Ein Problemaufriss, in: Ostmitteldeutsche Schreibsprachen im Spätmittelalter, hrsg. von Luise CZAJKOWSKI, Corinna HOFFMANN, Hans Ulrich SCHMID (Studia Linguistica Germanica, 89), Berlin 2007, S. 93–107, hier S. 98–100.

ein-zelne Seiten	39r–44v		fol. 44 (eingenäht) wurde aufgrund der Überbreite gefaltet, ist jedoch in der Höhe geringer als die übliche Seitengröße, alle weiteren entsprechen der üblichen Seitengröße	Erwin Hug vom Heiligenberg, Pfleger von Seehesten
3	45r–70v	1448, 1449	fol. 56 (eingeklebt/eingenäht) wurde aufgrund der Überbreite gefaltet und eingenäht, ist jedoch in der Höhe geringer als die übliche Seitengröße	
4	71r–106v	1398, 1443, 1448–1449		
5	107r–119v	1448, 1449, 1451, 1453, 1455	fol. 113 eingeklebt/eingenäht und ist in der Höhe geringer als die übliche Seitengröße	
6	120r–140v	1446, 1448, 1449, 1450, 1451, 1445, 1456, 1447	fol. 122, 123, 124, 126, 128, 130, 132, 133, 135, 136, 136a, 136b, 138, 140 eingenäht/eingeklebt und sind in der Höhe geringer als die übliche Seitengröße	
7	141r–163v	1449, 1450, 1451, 1452, 1453	fol. 144 eingeklebt/eingenäht und ist in der Höhe geringer als die übliche Seitengröße	
8	164r–177av	1449, 1450, 1451, 1452, 1453, 1456, 1457		
9	178r–206v	1450, 1451	fol. 189 bis 191 einzeln eingeklebt und sind in der Höhe geringer als die übliche Seitengröße	
ein-zelne Seiten	207r–212v	1451, 1452		
10	213r–218v	1452		

Folgende Seiten sind unbeschrieben: fol. 4r, 16r, 21r, 56v, 122v, 124v, 126v, 128v, 130v, 132v, 133v, 136ar, 136bv, 177ar, 191v, 195v, 204v, 209r, 218v. Zudem fehlen folgende Seiten aufgrund falscher Paginierung: 192r–194v. Durch die falsche Zählung sind folgende Seiten explizit als eine Seite gezählt worden: fol. 146/147. Auf folgenden Seiten fehlt im Folianten die Paginierung, die jedoch in der Edition ergänzt wurde: fol. 5ar–v, 218r–v.

Da zahlreiche Wasserzeichen nur teilweise zu erkennen sind, ist deren Identifizierung nicht oder nur eingeschränkt möglich.[38] Auf den Seiten 5, 15, 18, 25, 27, 28, 30, 33, 35, 36, 40, 43, 46, 47, 49, 51, 56, 68, 83, 87, 88, 90, 94, 96, 99, 101, 103, 105, 127, 136b, 141, 142, 145, 154, 155 sind Teile von Wasserzeichen in Form eines *Ochsenkopf mit Stange und möglichen Beizeichen*, *Ochsenkopf mit Augen und Nasenlöchern, einkonturige Stange einkonturiger Stern*, *Ochsenkopf mit Augen, zweikonturige Stange, Blume, zweikonturiges Kreuz* und *Ochsenkopf mit Augen und Nasenlöchern, einkonturige Stange, Blume* erkennbar. Vollständig ist das Wasserzeichen *Ochsenkopf, mit Augen und Nasenlöchern, einkonturige Stange, einkonturiger Stern* auf den Seiten 58 und 60 mit den Abmaßen 6,5 cm in der Höhe und ca. 3 cm in der Breite. Auch finden sich Reste des Wasserzeichens *Dreiberg* auf den Seiten 110, 114, 116, 118, 138, 202, 214, 215, 217. Auf Seite 218 ist das Wasserzeichen *Hirsch, ganze Figur, steigend oder um 90° gedreht, zweikonturiges Geweih* zu erkennen.

Die Notizen sind in schwarz-brauner Tinte geschrieben, auf den Folio-Seiten 21v, 113r, 113v, 114r, 114v, 115r, 115v, 116r, 116v, 117r, 117v, 118r, 118v, 119r, 119v, 120r jedoch sind Buchstaben und Wörter mittels roter Tinte unterstrichen, eingerahmt oder verziert.

Die Papierblätter weisen einen guten Zustand auf, wobei jedoch die Verwendung des Restaurationspapiers auf fol. 1r bis 5v die Lesung erschwert. Daneben sind manche Seiten an den Kanten abgenutzt und eingerissen. Entweder bei der letzten Restaurierung oder sogar zuvor wurden manche Seitenkanten begradigt. Besonders hierdurch ist die Lesbarkeit auf fol. 17r–v beeinträchtigt, da dabei Zeilen abgetrennt wurden.

In den Aufzeichnungen des Ordensfolianten treten drei unterschiedliche Schreiberhände deutlich hervor. Den Großteil der Angaben schrieb die Haupthand.[39] Zwei weitere Hände sind auf den hinzugefügten Seiten fol. 44r–v und 56r–v zu identifizieren. Bis auf die Einträge der ergänzten Seiten werden die übrigen Ergänzungen ebenfalls von der Haupthand geschrieben. Es ist jedoch

---

38 Die Zuordnung der Wasserzeichen in der Piccard-Kartei war nicht erfolgreich. S. Landesarchiv Baden-Württemberg, Hauptstaatsarchiv Stuttgart, Bestand J 340 Wasserzeichensammlung Piccard, online unter: http://www.piccard-online.de/ (letzte Einsichtnahme 30.7.2015).

39 S. exemplarisch Abbildung 1: GStA PK, XX. HA Hist. StA Königsberg, OF 186, fol. 53v–54r., S. 22.

nicht auszuschließen, dass die Haupthand in zwei Schreiberhände differenziert werden muss, da die Handschrift in manchen Passagen minimal verändert erscheint.

Die Seiten fol. 189r bis 191v wurden mit Rahmenmarkierungen zum Schreiben vorbereitet, die jedoch danach keine Beachtung fanden.

Werden die Aufzeichnungen in Gänze betrachtet, so fallen kaum Streichungen oder Wortergänzungen, weder in der sauberen Handschrift der Haupthand noch in den anderen Handschriften, auf. Vereinzelt wurden zwischen den einzelnen Einträgen Freiräume für weitere Einträge gelassen, auch zu Beginn einer Seite, was jeweils in der Edition verzeichnet ist.

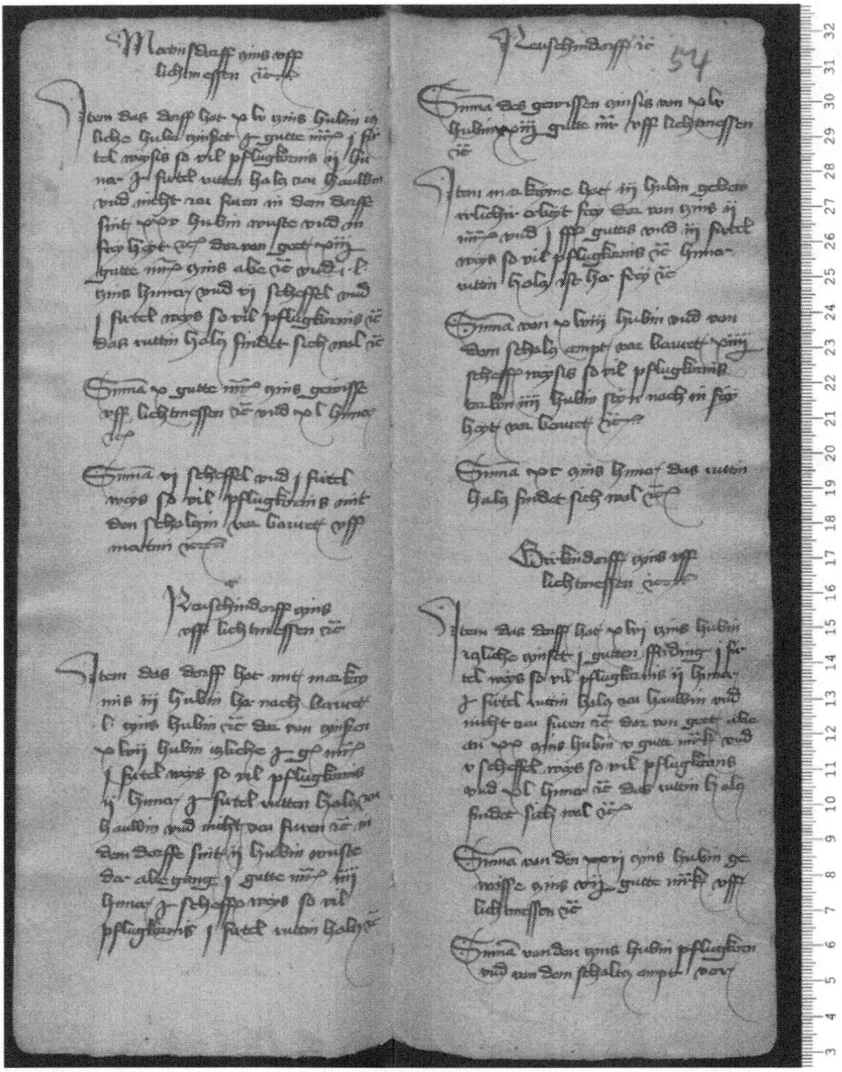

Abbildung 1: GStA PK, XX. HA Hist. StA Königsberg, OF 186, fol. 53v–54r.

2.2 Ordensfoliant 186a

Der Ordensfoliant 186a, in einen Pappeinband gebunden, misst in der Höhe 32,7 cm, in der Breite 12 cm und in der Stärke 1,4 cm. Der Buchblock hat die Abmaße von 32 cm in der Höhe, 11,2 cm in der Breite und 0,6 cm in der Stärke. Der rückwärtige Einband mit 1,5 cm ist etwas breiter als der Buchrücken mit 1,3 cm.

Auf dem Buchrücken ist mit einem papiernen Schild die Signatur *O. F. 186a* aufgeklebt, auf dem vorderen Einbanddeckel ist die Altsignatur *Staatsarchiv Danzig. Abt. 4 Nr. 9* vermerkt, mit der Ergänzung *186a*. Das Vorsatzblatt trägt einen Stempel mit dem Hinweis *Staatsarchiv Danzig Abt. 4 Nr. 9* mit handschriftlich ergänzten Ziffern. Dem Vorsatzblatt folgt ein auf fol. 1r aufgeklebtes, kleineres Blatt mit der Angabe *7 Rechnungen des Ordensvogts von Seckendorf zu Schönsee 1450–53* (Buntstift), dem nochmaligen Hinweis *186a* (Bleistift) und dem darauf aufgeklebten, kleineren Zettel mit den Worten *Ordensrechnungen Gebiet Schoensee*. Der Foliant schließt ebenfalls mit einem weiteren, neuen Blatt. Der Zustand des Einbandes ist bis auf kleinere Gebrauchsspuren als sehr zufriedenstellend zu bezeichnen.

Neben den Hinweisen auf die Aufbewahrung im Staatsarchiv Danzig findet sich auf fol. 1r und mehrfach der Stempel des (Stadt-)Archivs Thorn. Möglich wäre zunächst die Abgabe von Thorn an das Staatsarchiv Danzig bei dessen Gründung 1903, dann – wegen des Bezugs zum Deutschen Orden – eine Übergabe an das Staatsarchiv Königsberg.

Der im Schmalfolioformat gehaltene Foliant weist 51 Blatt bzw. 102 Seiten auf. Dieser Foliant beinhaltet Einträge in gotischer Schrift, in der Schriftsprache des Mittel(ost)oberdeutschen und Lateinischen. Dabei fanden römische und arabische Zahlzeichen Verwendung.

Der Foliant besteht aus sieben Lagen. Ferner wurden einzelne Seiten auf bestehende Seiten aufgeklebt, jedoch keine Papierstreifen zur Stabilisierung der Bindungen genutzt oder Seiten aus den Lagen herausgetrennt. Ursprünglich war allerdings der Ordensfoliant wohl nicht gebunden, sondern die Schmalfolio-Hefte wurden nachträglich zusammengefügt. Möglich ist die Zusammenführung der Hefte in der Zeit Georg von Egloffsteins, der zeitgleich die Funktion des Komturs von Schönsee und des Vogts von Leipe innehatte, oder jedoch erst im Zuge einer neuzeitlichen (Neu-)bindung. Der Aufbau des Buches ist nach der (Neu-)bindung und dem hierbei hinzugekommenen Vorsatzblatt wie folgt:

Lagen	**Folio**	**genannte Jahre**	**Besonderheiten**	**verantwortliche Person**
1	1r–6v		auf fol. 1r ist Stempelbild mit Aufschrift *Archiv Thorn* aufgedruckt, aufgeklebtes, kleineres Blatt (s. o.), fol. 6v scheint der Verschmutzung nach zu urteilen vormals die Rückseite der Lage gewesen zu sein	
2	7r–16r	1452, 1453	fol. 7r und 11r gestempelt mit *Archiv Thorn*, auf fol. 10r ist fol. 10a (als *zu 10* gekennzeichnet) aufgeklebt, fol. 11, 12, 13 sind eingenäht und geringer als die übliche Seitengröße, fol. 7r und 13v weisen möglicherweise Brandspuren auf und scheinen, den Verschmutzungen nach zu urteilen, vormals die Rückseite der Lage gewesen zu sein	Mattis Gasse, Hofmeister in Leipe
	16v			über den alten Hofmeister, dem Vorgänger von Mattis Gasse
3	17r–28v	1450, 1451, 1452, 1453	fol. 19r gestempelt mit *Archiv Thorn*, des weiteren beschrieben mit Archivangaben in Buntstift *1453 Zinse des Orden-Voigts zu Schoensee*, fol. 17r und 28v weisen möglicherweise starke Brandspuren auf und scheinen, den Verschmutzungen nach zu urteilen, vormals die Rückseite der Lage gewesen zu sein, diese Lage ist etwas kleiner in der Höhe als die übliche Seitenhöhe anderer Lagen	Bruder Heinrich von Seckendorff (eine genaue Zuordnung zu einem Amt verbleibt fraglich) nimmt für den Vogt zu Leipe Georg von Egloffstein Einnahmen ein und macht Ausgaben
4	29r–30v		ein gefaltetes Blatt, in der Höhe geringer als die übliche Seitenhöhe, fol. 29r gestempelt mit *Archiv Thorn*	
5	31r–32v		ein gefaltetes Blatt mit weiteren Faltspuren, fol. 31r gestempelt mit *Archiv Thorn*, fol. 32v scheint, der Verschmutzung nach zu urteilen, für längere Zeit die Außenseite der vormals ungebundenen Lage gewesen zu sein	
6	32ar–42v		fol. 33r gestempelt mit *Archiv Thorn*, fol. 32ar und 42v scheinen, der Verschmutzung nach	

			zu urteilen, vormals die Rückseite der Lage gewesen zu sein, fol. 32a ist auf fol. 32r aufgeklebt, wegen der Überbreite gefaltet und hat eine geringere Höhe als die übliche Seitenhöhe	
7	42ar–47v		fol. 43 gestempelt mit *Archiv Thorn*, fol. 42a und fol. 47v scheinen, den Verschmutzungen nach zu urteilen, vormals die Rückseite der Lage gewesen zu sein	

Folgende Seiten sind unbeschrieben: fol. 2v, 3v, 4rv, 5rv, 6rv, 9r, 10av, 10v, 16r, 17v, 24v, 28r–v, 32v, 32ar, 34v, 39r, 42v, 42ar, 45r–v, 46r–v, 47r–v. Auf folgenden Seiten fehlt im Folianten die Paginierung, die in der Edition ergänzt wurde: 32a, 42ar, 42av, 45r–v, 46r–v, 47r–v.

Der Foliant beinhaltet Blätter mit unterschiedlichen Wasserzeichen.[40] Auf den Seiten 1, 27 und 32 ist das Wasserzeichen *Ochsenkopf, mit Augen, darüber zweikonturige Stange, darüber Blume, zweikonturiges Kreuz* mit unterschiedlichen Abmaßen zu erkennen. Die Abmaße der Wasserzeichen betragen 10,7 bis 13 cm in der Höhe und 3,5 cm in der Breite. Unvollständige, doch sichtbare Ochsenköpfe finden sich auf den fols. 7, 11, 16 und 25. Das Zeichen *Dreiberg ohne Beizeichen* mit den Abmaßen 2 cm in der Höhe und 2,5 cm in der Breite ist auf Seite 23 und 24 ersichtlich. Auch befindet sich ein *Horn* auf fol. 29 mit einer Höhe von 4,5 cm und einer Breite von ca. 3 cm. Unvollständig ist ein Zeichen in Form eines *Kreuz, griechisches Kreuz, ohne Beizeichen, Wiedergekreuztes Kreuz, allerdings mit Fuß* auf den Seiten 40 und 45.

Der Zustand des Papiers ist gut, lediglich Tintenflecken, kleine Risse und Beschädigungen an den Kanten sind anzumerken, neben den möglichen Brandschäden der oben beschriebenen Seiten. Stärkere Verschmutzungen finden sich auf einzelnen Seiten der vermutlichen ursprünglichen Außenseiten der einzelnen Lagen. Die Tintenfarbe ist schwarz-braun.

Insgesamt können neun Schreiberhände unterschieden werden. Die erste Lage wurde von der ersten Hand geschrieben, Lage zwei und drei von der zweiten, jedoch ist auf den fol. 11r–v, 12r–v, 13r–v, 16v eine dritte Hand zu identifizieren. Lage 4 wurde von der vierten Hand, Lage 5 von der fünften geschrieben, außer fol. 32r von einer sechsten Hand. Auf den Seiten der Lage 6 schrieb die siebte Hand, darin jedoch möglicherweise auf fol. 39v bis 42r die dritte

40 Die Zuordnung der Wasserzeichen in der Piccard-Kartei war nicht erfolgreich.

Hand. Lage 7 beschrieb die achte Hand,[41] jedoch auf fol. 44r auch teilweise eine neunte.

Die Seiten wurden nicht mit Rahmenmarkierungen zum Schreiben vorbereitet und die insgesamt säuberliche Handschrift wird kaum durch Streichungen unterbrochen.

Der zwischen den einzelnen Einträgen zuweilen durch die Schreiber gelassene Freiraum für weitere Einträge, auch zu Beginn einer Seite, ist in der Edition vermerkt.

41 S. exemplarisch Abbildung 2: GStA PK, XX. HA Hist. StA Königsberg, OF 186a, fol. 42av–43r., S. 27.

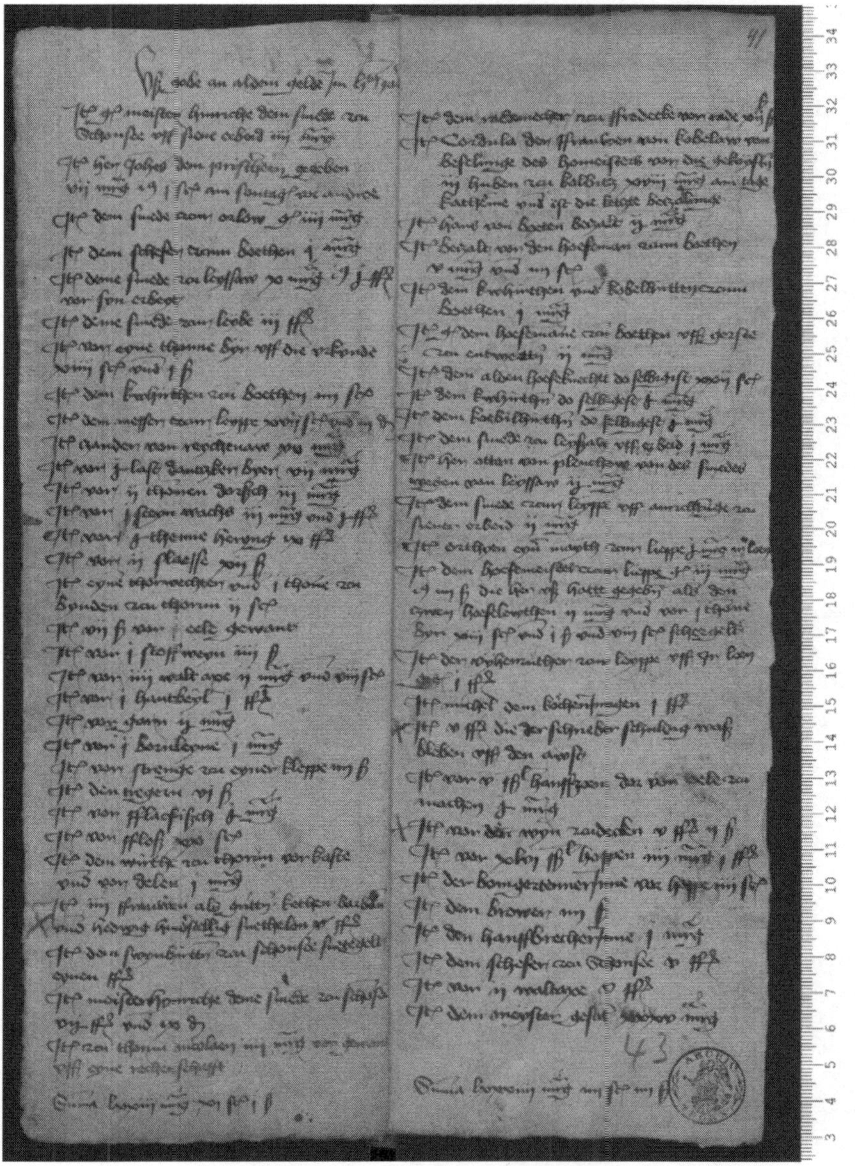

Abbildung 2: GStA PK, XX. HA Hist. StA Königsberg, OF 186a, fol. 42av–43r.

3 Editionsgrundsätze

Die vorliegenden Handschriften wurden in Anlehnung an den von HECKMANN formulierten Leitfaden zur Edition deutschsprachiger Quellen ediert.[42] Da verschiedene Hände die Informationen niederschrieben, ist dem textgetreu entsprechend jeweils Rechnung getragen worden.

Die Abschrift des Fließtextes der jeweiligen Ordensfolianten und der Briefe aus dem Bestand des Ordensbriefarchivs ist in Gänze und entsprechend des Buchstabenbestands wiedergegeben. Das diakritische Zeichen *ÿ* wird nicht ausgewiesen, die Buchstaben *u* und *v* entsprechend des vokalischen oder konsonantischen Gebrauchs gesetzt und die Buchstaben *i* und *j* wurden entsprechend übernommen. Sodann wurde *sz* als *ß* wiedergegeben, zusammengeschriebenen Präpositionen getrennt und Worte, welche aus mehr als zwei Silben bestehen, jedoch getrennt geschriebenen wurden, entsprechend zu einem Wort zusammengefasst.

Gestrichene Einträge wurden kursiv gesetzt und jegliche Interpunktion ergänzt. Dem gängigen *etc.* innerhalb oder zum Ende der jeweiligen Einträge wurde in der Regel der Gedankenabschluss zugesprochen, sodass demgemäß jeweils ein Punkt anschließt. Die frühneuzeitliche Paginierung fand, in eckigen Klammern ausgezeichnet, Berücksichtigung. Überschriften zu den jeweiligen Einträgen wurden, wie in den Handschriften vorgegeben, zentriert gesetzt und hervorgehoben.

Der Wechsel der Tintenfarbe, Nachträge mit anderer Tinte und die durch den jeweiligen Schreiber durchgeführten Emendationen wurden mittels des kritischen Apparats gekennzeichnet, ebenfalls unter Umständen auftretende Schreibfehler.

---

42 Dieter HECKMANN, Ein Leitfaden zur Edition deutschsprachiger Quellen (13.–16. Jahrhundert), in: Preußenland N. F. 3 (2012), S. 7–13. S. zudem Matthias THUMSER, Verfahrensweisen bei der Edition deutschsprachiger Geschichtsquellen (13.–16. Jahrhundert), in: Edition deutschsprachiger Quellen aus dem Ostseeraum (14.–16. Jahrhundert), hrsg. von Matthias THUMSER, Janusz TANDECKI, Dieter HECKMANN (Publikationen des Deutsch-Polnischen Gesprächskreises für Quelleneditionen, [1]), Toruń 2001, S. 13–34.

Heiligentage, Monatsnamen und Tagesangaben in Datumsangaben beginnen mit einer Majuskel, ebenfalls Personennamen und Ortsangaben. Die Auflösung der Datumsangaben erfolgte, wenn möglich, im sachlichen Apparat mit Hilfe des Grotefend.[43] Vorkommende Wortstreichungen, Ergänzungen neben oder über der Zeile und Buchstabenergänzungen sind durch den kritischen Apparat ausgewiesen. Geldsummen und Stückzahlen wurden in der Abschrift als arabische Ziffern abgedruckt, nähere Angaben bei Wochenangaben und die angegebenen Jahreszahlen hingegen in der römischen Schreibweise belassen.

Bei Abkürzungen wurden eindeutige Auflösungen ohne Kennzeichnung angeführt, dagegen stehen unsichere Ergänzungen in eckigen Klammern.[44] Die Währungsangaben wurden gemäß des Abkürzungsverzeichnisses wiedergegeben.[45] Hervorragende Personen und Amtsträger, soweit nicht anders ausgewiesen, wurden nach der Amtsträgerliste von HECKMANN aufgelöst.[46]

Um auch ausgewählten Zeichen und Textmarkierungen der Schreiber in der Edition Rechnung zu tragen, wurden diese in den textkritischen Anmerkungen an den entsprechenden Stellen symbolhaft wiedergegeben und im Verzeichnis der Textmarkierungen gelistet.[47]

43 Hermann GROTEFEND, Zeitrechnung des deutschen Mittelalters und der Neuzeit. Ordenskalender, Heiligenverzeichnis, Nachträge zum Glossar, Bd. 2,2, Hannover 1898, S. 27–30; DERS., Taschenbuch der Zeitrechnung des deutschen Mittelalters und der Neuzeit, Hannover [13]1991.

44 Als Hilfsmittel benutzt: Charles Fresne DU CANGE, Léopold FAVRE, Pierre CARPENTIER, Johann Christoph ADELUNG, G. A. Louis HENSCHEL, Glossarium mediae et infimae latinitatis. Glossarium Gallicum, tabulae, indices auctorum et rerum, dissertationes, Niort 1883–1887; Adriano CAPPELLI, Lexicon abbreviaturarum. Wörterbuch lateinischer und italienischer Abkürzungen, wie sie in Urkunden und Handschriften, besonders des Mittelalters, gebräuchlich sind, dargestellt in über 14000 Holzschnittzeichen, Leipzig [2]1928.

45 Vgl. Kapitel 4.1, Abkürzungsverzeichnis, S. 33.

46 HECKMANN, Amtsträger (wie Anm. 12).

47 Vgl. Kapitel 4.2, Textmarkierungen, S. 33.

Die Edition wird durch Indizes[48] mit Einträgen zu *Personen*, zu *Berufen, Ämtern und Personen ohne Namensbezeichnung*, zu *Handelswaren und Wortregister*[49] und zu *Ortsnamen und Ortsbezeichnungen* abgerundet.[50]

48 Dieter HECKMANN, Inhalt oder Hülle? Zu den Aufgaben von Namen- und Sachweisern in Quelleneditionen, in: Edition deutschsprachiger Quellen aus dem Ostseeraum (14.–16. Jahrhundert), hrsg. von Matthias THUMSER, Janusz TANDECKI, Dieter HECKMANN (Publikationen des Deutsch-Polnischen Gesprächskreises für Quelleneditionen, [1]), Toruń 2001, S. 65–73.

49 Hilfreich zur Erstellung des Registers zu Handelswaren und Wortregister waren u. a. Mittelniederdeutsches Handwörterbuch. A–F/V, hrsg. von Gerhard CORDES, Bd. 1, Neumünster 1956; Hans JESKE, Der Fachwortschatz des Hansekaufmanns Hildebrand Veckinchusen (Westfälische Beiträge zur niederdeutschen Philologie, 11), Bielefeld 2005; Dieter HECKMANN, Süßwasserfische als Vorrats- und Handelsgut im spätmittelalterlichen Preußen, in: Von Nowgorod bis London. Studien zu Handel, Wirtschaft und Gesellschaft im mittelalterlichen Europa, hrsg. von Marie-Luise HECKMANN, Jens RÖHRKASTEN (Nova Mediaevalia, 4), Göttingen 2008, S. 317–340; DERS., Bezeichnungen von Handelswaren im Spätmittelalter und in der frühen Neuzeit, Historische Kommission für Ost- und Westpreussische Landesforschung, 2012, online unter: http://141.84.81.23/hiko-owp/GlossarHandelswaren.pdf (letzte Einsichtnahme 30.7.2015).

50 Vgl. Kapitel 8, Register, ab S. 359.

4 Verzeichnisse

4.1 Abkürzungsverzeichnis

GStA PK	Geheimes Staatsarchiv Preußischer Kulturbesitz, Berlin
NLA, St.	Niedersächsisches Landesarchiv, Standort
OBA	Ordensbriefarchiv
OF	Ordensfoliant
OsF	Ostpreußischer Foliant
m.	Mark[51]
f.	Firdung
sc.	Schot
sol.	Schillinge, solidi
d.	Pfennig, denarii
gld.	Gulden
rh.	rheinisch
ung.	ungarisch

4.2 Textmarkierungen

+ 54, 128, 131, 143, 174, 183, 185, 191, 201, 269, 277, 279, 280, 283

++ 183, 184

a 51, 93, 182

b 51, 102, 181

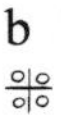 186, 202, 203, 204, 212

 93, 102

 101

 114, 122

 102

 253

 253

51 1 m. = 4 f. = 24 sc. = 60 sol. = 720 d.

4.3 Ungedruckte Quellen

GStA PK, XX. HA Hist. StA Königsberg, OBA 9919.
GStA PK, XX. HA Hist. StA Königsberg, OBA 10378.
GStA PK, XX. HA Hist. StA Königsberg, OBA 10562.
GStA PK, XX. HA Hist. StA Königsberg, OBA 11170.
GStA PK, XX. HA Hist. StA Königsberg, OBA 12135.
GStA PK, XX. HA Hist. StA Königsberg, OBA 12796.
GStA PK, XX. HA Hist. StA Königsberg, OBA 14086.
GStA PK, XX. HA Hist. StA Königsberg, OBA 14294.

GStA PK, XX. HA Hist. StA Königsberg, OF 170.
GStA PK, XX. HA Hist. StA Königsberg, OF 176.
GStA PK, XX. HA Hist. StA Königsberg, OF 186.
GStA PK, XX. HA Hist. StA Königsberg, OF 186a.

GStA PK, XX. HA Hist. StA Königsberg, OsF 14241a.

NLA, St. Stade, Rep. 91/10 Nr. 54.

4.4 Editionen und Literaturverzeichnis

Geheimes Staatsarchiv Preußischer Kulturbesitz, Archivdatenbank. Suche über die Beständeübersicht und die Online-Findbücher des GStA PK, online unter: http://archivdatenbank.gsta.spk-berlin.de/ (letzte Einsichtnahme 30.7.2015).

Landesarchiv Baden-Württemberg, Hauptstaatsarchiv Stuttgart, Bestand J 340 Wasserzeichensammlung Piccard, online unter: http://www.piccard-online.de/ (letzte Einsichtnahme 30.7.2015).

Christina LINK, Jürgen SARNOWSKY, Die mittelalterlichen Schuld- und Rechnungsbücher des Deutschen Ordens um 1400. Eine synoptische Edition im Internet, Hamburg, 2008, online unter: http://www.schuredo.uni-hamburg.de/ (letzte Aktualisierung 5.3.2009, letzte Einsichtnahme 29.7.2015).

Jürgen SARNOWSKY, Das virtuelle Preußische Urkundenbuch. Regesten und Texte zur Geschichte Preußens und des Deutschen Ordens, 1999–2015, online unter: http://www1.uni-hamburg.de/Landesforschung/orden.html (letzte Aktualisierung 6.2.2015, letzte Einsichtnahme 29.7.2015).

Liv-, est- und kurländisches Urkundenbuch nebst Regesten (1444–1449), hrsg. von Friedrich Georg von BUNGE, Hermann HILDEBRAND, Philipp SCHWARTZ u. a., Bd. 10, Riga 1896.

Schuldbücher und Rechnungen der Großschäffer und Lieger des Deutschen Ordens in Preußen, Bd. 4: Die Liegerbücher der Großschäfferei Königsberg (Ordensfolianten 150–152 und Zusatzmaterial), hrsg. von Cordula A. FRANZKE (Veröffentlichungen aus den Archiven Preußischer Kulturbesitz, 62,4; Quellen und Darstellungen zur Hansischen Geschichte N. F., 59,4) [in Vorbereitung].

Schuldbücher und Rechnungen der Großschäffer und Lieger des Deutschen Ordens in Preußen, Bde. 1–3: Großschäfferei Königsberg I–II, Großschäfferei Marienburg, hrsg. von Cordelia HESS, Joachim LACZNY, Christina LINK, Jürgen SARNOWSKY, (Veröffentlichungen aus den Archiven Preußischer Kulturbesitz, 62,1–3; Quellen und Darstellungen zur Hansischen Geschichte N. F. 59,1–3), Köln 2008–2013.

Regesta historico-diplomatica Ordinis S. Mariae Theutonicorum. Index Tabularii Ordinis S. Mariae Theutonicorum: Regesten zum Ordensbriefarchiv (1198–1454), hrsg. von Walther HUBATSCH, Erich JOACHIM (Ps. 1, Vol. 1), Göttingen 1948.

Regesta historico-diplomatica Ordinis S. Mariae Theutonicorum 1198–1525. Register zu Pars I und Pars II, hrsg. von Walther HUBATSCH, Erich JOACHIM, Göttingen 1965.

Das Marienburger Treßlerbuch der Jahre 1399–1409, hrsg. von Erich JOACHIM, Königsberg 1896, ND Bremerhaven 1973.

Die Statuten des Deutschen Ordens nach den ältesten Handschriften, hrsg. von Max PERLBACH, Halle a. S. 1890.

Das Pfennigschuldbuch der Komturei Christburg, hrsg. von Heide WUNDER (Veröffentlichungen aus den Archiven Preußischer Kulturbesitz, 2), Köln 1969.

Das Ausgabebuch des Marienburger Hauskomturs für die Jahre 1410–1420, hrsg. von Walther ZIESEMER, Königsberg 1911.

Das Marienburger Konventsbuch der Jahre 1399–1412, hrsg. von Walther ZIESEMER, Danzig 1913.

Martin ARMGART, Die Handfesten des preußischen Oberlandes bis 1410 und ihre Aussteller. Diplomatische und prosopographische Untersuchungen zur Kanzleigeschichte des Deutschen Ordens in Preußen (Veröffentlichungen aus den Archiven Preußischer Kulturbesitz, Beiheft 2), Köln 1995.

Hartmut BOOCKMANN, Die Vorwerke des Deutschen Ordens in Preußen, in: Die Grundherrschaft im späten Mittelalter, hrsg. von Hans PATZE, Bd. 1 (Vorträge und Forschungen, 27), Sigmaringen 1983, S. 555–576.

Adriano CAPPELLI, Lexicon abbreviaturarum. Wörterbuch lateinischer und italienischer Abkürzungen, wie sie in Urkunden und Handschriften, besonders des Mittelalters, gebräuchlich sind, dargestellt in über 14000 Holzschnittzeichen, Leipzig ²1928.

Mittelniederdeutsches Handwörterbuch. A–F/V, hrsg. von Gerhard CORDES, Bd. 1, Neumünster 1956.

Roman CZAJA, Zum Stand hansischer und preussischer Editionen, in: Edition deutschsprachiger Quellen aus dem Ostseeraum (14.–16. Jahrhundert), hrsg. von Matthias THUMSER, Janusz TANDECKI, Dieter HECKMANN (Publikationen des Deutsch-Polnischen Gesprächskreises für Quelleneditionen, [1]), Toruń 2001, S. 213–227.

Charles Fresne DU CANGE, Léopold FAVRE, Pierre CARPENTIER, Johann Christoph ADELUNG, G. A. Louis HENSCHEL, Glossarium mediae et infimae latinitatis. Glossarium Gallicum, tabulae, indices auctorum et rerum, dissertationes, Niort 1883–1887.

Sven EKDAHL, Über die Kriegsdienste der Freien im Kulmerland zu Anfang des 15. Jahrhunderts, in: Preußenland 2,1 (1964), S. 1–14.

Konrad EUBEL, Hierarchia catholica medii aevi sive summorum pontificum, Bd. 1, Monasterii ²1913.

DERS., Hierarchia catholica medii aevi sive summorum pontificum, Bd. 2, Monasterii ²1914.

Kurt FORSTREUTER, Zur Frage der Registerführung in der zentralen Deutschordenskanzlei, in: Archivalische Zeitschrift 52 (1956), S. 49–61.

Cordula A. FRANZKE, *by vor lust ires halsis*. Soziale Aspekte in der Schriftlichkeit des Pflegeamtes Seehesten und der Vogtei zu Leipe des Deutschen Ordens um 1450, in: Wirtschafts- und Rechnungsbücher des Mittelalters und der Frühen Neuzeit. Formen und Methoden der Rechnungslegung: Städte, Klöster, Kaufleute, hrsg. von Gudrun GLEBA, Niels PETERSEN, Göttingen 2015, S. 119–136 [im Druck].

Rudolf GRIESER, Das älteste Register der Hochmeisterkanzlei des Deutschen Ordens, in: Mitteilungen des Österreichischen Instituts für Geschichtsforschung 44 (1930), S. 417–456.

Hermann GROTEFEND, Zeitrechnung des deutschen Mittelalters und der Neuzeit. Ordenskalender, Heiligenverzeichnis, Nachträge zum Glossar, Bd. 2,2, Hannover 1898.

DERS., Taschenbuch der Zeitrechnung des deutschen Mittelalters und der Neuzeit, Hannover [13]1991.

Otto GÜNTHER, Schreiberdienst auf der Marienburg im 14. Jahrhundert, in: Mitteilungen des Westpreußischen Geschichtsvereins 16 (1917), S. 53–58.

Josef HARTMANN, Jürgen KLOOSTERHUIS, Amtsbücher, in: Die archivalischen Quellen. Mit einer Einführung in die historischen Hilfswissenschaften, hrsg. von Friedrich BECK, Eckart HENNING, Köln [4]2004, S. 40–73.

Dieter HECKMANN, Inhalt oder Hülle? Zu den Aufgaben von Namen- und Sachweisern in Quelleneditionen, in: Edition deutschsprachiger Quellen aus dem Ostseeraum (14.–16. Jahrhundert), hrsg. von Matthias THUMSER, Janusz TANDECKI, Dieter HECKMANN (Publikationen des Deutsch-Polnischen Gesprächskreises für Quelleneditionen, [1]), Toruń 2001, S. 65–73.

DERS., Süßwasserfische als Vorrats- und Handelsgut im spätmittelalterlichen Preußen, in: Von Nowgorod bis London. Studien zu Handel, Wirtschaft und Gesellschaft im mittelalterlichen Europa, hrsg. von Marie-Luise HECKMANN, Jens RÖHRKASTEN (Nova Mediaevalia, 4), Göttingen 2008, S. 317–340.

DERS., Amtsträger des Deutschen Ordens in Preußen und in den Kammerballeien des Reiches. Oberste Gebietiger, Komture, Hauskomture, Vögte, Pfleger und Großschäffer, Werder, 2011–2014, online unter: http://www.researchgate.net/publication/264901590_Dieter_Heckmann_Amtstrger_des_Deutschen_Ordens_in_Preuen_und_in_den_Kammerballeien_des_Reiches_%28oberste (letzte Aktualisierung 2011–2014, letzte Einsichtnahme 30.7.2015).

DERS., Bezeichnungen von Handelswaren im Spätmittelalter und in der frühen Neuzeit, Historische Kommission für Ost- und Westpreussische Landesforschung, 2012, online unter: http://141.84.81.23/hiko-owp/GlossarHandelswaren.pdf (letzte Einsichtnahme 30.7.2015).

DERS., Ein Leitfaden zur Edition deutschsprachiger Quellen (13.–16. Jahrhundert), in: Preußenland N. F. 3 (2012), S. 7–13.

Max HEIN, Die Ordenskanzleien in Preußen 1310–1324, in: Altpreußische Forschungen 9 (1932), S. 9–21.

Walter HEINEMEYER, Studien zur Geschichte der gotischen Urkundenschrift (Archiv für Diplomatik, Schriftgeschichte, Siegel- und Wappenkunde, Beiheft, 4), Köln [2]1982.

Cordelia HESS, Pragmatische Schriftlichkeit in Preußen. Die Schuldbücher des Deutschen Ordens, Großschäfferei Königsberg, in: Die Rolle der Schriftlichkeit in den geistlichen Ritterorden des Mittelalters. Innere Organisation, Sozialstruktur, Politik, hrsg. von Roman CZAJA, Jürgen SARNOWSKY (Ordines militares, 15), Toruń 2009, S. 225–240.

Bernhart JÄHNIG, Zur Wirtschaftsführung des Deutschen Ordens in Preußen vornehmlich vom 13. bis zum frühen 15. Jahrhundert, in: Zur Wirtschaftsentwicklung des Deutschen Ordens im Mittelalter, hrsg. von Udo ARNOLD (Quellen und Studien zur Geschichte des Deutschen Ordens, 38; Veröffentlichungen der Internationalen Historischen Kommission zur Erforschung des Deutschen Ordens, 2), Marburg 1989, S. 113–147.

DERS., Die Bestände des Historischen Staatsarchivs Königsberg als Quelle zur Bevölkerungs- und Siedlungsgeschichte des Preußenlandes, in: Aus der Arbeit des Geheimen Staatsarchivs Preussischer Kulturbesitz, hrsg. von Jürgen KLOOSTERHUIS (Veröffentlichungen aus den Archiven Preußischer Kulturbesitz, Arbeitsberichte 1), Berlin 1996, S. 273–297.

DERS., Das älteste Findbuch der Deutschordensfolianten (um 1525) und deren Schicksal(e) im 19. Jahrhundert, in: Deutschsprachige Literatur des Mittelalters im östlichen Europa. Forschungsstand und Forschungsperspektiven, hrsg. von Ralf G. PÄSLER, Dietrich SCHMIDTKE, Heidelberg 2006, S. 29–55.

DERS., Ludwig von Erlichshausen (Ellrichshausen) 21.3.1450–4.4.1467, in: Die Hochmeister des Deutschen Ordens 1190–2012, hrsg. von Udo ARNOLD (Quellen und Studien zur Geschichte des Deutschen Ordens, 40; Veröffentlichungen der Internationalen Historischen Kommission zur Erforschung des Deutschen Ordens, 6), Weimar ^{2}2014, S. 134–142.

Stuart JENKS, Das digitale Preußische Urkundenbuch, in: Beiträge zur Geschichte Westpreußens 17 (2000), S. 181–191.

Hans JESKE, Der Fachwortschatz des Hansekaufmanns Hildebrand Veckinchusen (Westfälische Beiträge zur niederdeutschen Philologie, 11), Bielefeld 2005.

Albert KLEIN, Entstehung und Komposition des Marienburger Tresslerbuches. Ein Beitrag zur Kritik mittelalterlicher Rechnungsbücher, Offenbach 1905.

Till KREUTZER, Open Content. A practical guide to using Creative Commons Licences, Bonn 2014.

Joachim LACZNY, Das „Virtuelle Preußische Urkundenbuch". Eine Zwischenbilanz, in: Das „Virtuelle Archiv des Deutschen Ordens". Beiträge einer internationalen Tagung im Staatsarchiv Ludwigsburg am 11. und 12. April 2013, hrsg. von Maria Magdalena RÜCKERT, Stuttgart 2014, S. 106–112.

DERS., Tagungsbericht. Konzeptionelle Überlegungen zur Edition von Rechnungen und Amtsbüchern des späten Mittelalters. Hamburg, 2.2.–3.2.2015, 2015, online unter: http://www.hsozkult.de/conferencereport/id/tagungsberichte-5894 (letzte Einsichtnahme 30.7.2015).

Christina LINK, Stetig und genau oder lückenhaft und uneinheitlich? Die Rechnungsführung der Marienburger Großschäfferei des Deutschen Ordens in Preußen, in: Von Nowgorod bis London. Studien zu Handel, Wirtschaft und Gesellschaft im mittelalterlichen Europa, hrsg. von Marie-Luise HECKMANN, Jens RÖHRKASTEN (Nova Mediaevalia, 4), Göttingen 2008, S. 297–315.

Verwaltung des Ordenslandes Preußen um 1400. Historisch-geographischer Atlas des Preußenlandes, Lfg. 1, hrsg. von Hans MORTENSEN, Gertrud MORTENSEN, Reinhard WENSKUS u. a., Stuttgart 1968.

Klaus-Eberhard MURAWSKI, Konrad von Erlichshausen (Ellrichshausen) 1441–1449, in: Die Hochmeister des Deutschen Ordens 1190–2012, hrsg. von Udo ARNOLD (Quellen und Studien zur Geschichte des Deutschen Ordens, 40; Veröffentlichungen der Internationalen Historischen Kommission zur Erforschung des Deutschen Ordens, 6), Weimar ^{2}2014, S. 132–134.

Klaus NEITMANN, Die Handfesten der Hochmeister Ludwig von Erlichshausen und Heinrich Reuß von Plauen (1450–1470), in: Kancelaria wielkich mistrzów i polska kancelaria królewska w XV wieku. Materiały z międzynarodowej konferencji naukowej Malbork 2–3 IX 2004, hrsg. von Janusz TRUPINDA, Malbork 2006, S. 211–248.

Zenon Hubert NOWAK, Die Vorburg als Wirtschaftszentrum des Deutschen Ordens in Preußen. Eine Fragestellung, in: Zur Wirtschaftsentwicklung des Deutschen Ordens im Mittelalter, hrsg. von Udo ARNOLD (Quellen und Studien zur Geschichte des Deutschen Ordens, 38; Veröffentlichungen der Internationalen Historischen Kommission zur Erforschung des Deutschen Ordens, 2), Marburg 1989, S. 148–162.

Ralf G. PÄSLER, Zur Sprachensituation im Deutschordensland Preußen. Ein Problemaufriss, in: Ostmitteldeutsche Schreibsprachen im Spätmittelalter, hrsg. von Luise CZAJKOWSKI, Corinna HOFFMANN, Hans Ulrich SCHMID (Studia Linguistica Germanica, 89), Berlin 2007, S. 93–107.

Jürgen SARNOWSKY, Das Treßleramt des Deutschen Ordens in Preußen in der Zeit Ulrichs von Eisenhofen (1441–1446). Einige Dokumente zu seiner Amtsführung, in: Beiträge zur Geschichte Westpreußens 10 (1987), S. 195–222.

DERS., Die Wirtschaftsführung des Deutschen Ordens in Preußen (1382–1454) (Veröffentlichungen aus den Archiven Preußischer Kulturbesitz, 34), Köln 1993.

DERS., Ein Schuldbuch der Komture von Brandenburg aus dem Anfang des 15. Jahrhunderts, in: Prusy–Polska–Europa. Studia z dziejów średniowiecza i czasów wczesnonowożytnych, hrsg. von Andrzej RADZIMIŃSKI, Janusz TANDECKI, Zenon Hubert NOWAK, Toruń 1999, S. 249–275.

DERS., Die Quellen zur Geschichte des Deutschen Ordens in Preußen, in: Edition deutschsprachiger Quellen aus dem Ostseeraum (14.–16. Jahrhundert), hrsg. von Matthias THUMSER, Janusz TANDECKI, Dieter HECKMANN (Publikationen des Deutsch-Polnischen Gesprächskreises für Quelleneditionen, [1]), Toruń 2001, S. 171–199.

DERS., Das virtuelle Preußische Urkundenbuch. Neue Wege der Kooperation für Internet-Editionen, in: Beiträge zur Geschichte Westpreußens 19 (2004), S. 257–266.

DERS., Digitale Urkundeneditionen zwischen Anspruch und Wirklichkeit, in: Digitale Diplomatik. Neue Technologien in der historischen Arbeit mit Urkunden, hrsg. von Georg VOGELER (Archiv für Diplomatik, Schriftgeschichte, Siegel- und Wappenkunde, Beiheft 12), Köln 2009, S. 28–39.

DERS., Das Historische Staatsarchiv und die Erschließung seiner Bestände, in: Das „Virtuelle Archiv des Deutschen Ordens“. Beiträge einer internationalen Tagung im Staatsarchiv Ludwigsburg am 11. und 12. April 2013, hrsg. von Maria Magdalena RÜCKERT, Stuttgart 2014, S. 93–105.

Janusz TANDECKI, Stand und Bedürfnisse der Quellenedition zur Geschichte Preußens im Mittelalter und an der Schwelle zur Neuzeit, in: Edition deutschsprachiger Quellen aus dem Ostseeraum (14.–16. Jahrhundert), hrsg. von Matthias THUMSER, Janusz TANDECKI, Dieter HECKMANN (Publikationen des Deutsch-Polnischen Gesprächskreises für Quelleneditionen, [1]), Toruń 2001, S. 201–212.

TEI Consortium, TEI P5: Guidelines for Electronic Text Encoding and Interchange. Version 2.7.0, Charlottesville, Virginia, 2014, online unter: http://www.tei-c.org/release/doc/tei-p5-doc/en/Guidelines.pdf (letzte Aktualisierung 16.9.2014, letzte Einsichtnahme 30.7.2015).

Peter Gerrit THIELEN, Die Verwaltung des Ordensstaates Preußen. Vornehmlich im 15. Jahrhundert (Ostmitteleuropa in Vergangenheit und Gegenwart, 11), Köln 1965.

Matthias THUMSER, Verfahrensweisen bei der Edition deutschsprachiger Geschichtsquellen (13.–16. Jahrhundert), in: Edition deutschsprachiger Quellen aus dem Ostseeraum (14.–16. Jahrhundert), hrsg. von Matthias THUMSER, Janusz TANDECKI, Dieter HECKMANN (Publikationen des Deutsch-Polnischen Gesprächskreises für Quelleneditionen, [1]), Toruń 2001, S. 13–34.

Georg VOGELER, Digitale Edition von Wirtschafts- und Rechnungsbüchern, in: Wirtschafts- und Rechnungsbücher des Mittelalters und der Frühen Neuzeit. Formen und Methoden der Rechnungslegung: Städte, Klöster, Kaufleute, hrsg. von Gudrun GLEBA, Niels PETERSEN, Göttingen 2015, S. 307–328 [im Druck].

Johannes VOIGT, Geschichte Preussens, von den ältesten Zeiten bis zum Untergange der Herrschaft des deutschen Ordens. Die Zeit vom Hochmeister Konrad von Erlichshausen, 1441 bis zum Tode des Hochmeisters Ludwig von Erlichshausen 1467, Bd. 8, Königsberg 1838.

Oliver VOLCKART, Die Münzpolitik im Ordensland und Herzogtum Preußen von 1370 bis 1550 (Quellen und Studien, Deutsches Historisches Institut Warschau, 4), Wiesbaden 1996.

Hans-Helmut WÄCHTER, Ostpreussische Domänenvorwerke im 16. und 17. Jahrhundert (Beihefte zum Jahrbuch der Albertus–Universität zu Königsberg/Pr., 19), Würzburg 1958.

Erich WEISE, Georg von Egloffstein (ca. 1409–1458) und die 1. Fortsetzung der Älteren Hochmeister-Chronik, in: Preußenland und Deutscher Orden. Festschrift für Kurt Forstreuter zur Vollendung seines 60. Lebensjahres dargebracht von seinen Freunden, hrsg. von Kurt FORSTREUTER (Ostdeutsche Beiträge aus dem Göttinger Arbeitskreis, 9), Würzburg 1958, S. 344–369.

5 Text der Edition: Ordensfoliant 186

[fol. 1r–2v leer]

[fol. 3r]

Brosian meyn dynir gewesen.

Item am Tage Mauricij des Heylig[e] Bischoff[es][52] czag her von mir durch [...][a] [vreye] willen das her bekante unde uffenbar was dorumme ich in sulde habin losin richtin also bot her mich ym gnode czu thunde mit dyßin noch genantin Schile Caspar und Torke und Caspar koch und Petir schrotir und Matthis kochemeystir Mertin pferde marschalk und Hencze fisch meystir bescheen am gedochtin tage im LII yore etc.

Item Brosian hatte gestolen [...][b] eynen ung. gld. und 46 newge sol. und Matthis deme kochemeystir 1 m. etc. Dor [czu][c] 10 gutte m. heren Helfrich unde heren Roweter und Gerhart Kalp das her bekante dor zcu gebys von czomen gesnetin und eysinwerk von pflugin und von wagen unde von sliff steynen genomen dor zcu schof gabeln mist gabeln misthoken steh und schar und pflugbeyle bessir damit 5 m. mir vor loen. Dor zcu meynen kese sulbir uff gebrochin und kese gestolen etc. Und des nacht[es][d] aufgeslossenem husse in dybis weyße adir in vor retereye aus dem husse Seestin gestegin etc. Dor zcu dy Masowir bestolen und ir wagin beraubit etc. Item ich nam im 2 hoffe gewant und eynen satil also gut also 10 m. ald[es] und eynen swern gurtel [...][e] 13 m. alde[es] etc.

a Unleserlich durch Restaurationspapier und verschmutzte Kante.
b Tintenfleck.
c Unleserlich, Kante ausgerissen, blasse Tinte.
d Folgt Streichung *by*.
e Unleserlich, blasse Tinte, ausgerissene Ecke.

52 1452 September 22.

[fol. 3v]
Noch so habe ich Brosian genomen eyn fullen in das dritte jor alt das her heymlich ane meynen wissen by meynen fullen hilt und futterte das ich rechin vor 1 ½ m. ald[es] etc.[a]

a Dieser Eintrag erfolgte am Seitenanfang, sodass hierauf Freiraum folgt.

[fol. 4r leer]

[fol. 4v]

Grenitczen etc.

Item etczliche grenitczen her noch beruret czwisschen dem bischoftu͛m Heylsborg und dem Elwingeschin und Belgeschin gebitte etc. Von der bawde zcu geen bys zcu dem flisse Passeria adir Seria genant noch der aldin besitczunge und grenitczin van danne dy Seria uff zcu geen bys an irem orsprunge und von dem orsprunge dor vor genantin Seria geet man gerichte zcu der grenitczen gesatczet in dem felde [tur]sschus sadel von dem heren Ditterich von Aldinborg[53] homeyster des ordins von der selbigin grenitcze ist zcu geende noch eyme drebome adir eynen gerichtin leynen czu dem walde [Krackenyn] also das das ende der meylen von dem heuße Resil und von uns gemessen und gesatczet by dem see Weddern wurde getruffen mit dem vor genantin drebome und was sy adir wilche sy triffet mit dem selbigin drebome dy bynnen bleybin sullen der kirchin dy bowsen bleybin sullen dem ordin also is der drebom teylet und scheydet in glichir weyße sal man is haldin mit den seen do dy Passeria durch flewssit unde nicht anders etc.[a]

a Unterhalb dieses Eintrags folgt Freiraum.

[fol. 5r]

Lantscheydunge czwisschin Ortelsborg unde Seesthen her nach beruret etc.

Wir bruder Conradt Czolnir van Rotinsteyn[54] homeyster des ordins der brudere des Spittalis Sancta[e] Marien des Dewtczschin Heuses von I[e]r[usa]l[e]m etc.

53 Burggraf von Altenburg, Dietrich: Komtur von Ragnit (1323 Oktober 31–1325), Komtur von Balga (1325 November 13–1331 Januar 27), Oberster Marschall zgl. Komtur von Königsberg (1331 April 25–1335 Mai 3), Hochmeister (1335 Mai 3–†1341 Oktober 6).

54 Zöllner von Rotenstein, Konrad: Pfleger, Schäffer, von Preußisch Mark (1354 Oktober 18–1355), Komtur von Danzig (1368 April 1–1370 März 12), Oberster Trappier (1372 Mai 20–1382 Oktober 19), Hochmeister (1382 Oktober 2–†1390 August 20).

Thun kunt und wissintlich allen den dy dissen briff adir horen lesen das dy schelunge van der grenitczen wegin des hewsis Ortelsborg und des heußis Seestin mit rothe und willen unsir mete gebitteger also entscheydin und berichtet seyn also hir noch geschrebin steet etc.

Czum erstin sal man an hebin an des bisschoff[es] want by dem Tymber der sal uff der rechtin hant bleybin von danne uff den Stroneken[a] genant das der uff dy lincke hant bleybe von dannen sal man uff des Stromeken flis folgin bys zcu dem Worken das der uff dy lincke hant bleybe von dannen das Worken flis nidder zcu geen bys uff den Babent also das her uff dy rechte hant bleybe von dannen das Babentin flis zcu geen bys uff den Babentin der bleybit uff dy lincke hant legen von dannen [das][b] Babentin flis zcu geen bys uff den [Tessen] der bleybit uff dy lincke hant von dannen sal man dem Tassewnen flisse folgin bys zcu dem Sexdro der sal bleybin uff dy lincke hant vondannen das Sexdro flis wydder zcu geen bys zcu dem Sexdryn der bleybit uff dy lincke hant von dannen dem Sexdrin flisse zcu folgin bys

a Folgt Streichung *adir Stromeken.*
b Unleserlich durch Restaurationspapier und verschmutzte Kante.

[fol. 5v]
czu dem Kerwicke see der bleybit uff lincke hant von dannen do das Kerwken flis aus dem Kerwicken flewssit sal man gerichte by dem herwege g[een][a] der zcu dem steym forte geet bys an dy Masowsche grenitcze etc.

Und was dy beutenir von Ortelsberg beuten habin gemacht uff dy lincke seytin keygin den von Seesten obir dy vorgeschrebin flisse see und wege dy sulb[en][b] sy behaldin und sullen uff der selbig[en][b] seytin dor noch keyne beutin me mach[in][b] etc. Des selbigin glichin sullen dy von der Balge ouch ir beuten uff dy rechtin hant behaldin keygin den von dem Elwinge und sullen dor noch obir d[y][b] vorgenantin flisse see und wege k[eyne][c] beutin machen etc.

Und wir wollen das disse entscheydunge ewiclichin weren sulde also hir [...][b] geschr[eben] steet aufgenomen dy czweyne see den Krauwen und den Krety[wn][b] uff disse seyte vom Elwinge gelegin dy sullen keygin Seestin gehoren etc. Des zcu bekentnisse und ewigen gede[ch]tenisse[d] habin wir unsir ingesigel a[n][b] dissen briff loßin hengen der gegebin ist zcu Marienborg inder yorczal un[sers][b] heren tewsent dreyhundert in dem LXXXVII yore an dem Sonnabende[55] n[...][b] noch Sinte Jacubus des Apposteln Tage beczeuge bruder

55 1387 Juli 27.

Conradt von Walrade[56] groskomptur und Engelhart Rabe[57] obirster marschalk und andir vil ersamen brudere etc.

a Unleserlich durch Restaurationspapier.
b In der Buchfalz.
c Kante vergilbt, verdreckt, in der Buchfalz.
d *gedech* in der Buchfalz.

[fol. 5ar][a]

Item dy grenitczin mit dem bischoftum und mit dem Elwingeschem unde Belgeschin[b] gebitte vorberuret ist recht fertig etc. Sunder dy grenitczen czwisschen Ortelsborg und Seesten so danne her noch in dem großin register beruret wirt dy grenitczin sint eyn teylis unrecht nach loute der vorgin[anten] schrifft dorumme so haldet euch valkomelich an dy 2 schrifft vorberuret etc. Dy grenitczen czwisschin der Quoselow unde dem bischoftum und czwisschin Sorkemiten und Almoyen und dem bisschoftum vorberuret etc.

a Keine Paginierung, zwischen fol. 5v und 6r eingebunden.
b Hier *Balga.*

[fol. 5av]
Item in dißem noch folgindin register ist [mon]chirley me wan eyns geschr[eben] wer sich dor uff nicht vor weys und das register wal lernet der leth sich duncken is sey unrecht wor an in wisse duncket der thue alz ich getan habe etc. Sunder her loße alle hantfestin und grenitczin see und flisse besehen und dor noch fragin das brenget fromen etc.

Dys gancze register ist nicht recht fertig wor geschr[eben] sunder ich Erwin[58] etc. wuste nich wal dor aus zcu entscheydin dor noch richtet euch etc.

56 Wallenrode, Konrad von: Pfleger von Preußisch Eylau (1368 Januar 20–1368 Februar 17), Komtur zu Schlochau (1377–1382 November 28), Oberster Marschall zgl. Komtur von Königsberg (1382 Oktober–1387 März 24), Großkomtur (1387 März 25–1391 März 12), Hochmeister (1391 März 12–†1393 Juli 25).

57 Rabe, Engelhard: von Wildstein Komtur von Rehden (1383 Juli 29–1387), Oberster Marschall zgl. Komtur von Königsberg (1387 März 24–1392 November 16), Komtur zu Thorn (1392 November 30–1397 Januar 7).

58 Hug vom Heiligenberg, Erwin: Hauskomtur von Marienburg (1434; 1436), Hauskomtur von Brandenburg (1435), Pfleger von Lochstädt (1441 Juli 25), Hauskomtur von Ragnit (1443 Juni 4), Pfleger von Seehesten (1446 März 3–nach 1455 November 24).

[fol. 6r]
Dys noch geschrebin register weysit aus alle nutczunge und innam des pffleger amptis Seesthen eyn yor hach das andir yor weniger das ich brudir Erwin Hůg[59] von deme Heyliginberge in der czeyt pffleger czu Seesten habe loßin schreybin nach meynir dirkentnisse und wissinschaft sundir wan alle hantfesten des kamer amptis obir sehen wurdin so machte me nutczunge gefunden werden danne mir zcu disser czeyt wissintlich ist und das alle dorffer und hoffe und grenitczen der freyen und der czins gebewer alle yor uff das weynigeste eyns ummbriten und besehen wurde von eynem pfleger der wurde fromen aber hoger finden so mich dewcht beschrebin zcu Seesten an Sinte Michels abint [a]in dem XLIX yore.[60], [a]

Czins fellig pflugkorn orkunde und huner und andir nutczunge uff alle Mertini[61] zcu Seesten etc.

Steynsborg etc.

Item dy stadt hot bynnen iren grenitczin noch loute ir hantfeste 1 hdt. und 12 hubin dor von hot der pfarnir in der stadt 6 hubin etc. In der stadt bleybit noch mit des pfarners hubin 80 freye huben dor

[fol. 6v]
von dynen sy mit 6[b] gewonlichin dinsten von gnode wegen bys sy bas mogin dor von ir pflugkorn 8 scheffel weys so vil kornis etc.

Item noch so hot dy stadt 32 czins huben iczliche hube czinset uff Sinthe Merten[62] 14 gutte schot und 2 huner und 1 firtel weys so vil pflugkornis etc. Und von iczlichem ganczen hoffe 6 alde d. von dem halben hoffe 3[c] alde d. der halben hoffe ist 72 etc. Und von 8 brotbencken von iczlichir 3 gutte sol. und 4 d. etc. Und von 6 fleyschbencken eynen steyn unslitt[is] etc. Und von 8 schubencken von eynir 15 [20] etc. Von der batczstobe den dritten d.[d] dy ist der hirschafft czins frey und dy wage in der stadt dorvon ouch den dritt[en] d. frey bys uff Mertini in das LIIII yor von der brewpfanne 1 gutte m. czins der hirschaft bys uff Mertini vorberuret in das LIIII yor vort an czinset sy hoger so kum[m]pt dy wage und dy batczstobe zcu czinße etc. 8 scheffel weys so vil pflugkornis und 64 huner von den czins hubin in der stadt sint 6 hubin wuste etc. Von den scheergadem und gewant ramen den dritten d. auch der hirschafft etc.

Item von allem czinße und von allen gerichtin behelt dy stadt 2 teyl dy hirschaft das dritte teyl etc.

59 Hug vom Heiligenberg, Erwin, wie S. 44, Anm. 58.
60 1449 September 28.
61 November 11.
62 November 11.

a Bei diesem Eintrag könnte es sich auch um den Satzanfang eines neuen Eintrags handeln, da das Wort mit einem Großbuchstaben in der nächsten Zeile beginnt und zum nächsten Eintrag Freiraum folgt.

b Eingefügt über Streichung *4*.

c Folgt Streichung *ad*.

d Folgt Streichung *frey bis uff Mertini*.

[fol. 7r]
S[u]mmarum der stadt pfenning czins dy freyheyt und das wuste mete in gerechint 20 m. 11 sc. guttes geldes 16 scheffel weys so vil pflugkornis 64 huner und 1 steyn unslittis uff alle Sinthe Merten[63] etc.

Item dy stadt hat den Czossen see in iren grenitczin legen mit allem nutcze sy des gebreuchin dor vor czinsit sy dem pffleger zcu Rastinborg[64] alle yor 6 gutte m. halp uff Sinte Niclos Tag[65] dy andir helffte uff Ostern etc.

Czins von der sneyde mole uff Mertini etc.

Item dy sneyde mole brenget mir eyn yor in bobin meyne ausgobe nou 15 gutte m. dor vor unde vor waltczins hot der Alde Bonning zcu Resil in vor czeyt uff alle Mertini 12 gutte m. geczinsit etc.

Item is in ist nicht me ronen uff tzwue meyle wegis noe by der molen uff dem unsern zcu bekomen ich mus allis vor 1 schok ronen zcu hauwin gebin 1 gutte m. etc. Und czu flissen und zcu furen 3 m. 4 sc. guttis und zcu sneyden vor das schok ronen 1 m. 4 sc. guttis etc. Und dy delen dy do von 1 schok ronen warden dy zcu flissen bys keygin Girkindorff 1 m. 8 sc. guttis und dy delen widder aus zcu wesschin ½ gutte m. der gewyn ist zcu irkennen etc.

[fol. 7v]
Item dy sneyde mole das jor mit gebewde und eyßin werk und leynen zcu haldin ist zcu irkennen der abegang etc.

Czins von der korn mole zcu Seynsborg uff Weynachten[66] etc.

Item dy korn mole hot vor alle jor uff den czwilftin tag[67] noch der Gebort Unsers Heren geczinset 12 gutte m. dy halde ich nu mit metczenern dor von neme ich vierteyl der molnir das wunffte teyl etc. Dor von ist meyn teyl das yor an weys

63 November 11.

64 Die Besetzung des Pflegeamtes von Rastenburg ist aufgrund des ungenauen Zeitrahmens von drei verschiedenen Personen denkbar: Siegfried Erich (1447 Februar 27–1449 März 3), Johann Truchsees von Stetten (1449 August 25) oder Wolfgang von Sauer (1450 August 10–†1454).

65 Dezember 6.

66 Dezember 25.

67 Januar 6.

malcz rocken sweynos wal by 5 lesten eyn yor hager das andir weyniger der mole gebricht an wasser beweylen eyn firtel yaris etc. So in hot dy sneyde mole nicht ½ yor wassers notdorft etc.

Item dy korn mole das yor mit gebewden steynen eyßin werk radewerk zcu haldin der abegang ist czu dirkennen etc.

Czins von der korn mole zcu Seesten uff Weynnachten etc.

Item dy korn mole hat vor alle yor uff den czwilftintag nach der Gebort Unsers Heren geczinset

[fol. 8r]

seben gutte m. dy halde ich nu mit metczenern dor von neme ich vier teyl der molnir das wunfte teyl etc. Dor von ist meyn teyl das yor an weys malcz rocken sweynas wal by 3 ½ last eyn yor hoger das andir weyniger der mole gebricht an wasser und an mole werk das yor me danne eyn firtel yoris etc.

Item der mole besserunge und vor steyne eyßin werk der abgegang von der innam ee gedocht ist zcu dirkennen etc.

Czins von der korn mole czum Pilcze uff Weynnachten[68] etc.

Item dy korn mole hot vor geczinßet uff Mertini[69] 5 gutte m. sunder nu geschrebin durch der vor genanten czweyer molen willen czins uff den czwilfftentag[70] nach der Gebort Unsers Heren etc. Dy mole brenget in so ich das firde teyl adir vier teyl dor aus neme und der molnir das wunffte teyl adir dy wunffte metcze zcu vor nemen etc. So ist meyn teyl uff eyn yor aus der mole an weys malcz rocken sweynos eyn yor me das andir weyniger nicht 3 ½ last etc. Dy mole hot wassers durch das yor genug sunder nicht mole geste etc. Sunder wan treuge yore sint das an wasser ym hinder lande an den molen gebricht so hot dy mole gutte nutczunge etc. Dy mole hot czwey rade etc.

[fol. 8v]

Pylcz mole etc.

Item Langebrucke Girkindorff Schaitenike Pilcz dy malen in der mole etc. Weddern Posters und alle ander hoffe und dorffer dorumme gelegin dy molen in der Tolkynir molen zcu Weddern in unserm dorffe dor von uns dy Tolkynir nach lowthe ir hant feste nicht recht von thun und lange czeyt vorsessen habin etc.

68 Dezember 25.
69 November 11.
70 Januar 6.

Item der mole bouwunge und eysin werk steyne uff das yor das dir kennet man wol dem abegange der innam ee gedacht etc.

Seesthen etc.

Item dy mole hot czwey rade etc. Seesten Reuschindorff Runewauge Busem Weysinborg molen in der mole etc. Grunow und andir hoffer und dorffer do ummb gelegin molen czum Reyne und zcu Baselanken etc.

Seynsborg etc.

Item Seynsborg dy mole hot czwey rade etc. Dy stadt Seynsborg und Montow Mertinsdorff Polnischindorff Bredyn Petczschindorff Ayweydin molen in der mole etc. Crummeniczschin Quoselow Stammen Warpunen und ander hoffe unde dorffer do umme gelegin molen zcum Reybin und zcu Sorkemmiten in den molen etc.

[fol. 9r]

S[u]mma der innam aus den vor genanten dreyen molen uff eyn yor allis getreydis 12 leste valkomelich etc. Des rechin ich eyn yor dem andern zcu hulffe tewer und wol feyle iczliche last vor 6 ½ m. aldis das were vor dy 12 leste ee gedacht uff Weynnachtin[71] czins alle yor 78 m. aldis etc. So ist noch abir dy s[u]mme ee gedacht von der sneyde mole czins ee gedocht 15 gutte m. uff Mertini[72] gerechint und nu uff den czwilften tag der czins durch der 4 genanten molen willen zcu hoffe und by denander geschrebin ist in der summe czu neest beruret etc.

S[u]mma von den 4 genanten molen czins uff Weynnachtin adir uff den czwilften tag[73] dor noch 104 m. aldis etc.

Item von der s[u]mme abegang des geldes dy 4 molen dor von eyn yor zcu haldin dy gebewde besserunge ee gedacht etc. Uff das weynigeste 15 gutte m. abegang etc.

Czins vom Stanginwalde nu Polnischindorff genant uff Weynnacht[e]n etc.

Item das dorff hot 40 hubin dor von habin 2 scholczin 4 hubin frey uff ir dinst ir pflugkorn 1 scheffel weys so vil kornis uff Mertini etc.

71 Dezember 25.
72 November 11.
73 Januar 6.

[fol. 9v]

Polnischindorff etc.

Item das dorff behelt noch 36 czins huben iczliche hube czinset uff den czwilfften tag[74] noch der Gebort Unsers Heren ½ gutte m. 2 huner 1 firtel weys so vil pflugkornys und ½ firtel rutten holcz zcu hauwin unde nicht zcu furen etc. 8 hubin sint in dem dorffe nach in czinsis freyheyt und wuste der abegang dor von ist zcu finden etc.

Item ich habe in dem dorffe besatczet mit Cleyne Jan und Lorencz Gewsen und Peter Gewsen 6 hubin dy ich wuste fant etc.

S[u]mma aus dem dorffe czins 36 m. aldis mit dem wustin etc.

Stanginwalt etc.

Item czwisschin Seynsborg und Mertinsdorff und dem Stammen unde czwischin dem Polnischindorff habe ich Yorgen Andreas scholczen son zcum Polnischindorff dy 6 hubin zcu dem Stangenwalde uff 1 dinst gegebin was rechtis und ander freyheyt der fyschreye meyne obirsten ym dor obir noch wordin gebin etc. Dor von 1 pfunt wachs 5 d. orkunde und von iczlichem pfluge adir norgin 1 scheff[el] weys so vil pflugkornis uff alle Mertini[75] gebin sal etc.

S[u]mmarium alle des czinsis von den 4 gedachtin molen und aus deme Polnischindorff hubin czins fellig uff den czwilftentag ee gedacht etc.

[fol. 10r]

Dir s[u]mme ist obir al mit deme wustin von 36 czins hubin ee gedocht von der hube 1 m. aldis etc. 144 m. aldis mit deme molen czinße etc. Pflugkorn huner rutten holcz und scharwerk findet sich wol etc. Dor obir der stadt czins ee gedocht etc.

S[u]mma abegang zcu den molen bowunge besserynge von der s[u]mme des czinses ee gedocht alle yor uff das weynigeste 15 gutte m. etc.[a]

Kretczmer und garten czins uff Mertini[76] und uff Lichtmessen[77] etc.

Pylcz etc.

Item von irst so czinßet Beme gertenir vor ½ morgen ackers den her valkomelichin mit seynir bowstete undir dem mole Tam[m]en zcum Pilcze habin sal 4 gutte sc. und 2 huner uff alle Mertini czum hewße und seyn scharwerk nach lowte seynir hantfeste etc.

---

74 Januar 6.

75 November 11.

76 November 11.

77 Februar 2.

Item Merten Gernemete czinßet ouch vor ½ morgin valkomelich mit der bowstete by dem mole teyche hinder dem borkwal gelegin 4 gutte sc. und 2 huner uff Mertini seyn scharwerk nach lowte seynis briffis etc. Her hot freyheyt bys uff Mertini in das LII yor[78] etc.

---

a Nach diesem Eintrag folgt Freiraum.

[fol. 10v]

Pylcz etc.

Item unsir mole Pilcz sal noch behaldin mit ir bowstete 2 morgen ackers etc. Sy hat vor 3 morgin gehat nu so ist 1 morge dor von komen den danne Beme und Gernemete ee gedacht zcu czinße habin etc. Ich besatczet habe etc. Noch lowte ir schrifte etc.

Item dy 2 kretczmer zcum Pilcze sullen habin 6 morgen ackers mit ir bowstete sy in czinßen nicht huner etc. Sy scharwerken in dem yore VI wochin zcu der yait etc. Und Gruneyche zcum Pilcze von 2 hubin dy vor zcur mole gehort haben ouch VI wochin czur yait etc. Und Niclos Stangendorff kretczmer czu Weddern auch VI wachin czur yait in dem yore nach loute ir schrifte etc.

Item dy 2 kretczmer zcum Pilcze czinßen uff alle Mertini[79] 4 gutte m. iczlichir 2 m. etc.

Weddern etc.

Item der kretczmer in dem dorffe sal habin 1 morgin ackers zcu seynir bowstete her czinset nicht huner etc. Her scharwerket VI wochin zcur yait im yore nach lowte ir schrifte etc. Her czinßet 2 gutte m. uff alle Mertini etc.

Petczschindorff etc.

Item in dem dorffe sint 2 kretczmer dy sullen habin 6 morgen zcu ir bowstete dor abir sullen sy habin irem czinße zcu hulffe ½ hube ackers das were dem kretczmer 7 ½ morgen van der halben hube sy scharwerken beyde

[fol. 11r]

Petczschindorff etc.

czu des pfflegers fyschreye was sy geheysen werden nach irem vor mogen czu thun dor zcu so scharwerket iczlichir VIII tage ym yore by ir koste uns wan sy geheysen werdin etc. Noch so czinsen dy 2 kretczmer 3 gutte m. und 16 huner

---

78 1452 November 11.
79 November 11.

uff alle Mertini[80] etc. Sy in habin keyne sundirliche hantfeste etc. Sy habin alle frey heyt glich den inwonern des dorffes und frey fyschreye in dem see Medauwern noch lowte der aldin hant feste des dorff[es] etc. Summa 3 gutte m. etc.[a]

Seesten etc.

Item in dem dorffe sint 4 krettczmer dy habin 8 huben iczlichir 2 irem czinse zcu hulfe etc. Iczlich kretczmer scharwerket zcu des pflegers fyschereye sy in czinßen nicht huner adir pflugkorn etc. Itczlich kretczmer czinßet uff alle Unser Liebin Frauwintag der Lichtmessen[81] 5 ½ m. aldis sunder sy werden hoger czinßen nach aldir gewonheyt noch lowte ires frey briffes dor nach froget etc. Der kretczmer bowstete und garten sint in den gedachten 8 hubin etc. Summa 22 m. aldis etc.

Item[b] dy 6 morgen zcu Petczschindorff und der abir dy halbe hube zcu den kretczmern in dem dorffe dy gehorten in dy hubin des dorffes unde ist nicht obir moße etc. Alzo ist is auch zcu dem Pilcze mit den 9 morgen dy zcu der mole und zcu den kretczmern und garten gehoren ee gedacht etc. Und mit den morgen zcu dem[c]

a *a* neben dem Text ergänzt.

b *b* neben dem Text ergänzt.

c Anschluss auf fol. 11v in zweiter Zeile *kretczmer zcu Weddern ...* .

[fol. 11v]

[a]Item suche her nach abir Petczschindorf etc.[a]

[b]kretczmer zcu Weddern gehort ee gedacht etc. Der Talkymir mole zcu Weddern hot auch von des dorffes hubin ½ morgin ackers zcu der bowstete dy [stoyunge] des mole teychis ist auch in des dorffes hubin gemessen und brenget dem dorffe großin schadin etc.

S[u]mmarum des czinses von 5 kretczmern uff Mertini[82] und von czweyn garten etc. und von 4 kretczmern czins uff Lichtmessen[83] 40 m. 16 sc. aldis etc. Scharwerk unde huner ee gedacht etc.

80 November 11.

81 Februar 2.

82 November 11.

83 Februar 2.

Czins nochvolginde uff Mertini von Weddern etc.

Item das dorff hot 24 czins hubin iczliche czinßet ½ gutte m. und 2 huner 1 firtel weysis so vil pflugkornis ½ firtel ruttin holcz zcu hauwin und nicht zcu furen uff Mertini etc.

Item in dem dorffe sint 2 hubin frey zcum scholctcz ampt etc. Und 18 hubin uff 2 Colmische dinste von iczlichem pfluge 1 scheffel weys so vil pflugkornis etc. Von den czweyn dinsten 2 pfunt wachs 10 d. orkunde und das pflugkorn uff alle Mertini etc.

S[u]mma in dem dorffe 44 huben mit den morgen dy zcu dem kretczmer unde zcur mole gehoren ee gedacht etc.

---

a Oberhalb des nächsten Eintrags eingefügt.
b Anschluss auf fol. 11r.

[fol. 12r]

Weddern etc.

Item ich habe in dem dorffe besatczet mit Niclos Merewnen und mit Hansen 4 huben dy ich wuste fant etc.

Item in dem dorffe in ist nicht wustir czins hubin adir in frey heyt etc. Uff disse czeyt [etc.][a].

Czins von der Montow uff Mertini[84] etc.

Item das dorff hot 41 huben der ist 40 in der hantfesten[b] beruret etc. 2 scholczin in dem dorffe habin 4 freye hubin zcu irem dinste etc. Ir pflugkorn 1 sch[ok] weys so vil kor[nis] etc.

Item das dorff behelt nach 37 czins hubin iczliche czinset ½ gutte m. 1 firtel weys so vil pflugkornis und nicht huner adir rutten holcz sy dynen zcur yait und in dem hoyslage noch vor magin und zcu den molen zcu Seynsborg etc.

Item ich habe in dem dorffe besatczet mit Wenczken und mit [O]mczen und mit Matthis und mit Hansen 8 hubin etc. In dem dorffe sint noch 10 hubin in freyheyt und alle besatczt der abegang ist zcu dirkennen etc.[c] Item nach mit Schaber scholcze 1 hube besatczt etc.

Summarium des czinses aus der stadt Seynsborg und von den czins hubin zcur Montow und von den czins hubin zcu Weddern das wuste mete in gerechint etc. 100 m. und 3 m. und 3 sc. 5 d. ald[es] und 1 steyn unslittis etc.

---

84 November 11.

a Rand vergilbt und gerissen.
b Folgt Streichung *abir furet*.
c Folgt Streichung *Czu Weddern ist nicht wustis adir in czinsis freyheyt etc.*

[fol. 12v]

Honig czins uff Mertini[85] etc.

S[u]mma ranczken honig beuten czins uff das hoeste 3 tonnen etc.

Item dy vorge[nanten] 3 tonnen czins honig mus eyn pffleger 2 loßen uff unsern homeyster[86] vor brewen und dy dritte uff den kompthur[87] dormete ist nicht genug uff eyn yor zcu notdorft der geste und des pflegers tisch zcu haldin etc. 4 tonnen honiges mus eyn pffleger uff das weynigeste zcum hewße uff eyn yor habin etc.

Item eyn pffleger nymmet alle yor den honig von den beutenern zcum Polnischindorffe zcum Rewschindorff und zcu Runewange wilch man aus den dorffern beuten in der Seesteinschin wiltenisse hot dy sint alle zcu Preuschem rechte sunder wilchir beuten by ym in dem dorffe in stacken hot dy behelt der man zcu Colmischem rechte dor von in hot dy hirschaft keyn recht etc.

Item sunder von den bewten in der wiltnisse gibet iczlich beutenir von eynem czeychin 3 ranczken zcum hewße czins das sint dy 3 tonnen honiges vorberuret und was honigis dy beutenir dor obir gewynnen das gebirn sy 1 Colmische tonne vol zcum hewße vor 2 ½ gutte m. das wachs und werk behaldin sy selbist mit unrecht etc.

S[u]mma wan der honig wol gereth so mag eyn pffleger eyn yor dem andern zcu hulffe gewynnen 1 ½ last honigis uff das hoeste dor vor mus

[fol. 13r]

Honig czins etc.

her den beutenern beczalen vor dy 18 tonnen 90 m. aldis vor dy tonne 5 m. aldis etc.

85 November 11.
86 Möglicherweise Erlichshausen, Ludwig von: Vogt von Leske (1440), Vogt von Grebin (1441 Oktober 14), Komtur von Schönsee und zgl. Vogt von Leipe (1442 November 13–1447), Komtur von Mewe (1446 Oktober 28/November 4–1450), Hochmeister (1450 März 21–†1467 April 4).
87 Wesenthau, Eberhard von: Vogt des Bischofs von Ermland (1435), Oberster Tressler (1436 März–1438 November), Komtur von Schwetz (1438 November 6–1440 Februar 14), Komtur von Thorn (1440 Februar–1440 Juni), Oberster Trappier (1440 Mai 12–1441 Juli 4), Komtur von Balga (1441 Juli 4–nach 1452 Mai 7).

Item wan her danne den honig widder vor kouffet und gibit eyn yor dem andern zcu hulffe dy tonne vor 7 ½ m. aldis so ist des pflegers gewyn obir seyne ausgobe ee gedacht 45 m. aldis etc. Wirt des honigis me adir weyniger tewrer adir wol feyler so ist dy summe großir adir cleynir etc.

Berichte uff eyn yor etc.

Summa ufflangunge und gerichte gobe und erunge rechin ich uff das hoeste eyn yor dem andern zcu hulffe uff 12 gutte m. etc.

Fyschir czins uff eyn yor etc.

Summa walt[a] und fyschir czins uff eyn yor uff das hogeste eyn yor dem andern zcu hulffe 15 gutte m.

Vor kese und pottern etc.

S[u]mma vor kese und pottern und vor

a Korrigiert durch Streichung von *waltcz* zu *walt.*

[fol. 13v]

felwerk eyn jor dem andern zcu hulffe 5 gutte m. etc.

S[u]mma vor gerichte vor pottir unde vor andir innam vor fyschir czins iczlichis vor genant uff eyn yor eynem mochte werdin 32 gutte m. uff Mertini[88] etc.

Item[a] innam von hechte und von anderm fysch und von angel hechte und von allir nutczunge der fyschreye mit großin und cleynen garnen cleppin und secken mersch hecht und olfang etc. Und innam van allirley getreyde etc. Von malcze und von hoppin was ich von sulchir ware vor koufft uff eyn yor habe etc. Und mit kouff slagin gewonnen habe etc. Das rechin ich eyn yor dem andern zcu hulffe etc. Und eyne ware und nutczunge der andern zcu hulffe uff 40 gutte m. uff Mertini.

Item pechwerk und waltwerk dor von in ist uff disse czeyt keyn innam danne alleyne von der sneyde mole ee gedacht etc.

Summarum alle der innam so dis vorgeschrebin register aufweysit eyn yor dem andern zcu hulfe und uff das hogeste gerechint etc. Und wan her vil honiges unde getreydis und vil hechtis

a + neben der Zeile ergänzt.

88 November 11.

[fol. 14r]

und olis und fyschis und vil gerichte und ufflangunge waltczins und wasser czins und vil ochzsen und ander fye und wilt zcur kochin dor von fel werk etc. Und von der vor genanten waren und von milch speyße so iczlichis vorberuret ist vor kouffet so mochte eyn pffleger dor vor in nemen 540 m. und 14 sc. ald[es] mit den wustin hubin und dy besatczet seyn und noch etczliche yor in freyheyt sitczen etc.

Item van der gedachtin summe ist dy innam und der abegang das yor so is noch gelegin ist me danne 100 gutte m. weyniger sunder ich habe is durch eynir gedechteniße willen dor noch zcu frogin und zcu suchin loczen schreybin etc.

Item etczliche orkunde pflugkorn huner vorberuret und scharwerk findet sich wol etc.

Hubin czins fellig uff Unser Liebin Frauwintag der Lichtmessen in dem L yore[89] etc.

Seesthen.

Item der kretczmer czins und von iren 8 hubin vorberuret etc.

Item noch so behelt das dorffe

[fol. 14v]

Seesthin.

32 hubin etc. Dor von hot dy kirche[a] 4 hubin etc. Der scholcze 4 hubin etc. Seyn pflugkorn dor von etc. So sint nach 4 hubin uff eyn halp dinst Meydeborgisch recht ½ pfunt wachs 3 d. orkunde pflugkorn etc.

Item noch so behelt das dorff 20 czins hubin iczliche czinset uff Lichtmessen[90] ½ gutte m. 2 huner 1 firtel weys so vil pflugkornis ½ firtel rutten holcz zcu hauwin und nicht zcu furen etc. In dem dorfe in ist nicht wustis etc.

Summa aus dem dorffe hubin czins 10 gutte m. etc. Dy kretczmer vorberuret etc.

Mertinsdorff czins etc.

Item das dorff hot 50 hubin dor von habin 2 scholczin 5 hubin ir pflugkorn etc. In dem dorffe bleybet nach 45 czins hubin iczliche czinßet uff Lichtmessen ½ gutte m. 1 firtel weys so vil pflugkornis 2 huner ½ firtel rutten holcz zcu hauwin und nicht zcu furen etc. In dem dorffe ist uff desse czeyt 25 hubin wuste und in freyheyt etc.

S[u]mma hubin czins aus dem dorffe

89 1450 Februar 2

90 Februar 2.

a Folgt Streichung *5½ h[ubin]*.

[fol. 15r]

Mertinsdorff.

myt dem wustin 45 m. aldis etc.

Item ich habe in dem dorffe besatczet mit des scholczin son und mit Ronon und mit Andrewis Masowir 6 hubin etc.

Seesten.

Item ich habe in dem dorffe mit Hartman und mit Yosten und mit Hans Eynaugin 6 hubin besatczet etc.

Reuschindorff czins etc.

Item das dorff hot 60 hubin etc. Dor von habin 2 scholczin 6 hubin ir pflugkorn etc. So hat Michel Torke 4 freye Colmische hubin seyne orkunde und pflugkorn uff 1 dinst noch in freyheyt etczliche yor noch loute seynir schrifte etc.

Item das dorff behelt noch 50 czins hubin dor von hot Markayme 3 hubin scharwerkis und huner frey pflugkorn gibit her und 9 gutte f. vor dy 3 hubin czins uff Lichtmessen[91] etc.

Item das dorff behelt noch 47 czins hubin iczliche czinßet ½ gutte m. 1 firtel weys so vil pflug

[fol. 15v]

Reuschindorff etc.

kornis 2 huner ½ firtel rutten holcz zcu hauwin und nicht zcu furen etc. In dem dorffe ist 6 hubin noch etczliche yor in czinses freyheyt etc.

S[u]mma aus dem dorffe czins mit Markayme und mit dem wusten der 6 hubin ee gedacht uff Lichtmessen[92] 51 ½ m. aldis etc.

Item ich habe in dem dorffe besatczet mit Hans schroter und Hans cleppenir und mit Woytsag fyschir und mit Hans wagenir 8 hubin etc.

Girkindorff czins etc.

Item das dorff hot 50 hubin dor von hot der scholtus 4 hubin frey seyn pflugkorn etc. Nach so bleybit 46 czins hubin in dem dorffe iczliche czinßet 1 gutten f. 1 firtel weys so vil pflugkornis 2 huner ½ firtel ruttenholcz zcu hauwin unde nicht zcu furen uff Lichtmessen etc. Sunder wirt der scholtus und dy rothleute

91 Februar 2.
92 Februar 2.

des dorff[es] dy wustinhubin dorynne nicht besetczin bynnen der czeyt nach loute ir hantfesten so sullen sy den aldin czins widder gebin etc.

S[u]mma des czinses aus dem dorffe mit dem wustin uff diße czeyt 23 m. aldis etc.

[fol. 16r leer]

[fol. 16v]

Wiltenisse etc.

Item Otte von Legyn hot mir gesaget das wir haben czwisschin dem bischoftum Weddern Falkenhayn Warpunen Pustenike Almoyen und ouch czwischen dem Stammen und bischoftumer grenitczen vil me danne 15 hubin wiltenisse so danne her nach ouch me van gesatczet ist etc.

Item[a] von dem kretczmir und hubin und gartin czinße zcum Pilcze her nach etc. Sal alle jor eyne czeyt etc. Reynike molnir zcum Pilcze gewest ist 4 g[utte] m. erbegelt von habin etc.

---

a Buchstabe *b* neben der Zeile ergänzt.

[fol. 17r]

Item in dem dorffe ist uff disse czeyt 20 hubin wuste und noch in czinses frey heyt etczliche yor etc.

Item pflugkorn huner und rutten holcz findet sich wol etc.

Item ich habe in dem dorffe besatczet mit Yacub und Hansen und Niclas und Hans Toppir und Pilgerym und Rote Steschkon und mit Symon von Weddern und mit Krannich 14 hubin dy ich wuste fant etc.

Pylcz czins etc.

Item das dorff hot bynnen seynen grenitczin 70 hubin etc. Dor von hat dy kirche 4 hubin etc. Und briff furer 6 hubin gancz frey so lange dy hirschaft wil etc. So habin 2 scholczin 8 hubin dor von ir pfluckorn und ir dinst etc. Noch so sint 16 hubin uff 2 Colmische dinste von iczlichem pfluge 1 scheffel weys so vil pflugkornis und von iczlichem dinste 1 pfunt wachs 5 d. orkunde uffe Mertini[93] etc.

S[u]mma der freyen hubin ee gedacht 34 der gebin 24 pflugkorn orkunde d. ee gedacht etc.[a]

---

93 November 11.

a Folgt Streichung *a Item von den kretczmern und hubin czinße zcum Pilcze her nach etc. Sal alle yor eyne czeyt etc.* Folgt unleserlich, da Seite an Kanten beschnitten ist.

[fol. 17v]

Pylicz czins uff Lichtmessen[94] etc.

Item das dorff hot noch obir dy vorgin[ant]in freyen hubin 36 czins hubin etc. Dor van habin dy 2 kretczmer 4 hubin pflugkornis und huner frey sy scharwerkin VI wochin zcur yait beseth ir briffe etc. Nach so bleybint dy gedachtin 36 czins hubin iczliche hube czinßet uff Unsir Liebin Frauwintag der Lichtmessen ½ gutte m. 1 firtel weys so vil pflugkornis 2 huner und ½ firtel ruttin holcz zcu hauwin und nicht zcu furen etc. Sunder dy 4 gedachtin kretczmer hubin sint huner ruttin holcz pflugkornis frey etc. So sint 2 mole hubin auch des ruttin holcz und des dorff scharwerkis frey dy dynen mit den kretczmern zcu der yait dy 2 mole hubin gebin czins pflugkorn huner glich andern czins hubin etc. In dem dorffe in ist nicht wustis uff diße czeyt etc.

S[u]mma des hubin czins zcum Pilcze mit den kretczmer und mole hubin uff alle Lichtmessen 36 m. aldis etc.

S[u]mma pflugkorn huner ruttin holcz findet sich wol etc.

Item ich habe in dem dorffe besatczet hubin dy ich wuste fant mit Modde Yorge mit Pippelken mit Loter mit Crummew 58 hubin etc.

Petczschindorff etc.

Item ich habe in dem dorffe mit dem

[fol. 18r]

briff furer 2 hubin besatczet dy ich wuste fant dorum[m]e sal her alle unsir briffe von Petczschindorff keygin Ortelsborg furen so hat her vor 2 hubin zcu der briff fure keygin Johansborg von Peltczschindorff unsir briffe zcu furen etc. Von Seestin leth der pfleger bys keygin Pelczschindorff briff furen etc. Von Johansborg leth der pfleger[95] mit seynen undirsoßin beutenir seyne briffe keygin Ortelsborg und bys keygin Seestin furen dor mete in habin dy von Petczschindorff nicht zcu thunde etc. Des pflegers czu Ortelsborg[96] briff furer

94 Februar 2.

95 Für den Zeitraum 1445 bis 1455 ist kein Pfleger von Johannisburg namentlich bekannt. Annährend können jedoch Johann von Klettenberg (1439 Juni 25) und Ulrich von Ottenberg (1461 Aug. 22–1473) genannt werden.

96 Reibnitz, Albrecht von, wie S. 125, Anm. 223. Möglich ist auch Pless, Hans von, ebd.

furen briff keygin Johansborg etc. Und keygin Seestin und nicht dy unsern ir briffe bedurffin furen etc.

Petczschindorff etc.

Item ich habe mit dem briff furer und mit den kretczmern in dem dorffe hubin und morgin besatczet dy ich wuste fant egedacht und mit den beutenern her noch genant dy ich ouch wuste fant etc.

Item Matthis starost den sant ich in dem dorffe uff 2 hubin dem gap ich dor zcu ½ hube dorum[m]e her der irste besetczer der beutenir was etc. Dor neest gap ich Pawel 2 hubin etc. Und Frederich 2 hubin etc. Und aber Pawel und Symon seynem sone 4 hubin etc. Und Matthis 2 hubin etc. Jacub 2 hubin etc. Gregor vom Ayweydin 2 hubin etc. Czischko 2 hubin etc. Jacub kretczmer 2 hubin etc.

[fol. 18v]

S[u]mma das ich in dem dorffe vorberuret wustir hubin besatczet habe 21 hubin etc.

Item wir habin nach in dem dorffe gancz wustir hubin legin 11 und 9 morgin ackers etc.

Item zcu vor nemen das wir habin 36 ½ hubin vor eygin zcu Petczschindorff egedacht etc.

Item so habin dy freyen noch in ir besitczung egedacht 23 ½ hubin in dem dorff etc.

Ryweydin etc.

Item das dorff hat mit ir kirchin 60 hubin zcu beutenir recht dorynne in ist nicht wustis adir freyheyt etc.

Moten etc.

Item das gut hot 20 hubin uff 2 dinste das ist noch wuste und nicht besatczet etc.

Swarczinborg etc.

Item das gut hot 100 und 20 hubin ist wuste und nicht besatczet etc.

S[u]mma der hubin dy ich wuste f[ant][a] und besatczt habe mit iczlichem [...][a] vorberuret ist[b].

---

a Mit Restaurationspapier überklebt.
b Übrige Information fehlt.

[fol. 19r]

Der hoyslag in der wiltenisse im LI yare.

Item Blasie der hatte uff den gemeynen hayslack zcu der yait und zcur fyschereye van Seestin 2 man vom Rewschundorffe 5 man von Gerkindorff 2 man vom Pilcze 3 man von Weddern 3 man vom Polnischindorffe 2 man von Mertinsdorff 1 man dy slugen by der Macherow und by dem Drewswin 23 ½ morgin wesen dor uff wurdin 25 heuffen hoyes 1 heuffe dem andern zcu hulffe zcu 4 fudern gros was etc.

Item Berteko slug mit den Mantowern dy wese zcu Perslanken und dy Waywaydesche wesen dy habin 31 ½ morgin dy beyden wesin doruff warin 23 heuffen hayes der heuffe von 5 fudern gros etc.

Item Merten slug mit den Seestenern und Reuschindorffern dy wesin [a]Weyczen und[a] dy wesin by der brucken und dy Pilwesche wese 51 ½ morgin dor uff wurdin 38 heuffen der heuffe von 6 fudern gros etc.

Item Hencze slug mit den Mertinsdorffern dy wesen Kolagin und das lange weyse bruch und dy Markousche wese dy habin 24 ½ morgin doruffe wurdin 22 heuffen der heuffe von 4 fudern gros etc.

Item das Polnischindorff in slug das vorgangin yar nicht in der wiltenisse sunder is gebort in dach zcu thun[b].

Der hoyslag zcum Pilcze im LI yare.

a Doppelt, *weytczyn und.*
b Folgt Streichung *d.*

[fol. 19v]

Item dy 3 dorffer Pilcz Gerkindorff Weddern dy slan zcu hoffe dy Wirbelsche wese dy hot 8 ½ morgen der uff wordin 2 heuffen hayes von 9 grossen fudern etc.

Item Pilcz slug dor neest in der andern wesen 28 ½ morgin dor uff wurdin 8 heuffen von 45 fudern etc.

Item Gerkindorff slug dor by dy Sch[ey]tenikesche[a] wesin dy hot 21 ½ morgen dor uff wurdin 7 heuffen hoyes von 41 fudern etc.

Item Weddern slug zcu neest in [22 ½][a] morgin dor uff wurden 7 heuffen von 36 fudern etc.

Der hoyslag czur Swarczinborg im LI yore etc.

Item dy 3 dorffir Girkindorff Weddern Pilcz slugin uff jenir seyte des flisses zcur Swarczinborg wo sy geweysit wurdin 25 ½ morgen dor uffe wurdin 6 heuffen der hauffe von 7 fudern.

Der hoyslag vor dem heusse Seestin.

Item das Reuschedorff slet in der mo[le][a] wesin 13 ½ morgen das hoy fur[en][a] sy undir eyniges in den hoff etc.

Item Polnischindorff sleth auch in der mole wesin van der brucken [an][a] bys in den see 8 morgin dor von furen sy undir eyniges das hay in dem dorffe ist der hoy slag zcu gros mit der in fure ane gehulffen etc.

Item das selbige Polnischedorff sl[eth][a] von der fybrucken in der trifft

---

a Mit Restaurationspapier überklebt.

[fol. 20r]

in das felt uff den Katczin se den grabin uff und dy Sprinck wese hat 4 ½ morgin und vortan alle angewende grabin tumpel und wesin dy in dem felde legen hinder der dorff kirchen bys anden walt man das felt beseygit ist 5 ½ morgin das hoy furen sy in den haff etc.

Item das selbige Polnischindorff sleth ouch alle dy wesen tumpel grabin gebruche angewende von der aldin Katczinbrucken an zcu hebin und dy Scheybelechte wese bys an dy Salcz wese und vortan widder her nidder bys uff den czewn und bys an dy brucke der gedachtin fytrifft und der Rewschindorffer wesen bys uff den Katczin see in dem felde so iczlichis bedacht ist habin sy zcu slan 9 ½ morgin wesin wan das felt beseyet ist das hoy furen sy auch in das felt lag brache in dem LI yare do in slugen sy dy wesen nicht dorynne etc.

Seesthin des dorff[es] hoyslag vor dem hoffe im LI yare.

Item das dorff sleth dy Salcz wesin und alle grabin gebruche tumpel und angewende bys in den walt und do selbist by der aldin lant were in dem gestreuche und dor by czwisschin beyden felden ist 8 ½ morgin das hoy furen sy auch in etc. Berechint und geschr[ebin] am Donnerstag nach Sinte Bartholomais Tage im LI yore[97] etc.

[fol. 20v]

Hir noch ist der hayslag in dysem buche ouch beruret sunder her ist hir vor gesatczit rechtfertig so her danne in dem vorgangin yare aufgericht und geschach und gemessin wart etc.

---

97 1451 August 26.

Item eyn pffleger gibit von 1 iczlichin morgin habers gersten adir erweys adir wilchirley soymir soyt ym seyne czinsleute hauwen binden und zcu mandeln setczin var den morgin 1 gut sc. etc.

Item so danne dy 3 dorffer Gerkindorff Werddern Pilcz das hay czur Sworczinborg jerlich hauwin und uff brengen das furen dy Seestenir Reuschindorffer Polnisch[in]dorff[er] Mertinsdorff[er] jerlich in das daran keynirley vor sewmenisse mit dem scharwerke uff unsers homeysters[98] gnode by meynir czeyt nicht me gescheen in sal so gesch[rebin] ist etc.[a]

---

a Unterhalb des Eintrags folgt Freiraum.

[fol. 21r leer]

[fol. 21v]

Dys[a] noch geschrebin register weysit aus in korcz zcu vor nemen dy hant festen des kamer amptis Seesten ab[...][b] dy freyen guttir Colmisch Meydeborgisch und Preusche dinste dorvon herschawunge orkunde pfluckorn und auch von den czins guttern [v...][b] ander nutczunge gerechtikeyt dor von und sust abir etczliche nutczunge der wiltenisse und wustenunge und fyschreye wesserunge wese wachs des danne eyn teylis von dem ampte undir dy eddelinge und an das byschofftum unde keygin Ortelsborg gekomen was und nach eyn teylis ist das in vor czeyten keygin Seesten gehort hat und sy keynirley briffe adir beweysung der obir nicht in haben dorum[m]e habe ich mich bruder Erwin Hůg von dem Heyliginberge[99] der nutczunge vil widder undir wundin bys an meyne obirstin do ich pfleger hir was dis register nach meynir wissenschaft und nach undirweysunge laßin schreybin in der wochin vor Margarethe Virginis do ich herschawunge hylt an dem Freytage[100] dor vor her nach beruret in dem XLIX yore etc.

Is sey zcu wissen das eyn iczlichir scholtus dis kamer amptis See[...]schen[b] durch sundirlichir gnode willen so lange dy hirschafft

---

98 Erlichshausen, Konrad von: Unterkumpan des Hochmeisters (1415 Juli 11–1418 Juni 22), Vogt von Roggenhausen (1420–1421 November 11), Vogt von Grebin (1418 August 18–1421 Juni 24; 1423 Dezember 16–1425 September 24), Komtur von Ragnit (1425 September 24–1432 November 19), Großkomtur (1432 November 11–1434 Mai 24), Oberster Marschall zgl. Komtur von Königsberg (1434 April 6–1436 Oktober 17; 1440 März 1–1441 April 12), Komtur von Althausen (1436 September 6–1440 Februar), Komtur von Thorn (1437; 1438 Juni 18–1440 Februar 22), Hochmeister (1441 April 12–†1449 November 7).

99 Hug vom Heiligenberg, Erwin, wie S. 44, Anm. 58.

100 1449 Juli 11.

a Der Buchstabe *D* ist mit roten Punkten und Strichen verziert.
b Mit Restaurationspapier überklebt.

[fol. 22r]

wyl von itczlichir hubin dy sy zcum scholcz ampt mit rechte haben noch ausweysunge ir briffe des dorffes 1 firtel weysis so vil pfluckornis sullen uns gebin etc. Der glichin so sal eyn iczliche czins hube 1 firtel weys so vil pfluckornis zcum hewße Seesten geben alzo wol der eddelinge scholczen und czins gebuer alzo glich den unsern scholczin und czins geburen uff alle Sinte Merten[101] by gehorsam und by unser busse unvorczogin geben sullen etc.

Aus der stadt Steynsborg etc.

Item dy stadt hot 100 und 12 hubin nach loute ir hantfesten etc. Dor von czinßin her nach beruret 32 hubin etc. Noch so behelt dy stat zcu ir freyheyt 80 hubin etc. Dor von hat ir kirche 6 hubin etc. Und das[a] scholtcz ampt 10 hubin dy hot der roth zcu der stadt gekoufft etc. Van den 80 freyen hubin dynen sy durch gnode willen uff disse czeyt bys sy bas[b] vormogen mit 6 gewopeten mannes und gutten pferden etc. So gebin sy von der stadt freyen huben ee gedacht 8 scheffel weys so vil pfluckornis und nicht orkunde uff alle Mertini etc.

a Im Text *bas*.
b Eher *das*.

[fol. 22v]

Seensborg etc.

Item meyne nochkomelinge besehen der stadt hantfesten dy sy obir dy stadt und abir fyschreye her nach beruret habin etc.

Item dy stadt hot den Czossen see mit alle seynir nutczunge der vor czinßin sy alle yor keygin Rastinborg 6 gutte m. etc. So ist in der Enten see in ir gutter dy helffte gemessen den fylschit eyn yor dy hirschafft das ander yor dy borger etc. So ist in der mole teych zcu Seynsborg in gemessen den fyschit dy hirschafft und ouch dy burger etc. So ist in beyder stat eyn cleyn see Muldechen genant in gemessen den fyschit der pfarnir und der scholtus mit rechte etc. So mogin dy borger der stat inwonir mit cleynem geczew nicht zcu vor kouffen adir zcu vor gebin zcu notdorfft ires tischis fyschin den Czossen und den Jewsten see etc.

101 November 11.

Item dy stadt hat bynnen den Blancken um[m]e gemessen mit den Blancken begriffen 17 seyl etc. Dy Lange gasse durch dy stadt von eynem thore zcu dem andern dy ist 6 seyl lang und 2 ½ rutten weyt etc. Dy Twergassen iczliche hot 4 seyl und 2 rutten lang und eynir rutten breyt etc.

Item der stadt kirchin und kirchhoff und dy schule ist 12 rutten lang und 10 rutten breyt begriffen etc. Der pfarnir hat zcu seynem gebewde

[fol. 23r]

Seensborg etc.

und gehoffete eynen ganczin hoff das brenget 16 rutten dy lenge und 4 rutten dy weyte weniger 2 czelen etc.

Item nach so bleybet in der stadt 36 gancze hoffe das ist 72 halbe hoffe der czins dor von her noch beruret etc. Eyn iczlich halb hoff an dem ringe hat 8 rutten dy lenge und 2 rutten dy breyte weyniger 1 ele etc. So hot 1 iczlich gancz hoff an dem ringe 16 rutten dy lenge und 4 rutten dy breyte weyniger 2 eln etc. Dy rutten alle sleth man zcu hauffe zcu der lenge und zcu der breyte zcu czweyn halben hoffen ee gedacht so hot eyn iczlich halp hoff in den gassen 7 rutten dy lenge und 2 rutten dy breyte weyniger 1 ele etc. Dorum[m]e dy hewser an dem ringe dy vor lewbin habin dorum[m]e habin sy der rutten ee gedacht deste me etc. Das rathews und der market in der stat hot 8 rutten breyt und 8 rutten lang und ist virkant etc.

S[u]mma in der stadt sint vor und her nach beruret 32 czins hubin etc.

S[u]mma in der stat freyheyt vorberuret 80 Colmische hubin etc.

S[u]mmarium der stadt hubin ee gedacht 100 und 12 hubin etc.

S[u]mma von der freyheyt 8 scheff[el] weys so vil pfluckornis vorberuret etc.

[fol. 23v]

Seensborg etc.

S[u]mma aus der stadt noch gnodin uff disse czeyt vorberuret 6 gutte dinste mit so vil gutten pferden in der herschawung her nach beruret etc.

Item sucht her noch dy grenitczin der stadt ee gedacht etc.

Stanginwalt etc.

Item czwisschin Seynsborg und Mertinsdorff und dem Stummen und Polnischindorff hot Yorge des scholczin son zcum Polnischindorffe 6 hubin zcu Meydeborgeschin adir Preuschim adir Colmischem rechte was ym danne von meynen obirsten vor schrebin wirt uff 1 gewonlich dinst dor von 1 scheffel weys so vil pfluckornis 1 pfunt wachs 5 d. orkunde von eyner czins hube dy her wurde aufgebin 1 firtel weys so vil pfluckornis uff Mertini[102] etc. Her in hot nach keyne hantfeste noch loute der zcu komeden hantfestin hot her freyheyt etczliche yor etc.

Item noch so bleybit czwisschin Mertinsdorff und Sorkemiten und Stammen und Polnischindorff und Warpunen und Falkenhayn und Weddern und Girkendorff und Stangenwalt ee gedacht vil wiltenisse und see fyschreye czum hewße Seesten etc.

Item Yorge zcum Stanginwalde ee gedacht sal auch habin etczliche

[fol. 24r]

Bredyn etc.

und 5 pfunt wachs und 25 d. orkunde uff Mertini[103] seyne herschawunge dor uff her noch beruret etc.

Item Yeschko von Petczschindorff ee gedacht hot noch 4 hubin zcu dem Bredin zcu vor dynen mit eynem gemeynen dinste dor von 1 scheffel weys so vil pfluckornis und 1 firtel von dem pfunde wachs und 2 d. orkunde uff Mertini etc.

S[u]mma 6 dinste aus dem Bredin etc. 5 pfunt und 1 firtel von dem pfunde wachs 27 d. orkunde etc.

S[u]mma 7 scheffel weys so vil pflugkornis durch gnade etc.

Item unser ordin hot in den 90 hubin zcum Bredin 13 hubin und 10 morgen dor von wir czins und gerichte und andir nutczunge und beuten und scharwerg von habin nach hubin czal glich Caspern von dem kretczmer und czins hubin und czins huner unser teyl so dann Ditterich unde Yeschko dy gebruder zcu Petczschindorff wonende uns dy hubin und morgin ee gedacht gehat habin und nu uns obir gebin habin so das stadtbuch zcu Seynsborg aufweysit etc.

Item dy 13 hubin und 10 morgin dy findet man her nach beruret by der beutenir zcu Petczschindorff unde Ayweyder hubin beschrebin etc.

Item suche her noch aber Bredin her Niclas Mewes etc.

[fol. 24v]

Petczschindorff etc.

Item das dorff hot bynnen seynen grenitczin 60 Colmische hubin allis von 15 hubin eyn platen dinst zcu thun und von iczlichem dinste 1 scheffel weys so vil pflukornis und 1 pfunt wachs 5 d. orkunde uff Mertini[104] sy habin freye fyschreye in dem see Medauwirn zcu notdorft ires tischis nicht zcu vor kouffen

102 November 11.
103 November 11.
104 November 11.

adir zcu vor gebin mit cleynem geczew etc. Unser hecht und bresem strich und flisse sullen frey ungefyschit und un vor stalt bleybin etc.

Item unser ordin hot czu Petczschindorff 34 ½ hubin zcu den czweyn kretczmern und zcu der briff fure unde zcu beutenern so danne dy newge der beutenir hantfeste her nach beruret aufweysit etc. Dy beutenir hubin findet man sundirlich her nach by dem Ayweydin und Bredin unsern hubin beschrebin etc. Wy dy hubin zcu Petczschindorff an unsern ordin gekomen sint findet man in der stadt buch zcu Seynsborg beschrebin etc. Und yn dem briffe den Hans und Bertolt zcum Bredyn habin den in her Wygant Geyppel pfleger zcu Seestin[105] gewest ist gegebin hot etc.

Item noch so bleybit 25 ½ Colmische huben der freyen czu Petczschindorff dy ytczundt dorynne wonen etc.

Item von den hubin e gedacht hott Yeschko 3 ½ hube uff 1 gemeyne dinst durch gnode willen dor von 1 firtel von dem pfunde wachs 2

[fol. 25r]

Petczschindorff etc.

d. orkunde 1 scheffel weys so vil pfluckornis uff Mertini[106] etc. So hot her zcum Bredin ee gedacht 4 hubin dinst pfluckorn orkunde dor von etc. Her schawunge her nach beruret etc.

Item Ditterich Yeschken bruder ee gedacht hot in dem dorffe 3 ½ hube uff 1 gemeyne dinst dor von 1 scheffel weys so vil pfluckornis 1 firtel von dem pfunde wachs 2 d. orkunde uff Mertini etc. Seyne her schawunge her noch beruret etc.

Item Niczschko Yeschken frunt vom Erwins[107] hot 8 hubin uff 1 gut dinst dor von 1 scheffel weys so vil pfluckornis ½ pfunt wachs 3 d. orkunde uff Mertini etc. Seyne herschawunge her noch beruret etc.

Item Matczko Agon mit seynis bruders kinder hot 6 hubin uff 1 gewonlich dinst seyne orkunde ½ pfunt wachs und 3 d. etc. Und 1 scheffel weys so vil pf[l]ukornis[a] uff Mertini etc. Seyne herschawunge her noch beruret etc.

Item Falke hat 3 ½ hube uff 1 gemeyne dinst dor von 1 firtel von dem pfunde wachs 2 d. orkunde und 1 scheffel weys so vil pfluckornis uff Martini seyne herschawunge her nach beruret etc.

Item Kunat hot 1 freye hube in

105 Geyppel/Geyffel, Wigand: Pfleger von Grünhof (1433 Juni 1; 1443 Juni 10), Pfleger von Seehesten (1443).

106 November 11.

107 Hug vom Heiligenberg, Erwin, wie S. 44, Anm. 58.

a Buchstabe *l* ergänzt.

[fol. 25v]

Petczschindorffe etc.

dem dorffe dor von ist her abetronstig gewordin by heren Wygandis und by heren Heydechins und by meynir czeyt meer wan VI yor vorgangin in der czeyt und lenger in ist der hirschaft adir dem dorffe keyn glich adir recht von der hube gescheen dy habe ich Erwin[108] loßin uff bitten so ym lande eyn recht ist nymandis in hot dy hube an gesprochin Kunat adir seyne erbelinge adir frunde danne alleyne der kirchin stiff veter zcum Ayweydin dy haben 10 gutte sc. vor testament dor uff gemanet das ist man der kiche noch dor von schuldig etc. Alzo habe ich mich mit rechte uff dy hube Kunatis zcum hewße loßin weyßin so danne ouch in der statbuch zcu Seynsborg geschrebin steet etc.

S[u]mma des pfluckornis zcu Petczschindorff 5 scheffel weys so vil kornis sunder sint czins gebuer dorynne ist is meer etc.

S[u]mma orkunde 7 firtel von deme pfunde wachs und 12 d. etc.

Summa 5 dinste aus dem dorffe noch gnodin uff disse czeyt ir herschawunge her noch beruret etc.

Item unser beutenir hubin zcum Ayweyden Petczschindorff Bredin findet man her nach beruret vor den czins hub[in] etc.

Item suche her noch aber Petczschindorff etc.

[fol. 26r]

Moten etc.

Item Moten grenitczet an den Ayweydin czwisschin Moten und Ortelsborg und der Quoselow und Reybin und Petczschindorff ee gedacht und czwisschin Crum[m]eniczschin und der Quoselow und czwisschin Petczschindorff und Ayweydin ee gedocht und Crum[m]eniczschin habin wir vil wiltenisse see wesserunge flisse fyschreye und wese wachs das zcum hewße Seesten gehoret dor noch ist zcu frogen und zcu sehen des sich dy freyen do um[m]b lange zcu eygin und nicht beweysunge dor abir in habin dorum[m]e uns an yait fyschreyen sere do abe geet etc.

Moten etc.

Item ich Erwin[109] habe Heynrich deme briff furer zcu Petczschindorff etc. zcu Moten gegebin 20 hubin zcu Meydeborgeschem adir zcu Preuschim adir zcu

108 Hug vom Heiligenberg, Erwin, wie S. 44, Anm. 58.
109 Hug vom Heiligenberg, Erwin, wie S. 44, Anm. 58.

Colmischem rechte noch dem willen meynir obirstin vor seyn teyl das her zcur Swarczinborg gehat hot das behalden wir zcur nutzunge des hewsis dy 20 hubin sal her habin bynnen den grenitczin so sy Peter von Moten vor gehat hot unschedelich der Ayweyder grenitczin dor vor sal her thun 2 gewonliche dinste 2 pfunt wachs 20 d. orkunde 2 scheff[el] weys so vil pfluckornis uff Mertini[110] unde seynt czyns gebuer von der hube ir pfluckorn glich unsern etc. Und frey fyschreye zcu notdorft seynis tisch nicht zcu vor kouffen adir zcu vor gebin in den seen Moten unde

[fol. 26v]

Moten etc.

Weysin genant mit cleynem geczew alzo hant waten hamen cleyne worff angel unser hecht und bresem strich unde fliße sullen frey seyn in dem striche und dy[a] flisse durch das yar unvor stalt unde keynirley yait adir nutczunge bowsen iren grenitczen uff dem unsern zcu habin ane unsern orlop etc. Sy sullen in freyheyt s[i]tczen der pflichte ee gedacht von Mertin in dem XLV yore bys uff Mertini in das LV yor[111] etc. Ir herschawunge her noch geschrebin etc.

Summa 2 scheffel weys so vil pfluckornis 2 pfunt wachs 10 d. orkunde von czweyn dinstin zcu Moten wan dy czeyt kum[m]pt etc. Sy in habin noch keyne hantfeste der loute und freyheyt steet zcu meynen abirsten etc.

Crum[m]eniczschen etc.

Item das dorff hat 30 hubin uff eyn gewonlich dinst von iczlichem pfluge norge adir hoken ½ scheffel weys so vil pfluckornis etc. Und von dem dinste 1 pfunt wachs 5 d. orkunde uff Mertini etc. Sy habin frey fyschreye mit 6 secken und mit cleynem geczew zcu notdorft ires tischis nicht zcu vorgebin adir zcu vor kouffen in dem Weysen see sunder unser hecht und bresem strich sullen frey ungefyschit und un vorstalt bleybin ir herschawunge her nach beruret etc.

a Tintenfleck.

[fol. 27r]

Crum[m]eniczschin etc.

Item das dorff hot große freyheyt und cleyn dinst etc. Czwisschin Ayweydin und Crum[m]eniczschin und Moten und Crum[m]eniczschin und Petczschindorff und Crum[m]eniczschin und czwisschin Bredyn[a] und Reybin und Crum[m]eniczschin und czwisschin der Quoselow und Ortelsborg unde

110 November 11.
111 1445/1455 November 11.

Crum[m]eniczschin habin wir zcu dem hewse Seesten große nutczunge so vor eyn teylis beruret ist dor nach ist zcu frogin etc. Von iczlichem iren czins gebeůer von der hube so vil pfluckornis so beruret ist etc.

S[u]mma uff disse czeyt von 4 mannes pflugen 2 scheffel weys so vil pflugkornis 1 pfunt wachs 5 d. orkunde uff Mertini[112] etc.

S[u]mma eyn dinst und dy herschawu[n]ge her nach beruret etc.

Quoselow Reybin Rosow Birsucken Niclosberg etc. hot heren Felips von der Wildenow gehort etc.

Item dy gutter sullen habin 350 hubin sunder sy habin abir 400 etc. Und allis von 40 hubin eyn gut platin dinst thun und von iczlichim pfluge 1 scheff[el] weys so vil pfluckornis und von iczlichem dinste 1 pfunt wachs 5 d. orkunde etc.

---

a Tintenfleck.

[fol. 27v]

Quoselow etc.

Item dy eddelinge von den guttern sullen dem komptur zcum Elwinge[113] in herferten und mit herschawunge keygin Ortelsborg dynen sunder bowunge ander dinste gehorsam gerichte pfluckorn orkunde und ander gerechtik[eit] sullen sy und ir undir soczin dem komptur zcur Balge[114] noch aufweysunge ir briff thun etc.

Item disse noch geschrebin fyschereye habin sy in freyheyt etc. Birsucken see Stromkemoten see Gabelin see Randoin see etc. Dy 4 see sullen in gehorin in dy 350 hubin etc. Stromkenmoten Gabelin Randoyn dy 3 see gehoren keygin Ortelsborg etc. Sy habin dem Placken Perlanken see genant freye fyschreye und in dem Stromken und Weyßen und Golwin seen in dem Belgeschen gebitte gelegin etc. Mit cleynem geczew zcu notdorft ires tischis nicht zcu vor gebin adir zcu vorkouffen ir scholczin und ir undirsosen habin nicht freyheyt zcu

---

112 November 11.

113 Reuß von Plauen, Heinrich der Mittlere: Komtur von Engelsburg (1413 Dezember–1414 Mai 22), Kumpan des Obersten Spittlers, meist zgl. Komturs von Elbing (1426), Kumpan des Obersten Marschalls (1427–1428), Oberster Tressler (1430 Dezember–1431 Dezember 28), Großkomtur (1432 April 14–1432 November 2), Oberster Spittler zgl. Komtur von Elbing (1432–1440 Mai 8; 1441 Juli 3–1467 Januar 1), Komtur von Balga (1440 Dezember–1441 Juli 4), Komtur von Preußisch Holland zgl. Komtur von Preußisch Mark (1457, 1466–1467 Februar 19), Komtur von Mohrungen und Statthalter des Hochmeisters (1467 April–1469 Oktober 15), Hochmeister (1469 Oktober 15–†1470 Januar 2).

114 Wesenthau, Eberhard von, wie S. 53, Anm. 87.

fyschin sunder welch eddeling das yor dy gutter vor dynit der hot dy fyschereye dy ander nicht etc. Sunder alle flisse in und aus gang sullen von in frey seyn unbestalt ungefyschit bleybin unde unser hecht und bresem strich sullen wir zcu vor frey von in unbescheydiget behaldin etc. Froget noch iren hantfestin abir dy guttir und fyschreye der sullen sy drey habin etc.

Item sy eygin sich zcu der see Sogeny[...] und Isgenyn undir irem mole Tamme und den Babent see by seynem

[fol. 28r]

Quoselow etc.

hoffe in seymem rewmen felde gelegin und der Tassewnen wesen dor zcu in habin sy keyne recht adir beweysunge obir meyster Michel Kochemeyster[115] den hatte Segemunt zcur Quoselow uff dy czeyt wonende dorum[m]e gebetin zcu gebin und zcu vor schreybin des in wolde meyster Michel nicht thun das hot Segemunt mir Erwyn[116] selbist gesaget und dor zcu das dy Quoselow vil me hubin hot in dem Belgeschin gebitte wan ir hantfeste ausweysit etc. Dy wesen und dy 3 genanten see habin gehort zcu unserm richt hoffe zcur Quoselow und Reybin das hot mir Hans Merrettich zcu Birsucken gesaget der ist lange jeyger und hoffemeyster do gewest by her Mewsheymers geczeytin do der pffleger zcu Seesten[117] was nach dem streyte dy see und wesen hat alle vorge[nante] hirschaft zcur Balge und zcu Seesten von dem hewse nicht wolt entperen vor kouffen adir Segemunde vor gebin etc.

Ortelsborg etc. Und Niclosborg etc.

Item der komptur zcum Elwinge[118] e gedacht der hot von den 350 hubin zcur Quoselow ee gedacht 100 und 38 hubin in seynir grenitcze keygin Ortelsborg gehoret und vil me hubin so Segemunt auch mir Erwin gesaget hot etc.

[fol. 28v]

Quoselow etc.

Item von den hubin e gedacht dy von der Quoselow keygin Ortelsborg gehorin etc. hot Niclosberg ee gedacht 30 hubin dy danne vor testament den brudern in das closter zcu Resil gegebin sint dor von keynirley dinst adir reddelichk[eit] gehorsam zcum hewße Seesten geschit etc.

115 Küchmeister, Michael: Hochmeister 1414 Januar 9–1422 März 3.

116 Hug vom Heiligenberg, Erwin, wie S. 44, Anm. 58.

117 Mosheimer, Peter: Pfleger von Gilgenburg (1405, 1409 März 14), Kumpan von Osterode (1409 Juni 24), Vogt von Leske (1413–1415 April 4), Pfleger von Seehesten (1418 März 6–1418 März 13).

118 Reuß von Plauen, Heinrich der Mittlere, wie S. 69, Anm. 113.

Item dy Quoselow und Niclosberg und Almoyen dy habin eyne grenitcze want czwisschin dem Elwingeschin und Belgeschen gebitten etc.

Quoselow etc. Rewsow etc. Reybin etc. Birsueben etc. dy guttir behaldin noch von den 350 hubin ee gedacht volkomelich 200 und 12 hubin und vil me dor obir so vorberuret ist etc.

Item dor von so behelt Niclos Kamon ytczundt zcur Quoselow wonende mit seynen stiff kindern her noch genant 100 und 41 hubin me danne volkomelich etc. In dem dorffe Quoselow 50 hubin etc. Zcu Rewsow in dem wustin dorffe 30 hubin etc. Zcum Reybin ir helfte 31 hubin mit der kirchen und mole hubin do selbist etc. Dy abirgin hubin sint in ir wiltenisse etc.

Item dor von behelt Niclos mit seynem weybe dy helfte das were 70 ½ hube von 40 hubin 1 platin dinst das were noch gnodin 1 ½ dinst etc.

[fol. 29r]

Quoselow etc.

Myt 5 adir 6 pferdin dor von 1 ½ pfunt wachs und 1 firtel und 8 d. orkunde etc. Und van ym und von seynen eygenen czins geburen uff das wenigeste uff disse czeyt 4 scheffel weysis so vil pfluckornis uff Mertini[119] seyne gebewer von der hube gelich den unsern etc. Seyne herschawu[n]ge her noch beruret etc.

Item Hans und Peter und juncfrawe Orthea Segemu[n]des kinder zcur Quoselow ee gedacht gewest sint etc. Und nu Niclos stiff kinder ee gedocht sint dy habin ouch zcu ir helfte in den guttern ee gedacht 70 ½ hube von 40 hubin 1 platen dinst das were noch me wan 1 ½ platin dinst das were noch gnodin wol 6 adir 7 pferde alzo sulde Niclos auch habin etc. Dor von der kinder orkunde glich Niclos 7 firtel von dem pfunde wachs und 8 d. etc. Und von in und von iren czins geburen uff das weynigeste uff disse czeyt 4 scheffel weys so vil pfluckornis uff Mertini ir gebuer von der hube glich den unsern etc. Ir herschawunge her noch beruret etc.

Summa pfluckorn uff disse czeyt von Niclos und seynen kindern 8 scheffel weys so vil kornis etc.

[fol. 29v]

Quoselow etc.

Und 3 ½ pfunt wachs und 18 d. orkunde uff Mertini[120] etc.

Summa Niclos und seyne stiff kinder 3 ½ platen dinst adir noch gnoden uff disse czeyt 12 pferde dor von beweyset her noch beruret etc.

---

119 November 11.

120 November 11.

Reyben etc.

Item Hans und Bertolt gebruder den hot unser orden zcum Reybin gegebin 31 hubin unser teyl das danne zcu dem richthoffe gehorte und das ander teyl her Hans unsers ordins des aldin Fochs son seynis vater an sterpliche teyl unsern ordin gegeben hot das danne den brudern ee gedacht mit[a] der kirchin und mol huben nach hubin czal vor ir hubin dy sy zcu Petczschindorff gehat habin gegebin ist nach aufweysunge ires briffes unde des stadt buchis zcu Seynsborg ee gedacht etc. Von den 31 hubin sullen sy dynen mit dreyen gutten pferden und dinsten noch gnodin uff disse czeyt und 3 firtel von dem pfunde wachs und 3 d. orkunde und sy mit iren czins geburen 3 scheffel weys so vil pfluckornis uff Mertini iczlich czins gebuer von der hube glich den unsern etc.

Summa 3 scheffel weys so vil pflugkornis 3 firtel von dem pfunde

a Folgt Streichung *seyn*.

[fol. 30r]

Reyben etc.

wachs 3 d. orkunde etc.

Summa 3 pferde dinste ir herschauwunge her nach beruret etc.

Item der pfarnir zcum Reybin hot 4 hubin zcur kirchin etc. Dy mole zcu[m] Reybin gehoret mit allir nutczung halp Niclos und seynen stiff kindern etc. Dy ander helfte Hanse und Bertolt ee gedacht etc. Hot dy mole hubin dor von sal sy uns pfluckorn von iczlichir hube geben glich unsern czins geburen ee gedacht etc.

Birsucken etc.

Item Hans Merrettich hot 40 hubin uff 1 platen dinst ee gedacht das auch in dy Quoselow mit dem Reybin ee gedocht gehort dor von uff disse czeyt 1 pfunt wachs 5 d. orkunde 1 scheffel weys so vil pfluckornis und von iczlichem seynem gebuer von der hube glich unsern geburen noch gnodin uff disse czeyt uff Mertini[121] etc.

Summa 1 pfunt wachs 5 d. orkunde 1 scheffel weys so vil pfluckornis uff Mertini uff disse czeyt etc.

Item suche her noch abir Quoselow grenitcze etc.

Summa noch gnodin uff disse czeyt 2 dinste seyne herschawunge zcu fusse her noch beruret etc.

121 November 11.

[fol. 30v]

Sorkemiten etc.

Sorkemiten etc. Meluken etc. Almoyen etc. Pustenike etc. Stam[m]en etc. Posters etc.

Item dy genanten guttir habin 300 und 10 hubin dy gehorin heren Segelant von Wapels Raschauwin Tranckewitcze Hans Kremite Otte von Legin dy sullen allis von 30 hubin 1 gewonlich gut dinst mit pferde und wopin thun etc. Von iczlichem dinste 1 pfunt wachs 5 d. orkunde etc. Und von iczlichem pfluge adir hoken adir norgen 1 scheff[el] weys so vil pfluckornis sunder iczlich ir scholtus und czins gebuer von der hube 1 firtel weys so vil pfluckornis durch gnode willen uff disse czeyt glich den unsern geben sullen uff Mertini[122] etc.

Item von den 300 hubin ee gedacht hat Otte von Legin zcu Pustenike und Almoyen uff yenir seyte des Glanten 150 hubin und vil me wurden seyne guttir do gemessen alzo seyne schelmen und grenitczen aufweysen etc. Alzo hot Kremiten ouch 100 und 40 hubin ee gedacht und vil obirges alzo hot Clauke zcum Almoyen mir Erwyn[123] gesaget etc. Sy habin alle flisse in iren grenitczen dy aus und widder in ir see geen flissen freye fyschreye etc. Sunder dy grossen und gewenlichin flisse gehorin der hirschaft dy sullen frey ungefyschit und unbestalt bleybin von den[a]

a Folgt Streichung, unleserlich.

[fol. 31r]

Sorkemiten etc.

eddelingen und den iren ee gedacht bleybin etc. Dy eddelinge und nicht dy freyen adir scholczin adir ander ir undirsoßen habin freye fyschreye zcu notdorfft ires tischis nicht zcu vor gebin adir zcu vor kouffen dy uff den guttern wonen mit eynem hantgarne adir cleppe das sal uff iczlichir seyte 30 clostern lang garn habin und dar zcu so lang dor vor leynen etc. Sunder alle unser flisse hecht und bresem strich sullen uns frey un vor fyschit un vor stalt alle czeyt von in bleybin etc. Dy eddelinge sulden 3 hantfesten obir ir guttir habin dor nach froget etc.

Item Otte zcu Legyn spricht ym gebreche in seynem gutte ee gedacht me danne 40 hubin und vil beuten dorynne steende darum[m]e vor saget her lantwerung

122 November 11.

123 Hug vom Heiligenberg, Erwin, wie S. 44, Anm. 58.

herschawung orkunde pfluckorn und alle ander gerechtik[eit] sunder her hot me man valkomelich ee gedacht etc. Den a[b]egang[a] ee gedacht sulde der komptur zcum Elwinge[124] keygin Ortelsborg genomen habin etc.

Summa von den 300 unde 10 hubin geboret sich zcu thun nach ausweysunge ir hantfeste 10 dinste so geet in 10 huben zcu Posters zcu Hans Kremiten etc. Dor von 10 pfunt wachs 50 d. orkunde etc. 10 scheffel weys so vil pflugkornis uff das weynigeste etc.

a Tintenfleck.

[fol. 31v]

Sorkemiten etc.

Item zcu des dorff[es] kirchin 4 hubin frey und zcum scholcz ampt 4 hubin frey etc. Des pfluckornis ee gedacht ist me das brenget in dy scholczin und czins leute in iren dorffern dy danne van iczlichir hube gebin 1 firtel weys so vil pfluckornis durch gnode willen gelich den unsern ee gedacht uff Mertini[125] etc.

Item das dorff hat mit dem scholcz ampt 36 hubin is sulde ine[a] habin so vorberuret ist dor von loken sy 4 hubin etc. Doch von den 36 hubin ee gedacht 9 scheffel weys so vil pfluckornis wan sy alle besatczet weren uff Mertini das dorff in hat keynirley krewes adir fyschreye freyheyt in unsern see do um[m]e lang gelegen etc.

Summa aus dem dorffe 9 scheffel weys so vil pfluckornis und nicht herschawunge adir orkunde uff Mertini etc.

Meluken etc.

Item das dorff vorberuret hat uff 3 dinste vor Kremiten 30 hubin dor von 3 pfunt wachs 15 d. orkunde 3 scheffel weys so vil pfluckornis sunder so men[n]ich freye dorynne wonit so men[n]ich scheff[el] weys so vil kornis hager uff Mertini etc.

Summa uff disse czeyt 3 pfunt wachs

a Oder *me*.

124 Möglicherweise Reuß von Plauen, Heinrich der Mittlere, wie S. 69, Anm. 113.
125 November 11.

[fol. 32r]

Meluken etc.

und 15 d. orkunde und 4 scheff[el] weyses so vil pfluckornis uff Mertini[126] etc.

Summa 3 dinste ir herschawunge her nach beruret etc. Sy in habin keynirley fyschreye krewes in unsern seen by in gelegen etc.

Niclosberg etc.

Item das dorff ist mit seynen hubin und freyheyt vorberuret in dy Quoselow etc.

Almoyen etc.

Item das dorff hot uff 1 dinst vor Otten von Legyn vorberuret 20 hubin dor von Clauke gibet 1 pfunt wachs 5 d. orkunde 1 scheffel weys so vil pfluckornis uff disse czeyt sunder wan me freyen do wonen adir czins gebuer so ist das pfluckorn hager uff Mertini sy in habin keyne fyschreye frey in unserm see Almoyen her helt eyne art grenitcze keygin Ortelsborg und in das bischoftum etc.

Summa 1 pfunt wachs 5 d. orkunde 1 scheff[el] weys so vil pfluckornis uff Mertini etc.

[fol. 32v]

[a]Almoyen etc.[a]

Summa eyn dinst seyne herschawunge her nach beruret etc.

Item Clauke zcum Almoyen hot mir Erwyn[127] gesaget das Otte czwisschin Sokemiten und Niclosberg und der grenitcze von Ortelsborg und czwisschin dem bischoftum und Warpunen gar vil me hot danne Otte habin sulde sunder wurden dy gutter gemessen so wurde Otten der Almoyen abegeen und vil me hubin dor zcu das unser ordin wurde behaldin her spricht das Otte in eynir want 3 grenitczin hot czwisschin uns der eyn teylis unrecht sint das wurde dy hirschaft durch den lantmesser finden und dirkennen etc.

[a]Item Clauke ee gedacht hat mir Erwyn gesaget das czwisschin dem Almoyen und dem bischoftum und czwischin Pustenike und czwisschin Warpunen und czwisschin dem Falkenhayn und des bischoftůms grenitczen unser ordin bys an dy grenitcze zcu Weddern das were von dem Almoyen dy gerichte abe dy grenitcze zcu geen me wan 9 firtel wegis lang unser orden vil wiltenisse hot der

126 November 11.

127 Hug vom Heiligenberg, Erwin, wie S. 44, Anm. 58.

sich der here bischoff von Heylsberg[128] und Otte von Legyn mit unrecht undir windet[a] so Clauke mich undir richtet hot etc.[a]

Pustenike etc.

Item das dorff hat uff 2 dinste vor

---

a *Nota Bene*-Hinweis (NB) von späterer Hand bei Überschrift und ganzem dritten Absatz. Im dritten Absatz ist die Textpassage von *der sich der here bischoff* bis *mich undir richtet hot etc.* durch Unterstreichung zusätzlich hervorgehoben.

[fol. 33r]

Pustenike etc.

Otten von Legyn 20 hubin etc. Dor von 2 pfunt wachs 10 d. orkunde 2 scheffel weys so vil pfluckornis sunder wan me freyen dorynne woneten so were das pfluckornis me uff Mertini[129] etc. Sy in habin keynirley freyheyt zcu fyschin in dem Glanten adir in unsern seen so um[m]e gelegen etc.

Summa 2 pfunt wachs 10 d. orkunde 2 scheffel weys so vil pfluckornis uff disse czeyt uff Mertini etc.

Summa 2 dinste ir herschawunge her nach beruret etc.

Stammen etc.

Item das dorff hot 50 hubin uff 5 dinste vor Kremiten dor van 5 pfunt wachs 25 d. orkunde 5 scheff[el] weys so vil pfluckornis sunder wan me freyen adir gebuer dorynne woneten so were das pfluckornis me uff Mertini etc. Sy in habin keynirley freyheyt zcu fyschin in unsern seen etc.

Item wir habin czwischin Sorkemiten Seynsbarg Mertinsdorff Polnischindorff Stammen ee gedacht vil wiltenisse und fyschreye legen dy zcum hewße Seesten gehoren dor nach loset fragen und uff wartin etc.

[fol. 33v]

Stammen etc.

Item der Stammen see und der cleyne Serfen see by dem borkwal in der wilteniße by unserm großin Serfen see dy 2 see sint in dy gutter zcu Sorkemiten

---

128 Möglicherweise Kuhschmalz, Franciscus: Bischof von Ermland 1424 April 14–†1457 Juni 10. S.: Konrad EUBEL, Hierarchia catholica medii aevi sive summorum pontificum, Bd. 1, Monasterii ²1913, S. 516; DERS., Hierarchia catholica medii aevi sive summorum pontificum, Bd. 2, Monasterii ²1914, S. 216.

129 November 11.

gemessen sunder sy in habin abir den cleynen see by unserm Serfen see ee gedacht keyne beweysung mir nicht walt vor brengin dor nach froget etc.

Summa 5 scheffel weys so vil pflugkornis 5 pfunt wachs 25 d. orkunde etc. Uff Mertini[130] etc.

Summa 5 dinste ir herschawunge her noch beruret etc.

Posters etc.

Item Posters ee gedacht hat 10 hubin gehoret Kremiten und herschauwet nicht zcum hewße sunder is gibet 1 pfunt wachs 5 d. orkunde und 2 ½ scheffel weys so vil pfluckornis uff Mertini etc.

Summa keyn dinst adir herschawunge sunder 1 pfunt wachs 5 d. orkunde 2 ½ scheff[el] weys so vil pfluckornis uff Mertini etc.

Warpunen etc.

Item dy 3 Warpunnen habin 100 und 20 huben uff 4 gutte Colmische dinste sunder alzo an [mennich]

[fol. 34r]

Warpunen etc.

teyl dy hubin geteylit werdin alzo mennich dinst sal uns dor von gescheen von iczlichem dinste 1 pfunt wachs 5 d. orkunde 1 scheffel weys so vil pfluckornis uff Mertini[131] etc. Das gut ist uff 3 hoffe geteylit dor von uff disse czeyt 4 dinste noch gnodin etc. Der see Wustenyn ist den drin hoffen ee gedacht mete in gemessen etc. Allis von 30 hubin 1 gut dinst beseth und froget noch iren hantfesten etc.

Item czwisschin Warpunnen und deme Falkenhayn und Weddern und Girkindorff und der Swarczinborg und dem Polnischindorffe und dem Stammen vil gedacht habin wir vil guttir wiltenisse dor nach froget etc.

Posters etc.

Item Hans Kremite hot in dem Weysin see czwisschin Posters in dem felde zcu Weddern gelegen freye fyschreye der gehoret keygin Rastinberg etc. Her in hat abir das dorff und fyschreye ee gedacht nicht beweysunge von horen sagin etc.

Warpunen etc.

Item dy 3 hoffe zcu Warpunen ee gedacht sullen dy 4 gedachtin dinste orkunde pfluckorn undir sich teylen das der hirschaft[e] recht dor von geschit etc.

130 November 11.
131 November 11.

[fol. 34v]

Warpunen etc.

Item Niclos Bote zcu Warpunen by dem Stam[m]en hot 40 huben uff sulch dinst vorberuret dor von 5 firtel volkomelich van dem pfunde wachs und 7 d. orkunde und[a] 1 scheff[el] gestrichen und 1 gehewffet firtel weysis sovil pfluckornis sunder wonen me freyen adir hubener by ym so ist das pfluckorn hager uff Mertini[132] sy in haben keynirley fyschreye freyheyt in unsern seen do um[m]e gelegen etc.

Summa orkunde 5 firtel valkomelich van dem pfunde wachs 7 d. und 5 ½ firtel valkomelich weysis so vil pfluckornis uff Mertini etc.

Summa seyn dinst vor und her nach beruret und seyne herschawunge nach gnoden uff disse czeyt 1 dinst etc.

Das andir Warpunen etc.

Item Warpunen by dem borkwal hot 40 hubin gehoret Hans Reynman adir Ricke Garbin adir Fromalt genant uff sulch dinst vorberuret dor von 5 firtel volkomelich von dem pfunde wachs und 7 d. orkunde und 1 scheffel gestrichin und 1 gehewffet firtel weysis so vil pfluckornis sunder wonen me freyen adir hubenir by ym so ist das pfluckorn hager uff Mertini sy habin keynirley fyschreye freyheyt in unsern seen do um[m]e gelegen etc.

---

a Folgt Streichung *v*.

[fol. 35r]

Borkwal etc.

Summa orkunde 5 firtel valkomelich von dem pfunde wachs 7 d. und 5 ½ firtel valkomelich weysis so vil pfluckornis uff Mertini[133] etc.

Summa seyn dinst vor und her noch beruret und seyne herschawunge noch gnodin uff disse czeyt 1 dinst etc.

Warpunen das dritte etc.

Item Warpunen by dem Falkenhayn hot 40 hubin zcu sulchim dinste vorberuret dor von hat dy kyrche do selbist 4 hubin etc. Gehoret der Sperwynir und Symon und Berteko und Merten Smyrdekayme und Yocub Meyss[ner]nen etc. Uff sulch dinst vorberuret dor von 5 firtel valkomelich van dem pfunde wachs und 7 d. orkunde und 1 scheff[el] gestrichin und 1 gehewffet firtel weysis so vil

---

132 November 11.
133 November 11.

pflugkornis sunder wonen me freyen adir hubenir by ym so ist das pfluckorn hager uff Mertini sy in habin keynirley fischereye freyheyt in unsern seen do um[m]b gelegen etc.

Summa ir dinste vor und her noch

[fol. 35v]

Warpunen etc.

beruret und seyne herschawunge nach gnoden uff disse czeyt eyn dinst etc.

Summa orkunde 5 firtel volkomelich van dem pfunde wachs 7 d. und 5 ½ firtel valkomelich weysis so vil pfluckornis uff Mertini[134] etc.

Item Hans Rickegarbin und dy Sperwyner ee gedacht dy habin von den czweyn hoffen 80 hubin ee gedacht von der fyschereie wese wachs holczunge gutte nutzcung dar von uns keyn dinst adir gerechtik[eit] herschawung lantweru[n]ge lange czeyt vor sessen nicht von gescheen in ist etc. Ir see wuste [n]yn dorum[m]e dy guttir gelegen sint der hot an czweyn endin gelegen 5 hubin und gehoret der dreyer hoffe Warpunen ee gedacht dorum[m]e in habin sy keynirley freyheyt in unsern seen do um[m]e gelegen zcu fyschin etc.[a]

Summa pfluckorn aus den dreyen hoffen 4 scheffel weys so vil kornis 4 pfunt wachs 20 d. orkunde uff Mertini etc.

Summa von den drin Warpunen 4 dinste dor von noch gnodin uff disse czeyt gelosen zcu drin gutten dinsten beseth ir hantfesten dor van ir herschawunge her nach beruret etc. Uns geet 1 dinst do abe etc.

a Folgt Streichung *fir*.

[fol. 36r]

Falkenhayn etc.

Item dy czweyne Matthis Tolkeynir habin uff 2 platin dinste zcum Falkenhayn 64 hubin dor von habin dy bruder dy 4 hubin in das closter zcu Resil zcu der pfarre zcum Falkenhayn von iczlichem dinste 1 pfunt wachs 5 d. orkunde und 1 scheffel weys so vil pfluckornis und von iren scholczen und czins geburen von iczlichir hube durch gnode willen gelich den unsern uff Mertini[135] etc. Sy habin in unserm see Glanten alleyne dy eddelunge freye fischreye mit cleynem geczew czu notdorft ires tischis unde nicht zcu vor gebin adir zcu vor kouffen unser flisse hecht und bresem strich sullen unvorstalt und ungefyschet von in bleybin

134 November 11.
135 November 11.

etc. Sy habin me hubin danne ir hantfeste aus weysit wan in gemessen wurde etc. Sy habin vil nutzunge an wese wachs holczunge und an der mole zcu Weddern der von sy den czins nemen und in dem mol teyche freye fyschreye habin. Der teych und der Falkenhayn dem dorffe großin schadin brenget mit der stoy[un]ge der wesen und des ackers und von dem ge[trei]de etc. Otte von Legyn und Matczko czymmerman zcu Warpunen und der molnir zcu Weddern dy habin dy nutzunge ouch von der mole und von dem Falkenhayn ee gedacht etc. Und dor zcu so molen alle unser undirsoßin zcu Weddern in der mole dor von geet uns dy metcze an unser mole zcum Pilcze unserin hewße abe etc. Und dy Tolkeynir thun uns keynirley dinst lantwerung herschawungen etc.

[fol. 36v]

Falkenhayn etc.

Orkunde nicht noch loute ir hantfeste und sy habin vil nutzunge dor von varberuret etc. Wir und unser dorff Weddern habin vil schadin dor von etc. Sy in habin mir Erwin[136] keyne gerechtigkeit by meynir czeyt vorgang[en] bys uff disse czeyt getan alzo dis register an gehabin ist etc.

Summa 2 pfunt wachs 10 d. orkunde 2 scheffel weys so vil pfluckornis und 2 platen dinste das allis vor sessen dinst und gobe von Mertini do man schreyp XLIIII yor bys in das XLIX yor[137] etc.

Summa noch gnodin uff disse czeyt czu dynen mit 4 mannes und pferdin ir herschawunge her noch beruret etc.

Item czwisschin dem byschoftům und Warpunen und Falkenheyn und Weddern unser wiltenisse vorberuret etc. Und czwischin Warpunen Falkenheyn Weddern Girkindorff Swarczinborg Polnischindorff Stammen unser wiltenisse unde fyschreye vil vorberuret etc.

Weddern etc.

Item das dorff hot mit den czins hubin obir all 44 hubin dor von dy czins hubin abe zcu nemen her noch beruret sindt uff Mertini so sy czinsen etc.

[fol. 37r]

Weddern etc.

Item in dem dorffe ee gedacht ist 18 hubin Colmisch uff 2 dinste dor von 2 pfunt wachs 10 d. orkunde und 5 scheffel weys so vil pfluckornis sunder wurden me freyen adir ir czins gebuer dor uff wonen so were des pfluckornis meer etc.

136 Hug vom Heiligenberg, Erwin, wie S. 44, Anm. 58.
137 1444/1449 November 11.

Item der scholtus in dem dorffe hot 2 huben orkunde frey seyn pflugkorn ½ scheffel weys so vil kornis von der hube glich den czins geburen ee gedacht etc.

Summa 2 pfunt wachs 10 d. orkunde 5 ½ scheffel weys so vil pflugkorn mit den freyen und scholczin uff Mertini[138] etc.

Summa 3 dinste aus dem dorffe ir herschawunge her noch beruret etc.

Posters dor neest vil vorberuret etc.

Schaytenike etc.

Item Hans Schaitenike hat[te] uff 1 dinst 6 Meydeborgesche hubin dor von 1 pfunt wachs 5 d. orkunde und 1 scheffel weys so vil pfluckornis etc.

[fol. 37v]

Schaitenike etc.

Wurden me freyen adir czins gebuer dor uffe wonen so were des pfluckornis me etc.

Summa 1 pfunt wachs 5 d. orkunde 1 scheffel weys so vil pfluckornis des ist her noch in freyheyt etczliche czeyt beseth seyne schrift uff Mertini[139] etc.

S[u]mma 1 dinst wan seyne czeyt kummpt seyne herschawunge her noch beruret etc.

Dor by unser wesen etc.

Item wir habin by der Schaitenike und by dem Pilcze mit der Wirbeleschin wese 100 und 3 morgen und 3 firtel von dem morgen rewmir wesen alum[m]e do zcu suchin uff dem unsern in gebruchen tům̊pelen Damerowin dor nach seth alle yor mit der mosse etc.

Pylcz unser walt und Damerow etc.

Item czwisschin dem Pilcze und dem Rastinborgeschin gebitte und dem Krackentin und dem bischoftům̊ bys widder an dy Schaitenike etc. habin wir bobin 12 hubin vor hauwins waldes und Damerowin do man nach nutzung zcum hewße uff machin machte zcu komende etc.

[fol. 38r]

Pylcz etc.

Item der Pilcz hot 70 hubin etc. Dor von hot der pfarnir 4 hubin zcur kirchin etc.

Item so sint 6 hubin zcur briff fure in dem dorffe etc.

---

138 November 11.
139 November 11.

Item so sint 16 hubin uff 2 dinste dor von 2 pfunt wachs 10 d. orkunde 5 scheffel weys so vil pflugkornis sunder wurden me freyen adir czins gebuer dor uff so werdes pflugkornis meer uff Mertini[140] etc.

Item in dem dorffe sint 8 hubin zcum scholcz ampt orkunde frey dor von 1 dinst 2 scheffel weys so vil pfluckornis von der hube ee gedacht uff Mertini etc. Dy obirgen huben findet man in dem czinße her noch uff Lichtmessen[141] etc. Der kirchin und dy briff hubin sint orkunde pfluckornis herschauwu[n]ge frey etc.

Summa 2 pfunt wachs 10 d. orkunde 7[a] scheffel weys so vil pflugkornis uff Mertini etc. Von den freyen und scholczin dy 7 scheffel uff disse czeyt etc.

Summa 3 dinste mit dem scholczin is sulde 4 seyn nu geschit uff disse czeyt den czweyn scholczen gnode mit eyne[n] dinste ir herschawunge her noch beruret etc.

---

a Über der Zeile ergänzt.

[fol. 38v]

Girkindorff etc.

Item das dorff hot 50 hubin dor von hot der scholtus 4 hubin orkunde frey etc. Dy obirgen hubin findet man by dem czinße uff Lichtmessen[142] her noch beruret etc.

Item der scholtus in dem dorffe hot 4 hubin dor von 1 scheff[el] weys so vil pfluckornis uff Mertini[143] etc.

Summa 1 scheffel weys so vil pfluckornis und 1 dinst seyne herschauwů̊nge her noch beruretetc.

Langebrucke etc.

Item das dorff hat uff 5 dinste 42 hubin dor van 5 pfunt wachs 25 d. orkunde 10 scheffel weys so vil pfluckornis sunder wurdin me freyen adir czins gebuer dor ynne werden so were des pflugkornis me uff Mertini etc.

Summa 5 pfunt wachs 25 d. orkunde 10 scheffel weys so vil pflugkornis uff disse czeyt uff Mertini etc.

Summa dor aus 5 dinste ir herschawunge her noch beruret etc.

---

140 November 11.

141 Februar 2.

142 Februar 2.

143 November 11.

Dor by unser heygewalt etc.

Item wir habin czwischin der Langen

[fol. 39r]

Unser heygewalt etc.

brucke und Pilcz und Laxdoyen unde Runewange und Reuschindorff und Seestenir grenitczen in dem mittel legen eynen walt vor 4 hubin genant des ist bobin 10 hubin der ist zcu komende nutcze zcu czym[m]er holcz borneholcz zcum hewße dor by her leyt an der Swarczinborger grenitcze 1 firtel weges und der in ist nicht von dem hewße zcu entperen an zcu komendem großin schadin etc.

Czur Swarczinsborg etc.

Item wir habin do selbist 100 und 20 wuster hubin rurende an der Seestener Langebrucker Girkindorffer Wedderer Falkenhayn Warpunen Stammen Polnischindorffer grenitcze gelegen in dem mittel so danne eyn teylis vil vorberuret ist dor ynne große nutzcunge an guttir allirley holczung fyweyde wese wachs ist und beuten sunder dy lantstrosse von der Langenbrucke abir dy Swarczinborg uff Polnischindorff und vort uff Seynsborg mus man weren so her Jurlitcz und ich getan haben so hat eyn pfleger pferde und fyweyde genug und dor obir wol bobin 100 fuder hoyes 1 yor dem anderen zcu hulffe etc.

[fol. 39v]

Swarczinborg etc.

Item dy Swarczinborg ee gedacht in ist mit nichte zcu dem hewße zcu entperen sy hot vil me mit der an stosinden wiltenisse danne 300 huben bynnen den grenitczin ee gedocht etc. Uff der Swarczinborg uff yenisseyt des flisses by dem borkwal und uff disser seyte dy alde dorff stete bys an der Langenbrucker grenitcze habin wir babin des fyes weyde notdorft bobin 40 morgen wese wachs dor uff gemeynlich alle yor wirt 23 hewffen hoys etczlichir von 5 fudern mit 4 pferden zcu furen wese gebruche tumpel gebirge angewende und an dem flisse und an den see und uff den Drischen das gros zcu suchin sundirlich so ist gut gros und hoy zcu der schefereye etc. Das habe ich Erwin[144] losen besehen und messen III yor nach den ander etc.

Item ich habe auch geschicket von den Seestenir eyne freye fy trift aus unserm hoffe Seesten bys uff unser Sworczinborg by lang dem gun[n]en an dem gebirge auch so mogen wir kochin holcz do nemen das habe ich in der fullit her nach beruret etc.

---

144 Hug vom Heiligenberg, Erwin, wie S. 44, Anm. 58.

Seesten etc.

Item das dorff hot 40 hubin dor von hot dy kirche 4 hubin frey etc.

[fol. 40r]

Seesten etc.

Item so sint 4 Meydeborgesche hubin uff 1 dinst dor von 1 pfunt wachs 5 d. orkunde 1 scheffel weys so vil pfluckornis sunder wurdin me freyen dor uffe wonen so were des pfluckor[nes] me uff Mertini[145] etc.

Item zcu dem scholtcz ampt sint 4 hubin orkunde frey uff 1 dinst dor von 1 scheffel weys so vil pflugkornis uff Mertini etc. Sunder dy obrigin hubin findet man by dem czinße uff Lichtmessen[146] her noch beruret etc.

Item das dorff hot lange czeyt nicht volle mosse gehat dorum[m]e lis ich den freyen zcur Weyßinborg ir 100 hubin messen do fant man obir mosse 2 hubin und[a] by 3 morgen obir mosse dy obir mosse nam ich in und gap dy den Reuschindorffern an der grenitcze is lag und nam den widder so vil ackers an der Seestenir grenitcze by der slewse an dem mol flisse an zcu hebin dy lenge uff und der sulte den Seestenern iren gebrechen und unser fy trift und holczunge zcur Swarczinborg ee gedacht das danne czwisschin beyden dorffern ee gedacht vor grenitczet ist etc.

Summa 1 pfunt 5 d. orkunde 2 scheffel weys so vil pfluckornis

a Folgt Streichung *vil.*

[fol. 40v]

Seesten etc.

von den freyen und scholczin uff disse czeyt durch gnode willen uff Mertini[147] etc.

Summa dy freyen und scholczin 2 dinste ir herschawunge her nach beruret etc.

Rewschindorff etc.

Item das dorff hot 60 hubin dor von habin 2 scholczin 6 hubin und Michel Torke van Osterrich 4 hubin dy obirgin hubin findet man by dem czinße uff Lichtmesse[148] etc.

145 November 11.
146 Februar 2.
147 November 11.
148 Februar 2.

Item Torke tat van den 4 hubin 1 gewonlich dinst etc. Und 1 pfunt wachs 5 d. orkunde 1 scheffel weys so vil pfluckornis uff Mertini seyne herschawunge her nach beruret etc.

Item dy 2 scholczin habin 6 hubin orkunde frey uff 1 dinst etc. Und 1 ½ scheffel weys so vil pfluckornis uff disse czeyt durch gnode willen etc.

Summa 1 pfunt wachs 5 d. orkunde 2 ½ scheffel weys so vil pflugkornis uff Mertini von dem freyen und scholczin ampt etc.

Summa Torke und dy scholczin 2 dinste noch gnodin ir herschawunge her noch beruret etc.

[fol. 41r]

Weysinborg etc.

Item das dorff hot 90 hubin uff 9 Colmische dinste etc. Und hot 10 hubin uff 1 Meydeborgisch adir Preusch dinst dy besitczet Mattis Mockelin und Lorencz Frise unde Kristan von iczlichem dinste 1 pfunt wachs 10 d. orkunde uff Mertini[149] sunder wurdin der freyen adir czins gebuer in dem dorffe meer so were des pfluckornis auch meer etc. Unser wiltenisse czwisschin der Weysinborg und Czanders hoffen und dem Busem und dem Notcz und der Montow ist her noch beruret etc.

Summa 10 pfunt wachs 50 d. orkunde 24 scheffel weys so vil pfluckornis aus dem dorffe uff disse czeyt und me etc. Uff Mertini etc.

Summa 10 gewonliche dinste aus dem dorffe dy 10 freyen dy das yor das dinst habin dy habin alleyne frey fischereie in dem Sallant mit cleynem geczew zcu notdorft ires tischis und nicht zcu vor gebin adir zcu vor kouffen unser flisse hecht und bresem strich sal frey un vor stalt und ungefyschit bleybin etc. Der freyen herschawunge uff dy 10 dinste ee gedacht her noch beruret etc.

[fol. 41v]

Weysinborg etc.

Item unser see Pisdin in der Weysinborger felde gelegen dorynne in hat keyn freye adir nymandis frey fyschreye etc.

Reuschindorff etc.

Item alle inwoner des dorffes habin frey fischreye zcu notdorft ir[is] tischis mit cleynem geczew nicht zcu vor kouffen adir zcu vor gebin unser flisse und hecht und bresem strich sal unvorstalt und frey seyn von in nicht zcu fysch[in][a] etc. In dem großin Togyn by Runewange und in dem cleynen Togyn by dem dorffe etc.

149 November 11.

Runewange etc.

Item das dorff hot 44 hubin uff 4 dinste und keyne freye fyschreye in unsern seen dor by gelegen etc. Von iczlichem dinste 1 pfunt wachs 5 d. orkunde 1 scheffel weys so vil pfluckornis uff Mertini[150] sunder weren me freyen adir czins gebuer in dem dorffe so were des pfluckornis meer etc.

Summa 4 pfunt wachs 20 d. orkunde 10 scheff[el] weys so vil pflugkornis uff disse czeyt uff Mertini etc.

Summa 4 dinste etc. Ir herschawunge dor von her noch beruret etc.

a Mit Restaurationspapier überklebt.

[fol. 42r]

Busem Grunow Baselanken etc.

Item Brosian Meledin Casper Glabune habin in den dorffern ee gedacht 100 und 24 hubin sy sullen allis von 30 hubin 1 gut platen dinst tůn und von eyme dinste 1 pfunt wachs 5 d. orkunde und 1 scheffel weys so vil pfluckornis uff Mertini[151] etc. Und von iczlichem iren czins gebuer von der hube 1 firtel weys so vil pflugkornis aus den genanten dorffern und iczlich schaltus 1 scheffel weys so vil pflugkornis und 1 pfunt wachs 5 d. orkunde uff Mertini ee gedacht etc. Zcu dem Busem 2 scholczin etc. Zcu der Grunow 2 scholczin etc. Dy czins hubin her noch beruret in der summe des pflugkornis etc. Der pfarnir zcum Busem hot 4 hubin frey zcur kirchen etc. Der see Lewden ist in mete in gemessen etc.

Busem etc.

Item der Busem hat 50 hubin dor von hot dy kirche 4 hubin etc. So habin 2 scholczin in dem dorffe 10 freye hubin uff 2 platin dinste etc. So bleybit nach 36 czins hubin in dem dorffe wan dy besatczet alle weren so sulden wir von der hube durch gnode willen uff disse czeyt nemen 1 firtel weys so vil pfluckornis glich unsern geburen uff Mertini etc.

Summa 2 pfunt wachs 10 d. orkunde

150 November 11.
151 November 11.

[fol. 42v]

Busem etc.

czweyne scheffel weys so vil pflugkornis von den czweyn scholczin etc. Und von den besatczten 12 czins hubin uff disse czeyt durch gnode willen 3 scheffel weys so vil pflugkornis des ist me uff Mertini[152] etc.

Summa 2 pfunt wachs 10 d. orkunde 5 scheffel weys so vil pfluckor[nis] von den scholczen und czins geburen uff Mertini etc.

Summa aus dem dorffe 2 platen dinste uff disse czeyt dor von durch gnode willen 4 pferde und wopin dor von ir herschauwunge her noch beruret etc.

Grunow etc.

Item das dorff hot 40 hubin dor von habin 2 scholczin uff 2 platin dinste 10 hubin dor von 2 pfunt wachs 10 d. orkunde 2 scheffel weys so vil pfluckornis unde van den 30 czins hubin wan sy alle besatczet seyn von iczlichir uff disse czeyt durch gnode willen gelich unsern czins gebiten 1 firtel weys so vil pflugkornis uff Mertini etc.

Summa 2 pfunt wachs 10 d. orkunde 2 scheffel weys so vil pflugkornis von den scholczin etc. Und 7 ½ scheff[el] weys so vil pflugkornis van den czins geburen aus dem dorffe 9 ½ scheffel iczlichis etc.

[fol. 43r]

Grunow etc.

Summa aus dem dorffe von den scholtissen ee gedacht 2 platin dinste dor von uff disse czeyt durch gnode willen 4 pferde mit wopin dor von ir herschawunge her noch beruret etc.

Baselanken etc.

It[em] dy eddelinge vorberuret habin in dem dorffe 4 hubin uff 1 gemeyne dinst den zcur Grunow Busem zcu hulffe dor van 1 pfu[n]t wachs 5 d. orkunde 1 scheffel weys so vil kornis sunder wonen me freyen dor uffe so ist des pfluckornis me uff Mertini[153] etc.

Summa 1 pfunt wachs 5 d. orkunde 1 scheffel weys so vil pflugkornis uff disse czeyt und me etc.

Summa 1 dinst dor von seyne herschawung her noch beruret etc.

152 November 11.
153 November 11.

Item dy eddelinge ee gedacht habin in den guttern 2 gutte see Grosse und cleyn Ludin genant und 30 hubin guttis waldis an der Reuschindorffer Runewanger Rastinborger grenitczin und der Weysinborger grenitcze gelegin etc.

[fol. 43v]
Summa von den dinsten ee gedacht Casper Glabunen 5 pfunt wachs [25][a] d. orkunde etc. Und van de[n][a] scholczin und freyen und besatczten czins hubin uff disse czeyt ee gedacht 15 ½ scheffel weys so vil pflugkornis und me uff Mertini[154] etc.

Summa von den 4 platin dinsten sullen sy durch gnode willen uff disse czeyt vor dynen mit 8 mannes und so vil gutten pferdin etc. Ir herschawung dor von her noch beruret etc.

Dor by unser wiltenisse e gedocht etc.

Item czwisschin der Jewre unde Montow und czwisschin der Weysinborg und Czanders hoffen und czwisschin dem Busem und dem Reyne und czwischin der Grunow und Borgerdorff und der Eykemeydie habin wir eynen großin geren wiltenisse czwisschin den grenitczin Rastinborg Reyn Seestin czwisschen den freyen ee gedacht legen dy keygen Seesten gehoret das vor kouffet vor gibet und yaget der pfleger zcu Rastinborg[155] der hot uff dem unsern by der Weysinborg Busem Grunow eynen großin wiltgarten gemacht der steet das meyste teyl uff dem unsern ee gedacht etc.

a Mit Restaurationspapier überklebt.

[fol. 44v]
[a]Item von der Montaw die wiltenisse gerichte uff zcu geen bis uff den Bewersee von dannen sint flisse unde vorczeichente grenitcz bis uff den eynfal see Wingerynschen flissis von dannen geet man bis uff die Johanßburgsche grenitcz.[a]

a Andere Hand, jedoch identisch mit »anderer Hand« von fol. 45r. Unterhalb des Eintrags folgt Freiraum.

[fol. 44r]
[a]Item an der Gronawer ortspfoel czwusschen en unde der Burgerdorffe unde Eykenide und der Reynisschen unde Seestner grenitczen unde wiltnisse gerichte

154 November 11.

155 Sauer, Wolfgang von: Vogt von Roggenhausen (1446 Dezember 8–1448), Pfleger von Rastenburg (1450 August 10–†1454).

uß zcu gen bis uff den ortpfoel czwusschen der Jwre unde Montaw do findet man als alde[b] vorfowlte grenitcz pfoel do bei nach die grenitcz zcu irkennen wie wol die hobel eins teils sint vorworffen alde schelme findet man ouch nach wie wol das ouch newe schelme ferre uff die Seestynsche wiltnisse sint gemachet.

Item der Weisse sehe unde Czwene ander kleine sehe legen czwusschen deme garten unde deme Jhelnotczen am ende unde an deme ende Silwange unde Plotczensehe do geet die Seestinssche grenitcz.

Item der Gelnotcze unde Maitczen [der] Meitschien unde Pelwus gehoren ouch zcum Mockeranosschen see.[a]

---

a Andere Hand, jedoch identisch mit »anderer Hand« von fol. 44v.
b Folgt Streichung *pfel.*

[fol. 45r]

Montaw etc.

Item das dorff hot bynnen seynen grenitczin 41 hubin dy rechte hantfeste loutet 40 so hot Schaber der scholtus eynen briff abir dy eyne obrige hube und obir 1 czins hube dy 2 hubin ym ouch zcu den czweyn vorgen[anten] scholtus hubin gegebin sint so dy grosse hantfeste ym obir 2 hubin loutet etc. Alzo zcu vornemen das das scholcz ampt 4 hubin uff 1 dinst habin sal dor von orkunde frey sunder 1 scheff[el] weys so vil pflugkornis sunder sint 2 scholczin so ist des pflugkornis me uff Mertini[156] dy obrigin hubin findet man by dem czinße uff Mertini dy inwonir des dorffes habin freye fischereie in dem Salczin see und Yewstin dor by gelegin zcu notdorft ires tischis nicht zcu vor kouffin adir zcu vor gebin mit cleynem geczew alle unser flisse hecht und bresem strich sal von in unvorstalt und ungefischit bleybin etc. Sy dynen zcu der yait und in dem hoy slage sy gebin pflugkorn sust nicht me scharwerkis weysit ir hantfeste aus und nicht czins huner etc.

Summa 1 dinst von dem scholczin 1 scheffel weys so vil pflugkornis uff Mertini seyne herschawunge her nach beruret etc.

Mertinsdorff etc.

Item das dorff hat 50 hubin und nicht wese wachs etc. Und habin

---

156 November 11.

[fol. 45v]

Mertinsdorff etc.

freye fyschreye in dem Neestin see by dem dorffe gelegin mit cleynem geczew von gnade wegin zcu notdorfft ires tischis nicht zcu vor koffen adir zcu vor gebin unser flisse hecht und bresem strich behaldin wir frey von in etc. Von den hubin hot das scholcz ampt uff 1 dinst 5 freye hubin dor von 5 firtel weys so vil pflugkornis uff Mertini[157] etc. Dy obirgin hubin findet man her noch by dem czinse uff Lichtmesse[158] etc.

Summa 1 dinst dor von 5 firtel weys so vil pflugkornis sunder weren me scholczin dor uffe so were des pflugkornis me nach gnadin uff Mertini seyne herschawunge her nach beruret etc.

Polnischindorff etc.

Item das dorff hot 40 hubin und nicht frey fyschereie danne durch gnode in dem Gu[n]en und hat gutte weßin und acker wan sy wallen rewmen etc. Dor van hat der schaltus uff 1 dinst 4 hubin orkunde frey dor van 1 scheff[el] weys so vil pflugkornis sunder sint me scholczin dor uffe so ist das pflugkorn nach gnoden hager etc.

[fol. 46r]

Polnschindorff etc.

Dy obirgin hubin findet man her noch by dem czinße uff den czwilfften tag nach der Gebort Unsers Heren[159] etc.

Summa 1 dinst 1 scheffel weys so vil pflugkornis uff Mertini[160] seyne herschawunge her noch beruret etc.

Ayweydin etc.

Item das dorff hot 60 Colmische hubin dor von hat dy kirche 6 hubin frey und iczlich beutener in dem dorffe nicht me danne 3 huben habin sal und allis 1 tonne honig[is] der hirschaft um[m]e 1 gutte m. 1 pfunt wachs um[m]e 1 gut sc. keynen honig adir wachs sullen sy nicht vor brewen vor kouffen vor gebin ane orlop der hirschaft sy in habin keyne freye yaget adir fyschereie in ire hantfeste des pfarnirs 6 hubin seyn nicht beruret in der hantfeste sy habin weynig wese wachs etc.

157 November 11.
158 Februar 2.
159 Januar 6.
160 November 11.

Petczschindorff etc.

Item wir habin in dem dorffe zcu der briff fure und beutenern 34 ½ hubin etc. Uff disse czeyt etc.

[fol. 46v]

Petczschindorff etc.

So danne vorberuret by den freyen hubin ist uff disse czeyt etc. Dor von hot unser briff furer 4 hubin herschawunge reysen orkunde pflugkornis frey so lange wir ym dy hubin zcu der briff fure wallen losen so sal her dor vor unser briffe keygin Johansborg und keygin Ortelsborg furen sunder dy briff fure were bequemelichir und gefordert uff den czweyn kretczmern etc.

Item so behaldin noch unser beutener in dem dorffe 30 ½ huben dor von sal eyn iczlich starost 2 ½ hube habin und iczlich beutenir in dem dorffe 2 hubin und nicht me sy habin freye fischereie glich den freyen in dem Medauwirn see mit cleynem geczew zcu notdorft ires tischis nicht zcu vor gebin adir zcu vor kouffen unser flisse und hecht und bresem strich behalden wir frey sy haben wenig wese wachs etc. Sy sint allirley gebewirlichir erbeyt czinsis pflugkornis ewiclich frey zcu Colmischem rechte etc.

Item iczliche tonne honig[is] sullen sy uns entwertin vor 1 gutte m. 1 pfunt wachs vor 1 gut sc. etc.

[fol. 47r]

Petczschindorff etc.

Item sy in sullen keynen honig adir wachs vor brewen vor kouffen vor gebin in weyk brengin an orlop der hirschafft sunder wachs mogen sy mit orloube etczwas czu der kirchin do sy in gehoren durch Gotis willen gebin etc.

Item was sy von großem adir cleynem wilde slan sullen sy uns dy hewte und felwerk von antwertin wir in dy alzo iczlich stucke so zcu Johansborg beczalet wirt etc. Und von iczlichem stucke wildes das sy slan uns 1 slauwe dor von gebin glichir weyße alzo zcu Ortelsborg etc. Matczko starost sal starost und obir dy beutenir ratin unde bleybin dy weyle her uns nutzce dor zcu wirt seyn etc. Beseth ir newge hantfeste etc.

Summa uff Margarete was in dem dorffe 22 ½ hubin mit beutenern besatczet etc. Nach so was dorynne zcu besetczin 6 hubin und nach 2 hubin dy 8 hubin woren noch wuste im XLIX yore[161] etc.

161 1449 Juli 13.

It[em] dy 2 kretczmer in dem dorffe her nach mit dem czinße uff Mertini[162] beruret sullen habin 6 morgin ackers van dem unsern etc.

[fol. 47v]

Bredyn etc.

Item wir habin vil[a] vor gedacht in dem Bredin 13 hubin und 10 morgin zcu beutenern dy danne dy beutenir zcu Petczschindorff ee gedacht haldin und vorwaren sullen glich den iren beuten mit honige und wachse und mit andir nutzunge etc.

Summa briff hubin 10 zcum Pilcze 6 etc. Zcu Petczschindorff 4 ee gedacht etc. Dor von keyne orkunde pflugkorn herschawunge von geschit etc.

Summarum der hubin zcum Ayweydin mit den 6 kirchin hubin und beutenir huben etc. Und unser beutenir hubin zcu Petczschindorff etc. Und zcum Bredyn das wuste mete in gerechint ee gedacht etc. Das brenget 100 und 3 hubin unde 25 morgen ackers etc. Dor van keyne reysen herschawunge scharwerk czins pflugkorn huner orkunde nicht von gefellit etc.

Summarum unsers hewses sundirliche namhaftige wuste und nutczeliche hubin ee gedacht zcur Swarczinborg me danne [b]und 20[b] 100 hubin etc. Zcum Stanginwalde valkomelich 6 hubin etc. Unser walt und

---

a Folgt Streichung *y*.

b Unterhalb des Textes ergänzt, vermutlich jedoch an falscher Stelle. Eher ist anzunehmen *danne 120 hubin* und nicht *danne und 20 100 hubin*.

[fol. 48r]

Unser samdirliche hubin etc.

Damerowen by dem Pilcze volkomelich 12 hubin etc. Und unser hegewalt by der Langenbrucke valkomelich 10 hubin so danne iczlichs vorberuret ist etc. Dy hubin alle brengin ee gedacht 100 und 48 hubin dor von uns auch nicht dinst geschit sunder sy sint sere fromelich unserm hewse Seesten zcu komende etc.

Summa unser wesen in der wiltenisse und zcum Pilcze und zcur Swarczinborg und vor dem hewse Seestin her nach beruret etc.

Czins uff Mertini im XLIX yare.[163]

Czins und nutzunge in geldes wirde fellig zcum hewße Seestin her nach beruret eyn yar me das andir yor weyniger uff Mertini etc.

---

162 November 11.

163 1449 November 11.

Summa alle gerichte ufflangunge und gabe uff eyn yar 12 gutte m. glich dem czinße gerechint uff Mertini etc.

Summa allir fyschir und wasser czinses und des walt czinses nutzung by dem Pilcze uff Mertini 15 gutte m. etc.

Item kese und potter und felwerg her

[fol. 48v]
[a]nach beruret etc.[a]

Czins und pflugkorn uff Mertini[164] etc.

Item aus der sneyde mole zcu Seynsborg abir meyne ausgobe meyn innam uff das weynigeste eyn yor dem andern zcu hulffe 20 gutte m. uff Mertini etc.

Seynsborg czins uff Mertini etc.

Item dy stadt hot vorberuret 32 czins hubin iczliche hube czinset 14 sc. guttis und 2 huner und 1 firtel weys so vil pflugkornis uff Mertini etc.

Summa hubin czins 18 m. 16 sc. guttis etc.

Item dy stadt hot 72 halbe hoffe der gancze hoff czinset 6 d. etc.

Summa dor von smalen czins unser teyl 7 gutte sc. etc.

Item dy stat hat 8 brotbencke iczliche czinset 4 gutte sc. etc.

Summa dor von unser teyl 10 sc. gutt[is] und 20 d. etc.

Item sy hat 8 schubencke etc.

Summa dar von unser teyl 4 g[utte] sc.

a Oberhalb der ersten Überschrift ergänzt, daneben Markierung *a* ⸎.

[fol. 49r]

Seynsborg etc. Czins.

Item von der brewpfanne unser dritte d. 1 gutte m. sunder sy sal uns vortan hager czinßin etc.

Item von der batczstobin unser dritte d. ½ gutte m. sunder sy sal vort an hager czinßen etc.

Item 6 fleyschbencken unser dritte teyl 1 steyn gestosins unslitt[es] etc.

Item der stadt wagin ist nach in czinses freyheyt zcum hewse etczlich yor etc.

164 November 11.

Item der stadt gewant ramen ist nach an freyheyt czinses etczlich yor zcum hewße etc.

Summa van Seynsborg des rechtin d. czins 21 m. und 1 sc. guttis und 20 gemeyne d. uff Mertini[165] etc.

Summa van den czins hubin 8 scheffel weys so vil pflugkornis von der stat freyheyt das pflugkorn varberuret uff Mertini etc.

Summa von der stat czins hubin 64 huner vor das hun 9 d. aldis were 22 sc. guttis und 6 d. aldis sunder dy huner sint fromelichir wan das gelt etc.

Summa allis czinses von Seynsborg etc.

[fol. 49v]

Kretczmer czins von Petczschindorff uff Mertini[166] etc.

Item dy 2 kretczmer czinßin 3 gutte m. iczlichir 1 ½ gutte etc. Und iczlichir 8 huner etc. Und iczlichir VIII tage ym Awste zcu scharwerken etc. Dy 2 kretczmer scharwerkin auch sundirlich zcu des pflegers fyschreye in der wiltenisse do um[m]e gelegin etc. Dy freyen in dem dorffe in habin keynirley gerechtik[eit] uff den kretczmern sy legen gancz uff dem unsern etc. Iczlich kretczmer sal habin 1 morgin zcu seynir bewstete und dor zcu 3 morgen irens czinse zcu hulffe etc. Das sint in beydin 8 morgin etc. Der czins uff Mertini etc.

Summa 3 gutte m. etc. Summa 16 czins huner uff Mertini etc.

Czins van der Montow uff Mertini etc.

Item das dorff ee gedacht hot 37 czins hubin iczliche habe czinset ½ gutte m. 1 firtel weys so vil pflugkornis und nicht huner uff Mertini etc.

Summa 18 ½ gutte m. etc. Uff Mertini etc.

Item dor von geet 4 gutte m. vor 8 hubin czins abe dy nach besatczet und in freyheyt sint im XLIX yare etc.

[fol. 50r]

Montow etc.

Summa von den czins hubin 9 scheff[el] und 1 firtel weys so vil pflugkornis der schaltus ist vorberuret uff Mertini[167] etc.

Item von dem pflugkorne geet abe vor dy 8 hubin ee gedacht 2 scheffel weys so vil pflugkornis etc.

Summa des czinses in dysem yare fellig aus dem dorffe 14 ½ m. guttis etc.

165 November 11.
166 November 11.
167 November 11.

Summa des pflugkornis in dyßem yore aus dem dorffe mit den scholczin 8 scheffel und 1 firtel weys so vil pfluckornis uff Mertini etc.

Item in dem dorffe in ist nicht wustis im XLIX yore etc.

Czins von der molen und garten zcum Pilcze uff Mertini etc.

Item dy mole hat vor geczinsit 5 gutte m. dy brenget dem hewse nu me in alzo ich sy halde mit metczenern 1 yor dem andern zcu hulffe uff Mertini etc.

Item Beme gertenir czinset vor seynen garten und gebewde eynen etc.

[fol. 50v]

Beme gertenir Pylcz etc.

Halben morgen valkomelich habin sal vor 4 gutte sc. und 2 huner uff Mertini[168] etc. Item Merten Gerne mete suche her nach czinset auch so vil etc.

Pylcz kretczmer czins uff Mertini etc.

Item dy 2 kretczmer czinßin uff Mertini 4 gutte m. iczlichir 2 m. und nicht huner etc. Sy scharwerken iczlichir in dem yore VI wachin zcur yait mit den czweyn mole hubin in dem dorffe etc. Und mit dem kretczmer czu Weddern beseth ir hantfesten etc.

Summa van der molen Pilcz unde kretczmern und garten czins 9 gutte m. und 4 gutte sc. uff Mertini etc. Dor van nemem ich abe molen czins ee gedacht 5 gutte m. etc.

Summa nach so bleybit kretczmer und garten czins 4 m. 4 sc. guttis uff Mertini und 2 czins huner ee gedacht etc.

Weddern kretczmer czins uff Mertini etc.

Item der kretczmer sal habin zcu seynir bowstete 1 morgen ackers nicht valkomelich etc.

[fol. 51r]

Weddern etc.

Dor von 2 gutte m. czins und nicht huner uff Mertini[169] her scharwerket VI wachin ym yore zcur yait mit den czweyn mole hubin und mit den czweyn kretczmern ee gedacht zcum Pilcze etc.

Pylcz etc.

Item unser mole sal habin 3 morgin ackers zcu ir bawstete dor van hat Beme gertenir ee gedacht ½ morgin ackers etc.

---

168 November 11.

169 November 11.

Item dy 2 kretczmer zcum Pilcze sullen habin 6 morgin zcu ir bowstete etc.

Summa 9 morgin zcu der molen und kretczmern ee gedacht in dem dorfe etc.

Item dy mole czu Weddern hot ouch ½ morgin ackers zcu der bowstete der Tolkeyner etc.

Hubin czins von Weddern uff Mertini etc.

Item das dorff hat 24 czins hubin iczliche hube czinset ½ gutte m. 1 firtel weys so vil pflugkornis und 2 huner uff Mertini und ½ firtel rutten halcz zcu hauwin und nicht zcu furen in dem dorffe ist nicht wustis uff disse czeyt etc.

S[u]mma hubin czins 12 gutte m. uff Mertini etc.

[fol. 51v]

Weddern etc.

Summa van den czins hubin 6 scheffel weys so vil pflugkornis etc. Und van dem scholczin vorberuret ½ scheffel weys so vil pflugkornis uff Mertini[170] etc.

S[u]mma aus dem dorffe 48 czins huner der kretczmer gibet nicht und dy 2 kretczmer czum Pilcze auch nicht czins huner etc.

Summa aus dem dorffe 12 firtel rutten holcz zcu hauwin unde nicht zcu furen etc.

Summarum des gelt czins von Seynsborg etc. Van den kretczmern zcu Petczschindorff etc. Von der Montow etc. Van der sneyde mole etc. Van dem kretczmer zcu Weddern und czins hubin etc. Van der mole und kretczmern und garten zcum Pilcze etc. Van gerichtin ufflangunge gobe etc. Von fyschir czinse waltczinse iczliches vorberuret uff Mertini mir zcu geschrebin ist etc. Der sum[m]en ist zcu heuffe gerechint mit dem wusten adir der freyheyt ee gedacht her nach beruret etc. 100 und 12 gutte m. und 17 sc. guttis etc. Und 20 gemeyne d. uff Mertini ym XLIX yore[171] der abegang dar van her nach beruret etc.

Summa 112 m. und 17 sc. guttis und 20 gewonliche d. etc.

[fol. 52r]

Czins uff Mertini[172] etc.

Item von Seynsborg gewisse czins ee gedacht 21 m. 1 sc. guttis und 20 gewonliche d. etc. Von der sneyde mole zcu Seynsborg 15 gutte m. nicht valkomelich etc. Von den czweyn kretczmern zcu Petzcschindorff 3 gutte m. etc. Van 29 hubin zcur Montow 14 ½ gutte m. etc. Von den czweyn kretczmern

170 November 11.

171 1449 November 11.

172 November 11.

und garten zcum Pilcze 4 m. 4 sc. g[uttis] etc. Van dem kretczmer zcu Weddern 2 gutte m. etc. Von 14 czins hubin zcu Weddern 12 gutte m. uff Mertini von wasser czinse 7 g[utte] m. etc.

Item das pflugkorn und dy czins huner her nach beruret etc.

Item der abegang von den 112 m. und 17 sc. gutt[es] und von den 20 d. aldis 34 gutte m. dach so behalde ich aus der molen Pilcz und sust etczliche nutczu[n]ge der keygen sunder nicht so vil alzo dy 34 m. ee gedacht etc.

Summa so bleybet gewisses czinßes uff Sinte Merten das wuste und alle unnutczunge ungewisse czins ee gedacht abegenomen etc. 78 m. und 17 sc. guttis und 20 gewonliche d. nu neest uff Mertini fellig ist im XLIX yore etc.

Polnischindorff czins uff den czwilfftin tag nach der Gebort Unsers Heren[173] alle yor etc.

[fol. 52v]

Polnischindorff adir Stanginwalt genant etc.

Item das dorff hat 36 czins hubin iczliche czinset uff den czwilfftin tag ee gedacht ½ gutte m. 2 huner 1 firtel weys so vil pflugkornis ½ firtel rutten holcz zcu hauwin und nicht zcu furen etc.

Summa 18 m. guttis etc. Dor van geet vor 8 wuste hubin und besatczet eyn teylis mit freyheyt 4 gutte m. abe etc.

Summa 9 scheffel weys so vil pflugkornis dor van geet iczlichis vor dy 8 wustin hubin 2 scheffel abe etc.

Summa der czins huner 72 dor von geet vor das wuste 16 huner abe etc. Das achtel holcz findet sich wol etc.

Summa des gewissen gelt czins das wuste abegenomen 14 gutte m. etc.

Summa das pflugkornis von den czins hubin das wuste abegenomen 7 scheffel weys so vil kornis etc. Und von den scholczin pflugkorn ee gedacht 1 scheff[el] weys so vil pflugkornis uff Mertini[174] etc.

Summa aus dem dorffe czins huner dy wustin abe genomen 56 huner etc.

[fol. 53r]

Seestin kretczmer und hubin czins uff Lichtmessen[175] etc.

Item in dem dorffe sint 4 kretczmer dy habin 8 hubin iczlichir 2 seynem czinße und scharwerke zcu hulffe iczlich kretczmer czinset 5 ½ m. aldis sy scharwerkin

173 Januar 6.
174 November 11.
175 Februar 2.

zcu der fyschreye sy werdin her nach malis hager czinßen dorum[m]e beseth iren frey briff pflugkorn huner rutten halcz sint sy der loßin etc.

Summa des kretczmer czinsis 11 g[utte] m. uff Lichtmessen etc.

Item das dorff behelt nach 20 czins hubin iczliche czinset ½ gutte m. 2 huner 1 firtel weys so vil pflugkornis ½ firtel ruttin holcz zcu hauwen nicht zcu furen etc. Uff Lichtmessen etc.

Summa das hubin czins 10 gutte m. uff Lichtmessen etc.

Item kretczmer und hubin czins aus dem dorffe 21 gutte m. unde nicht wustis uff Lichtmessen etc.

Summa von den czins hubin 5 scheff[el] weys so vil pflugkornis etc. Und van den scholczin vorberuret 1 scheffel weys so vil pflugkornis etc. Und von den freyen vorberuret 1 scheffel[a] weys so vil pflugkornis uff Mertini[176] etc.

Summa aus dem dorffe 40 czins huner etc. Das rutten holcz findet sich wal etc.

It[em] suche her nach korn mole Seynsborg und Seestin etc.

---

a Folgt Streichung *1*.

[fol. 53v]

Mertinsdorff czins uff Lichtmessen[177] etc.

Item das dorff hot 45 czins hubin iczliche hube czinßet ½ gutte m. 1 firtel weysis so vil pflugkornis 2 huner ½ firtel rutten halcz zcu hauwin und nicht zcu furen in dem dorffe sint 25 hubin wuste und in freyheyt etc. Dor von geet 12 ½ gutte m. czins abe etc. Und 50 czins huner und 6 scheffel und 1 firtel weys so vil pflugkornis etc. Das ruttin holcz findet sich wol etc.

Summa 10 gutte m. czins gewisse uff Lichtmessen etc. Und 40 huner etc.

Summa 6 scheffel und 1 firtel weys so vil pflugkornis mit den scholczin vorberuret uff Mertini[178] etc.

Reuschindorff czins uff Lichtmessen etc.

Item das dorff hot mit Markaymis 3 hubin her nach beruret 50 czins hubin etc. Dar van czinßen 47 hubin iczliche ½ g[utte] m. 1 firtel weys so vil pflugkornis 2 huner ½ firtel rutten halcz zcu hauwin und nicht zcu furen etc. In dem dorffe sint 2 hubin wuste der abegang 1 gutte m. 4 huner ½ scheff[el] weys so vil pflugkornis 1 firtel ruttin holcz etc.

---

176 November 11.
177 Februar 2.
178 November 11.

[fol. 54r]

Reuschindorff etc.

Summa des gewissen czinsis von 45 hubin 22 ½[a] gutte m. uff Lichtmessen[179] etc.

Item Markayme hat 3 hubin gebewirlichir erbeyt frey dor van czins 2 m. und 1 f. guttis und 3 firtel weys so vil pflugkornis etc. Huner ruttin halcz ist her frey etc.

Summa von 48 hubin und van dem schalcz ampt vorberuret 13 ½ scheff[el] weysis so vil pflugkornis torken 4 hubin seyn nach in freyheyt vorberuret etc.

Summa 90 czins huner das ruttin holcz findet sich wal etc.

Girkindorff czins uff Lichtmessen etc.

Item das dorff hat 46 czins hubin iczliche czinset 1 gutten f. 1 firtel weys so vil pflugkornis 2 huner ½ firtel ruttin holcz zcu hauwin und nicht zcu furen etc. Dor von geet abe an 20 czins hubin 5 gutte m. und 5 scheffel weys so vil pflugkornis und 40 huner etc. Das ruttin holcz findet sich wol etc.

Summa von den 26 czins hubin gewisse czins 6 ½ gutte m. uff Lichtmessen etc.

Summa van den czins hubin pflugkorn und van dem scholtcz ampt vor

a Mit anderer Tinte überschrieben, somit entweder *22½* oder *7½*.

[fol. 54v]

Girkindorff etc.

beruret 7 ½ scheffel weys so vil pflugkornis etc.

Summa czins huner 52 etc. Das rutten holcz findet sich wol etc.

Pilcz czins uff Lichtmessen[180] etc.

Item das dorff hot 36 czins hubin dor von habin dy[a] 2 kretczmer 4 hubin irem czinße und scharwerke zcur yait vorberuret huner und pflugkornis frey unde nach so bleybin 32 hubin mit den czweyn mole hubin dy auch zcur yait vorberuret dynen sunder sy gebin czins pflugkorn huner glich den andern hubin etc. In dem dorffe geet vor 2 hubin 1 gutte m. czins abe dy uff disse czeyt wuste seyn etc. Iczliche hube czinset ½ gutte m. 2 huner 1 firtel weys so vil pflugkornis ½ firtel ruttin holcz zcu hauwin nicht zcu furen etc. Sunder des molnirs 2 hubin ee gedacht hauwin nicht rutten halcz etc. Und dy 4 kretczmer hubin gebin nicht pflugkorn adir huner adir rutten halcz vorberuret etc.

179 Februar 2.

180 Februar 2.

Summa gewisse czins 17 gutte m. das wuste abe genomen etc.

---

a Folgt Streichung Buchstabe unleserlich.

[fol. 55r]

Pylcz etc.

Summa von den czins hubin und van den scholtus hubin ee gedacht 9 ½ scheffel weys so vil pflugkornis das wuste abegenomen und dy freyen vorberuret etc.

Summa aus dem dorffe 62 czins huner ane das wuste etc. Das rutten holcz findet sich wol etc.

Seynsborg korn mole czins uff Lichtmesse[181] etc.

Item dy mole hat[te] vor geczinset 12 gutte m. sunder sy brenget mir nu me in so ich sy halde uff Lichtmessen etc.

Seehesten korn mole czins uff Lichtmessen etc.

Item dy mole hot vor geczinßet 7 gutte m. sunder sy brenget mir nu me in so ich sy halde uff Lichtmessen etc.

S[u]mma des molen czins aus den czweyn molen vorberuret 19 gutte m. sundir ich genisse ir hager etc. Sweyne gense enten huner dy nutzunge dor von habe ich auch so ich das mete den molnern halde etc.

[fol. 55v]

S[u]mma summarum alle des vorberureten czinses und allirley nutczunge gobe und meyn innam so ich Erwin[182] etc. Das mir uff das hoeste vorberuret zcu geschreben habe mir fellig sulde seyn gewest uff Sinte Yacub[183] und Mertini alle wustis und un nutzunge mete in genomen ich gerechint uff das hoeste habe etc. 112 m. und 17 sc. guttes geldes und 20 gewonliche d. uff Mertini ee gedacht im XLIX jore[184] etc.

Summa[a] vor gerichte potter fyschir czins vor ander ware innam vorberuret uff ey[n] yor 32 gutte m. uff Mertini etc.

S[u]mma s[u]mmarum des vorberureten czinses abegang mir nicht an gelde gewurdin in ist etc. Des ist 34 gutte m. dach so ist etczliche nutczunge nach dor von zcu nemen etc.

---

181 Februar 2.

182 Hug vom Heiligenberg, Erwin, wie S. 44, Anm. 58.

183 Juli 25.

184 1449 November 11.

Summa summarum so bleybit nach van den ee gedachtin 112 m. und 17 sc. guttes geldes und 20 gewonliche d. zcu hebin gewisses czinses alle wustis und un nutczes abe genomen etc. 78 m. 17 sc. guttes etc. Und 20 gewon[liche] d. uff Mertini im XLIX yore etc.

---

a Daneben von anderer Hand ꟾꟾꟾ(, wohl 300, neben der Zeile ergänzt.

[fol. 56r]

[a]Sequitur debitum Jacobi Targowßka.

It[em] te[netur] pro 7 chor[is] gricze per[b] 11 sol.

It[em] pro 8 chor[is] siliginis per 5 gr. a[liud] 15 sol.

It[em] pro IIIIor chor[is][c] avene per 6 sol.

It[em] idem intercessit pro domina Targewßka tres m. quas tenetur mihi pro 20 chor[is] siliginis per 9 sol.

Et super h[o]c debitum ded[i]t unum flor[enum].

Sic fuit et est veru[m].[a]

---

a Andere Tinte, andere Hand.
b Doppelt.
c Folgt Streichung, vermutlich *s[i]lo.*

[fol. 56v leer]

[fol. 57r]
Summa summarum des czinses mit dem wusten fellig uff den czwlfften tag nach der Gebort Unsers Heren vorberuret etc. 18 gutte m. etc.

Summa summarum des gewissen czinses dor von fellig uff den czwilfften ee gedacht des wuste abe genomen etc. 14 gutte m. etc. ym XLIX yare[a], [185] etc.

Summa[b] kese potter und vor felwerk uff eyn yor eynis dem andern zcu hulffe 5 gutte m.[c] uff Mertin[186] etc.[d]

Summa s[u]mmarum des gewissen czinsis mit den czweyn molen vorberuret 98 m. und 1 f. gutt[es] geldes sunder ich genisse der molen hager so ich sy halde uff Lichtmessen das wuste von den czins hubin ee gedacht abegenomen etc.

Item von Mertinsdorff geet vor 25 wuste hubin 12 ½ gutte m. czins abe etc. Vom Reuschindorffe vor 2 wuste hubin 1 gutte m. abe etc. Zcum Pilcze vor 2 wuste

---

185 1449 Januar 6.
186 November 11.

hubin 1 g[utte] m. abe etc. Zcu Girkindorff vor 20 hubin wuste 5 gutte m. abe uff Lichtmessen ee gedacht pflugkorn huner ruttin halcz findet sich wol abe zcu nemen uff Lichtmessen im XLIX yare[187] etc.

Summa der wustin hubin ee gedocht 49 hubin uff Lichtmessen etc.

---

a Folgt Rasur.
b [illegible] *b* neben der Zeile ergänzt.
c Folgt Streichung *vor*.
d [illegible], wohl 300, zwischen den Einträgen ergänzt.

[fol. 57v]
Summa summarum vor dy wustin huben abegang czins uff Lichtmessen ee gedacht 21 ½ gutte m. etc.

Summa summarum so geet mir an den czweyn molen Seynsborg Seestin ee gedacht 19 gutte m. abe dach so genewsset man der molen hager uff Lichtmessen etc.

Summarum des ganczin gewissen hubin czins von den besatczten czins hubin der kretczmer unde der molen und Markaymis huben mete in genomen etc. Zcu Seesten 28 hubin etc. Zcum Reuschindorffe 48 hubin etc. Zcu Mertinsdorff 20 hubin etc. Zcu Girkindorff 26 hubin etc. Zcum Pilcze 34 hubin etc. Van den berureten 100 und 56 hubin dy zcu czinße wol besatczet seyn etc. Brenget 79 m. und 1 f. guttes geldes uff Lichtmesse im XLIX yore[188] etc.

Summa der hubin abir al vorberuret mit dem wustin in gerechint 200 und 5 hubin dy zcu czinse vorberuret uff unser Liebin Frauwintag der Lichtmessen alle yore geschrebin sint etc.

Summarum der czins hubin und morgen vorberuret dy uff Mertini[189] pflegen alle yore czu czinsen mit dem wustin in gerechint etc.

[fol. 58r]
Item zcu Seynsborg 32 hubin etc. Zcu der Montow 37 hubin etc. Zcu den czweyn kretczmern zcu Petczschindorff 8 morgin etc. Und czu der mole Pilcz mit Bemen garten 3 morgen etc. Und zcu den czweyn kretczmern in dem dorffe 6 morgin etc. Und der kretczmer zcu Weddern 1 morgin ackers nicht valkomelich seynir bowstete und czinse zcu hulffe etc. Das dorff Weddern hot 24 hubin dy uff Mertini[190] czinßin etc.

---

187 1449 Februar 2.
188 1449 Februar 2.
189 November 11.
190 November 11.

Summa van den 93[a] czins hubin und van den 18 morgin ee gedacht dy danne pflegen zcu czinßin uff Mertini etc. Des czinsis dor von 56 m. 17 sc. gutt[es] und 20 gewonliche d. etc. Sunder dy vorge[nante] summe uff Mertini geschrebin ist hoger das machin molen und an der nutzung vorberuret sunder dy summe ist recht vorberuret disse summe weysit alleyne uff dy hubin und czins morgin ee gedacht etc.

Item von den 93 czins hubin und von den 18 morgin ee gedacht geet czur Montow vor 8 wuste hubin sy sint vol besatczt sy sint nach in freyheyt etczliche yor czins abe 4 g[utte] m. vorberuret uff Mertini etc.

Summa zcu dem Polnischindorff sint 36 czins hubin dor van geet vor 8 wuste hubin

a Zahl *3* über der Zeile ergänzt.

[fol. 58v]
czins abe 4 gutte m. vil gedacht uff den czwilftin tag[191] etc.

Summa summarum alle der hubin und garten dy in dem Seestemschin kamer ampt pflegen zcu czinßin uff Mertini[192] und uff den czwilften tag und uff Lichtmessen[193] etc. Der huben und morgin ist abir all 300 und 34 hubin unde 18 morgen der kirchin unde scholczin hubin nicht hirynne beruret etc. Das wuste ist in gerechint etc.

Summa des czinses mit dem wustin uff dy III czins tage alleyne von den czins hubin und morgin dy abirge nutzung und czinße vorberuret nicht hirynne gerechint dy vorge[nante] summen bleybin recht des czinses van hubin und garten ist etc. Uff Mertini 60 m. 17 sc. gutt[es] und 20 gewonliche d. etc. Dor van geet vor 8 hubin zcur Montow 4 g[utte] m. abe etc. Uff den czwilftin 18 gutte m. dor van geet zcum Polnischindorffe vor 8 hubin 4 g[utte] m. abe etc. Uff Lichtmessen czins 98 m. 3 f. gutt[es] dor von get zcum Reuschindorffe vor 2 hubin und zcum Pilcze vor 2 hubin und zcu Mertinsdorff vor 25 hubin zcu Girkindorff vor 20 hubin abegang 19 ½ gutte m. etc.

[fol. 59r]
Summa nach eyns bas und recht zcu vornemen dy vorge[nante] summe mit dem wusten ee gedacht brenget uff dy III czins tage ee gedacht 177 gutte m. und 11 gutte sc. und 20 gewanliche d. etc.

191 Januar 6.
192 November 11.
193 Februar 2.

Item von den hubin ee gedacht ist wuste und nach eyn teylis in czinses freyheyt uff dy III czins tage 65 hubin dor von des czinsis abegang van der summe vorberuret 27 ½ gutte m. etc.

Summa nach so bleybit gewisses czinses uff dy III tage ee gedacht 149 m. 23 sc. gutt[es] und 20 gewonliche d. etc.

Summa des pflugkornis van den czins hubin das wuste und frey mete in genomen dy scholczen aus genomen etc. Von Seynsborg 8 scheffel weys so vil pflugkornis von 32[a] hubin etc. Von der Montow van 37 hubin 9 scheffel und 1 firtel weys so vil pflugkornis etc. Van Mertinsdorff 45 hubin 11 ½ scheff[el] weys so vil kornis etc. Vom Polnischindorffe 36 hubin 9 scheffel weys so vil kornis von Seesten von 20 hubin 5 scheffel weys so vil kornis vom Reuschindorffe von 50 hubin 12 ½ scheffel weys so vil kornis von Girkindorff 46 hubin 11 ½ scheffel weys so vil kornis von dem Pilcze 32 hubin 8 scheffel weys so vil kornis etc.

a Folgt Streichung Buchstabe *h*.

[fol. 59v]
Von Weddern 23 hubin 6 scheffel weys so vil pflugkornis alleyne von den czins hubin ee gedacht uff Mertini der hubin ist 300 und 22 hubin etc. Sunder der czins huben me in der summe vorberuret sunder sy in gebin nicht alle pflugkorn huner und ruttin halcz etc. Dy Montow gibet pflugkorn und nicht huner adir rutten holcz etc. Dy großin summen der hubin vorberuret ist recht d[or] an in irrt [e]uch nicht mit disser summe etc. Des etc.

Des pflugkornis van den czins hubin mit der freyheyt und wustin und czins hubin ane dy scholczin des ist 1 last und 20 scheffel und 3 firtel weys so vil pflugkornis uff Mertini etc.

Item von 65 wustin hubin mit den dy nach an czinses freyheyt seyn vorberuret nymmet man van der summe des getreydis abe 16 scheffel und 1 firtel weys so vil kornis etc.

Summa nach so bleybit van den czins huben gewisse pflugkorn 64 ½ scheffel weys so vil kornis uff Mertini im XLIX yore[194] von unsern eygenen czins hubin etc.

Summa der czins huner mit dem wustin in gerechint vorberuret etc.

194 1449 November 11.

[fol. 60r]
Von Seynsborg 1 schok und 4 huner von der Montow nicht etc. Von Mertinsdorff 1 ½ schok etc. Von dem Polnischindorffe 1 schok und 12 huner etc. Von Seesten 40 huner etc. Von den czweyn kretczmern zcu Petczchindorff 16 huner etc. Vom Reuschindorffe 1 schok und 34 huner etc. Von Girkindorff 1 schok und 32 huner etc. Von dem Pilcze 1 schok und 6 huner mit dem gertenir etc. Von Weddern 48 huner etc.

Summa der czins huner ee gedacht 9 schok und 42 huner dor van das wuste abe zcu nemen das were 2 schok und 10 huner etc.

Summa so blebet nach gewisser czins huner 7 ½ schok und 2 huner das wuste abegenomen etc

Item von den czins und scharwerkis hubin mit dem wusten und der freyheyt das rutten halcz ee gedacht etc. Seesten 10 firtel halcz etc. Mertinsdorff 22 ½ firtel halcz etc. Polnischindorff 18 firtel halcz etc. Reuschindorff 23 ½ firtel halcz Girkindorff 23 firtel halcz etc. Pilcz 15 firtel halcz etc. Weddern 12 firtel halcz etc. Iczlich dorff vorberuret seyn halcz zcu hauwin wo sy geweysit werden und nicht zcu furen danne notdorfft uff dy zcu kun[n]fft unsers homeysters gnodin zcu der kochin und in alle gemache etc.

[fol. 60v]
Summa der hubin ee gedacht dy ruttin halcz und habir pflegin zcu hauwin und zcu bindin der ist 200 unde 48 hubin mit der freyheyt und wustin hubin vil gedocht etc. Dor van 100 und 24 firtel holcz etc. Dor von geet vor dy freyheyt und wustis 28 ½ firtel holcz abe etc.

Item nach so behaldin wir von den besatzctin czins hubin eegedacht 95 ½ firtel holcz zcu notdorfft unsers hewsis von iczlichir huben ½ firtel ruttin halcz zcu hauwin etc. Uff Mertini[195] etc.

It[em] pechwerk waltwerk dor von in ist keyne nutczung uff diße czeyt danne alleyne van der sneyde mole ee gedacht etc.

Summa von unsern scholczin dy in unsern czins dorffern wonen pflugkorn vorberuret etc. Von Seesten von 4 hubin 1 scheff[el] weys so vil pflugkornis etc. Van der Montow 4 hubin 1 scheffel weys so vil pflugkornis etc. Van Mertinsdorff von 5 hubin 5 firtel weys so vil pflugkornis etc. Van dem Polnischindorffe von 4 huben 1 scheff[el] weys so vil pflugkornis etc. Von dem Reuschindorff van 6 hubin 1 ½ scheffel weys so vil pflugkornis etc.

195 November 11.

[fol. 61r]

Von Girkindorff van 4 hubin 1 scheffel weys so vil pflugkornis etc. Von dem Pilcze van 8 hubin 2 scheffel weys so vil pflugkornis etc. Von Weddern von czweyn hubin ½ scheffel weys so vil pflugkornis iczlichir vorberuret uff Mertini im XLIX yore[196] etc.

Summa 8 dinste von den scholtzin aus den 8 dorffern ee gedacht dy sint orkunde frey etc. Dy habin czu vor dynen uff dy 8 dinste 37 hubin der von iczlichis herschawung her nach beruret etc.

Item der ee gedachtin schalczin pfluckorn 8 scheffel und 3 firtel weys so vil pflugkornis uff Mertini etc.

Summa 8 hubin zcu den kirchin Seesten und Pilcz etc. Dy andern kirchin hubin sint allis in der guttir freyheyt geschrebin dy findet man in der großin summen in der eddelinge und der freyen und der borger huben vor und her nach beruret etc.

Honig czins uff Mertini etc.

Summa ranczken honig beuten czins uff das hoeste 3 tonnen etc.

[fol. 61v]

Honig czins etc.

Item dy vorge[nanten] 3 tonnen czins honig mus eyn pfleger 2 loßen uff unsern homeyster vor brewen und dy dritte uff den komptur[197] darmete ist nicht genug uff eyn yor zcu notdorft der geste und des pflegers tisch zcu halden etc. 4 tonnen honigis mus eyn pfleger uff das weynigeste zcu[m] hewße uff eyn yor habin etc.

Item eyn pfleger nym[m]et alle yor den honig von den beutenern zum Polnischindorffe zcum Reuschindorffe und zcu Runewange wilch man aus den dorffern beuten in der Seestemschen wiltenisse hot dy sint alle zcu Preuschem rechte sunder wilcher bewten by ym in dem dorffe in stucken hot dy behelt der man zcu Colmischin rechte dor von in hot dy hirschaft keyn recht etc.

Item sunder von den beuten in der wiltenisse gibet iczlich beutenir von eynem czeychin 3 ranczken zcum hewße czins das sint dy 3 tonnen honigis vorberuret und was honigis dy beutenir dar abir gewynnen das gebin sy 1 Colmische tonne vol zcum hewße vor 2 ½ gutte m. das wachs und werk behaldin sy selbist mit unrechte etc.

Summa wan der honig wal geret

196 1449 November 11.

197 Wesenthau, Eberhard von, wie S. 53, Anm. 87.

[fol. 62r]

Honig etc.

so mag eyn pfleger eyn jore dem andern zcu hulffe gewynnen 1 ½ last honigis uff das hoeste dor vor mus her den beutenern beczalen vor dy 18 tonnen 90 m. aldis vor dy tonne 5 m. aldis etc.

Item wan her danne den honig widder vor kouffet und gibit 1 yor dem andern zcu hulffe dy tonne vor 7 ½ m. aldis so ist des pflegers gewyn obir seyne ausgabe ee gedacht 45 m. aldis etc. Wirt des honigis me adir weyniger tewrer adir wal feyler so ist dy summe grosser adir cleynir etc.[a]

---

a Unterhalb des Eintrags folgt Freiraum.

[fol. 62v]

Summa summarum des pflugkornis unde der freyen hubin alle vorberuret besatczet und in freyheyt mit dem wustin im Seesteinschin ganczin kamer ampt etc. Von irst in der stadt Seynsborg 80 freye hubin uff 6 dinste und hoger nach gnoden dor von 8 scheffel weys so vil pflugkornis mit der kirchin 6 hubin nicht orkunde etc. Stanginwalt vor 6 hubin 1 scheffel weys so vil pflugkornis 1 pfunt wachs 5 d. orkunde 1 dinst etc. Bredyn Casper Sittow vor 72 hubin und 20 morgin und Yeschko vor 4 hubin dy beyde 6 dinste 5 pfunt wachs und 1 firtel von dem pfunde wachs 27 d. orkunde und sy und ir gebuer 7 scheffel weys so vil pflugkornis durch gnode etc. Czu Petczschindorff von 25 ½ hubin uff 5 dinste orkunde 7 firtel von dem pfunde wachs und 12 d. etc. Und 5 scheffel weys so vil pflugkornis etc. Czu Moten von 20 hubin 2 dinste 2 pfunt wachs 10 d. orkunde 2 scheffel weys so vil pflugkornis zcu Crum[m]eniczschin 30 hubin uff 1 gut dinst 1 pfunt wachs 5 d. orkunde 2 scheffel weys so vil pflugkornis etc. Quoselow Niclas und seyne stiff kinder habin 100 und 41 huben uff 3 ½ platin dinst adir 12 pferde und wopin 3 ½ pfunt wachs 18 d. orkunde 8 scheffel weys so vil pflugkornis durch gnade zcur Quoselow und Reybin mit seynen stiff kindern mit iren scholczin und czins gebewren etc.

[fol. 63r]

Czum Reybin Hans und Bertolt 31 hubin mit der kirchin 4 hubin uff 1 gemeyne platin dinst adir 3 pferde und wapin 3 firtel von dem pfunde wachs 3 d. orkunde 3 scheffel weys so vil pflugkornis mit iren geburen etc. Birsucken von 40 hubin 1 platin dinst mit czweyn pferdin nach gnadin 1 pfunt wachs 5 d. orkunde 1 scheffel weys so vil pflugkornis etc. Sorkemiten Meluken Almoyen Pustenike Stammen Posters van 300 und 10 hubin 10 gutte dinste 10 pfunt wachs 50 d. orkunde etc. mit den 4 kirchin hubin etc. Sorkmiten von 36 hubin mit den scholczin 9 scheffel weys so vil pflugkornis nicht orkunde adir herschawung adir hewsdinste etc. Meluken 30 hubin uff 3 dinste 3 pfunt wachs 15 d. orkunde 3 scheffel weys so vil pflugkornis etc. Almoyen von 20 hubin 1 dinst 1 pfunt wachs 5 d. orkunde 1 scheffel weys so vil pflugkornis etc. Pustenike von 20 hubin 2 dinste 2 pfunt wachs 10 d. orkunde 2 scheffel weys so vil pflugkornis etc. Stammen von 50 hubin 5 dinste 5 pfunt wachs 25 d. orkunde 5 scheff[el] weys so vil pflugkornis etc. Posters von 10 hubin 1 pfunt wachs 5 d. orkunde 2 ½ scheffel weys so vil pflugkornis und nicht dinst herschawunge zcu[m] hewße etc. Niclas Bote zcu Warpunen von 40 hubin 1 gut dinst 5 firtel von dem pfunde wachs 7 d. orkunde und 1 gestrichin scheff[el] und eynen

[fol. 63v]
gehewffet firtel weys so vil pflugkornis etc. Warpunen by dem borkwal 40 hubin uff 1 gut dinst 5 firtel von dem pfunde wachs 7 d. orkunde und 5 ½ firtel volkomelich weys so vil pflugkornis etc. Warpunen by dem Falkenhayn hot mit den 4 kirchen hubin 40 hubin uff 1 gut dinst 5 firtel volkomelich von dem pfunde wachs 7 d. orkunde 5 ½ firtel volkomelich weys so vil pflugkornis etc. Dy 3 Warpunen sullen habin 4 dinste mit pferde und wopin 4 pfunt wachs 20 d. orkunde 4 scheffel weys so vil pflugkornis vorberuret etc. Falkenhayn hot mit den 4 kirchin hubin 64 hubin und dy mole zcu Weddern dor abir uff 2 platin dinste uff 4 pferde und wopin nach gnodin 2 pfunt wachs 10 d. orkunde 2 scheff[el] weys so vil pflugkornis etc. Weddern von 18 hubin 2 dinste 2 pfunt wachs 10 d. orkunde 5 scheff[el] weys so vil pflugkornis etc. Schaitenike von 6 hubin 1 dinst 1 pfunt wachs 5 d. orkunde 1 scheffel weys so vil pflugkornis etc. Pylcz 2 dinste von 16 hubin 2 pfunt wachs 10 d. orkunde 5 scheff[el] weys so vil pflugkornis etc. Langebrucke 42 hubin uff 5 dinste 5 pfunt wachs 25 d. orkunde 10 scheffel weys so vil pflugkornis etc. Seesten 4 hubin uff 1 dinst 1 pfunt wachs 5 d. orkunde 1 scheffel weys so vil pflugkornis etc. Rewschindorff 4 hubin uff 1 dinst 1 pfunt wachs 5 d.

[fol. 64r]
orkunde 1 scheffel weys so vil pflugkornis etc. Weysinborg 100 hubin uff 10 dinste 10 pfunt wachs 50 d. orkunde 24 scheffel weys so vil pflugkornis etc. Runewange 44 hubin uff 4 dinste 4 pfunt wachs 20 d. orkunde 10 scheff[el] weys so vil pflugkornis etc. Busem 50 hubin mit der kirchin 4 hubin und der scholczin 10 hubin uff 2 platin dinste 2 pfunt wachs 10 d. orkunde 2 scheffel weys so vil pflugkornis noch gnadin 4 pferde und wopin etc. Von 12 czins hubin aus dem dorffe nach gnadin 3 scheffel weys so vil pflugkornis etc. Grunow von 40 hubin 2 platin dinste 2 pfunt wachs 10 d. orkunde 2 scheff[el] weys so vil pflugkornis von 10 hubin nach gnadin 4 pferde und wopin etc. Aus dem dorffe Grunow von 30 czins hubin nach gnodin 7 ½ scheffel weys so vil pflugkornis

etc. und 30 hubin waldis etc. Baselanken von 4 hubin 1 dinst 1 pfunt wachs 5 d. orkunde 1 scheffel weys sovil pflugkornis uff alle Mertini[198] fellig etc.

Item dy summe der vorgin[anten] freyen hubin der ist 1300 und 2 hubin und 5 morgen ackers ir mag wol vil me seyn wan dy guttir gemessen wurdin dach so beseeth ir hantfestin das ist notdorft etc.

[fol. 64v]
Item von der vorgin[anten] summe der hubin ist 46 hubin Meydeborgisch unde Preusch recht wy danne dy hirschaft etczliche vor schreybunge der guttir vorberuret thun wil dy nach nicht recht vor schrebin in sint etc. Der hubin ist zcu der Weysinborg 10 etc. Zcum Stanginwalde by dem Polnischindorffe 6 etc. Zcu Motin 20 etc. Zcur Schaitenike 6 etc. Zcu Seestin 4 etc. hubin etc.

Summa der dinste van alle den freyen hubin ee gedacht etc. Von irst 11 ½ platin dinst zcu der Quoselow Reybin Birsucken 5 ½ dor vo[n] nach gnodin 17 pferde etc. Zcu[m] Falkenhayn 2 dor van nach gnadin 4 pferde etc. Zcu[m] Busem 4 dor van nach gnadin 8 pferde mit wopin von den platin dinstin ee gedacht nach gnadin uff disse czeyt czu herschawunge und zcu dynen mit 29 pferdin und wapin[a] etc. Und zcu Seynsborg 6 pferde und hoger wan dy hirschaft wil etc. Czum Stanginwalde 1 dinst etc. Zcu[m] Bredin 6 dinste etc. Zcu Moten 2 etc. Zcu Crum[m]eniczschin 1 etc. Zcu Sorkemiten 10 etc. Zcu[m] Pilcze 2 czur Schaitenike 1 etc. Zur Langebucke 5 etc. Zcu Seesten 1 etc. Zcum Rewschindorffe 1 etc. Zcu Runewangin 4 etc. Zcur Weysinborg 10 etc. Zcu Petczschindorff 5 dinste und wopin etc.

a Neben dem Text am Rand *It[em]* ergänzt. Bezug zum Text wird jedoch nicht deutlich.

[fol. 65r]
Item zcu Warpunen 4 pferde und wopin etc. Zcu Weddern 2 pferde und wopin etc. Das ist 61 gemeyne dinste mit pferde und wopin etc.

Summa von den 11 ½ platin dinste ee gedacht und von dem 61 gemeynen dinsten 90 pferde etc.

Item nach grose und cleyne dinstin zcu rechin so weren 72 ½ dinste uff den freyen hubin ee gedacht etc. Dor abir dy dinste von unsern scholczin aus den czins dorffern ee gedacht etc.

Summa von den dinstin mit dem wusten und der freyheyt vorberuret das wachs etc. Stangewalt 1 pfunt ist nach in freyheyt etc. Seynsborg gebit nicht wachs etc. Bredin Casper und Yeschko 5 pfunt und 1 firtel etc. Zcu Petczschindorff van

198 November 11.

den freyen 7 firtel von deme pfunde etc. Zcu Moten 2 pfunt ist noch in freyheyt etc. Zcu Crum[m]eniczschin 1 pfunt etc. Niclos zcur Quoselow und seyne stiff kinder 4 ½ pfunt etc. Bertolt czum Reybin 3 firtel von dem pfunde etc. Zcu Birsucken 1 pfunt etc. Zcu Sorkemiten Meluken Almoyen Pustenike Stammen Posters 11 pfunt etc. Zcu den dreyen Warpunen 4 pfunt etc.

[fol. 65v]
Item zcu[m] Falkenhayn 2 pfunt wachs etc. Zcu Weddern 2 pfunt wachs etc. Falkenhayn ist wuste etc. Von der Schaitenike 1 pfunt etc. Von dem Pilcze 2 pfunt etc. Von der Langinbrucke 5 pfunt etc. Von Seestin 1 pfunt etc. Vom Reuschindorffe 1 pfunt etc. Von Runenwang 4 pfunt etc. Von der Weysinborg 10 pfunt etc. Von dem Busem Grunow Baselanken 5 pfunt wachs etc.

Summa 64 pfunt und 1 firtel van dem pfunde wachs und 54 sol. und 2 d. orkunde uff alle Mertini[199] aldis etc.

Item dor von den dinsten geet abe zcum Falkenhayn dy 2 platin dinste 2 pfunt wachs 10 d. 2 scheffel weys so vil pflugkornis etc. Zcu Moten geet abe 2 gemeyne dinste 2 pfunt wachs 10 d. 2 scheffel weys so vil pflugkornis etc. Zcum Stanginwalde geet abe 1 dinst 1 pfunt wachs 5 d. 1 scheff[el] weys so vil pflugkornis etc. Zcur Schaitenike geet abe 1 dinst 1 pfunt wachs 5 d. 1 scheff[el] weys so vil pflugkornis etc. Zcum Reuschindorff geet abe 1 dinst 1 pfunt wachs 5 d. 1 scheff[el] weys so vil pflugkornis uff Mertini etc.

[fol. 66r]
Summa abegang der dinste dy noch in freyheyt und wuste sint vorberuret 2 platen dinste unde 5 gemeyne dinste etc. Dor von abegang 7 pfunt wachs und 35 d. orkunde etc. Und 7 scheffel weysis so vil pflugkornis uff Mertini[200] etc.

Item noch so bleybit gewisse wachs 57 pfunt und 1 firtel wachs und dor zcu dy pfeninge der orkunde findet man wol etc.

Summa des pflugkornis von den eddelungen und freyen dinsten vorberuret das wuste ee gedacht mit der freyheyt in gerechint etc. Ist 2 leste [unde][a] 21 ½ scheffel weys so vil pflugkornis uff alle Mertini etc.

Item vor das wuste und freyheyt vorberuret von der summe abe zcu neme[n] 7 scheffel weys so vil pflugkornis etc.

Summe nach so bleybit gewisse pflugkorn von den freyen ee gedacht 2 lest und 14 ½ scheffel iczlichis kornis etc. Sunder is ist etczliche yor hager unde ouch weyniger nach dem vil freyen und ir czins gebuer seyn etc.

199 November 11.
200 November 11.

[fol. 66v]
Summa summarum alle der kirchin und der eddelinge und der freyen und der scholczin und der molen unde der kretczmer und der czins hubin und der hirschaft Damprowin heygewelde so dis buch sundirlich iczlichis nennet und ausweysit unser forwerk zcu Seesten und alle unser wesen nicht ingerechint danne alleyne dy wesen zcu der Sworczinborg der huben ist 1900 und 37 alle molen unde kretczmer und gertenir morgin sint ingerechint vorberuret etc.

Summarum des pflu[g]ckornis von alle der summe hubin das wuste und dy freyheyt in das besatczte gerechint ist so dis vorge[nante] register aufweyset etc. Von den eddelingin unde freyen und ir czins gebuer 2 leste und[b] 21 ½ scheffel weys so vil pflugkornis mit iren scholczen nach gnodin von rechte sal is me seyn etc. Und von unsern scholczin aus den gedachten 8 czins dorffern 8 scheffel und 3 firtel weyses so vil pflugkornis etc. Und 1 last und 20 scheffel und 3 firtel weys so vil pflugkornis von unsern czins hubin so vorberuret ist uff alle Mertini[201] fellig zcu komende etc. Is sulde me seyn dorum[m]e beseeth ire hantfesten und ir hoffe und dorffer etc.

---

a Im Text *wnde*.
b Folgt Rasur.

[fol. 67r]
Der Summe ist 3 leste und 51 scheffel weysis so vil pflugkornis uff Mertini etc.

Item dor von geet vor das wuste und vor dy freyheyt abe vorberuret 23 scheffel und 1 firtel weysis so vil pflugkornis etc.

Item nach so bleybit 3 leste und 27 scheffel und 3 firtel weys so vil kornis uff das weynigeste fellig uff Mertini ist im XLIX yore[202] etc.

Mole korn etc.

Item von Mertini by widder uff Mertini 1 yor brochte dy korn mole zcu Seestin mir in 2 ½ last[en] und 1 ½ scheffel rockins etc. Und 10 ½ scheffel weys etc. Und 30 ½ scheffel malcz etc. Und 16 scheffel allirley sweynas etc. Unde 3 metczen haber grutzce etc.

Summa 3 leste und 28 ½ scheffel und 3 firtel allirley aus der mole etc.

Item das yor aus der mole Seynsborg 5 leste 27 scheffel kornis etc. Und 33 und 1 firtel weys etc. Und 2 leste 48 scheff[el] malcz etc.

---

201 November 11.
202 1449 November 11.

[fol. 67v]
Unde 21 ½ scheffel os etc. Und ½ firtel haber grutcze etc.

Summa aus der mole das jor 9 leste und 9 scheffel und 3 ½ firtel allirley getreydes etc.

Item das vorgangin jor allirley getreyde aus der mole Pilcz entpfangin 3 ½ last und ½ scheffel kornis etc. Und 11 scheffel weys etc. 16 scheffel malcz etc. Und 22 scheffel ossis etc. Und 3 metczen grutcze etc.

Item dor zcu lis ich in den dreyen molen 9 sweyne masten dor zcu hat ich nutzunge aus den molen gense enten huner und der eyer von iczlichem dy helfte zcu meynir kochin etc.

Summa aus der mole Pilcz 4 leste und 19 ½ scheffel und 3 metczen allirley nutzunge ee gedacht etc.

Schewnen etc.

Item das vorgangin jor gewan ich zcu meynem teyle von meynem vorwerke zcu Seestin aus der schewnen 8 leste unde 16 scheffel rockins mit dem effterich etc. Und 6 leste und 13 scheffel weyses mit deme efterich etc. Und 5 leste unde 20 scheffel gerste mit dem efterich dor zcu koufte ich 3 leste gerste etc.

[fol. 68r]
Item aus meynir schewnen das yor 48 scheffel erweys etc. Und 2 leste und 19 ½ scheffel habers der obirge wart in dem stroe gehacket etc. So koufte ich das yor 16 leste habers etc.

Summa alle des weysis vorberuret uff eyn yor in genomen etc. Aus den dreyen molen 55 scheffel minus 1 firtel etc. Von pflugweyß 3 leste und 27 scheffel und 3 firtel etc. Aus der schewnen 6 leste und 13 scheffel weysis etc. Der summe ist 10 leste und 35 ½ scheffel etc.

Item dor von lis ich widder seyen in dem XLVIII yare 2 leste und 11 scheffel und 1 firtel etc. So gap ich dem komptur[203] 6 leste etc. So lis ich das yor backen uff dy Ostern[204] und uff unsern homeystern[205] und komptur[206] 28 scheffel weys etc. Dy ausgabe ist 8 leste und 29 scheffel und 1 firtel weys etc.

Item so behilt ich zcu vor kouffen 2 leste und 6 scheffel unde 1 firtel weys etc.

Summa alle des rockins das yor entpfangin aus den dreyen molen 11 leste und 29 scheffel etc. und pflugkorn 3 leste 27 scheffel 3 firtel etc.

---

203 Wesenthau, Eberhard von, wie S. 53, Anm. 87.
204 1448 März 24.
205 Erlichshausen, Konrad von, wie S. 62, Anm. 98.
206 Wesenthau, Eberhard von, wie S. 53, Anm. 87.

[fol. 68v]

Aus der schewnen 8[a] leste und 16 scheffel kornis etc. Der summe ist 23 leste und 12 scheffel und 3 firtel rockins etc.

Item dor von ausgobe widder geseyget 4 leste und 10 ½ scheff[el] kornis etc. So wart das yor in dem hewße vor backen uff 2 grose garne und uff 1 hantgarn und uff dy cleppe und zcu notdorft des hewses tegelich etc. 16 leste dach nicht volkomelich etc.

Item dor abir so behilt ich zcu vor kouffen 3 leste und 2 scheffel und 1 firtel rockins etc.

Summa gerste und malcz und erweys entpfangen etc. das vorgangin yor aus den dreyen molen 3 leste und 34 ½ scheffel malcz etc. So kouffte ich 3 leste gersten etc. Aus der schewnen 5 leste und 20 scheffel gersten etc. Der summe ist mit dem malcze 11 leste und 50 ½ scheffel gerste etc.

Item dor von ausgobe das yor widder geseyget 2 leste und 8 scheffel gersten etc. So melczete Casper Toppir 2 leste gerste etc. Dor zcu das malcz ee gedacht aus den molen etc.

a Folgt Streichung *sc.*

[fol. 69r]

Noch vormelczete her 4 leste und 12 scheffel etc. Von alle der gerste behylt ich nicht zcu vor kouffen das yor etc. Von den erweyßin wart widder geseyet 17 ½ scheffel dy abirgin vorberuret wurden in dem hewse vor czeret zcu der kuchin notdorfft etc.

Summa das yor hatte ich malcz aus den molen und von der gerste und getreyde ee gedacht vormelczet wart obir all 9 ½ last volkomelich etc.

Item ich mus alle yor habin uff das weynigeste 10 leste malczes zcu merschem und unsers homeysters[207] und zcu colacien biren und zcu kovent allis 30 scheffel malcz zcu eynem iczlichem bire und so vil zcu kovente etc. So mus ich uff eyn yor 200 scheffel trewgis hoppins uff das weynigeste habin etc.

Item von eynem merschin bire van 30 scheffeln 7 tonnen volkomelich etc. Dor zcu 6 tonnen colacien birs uff das weynigeste etc. Und 10 tonnen koventes etc. Und von eynem colacien bire von 30 scheffeln malcz 11 tonnen colacien bires uff das weynigeste etc. Und 14 tonnen kovent[es] etc. Unde zcu iczlichem gebrew 10 scheffel hoppins etc.

207 Erlichshausen, Konrad von, wie S. 62, Anm. 98.

[fol. 69v–70r, Verzählung der Paginierung mit Bleistift, daher nicht vorhanden]

[fol. 70v]
Item so vorberuret ist so mus ich habin zcu der notdorft unsers homeysters[208] und des kompturs[209] und des hewses uff eyn yor 4 tonnen honig[es] zcu mete uff das hoeste etc.

Summa aus der schewnen haber etc. und aus den molen os etc. unde kouff haber das vorgangin yor entpfangin etc. Aus den dreyen molen 59 ½ scheffel as etc. Aus der schewnen 2 leste und 19 ½ scheffel habers etc. So koufte ich dor zcu 16 leste habers[a] das yor etc. Dy summe ist mit dem osse 19 leste und 19 scheffel habers etc.

Item ausgobe von der summe habers etc. Zcu der soyth 4 leste unde 24 scheffel habers etc. So mus ich habin uff unsers homeysters futterung und uff des kumpthurs und seynis gesindis dy keygin Johansborg uff unde abe czien 6 leste uff das weynigeste etc.[b] Und 12 scheffel zcu haber grutzce etc. Und 2 leste zcu den hunden etc. Und 1 last zcur fyschereye sweyken etc. Und 3 leste zcu der sweyn mast[e] der cleyen und dem esterich zcu hulffe und dem iungen fye etc. Dy obirgin 2 leste und 43 scheffel habers mit meynen pferden vor futtert in ir hexel gemenget etc.

Dysse[c] noch geschrebin sint unser wesen etc.

---

a Folgt Streichung *dor zcu.*
b Folgt Rasur.
c œ neben der Zeile ergänzt.

[fol. 71r]
Der wese wachs und hay slag vor dem hewse Seestin in dem soyth felden gelegin von irst dy mole weßin und dy Salcz wese und alle andir wesen gebruche tumpel lantwerunge grabin angewende in dem felde hinder der dorff kirche an zcu hebin bys in das ander felt by uff den Katczin see und vort bys uff dy alde Katczin brucke und vort abir das flis das flis von dem Katczin see von beyder seytin uff bys in den Czern see[a] der rewmen mit nutczen wese wachs in den felden gelegen der ist 51 morgen nicht volkomelich rewmir wesen etc.

Item dor von habin dy Seestenir alle yor geslagin uff gebracht und in den hoff gefurt dy Salczin wese und andir wese wachs dor by gelegen 8 ½ morgen nicht volkomelich etc.

---

208 Erlichshausen, Konrad von, wie S. 62, Anm. 98.
209 Wesenthau, Eberhard von, wie S. 53, Anm. 87.

Item dy Seestenir habin uff den gedachtin wesen 2 ½ morgen strewchis steen abir das rewme ee gedacht etc.

Item dy Polnischindorffer habin dor von alle yor geslagin dy mole wese halp bys uff den Katczin see von dem see dy lenge uff alle wese wachs gebruche angewende lantwerung

---

a Über dem Wort Buchstabe unleserlich gestrichen.

[fol. 71v]
grabin tumpel in dem felde unde dy Scheybelechte wese und dy lange wese by lang dem grabin bys uff dy alde Katczin brucke von danne das flis von bey den seyten uff zcu geen aus dem Katczin see bys in den Czern etc. Und vort alle wesen tumpel gebruche grabin lantwerunge angewende in dem felde hinder der dorff kirchin habin sy geslagin unde uff gebrocht und in den hoff gefurt 25 ½ morgin rewmir weßin etc.

Item dor obir habin sy uff den gedachtin wesen abir das rewme 7 ½ morgen nicht volkomelich bewachsen mit streuche etc.

Item Rewschindorff hat von den wesen ee gedacht alle yor geslagin uff gebrucht in den hoff gefuret dy ander helfte der mole weßin von der brucken und ricken bys in den Katczin see 17 morgin rewmer weyßin etc.

Item sy habin uff den iren gedachtin weßin 2 morgin und 1 firtel bewachßin mit strewche etc.

Summa vor dem hewse rewmir wesen in den czweyn felden ee gedacht 51 morgen wesen etc.

[fol. 72r]
Summa in den felden unde weßin ee gedacht ist mit streuche bewachsen 12 morgin und 1 firtel etc.

Item in dem felde hinder dem großin rosgartin und hinder der schewnen hinder dem kobel stalle und hinder dem melczhewße in alle den felden in ist nicht 4 morgin nutzlichis wese wachs mit den angewendin etc.

Der hoyslag vor dem hewße ee gedacht was zcu swer und zcu vil den Polnischindorffern dor durch schade mit dem uffbrengen und in furen dem hewse were gescheen dorum[m]e so habe ich den hoyslag geteylit vor dem hewße vortan zcu haldin dy 5 dorffer etc. Seestin Reuschindorff Montow Mertinsdorf Polnischindorff dy sullen das gros slagen und uff brengin und in den hoff furen vortan alle yor und sullen den streůch von iren wesen rewmen eyn iczlich dorff so vil her nach beruret ist nach hubin czael etc.

Summa der weßin mit dem bewachsen vor dem hewß ee gedacht 67 morgin und 1 firtel in den dreyen felden etc.

[fol. 72v]

Wesen etc.

Item dy czins hubenir zcu Seesten sullen 2 morgin wesen bewachsin vor dem hewße aus der grunt rewmen an iren czinße abe zcu slan etc. Reuschindorff sal 4 morgin bewachsenir wesen rewmen an irem czinße abe zcu slaen etc. Montow sal 2 ½ morgen rewmen an irem czinße abe zcu slan etc. Mertinsdorff sal 1 ½ morgin bewachensenir wesen rewmen an irem czinße abe zcu slaen etc. Polnischindorff sal 2 ½ morgin bewachensenir wesen rewmen etc.

Item wan dy gedachtin wesen vor dem hewße gerewmit werdin das man sy mit der sensen mag slan so vil weniger bedarff man danne alle yor in der wiltenisse weyniger slagin mit den ee gedachtin 5 dorffern dorvan ist das dem hewse nutczlich dy wesen zcu rewmen so ist das hoy an dem hewse und dy armen leute alle nacht in irem hewße etc.

Item wilch felt vor dem hewße das yor broche leyt das eyn iczlich dorff nicht so vil morgen in sleth so gedacht ist dy dorffeschaft dor an der wese wachs gebricht der in der brache leyt das dorff sal seyne czal in der wiltenisse der fullen was ym her noch uff ge-

[fol. 73r]

satczet vor dem hewße zcu slagin und uff zcu brengin und in zcu furen zcu gesatczet ist etc. So iczlichis her nach beruret ist zcu slagin vor dem hewse das bewachsen mete in gerechint doru[m]me sullen sy dy wesen vor dem hewseßItem von den 67 morgin und 1 firtel wesen bewachsen und rewmir wesen vor dem hewse sal slan uff brengin und in furen alle yor das czins dorff Seestin 10 morgin etc. Das dorff Montow 13 ½ morgin etc. Mertinsdorff 11 ½ morgin etc. Polnischindorff glich der Montow 13 ½ morgin etc. Das Reuschindorff 19 morgin alle yor etc. Sunder wan dy hubin zcu Mertinsdorff Polnischindorff Montow alle besatczet werdin und zcu scharwerke komen so sal der hay slag vor dem hewße glich ir geteylit werdin nach hubin zcal danne her ytczundt ist etc. Gescheen am Abinde[a] Unser Liebin Frauwin der Worczeweyunge im XLIX yore[210] etc.

Item iczliche dorffschaft ee gedacht sal[b] alle yor ir wesen vor dem hewse messen was ym zcu gesatczet ist wy vil is doran zcu weynik gehauwin hat.

210 1449 August 14.

---

a Folgt Streichung *am*.
b Oberhalb des Eintrags mit Ergänzungszeichen notiert.

[fol. 73v]
Das sal is in der wiltenisse der fullen so vorberuret ist etc. Dorumme sal alle yor der hoy slag vor dem hewße uff das irste gescheen ee das man den hoy slag in der wiltenisse her nach beruret an hebet etc.

Dys nach geschrebin ist der wese wachs und unser hoy slag in der wilteniße etc.

Item von irstin so hat Niclos von der Quoselow[a] unser[b] wesen by dem Tassewnen see gelegin dy zcum hewsse gehoren dy weren den zcum Ayweydin und Petczschindorff gelegin umme eynen czins etc.

Item so hot Hans und Bertolt zcum Reybin wonende unsir weßin czwisschin dem Reybin und Mertinsdorff und Crummen see gelegin dy heer zcum hewße gehorin etc.

Item so hot Casper Sittow und seyne gebuer und dy Seynsborger und dy Petczschindorffer unser wesen uff disserseyte dem Crummen see gelegen dy zcum hewse gehoren etc.

Dy summe der morgin von den gedachtin wesen findet dy m[o]se wal etc.

---

a Folgt Streichung *und seyne*.
b Oberhalb des Eintrags mit Ergänzungszeichen notiert.

[fol. 74r]
Dysse nach geschrebin wesen slagen undir sich disse nach geschrebin dorffer und brengen sy uff etc. Zcu der yait und zcur fyschereye gelegen by den seen und flissen umme dy Mackerow und Kartenen und Neyden flisse und by den yait und fychir buden by und in den yait ricken an den tumpeln gebruchin und Damprouwin ist me wan 24 morgin guttir weßin zcu suchin dor uff alle yor gemeyniclichin me wan 20[a] hewffen hoyes uff wirt iczlich hewffe uff das weynigeste von 4 fudir mit 4 pferden zcu furen von dem hoy helt man unsers homeysters[211] pferde und des kompturs[212] und seynis kompans und das hoffe gesinde das uff und abe do zcewt und zcu Petczschindorff futtert dor nach dy dynir zcu sehen dor nach ist der weßin und des hoyes vil sunder uff das

---

211 Erlichshausen, Konrad von, wie S. 62, Anm. 98.
212 Wesenthau, Eberhard von, wie S. 53, Anm. 87.

weynigeste ist 24 morgen ee gedacht etc. Geslagin in dem XLIX yare[213] und gemessen am Obinde Mariae Magdalene etc.

Item alle yor sal Seestin ausrichtin eynen man das Rewschindorff 3 man dy Montow 2 man Mertinsdorff 2 man Polnischindorff 2 man Girkindorff 2 man Weddern 2 man und der Pilcz 2 man dy 16 mannis sullen den gemeynen

a Folgt Streichung *fudir*.

[fol. 74v]
hoyslag ee gedacht vollen brengen so sy geheyßin werdin etc. Dy mannes sal man beczeytin van den dorffern aus senden in dy wiltenisse das sy iren dorffern zcu hulffe mogin komen in dem großin hay slage vor und hernach beruret etc.

Summa van den gedachtin 24 morgin weßin wart 21 hewffen hoyes ee gedacht in dem XLIX yare etc.

Item dy gedachtin 5 dorffer Seestin Reuschindorff Polnischindorff Mertinsdorff[a] Montow sullen alle yor den hoy slag in der wiltenisse vallen brengin iczlich dorff uff das weynigeste so vil morgin her nach beruret ym zcu gesatczet ist etc.

Von irstin Seestin dy Meytsche wese und dor by gelegin 15 morgin gros zcu slagin unde uff zcu brengen uff das weynigeste alle yor etc. und vor dem hewse 10 morgin ee gedacht etc.

Summa das dorff sleth alle yor 25 morgen wesen ee gedocht etc.

a Folgt Streichung *[s]*.

[fol. 75r]
Item dy Reuschindorffer slaen alle yor in der wiltenisse dy Meytczinische wese und dor by dy Pilwesche wese und brengin uff 46 morgen gros uff das weynigeste etc. und vor dem hewße 19 morgen ee gedacht etc.

Summa das dorff sleth alle yor 65 morgen gros ee gedacht etc.

Item uff den wesen ee gedacht wirt uff das weynigeste das dy czwey gedachtin dorffer uff brengin 42 hewffen hoyes iczlichir uff das weynigeste van 4 fudern mit 4 pferdin zcu furen etc.

Summa uff den dreyen weßin Meytsche und Meytczinesche unde Pilwesche wesen habin 64 rewme morgen dor uff 42 hewffen hoyes etc.

213 1449 Juli 21.

Item dor neest slaen dy Montowir dy Wirbelsche und dy Perslankesche wesen 25 morgen gros uff das weynigeste etc. Und vor dem hewsse 13 ½ morgin weßin ee gedacht etc. Dy 2 wesen sullen habin 34 morgen dor uff alle yar uff das weynigeste 30 hewffen hoyes iczlichir von 4 fudern mit 4 pferdin zcu furen etc.

[fol. 75v]
Das dorff Montow sleth vor dem hewße 13 ½ morgen weßin etc.

Summa das dorff sleth alle yor 38 ½ morgen wesen ee gedacht etc.

Item Polnischindorff sleth zcu neest der Montow wo sy beweysit werdin 25 morgen wesen sy in habin vormolis in der wiltenisse nicht gros geslagen dor uff habin sy 21 hewffen hoyes iczlichir von 4 fudern uff das weynigeste und mit 4 pferdin zcu furen etc. Sy slagen vor dem hewße 14 ½ morgin weßin glich den Montowern etc.

Summa das dorff sleth alle yor 38 ½ morgin weßin ee gedacht etc.

Item Mertinsdorff sleth alle jor dy Kologinesche und Markousche weßen 17 morgen dor uff 14 hewffen hoyes uff das weynigeste iczichir von 4 fudern mit 4 pferdin zcu furen etc. Dy wese hat 30 morgin und dor by gelegin etc. Das abirge slagin dy Polnischindorffer ee gedacht etc. Das

[fol. 76r]
dorff Mertinsdorff sleth vor dem hewße 11 ½ morgen weßin ee gedacht etc.

Summa das dorff sleth alle yor 28 ½ morgin grps sunder wan das dorff hoger besatczet wirt so sal seyn hoy slag auch hoger seyn den andern dorffern ee gedacht zcu hulffe etc.

Item alzo vil morgin weßin so beruret ist wart gemessen in der wiltenisse am Obinde Maria Magdalene[214] 100 und 28 morgin wesen dor von iczlichem dorffe seyn teyl ee gedacht zcu geschrebin ist dor uff so wart von den 5 dorffern guttes hoyes groser hewffen uff gebrochet 100 und 7 hewffen hoyes etc.

Summarum alle der weßin dy ich in der wiltenisse lis slaen so vorberuret ist und alle gemessen wurdin am Abinde Maria Magdalene Virginis der was uff das weynigeste 100 und 52 morgin volkomelich gemessen etc. Das brechte 5 hubin und 2 morgin rewmir wesen etc. Dor uff wart mir 100 und 28 hewffen guttes hoyes iczlichir so gros ee gedacht etc.

[fol. 76v]
Item is sey zcu wissen wan dy dynir dy in der wiltenisse uff dem hoyslage legen und getruwelichin zcu sehen und dy wiltenisse wissen so ist der rewmen nutczlichin wesen und Damprouwin vil me danne dis register aufweysit so wirt

214 Juli 21.

des hoyes ouch vil me und grosser hewfen danne dis register aufweysit das steet zcu den getruwin dynern etc.

Item so vorberuret ist wilche dorffeschaft von den [vunfen] ee gedacht so vil morgen weßin umme das hews Seesten in den dreyen feldern nicht das bewachsen aus in rewmit so ee gedacht ist und danne so vil rewmer wesin in sleth was iczlich dorff vor dem hewße weyniger sleth danne ym vorberuret zcu gesatczet ist das sal is alle yor in der wiltenisse der [s]ullen etc.

Item alle jor sullen dy scholczin und rothleute und dy dynir dy by in sint dy wesen vor dem hewse und auch dy wesen in der wilteniße messen dorumme das iczlichem dorffe glich und recht geschee so ym uff gesatczet ist etc.

[fol. 77r]
Summa dy 5 dorffer ee gedacht alzo Seestin Reuschindorff Polnischedorff Mertinsdorff Montow dy haben czins und scharwerkis hubin mit dem wusten dor uff der hoyslag ee gedacht gesatczet ist 100 und 85 huben etc.

Item dorobir so habin dy 4 kretczmer zcu Seesten 8 hubin und Markayme zcum Reuschindorffe 3 hubin dy nicht zcum hoy slage dynen sunder sy czinsen etc.

Mertinsdorff.

Item Mertinsdorff in hot nicht wese wachs den habe ich dir loubit durch eyne gunst zcu slagin und zcu nutzen zcu neest unsir notdorft zcu nemen dy wesen umme den Awstin see und umme den Steyn see und umme den Kirswendel see und uff dem Werder und Michels bruch by dem Jewsten und uff dem Awsten umme gelegin und by dem Perslanken gebruche und Damprouwin zcu slagin so vil ir notdorft ist doch alle jor mit orlop und wissen der hirschaft gescheen sal etc.

[fol. 77v]
Is sey zcu wissen so vil hoyes man bedarff zcu notdorft der fyschereye in der wiltenisse ee gedacht das furen dy fysch kouffer und dy fisch sweyken und nicht dy kretczmer adir dy czins gebuer etc.

Item mit den wagin pferdin dy dy garne rucken und speyse furen zcu der yait und mit den yait sweyken furet man das hoy mit zcur yait buden etc.

Item wan man das hoy wil habin zcu der futterung in dy stallunge uff den Meytczen und Kologyn und uff unsern homeyster[215] keygin Petczschindorff das furen dy Seestener Reuschindorff Polnischedorff[er] Mertinsdorff[er] Girkindorff[er] Weddern[er] Pilczer dy machin auch dy stallunge ee gedacht thor kroppin und rouffen und alle buden darumme ricke und czewne das dach werk lonit der pffleger zcu machin etc.

215 Erlichshausen, Konrad von, wie S. 62, Anm. 98.

Item dy Montowir furet nicht mete hoy und thut nicht erbeyt adir scharwerk zcu der stallunge und hews[u]ng ee gedacht dy dynen zcu den yait budin und ricken etc.

[fol. 78r]
Item dy Montowir dynen nach hubin czal zcu der molen Seynsborg und zcu den brucken abir das mal flis etc. Sy in hauwin nicht haber czum hewße glich den andern czins dorffern etc. Sy in thun keynirley scharwerk zcu dem hewße zcu czewnen ricken danne so alleyne vorberuret ist etc. Zcu der woche uff unsern homeyster[216] und holcz in dy gast kamer das gebort in zcu thun zcu hauwen und in zcu tragen und zcur kochin zcu helffen nicht me etc.[a]

Der hoyslag zcu dem Pilcze und zcur Swarczinborg den dy drey dorffer Girkindorff Weddern Pylcz alle yor pflegen zcu vallen brengen nach hubin czal. Geschrebin am Obinde Sancte Maria[e] Magdalene[b] Virginis im XLIX yore.[217, c]

a Unterhalb des Eintrags folgt Freiraum bis zum nächsten Eintrag.
b Unterhalb des Eintrags mit Ergänzungszeichen notiert.
c Unterhalb des Eintrags folgt Freiraum.

[fol. 78v]
Summa disse nach geschrebin drey dorffer Pilcz Girkindorff Weddern dor uff der hoyslag zcu dem Pilcze und zcu der Swarczinborg alle yor zcu vallen brengin gesatczet ist etc. Dy gedachtin drey dorffer habin 100 czins und scharwerkis hubin dy in dem hoyslag und haber auste alle yor zcum hewße dynen nach hubin czael glich den vorgenantin 5 dorffern etc.

Item abir dy gedachtin 100 czins hubin so haben dy 2 kretczmer und dy mole czum Pilcze 6 hubin dy nicht[a] zcu dem hoyslage und haber awste dynen etc. Ir scharwerk und dinst ist vorberuret sunder sy czinsen mit den gebewirschin hubin vorberuret etc.

Item is sey zcu wissen das dy drey gedachtin dorffer uff der schaite in Keschin wesen und uff der Wirbeleschin wesen by dem Pilcze haben geslagin 90 morgin weßin dor von hot dy Wirbelesche weße 10 morgin rewmir wesen etc. Uff den weßin wart 36 hewffen hoyes iczlichir von 4 gutten fudern mit 4 pferdin zcu furen zcum hewße etc. Gemessen dy weßin und das hoy dor uff geczalt am Obinde Maria Magdalene Virginis im XLIX yare[218] etc.

216 Erlichshausen, Konrad von, wie S. 62, Anm. 98.
217 1449 Juli 21.
218 1449 Juli 21.

a Folgt Streichung *[ir]*.

[fol. 79r]
Item[a] dy gedochtin drey dorffer slugin das vorgangin yor zcur Swarczinborg 30 morgin weßin etc. Dor uff wurdin 16 hewffen hoyes iczlichir von 4 fudern mit 4 pferdin in den hoff zcu furen etc. Dy wesen gemessen und das hoy dor uff geczalt am Tage Maria Magdalene Virginis im XLIX yare.[219]

Summa der weßin czu dem Pilcze unde zcur Swarczinborg ee gedacht der ist 100 und 20 morgin volkomelich gemessen etc. Das were 4 hubin wese wachs etc. Dor uff wart 52 hewffen hoyes im XLIX yare.

Item in disser nach geschrebin louthe habe ich den hoyslag ee gedacht zcum Pilcze und zcur Swarczinborg gesatczet uff dy gedachtin drey dorffer vortan alle yor alzo zcu haldin etc.

Item von irst so sal Pilcz alle yor 42 morgin wesen slaen und uff brengen wo sy by dem Pilcze geweysit werdin was dar uffe bewachsen were das sullen sy alle yor rewmen und reyne haldin das sal in dy hirschaft nach morgin czael so gewonlich ist beczalen und an irem czinße abeslaen etc.

Item was dy Pilczer weniger morgin gros czum Pilcze slagin das sullen sy zcur Swarczinborg der fullen etc. Wurden sy zcur Swarczinborg danne nicht slaen so sullen sy zcum hewse Seestin slaen wo sy geweysit wurdin etc.

a ☞ neben der Zeile ergänzt.

[fol. 79v]
So dann dy weßin vor dem hewße vor teylit seyn uff dy 5 dorffer ee gedacht wilchem dorffe danne seyn zcu satcz von den Pilczern vor dem hewße abe geslagin wurde das selbige dorff sal so vil in der wilteniße morgin gros der fullen so ym iczlichin dorffe ee gedacht uff gesatczet vor dem hewse ist das dy Pilczer etc. adir dy Girkindorffer etc. adir dy von Weddern vor deme hewße slaen wurdin etc. Alzo zcu vor nemen was iczlichem dorffe von den drin gedachtin zcum Pilcze und zcur Swarczinborg wurde gebrechin das sullen sy vor dem hewße der fullen haubin und uff brengen und in den hoff furen so vorberuret ist etc.

219 1449 Juli 22.

Item Weddern sal alle yor 36 morgin gros by dem Pilcze hauwen und uff brengen was in dor an wurde gebrechin das sullen sy zcur Swarczinborg und vor dem hewße der fullen so ee gedacht ist etc.

Item Girkendorff sal alle yor zcu dem Pilcze 42 morgin gros slaen und uff brengen sunder wan das dorff vallen besatczet wirt so sal seyn hoy slag hager seyn den czweyn gedochten dorffern zcu hulfe etc. Was in dor an wurde gebrechin das sullen sy czur Swarczinborg und vor dem hewse der fullen so ee gedacht ist etc.

Item dy drey gedachtin dorffer sullen dar zcu alle yor 6 man in dy wiltenisse uff den gemeynen ee gedachten hoyslag aus senden etc.

[fol. 80r]
Item dy drey dorffer sullen alle yor ir wesen zcu dem Pilcze und zcur Swarczinborg loßen messen dor by sullen unsir dynir seyn das keyn dorff weyniger sal slaen danne ym uff gesatczet ist do sullen dy dynir scholtissen und rotleute vor roten etc.

Item dy gedachten drey dorffer Pilcz Girkindorffer Weddern sullen alle yor dy wesen zcu dem Pilcze slaen und uff brengen und das hoy zcum[a] hewse furen etc. Sy sullen dy weßen zcur Swarczinborg ouch alle yor slaen und uff brengin etc. Und das hoy dor von yor obir das andir yor eyns zcum hewße furen das yor sullen sy das scharwerk uff unsern homeyster[220] keygin Petczschindorf und Ortelsborg der loßin seyn das sullen dy Reuschindorffer und andir czins dorffer dor by thun etc. Wilch yor ir 3 dorffer das hoy von der Swarczinborg nicht in furet das jor sult ir das scharwerg uff unsern homeyster ee gedacht thun etc. Der glichin sullen is auch haldin dy Reuschindorffer Seestener und Polnischindorff etc. Montow und Mertinsdorff sint des scharwerkis frey etc.

Item alle das hoy das in der wiltenise von den 5 ee gedachtin dorffern alle yor gemacht wirt wan man das zcu der stallunge sal habin so sullen dy drey dorffer Pilcz Girkndorff Weddern das hoy nach hubin czal helffen furen wo sy geheyßin werdin und sullen helffen stallunge kroppin rouffen

a Folgt Rasur.

[fol. 80v]
buden hewsunge ricke und czewne uff dem Meytczin und uff dem Kologin helffen machin so vorberuret ist dy Montowir seyn des frey dorumme so vorberuret ist sy zcur yait dynen etc.

220 Erlichshausen, Konrad von, wie S. 62, Anm. 98.

Summarum alle der gedachtin czins hubin so dis gancze rechtfertige register ausweysit dor uff der hoyslag zcu Seestin gesatczet ist zcu thunde yerlich vor dem hewße und zcur Swarczinborg und zcum Pilcze und in der wilteniße in den ee gedachtin 8 dorffern das wuste mete in gerechint etc. Der hubin ist 200 und 85 etc.

S[u]mma dor abir ist hubin und morgin dy ouch czinsen czum hewße und nicht zcu dem hoyslage adir haber awste dynen etc. zcu Seynsborg etc. zcu Seestin etc. zcum Reuschindorffe etc. zcum Pilcze etc. 49 hubin etc. und dor abir 6 morgen zcu den czweyn kretczmern czu Petczschindorff zcu iren bowsteten und garten ee gedacht etc. Und zcu den czweyn kretzmern zcum Pilcze 4 morgin zcu iren bowsteten und garten e gedacht etc. Und zcu der mole bowstete und garten 1 ½ morgin ee gedacht etc. Und zcu Bemen Schumachers garte und bowstete 1 ½ morgen ee gedacht etc. Und zcu Merten Gernemete bowstete unde garten ½ morgin ackers mit dem czinße her nach beruret uff Mertini[221] etc. Und der kretczmer zcu Weddern 1 morgin ackers zcu seynir bowstet und garten etc. So hat der Tolkynir mole in unserm dorfe

[fol. 81r]
czu Weddern ½ morgin ackers czu der molen bowstete und frey tam erde von dem unsern dy Tolkeynir nemen den czins von der mole sy in thun keyne gerechtik[eit] dor vor ee gedacht etc. Der morgin ist 14 etc.

Summarum alle unser czins hubin so dis register ausweysit das wuste mete in gerechint ee gedacht ist 300 und 34 hubin etc. Und 14 morgen ee gedacht etc.

Summa der hubin des wese wachs so uff dy dorffer vorberuret gesatczet ist so dis register ausweysit ee gedacht etc. Des ist vor dem hewsse Seesten und czur Swarczinborg und zcu deme Pilcze und in der wiltenisse 11 hubin und 9 morgin und 1 firtel wese wachs etc.

Dys nach geschrebin sint etczliche grenitczin beruret in der wiltenisse czwisschin dem gebitte Rastinborg unde Seesten etc.

Item[a] an zcu geen an dem ortpfol czwisschin der Grimow und der Borgerdorff unde Eykemedie und gerichte uff zcu geen czwisschin der Reynischin und Seestenir wiltenisse und grenitczin gerichte zcu geen bys uff den ortpfol czwisschin der Jewre und der Montow etc. Und von danne gerichte zcu geen bys uff den Beber see von danne sint flisse und wirkliche grenitczen bys

a *Nota Bene*-Hinweis (NB) über der Zeile ergänzt.

221 November 11.

[fol. 81v]
uff den infal des Wingerinischin flisses etc. Von danne uff zcu geen dy gerichten grenitczen dy keygin Johansborg geen bys uff den weyk und ort der keygin Ortelsborg geet in den ort der danne keygin Ortelsborg gehoret vortan etc. Und an Korwieben see der danne dy Reynische und Seestenir wiltenisse von jeynem ende des sees nach aldir gewonheyt scheyden sal etc. Do danne dy pfleger zcu Rastinborg[222] und zcu Ortelsborg[223] Johansborg und Seestin[225] ir keynir garne losen stellen adir yagin in sullen sunder yderman seynen hunden nach folgin mag dy mit wilde beloßin werdin in wilche wilteniße das louffen wirt das behaldin adir widder gebin sal nach aldir gewonheyt etc. Das flis Saůsekorwebe das scheydet dy grenitzcen Ortelsborg Yohansborg Seestin von danne uff das Neydin crucze etc.

Item noch dy grenitczin czwisschin Seesten und Ortelsborg an zcu geen van dem Korwin flisse uff den Sexdrin van danne uff den[a] Tassewnen see und vort uff den großin Babent see von danne uff den Stromken see und vort uff den Perweyen und vort an durch zcu geen an dy want dy danne das bischaftům und das Seestinische gebitte scheydet so danne dy hantfestin obir dy Quoselow eyn teylis ausweyßin und dy want danne czwisschin dem bischoftům und dem Almoyen uff zcu geen und vort by Weddern und vort an uff den Krackentin so danne dy Seestinische grenitcze czwisschin dem bischoftum und dem gebitte Rastinborg vor mirket seyn etc.

a Folgt Rasur *Tassen see*.

[fol. 82r]
Item wir habin czwisschin der Meysinborg und Czanders hoffen und czwisschin dem Busem und der Grimow und czwisschin der Borgerdorff und der Eykemedie gelegin eynen grosen geren nutczlichir wiltenisse zcu der yait legen und czwisschen dem Reyne dy danne zcu unserin hewse Seestin zcu nutcze dem kovent zcur Balge bleybit und gehort bynnen den grenitczin ee gedacht so danne etczliche pfole und steyne und geczeychinte bome und schelmen aufweysin von aldem her komen do dy grenitczin e gedacht gericht und begangin wurden

222 Sauer, Wolfgang von, wie S. 88, Anm. 155.

223 Reibnitz, Albrecht von: Pfleger von Ortelsburg (1441–1450). Möglich ist auch Pless, Hans von: Kumpan des Obersten Spittlers, meist zgl. Komturs von Elbing (bis 1466) (1450–1451; 1459), Pfleger von Ortelsburg (1451), Hauskomtur von Elbing (1454).

224 Für den Zeitraum 1445 bis 1455 ist kein Pfleger von Johannisburg namentlich bekannt. Annährend können jedoch Johann von Klettenberg, und Ulrich von Ottenberg, wie S. 58, Anm. 95, genannt werden.

225 Hug vom Heiligenberg, Erwin, wie S. 44, Anm. 58.

czwißchin den[a] genanten pfleger amptin etc. Dy Seestinische yait ist uff disser seyte der lantwere czwisschin dem Reyne und Seestin gelegin do danne dy Rastinborger nicht yagin in sullen etc.

Dysse noch geschrebin see und flisse legin in dem Seestinischin gebitte dy nu zcu dem Reyne dem kovent und dem walt ampt zcu Lewnenborg von dem kompthurampt zcur Balge[226] gegebin sint etc.

Dysse nach geschrebin wasser nennet man dy Mockerouschin wasser unde flisse dor von eyn pfleger zcu Rastinborg[227] alle yor uff das weynigeste von nymmet van her sy vormittet etc. Czweynczig gutte m. etc.

Item dy grose Mockerow und ir flisse das in den Krutenen see by der yait budin fellit der Krutenen see und das Krutenen flis etc. Wopeling see und seyn flis etc. Tussen see und

a Folgt Rasur *grenitczin.*

[fol. 82v]
seyn flis etc. Der Heydin see und seyn flis etc. By der aldin yait budin etc. Persken see und seyn flis etc. Kologin und seyn flis der cleyne Kologin und seyn flis etc. der Swanen see etc. der Kirswendel und seyn flis etc. der grose Wendel etc. der Steyn see und seyn flis etc. der Roer see etc. der Awsten und seyn flis etc. der Proberg und seyn flis etc. der see Ungessen etc. der Kuczen und seyn flis etc. der Bolczin und seyn flis etc. der Salczin und seyn flis das flis gehoret dy helfte keygin Seestin und fellit in unsern see Talupen etc. Der Medauwern see und seyn flis by Petczschindorff gehoret keygin Seestin etc. Und der Korwen see und seyn flis ouch keygin Rastinborg etc. Und der Drewswin etc. Und Drewswin moten see etc.

Summa 23 see gros und cleyn der ist 7 czur cleppin dy man danne heysit dy Mockerouschin Mittewasser aus den genanten seen geen 17 flisse dor under ist das Krutenen flis an dem besten zcu ol und hechte etc. Uff alle den genanten seen in mag man mit fromen nicht hager danne uff ½ last angel hechtis vor legin das ist vil vor sucht etc.

Seynsborg.

Dysse noch geschrebin see gehoren der stat Seynsborg zcu fischin und habin ouch eyn teylis zcum Reyne und keygin Rastinborg und keygin

226 Wesenthau, Eberhard von, wie S. 53, Anm. 87.
227 Sauer, Wolfgang von, wie S. 88, Anm. 155.

[fol. 83r]
Lewnenborg gehort und noch eyn teylis thun etc. Von irstin der see Czussen ist der stat mit allir nutczunge vor 6 gutte m. alle yor czins erplich zcu geschrebin etc. Dy inwonir der stat habin mit cleynem geczew zcu notdorft ires tischis nicht czu vor gebin adir zcu vorkouffin frey fischereie in dem Awstin see dy flisse sullen unbescheydiget und unvorstalt bleybin von in der see gehoret zcu der Mockerow e gedacht etc. Der Enten see ist den borgern halp in ir grenitczin gemessen dor neest der see Doberin und seyn flis und der grose Schattoser und der cleyne Schattoser und der cleyne Salczow adir Gele see genant und der see by der stat in dem hoppen bruche und des scholczin see Muldechin und der mole teych und flisse uff dy sneyde mole und alle flisse dy aus iren seen fallen und in iren grenitczin legin aufgenomen das Awstin flis ee gedacht frey sal geen durch dy brucke in den Czussen see das flis gehoret keygin Rastinborg etc.

S[u]mma dy stat hot czeende halbin see zcu fischin so iczlichir vor genant ist etc. Und 7 flisse dor aus nicht gar gut zcu nutzce etc.

Dysse nach geschrebin see und flisse gehoren auch nu keygin Rastinborg in das walt ampt zcu Lewnenborg etc. Von irst by dem Pilcze der Denow mit czweyn flissen etc. Und der Wirbel see und seyn flis etc. Czum grosin garne etc. Und der Sampilcz by Girkindorff zcur cleppe und das flis dor aus uff dy alde slewse und vort durch das dorff Pilcz bys in den

[fol. 83v]
Denow etc. Und Wilken see und seyn flis czur cleppe etc. Und Schaitenike see und seyn flis zcur cleppe etc. Der Weysin see by Posters und seyn flis den fyschit Kremite der leyt zcu schadin wol dy helfte in den grenitczen zcu Weddern das in nicht der fullit in ist etc. Und der see Auwern by dem Falkenhayn mit seynem fliße etc. Und der moleteych zcu Weddern und das flis dor aus etc. Der Auwern zcum großin garne etc. Der Weddern see gehoret dy helfte in das bischoftům dy andir helfte in das walt ampt dy fischit nu dy bruder zcu Resil etc.

Summa 8 ½ see vor genant und 9 flisse dy in das walt ampt zcu Lewnenborg in vor czeyt und keygin Rastinborg nach gehort so iczlicir vor genant ist etc.

Dysse nach geschrebin see und flisse gehorin auch keygin Rastinborg und legin in den Seestinischen grenitczin dy dann der pfleger zcu Rastinborg[228] eyn teylis selbist leth fyschin etc. Von irstin der Scheybelechte see und seyn flis by dem Jewstin und Proberge zcur cleppin etc. Der Karus see zcur cleppin by dem Kugin etc. Der Lange see mit seynen flisse zcur cleppin by dem Kuczen etc. Der Achsen see zcur cleppin ym Kuczen etc. Dor by noch der Scheybelechte see zcur cleppe etc. Der Perback Brotinsee by dem Alnoczin seyn flis zcur cleppin

228 Sauer, Wolfgang von, wie S. 88, Anm. 155.

etc. Der Alnoczen seyn flis zcum großin garne etc. Der Meytczen see seyn flis zcum großin garne etc. Der Meytczyn see seyn flis zcum groczin etc.

[fol. 84r]
By der Meytczinischin wesen der Mos see zcur cleppe etc. Der Roer see seyn flis zcu der cleppe by der Hagenbrucke etc. By dem aldin pechoffen by dem wege zcum Meytczin der Tumpel see zcur cleppe etc. Dor by der Hirtcz see zcur cleppe etc. By dem Meytczin Moth see zcur cleppe etc. Der Pilwen see seyn flis zcum grosen garne etc. Der Gertenen see seyn flis czum grosin garne etc. Dor by der Tisse see zcur cleppe etc. Der Blancke see seyn flis zcur cleppe by der Krutene etc. Der see in der Krutenischin wesen by der brucke zcur cleppe etc. Der see by Kubin alde pech offen seyn flis zcur cleppe etc. Der Beber see seyn flis zcur cleppin etc. Dor by der Lange see seyn flis zcur cleppin etc. Dor by der Wels see seyn flis zcur cleppin etc. By dem Alnoczin der Plotczin see zcum grosin garne etc. By dem Wendel der Tiren see zcur cleppe etc. Der by der Berk see in dem gebirge zcur cleppe etc. Dor by der Beren see zcur cleppe etc. An dem Proberge by der yait unde der Moren see seyn flis zcur cleppe etc. Dor neest der see ym Erbin bruche zcur cleppe etc. Dor by der Spring see zcur cleppe etc. By dem Bolczen der Fichten see zcur cleppe etc. Nach by dem Kuczen eyn Cleppin see und seyn flis etc. Noch 3 see by der aldin lantwere by der Mockerow der eyne heysit Loůter see der ander Persken see etc. Der dritte Frosch see alle 3 zcur cleppe ane flisse etc. Uff der Meydinischen heyde der Lange see zcur cleppe etc. Noch by dem[a] yait steyge czur Mockerow Kroten see seyn flis zcur cleppe etc. By dem aldin pech offen by dem Drewswin 1 Cleppin see etc. By dem Wopelinge Seydin see zcur cleppe etc. Nach in dem Tassen walde Swigonyn see zcur cleppe etc. Nach der Poltczin see

a + am Rand neben der Zeile in blasser Tinte.

[fol. 84v]
und seyn flis[a] zcur cleppe etc. Dor by Silwange und seyn flis etc. Und Silwangyn und seyn flis etc. Und der Garten see und seyn flis etc. Und der Gartenyn see und seyn flis etc. Und der halbe Wigerin se und seyn flis der see 3 czur cleppin und 2 ½ czum grosen garne etc. Und by dem Neydin der Kobel see zcur cleppe etc.

Summa 8 ½ see czum großin garne und 38 see und tumpel zur cleppin aus den genantin seen geet gemeynir flisse[b] 23 nicht vil nutczelich etc.

Summa der see so dis register vorberuret abir al ausweysit mit der Seynsborger wasser 88 ½[c] see dor von ist flisse 56 gros und cleyn etc.

Dysse noch geschrebin see mit iren flissen legin ouch in der Seestinischin grenitczin dy danne etczlichin eddelingin her noch genant in ir guttir gemessen sint und dy ouch in etczlichen unsern seen her nach genant mit cleynem geczew alleyne zcu notdorft ires tischis frey fischerie habin nicht zcu vor gebin adir zcu vor kouffen etc. Von irst Casper Glabune und seyne frunde habin zcum Busem und Grunow 2 see der grose und cleyne Luden genant etc. So habin dy Sperwyner und Hans Rickegarbe und ir frunde in den guttern zcu Warpunen eynen see Wustenyn genant etc. So hot Otte van Legin by Pustenike eynen see by dem Glanten Moth genant etc. So hot Hans Kremite und

---

a Folgt Streichung *etc.*
b Folgt Streichung *56.*
c Römisch *1* neben ½ ergänzt.

[fol. 85r]
seyne frunde den Stammen see und by unserm Serfen see by dem borkwal 4 see der eyne Serfyn und der Lucken und der cleyne Lucken und Lucken Moth see etc. So hot Segemunt zcur Quoselow den see Birsucken und Stromke Moten und Gabelin und Random dy genanten see sint den eddelingin in ir gůtter zcu gemessen etc. Dy Tolkeynir habin frey fischreye mit cleynem geczew zcu notdorft ires tischis ym Glanten etc. Hans Kremite Otte von Legin habin frey fischereie mit eynem garne das sal habin an eynem flogel 30 clostern lang garn unde 10 rutten lang seylwerk in dem Glanten zcu fischin etc.[a] Segemunt hot frey fischereie mit cleynem geczew zcu notdorft seynis tischis in den seen Perslanken und Stromken und Weysen und Golwin und Placken see Perwanten genant ee gedacht etc. Wilchir das dinst das yor hot und nicht ander adir ir scholczin adir gebuer Reybin und Birsucken gehoret ouch in dy Quoselow etc. Casper Sittow hot mit eynem scholczin mit cleynem geczew frey fischreye in den seen gros und cleyn Bredin see dy flisse frey etc. Dy freyen und inwonir zcu Petczschindorff habin mit cleynem geczew frey fischreye in dem see Medauwern dy flisse frey etc. Reyweydin in hot keyne freyheyt zcu fyschin etc. Moten hot freyheyt mit cleynem geczew zcu fischin in dem Weyßin etc. Crummeniczschin habin 6 secke frey zcu stellen in dem Weysen und mit cleynen angelen frey dorynne zcu fischin etc. Dy 3 Warpunen

---

a Neben der Zeile ergänzt *Segemunt.*

[fol. 85v]
und Stammen Sorkemiten Meluken Almoyen Pustenike dy in habin nicht fischereye uff dem unsern und das Polnischindorff auch nicht etc. Mertinsdorff

hot fischereye mit cleynem geczew in dem Neestin see by dem dorffe nicht me etc. Montow hot mit[a] cleynem geczew frey fischereie in dem Salczin see und by dem dorffe in dem Jewstin etc. Seestin hat mit cleynem frey fischereie in dem garne und in dem großin Togen und in dem cleynen Togin by Runewangin und zcu neest dem Reuschindorffe etc. Reuschindorff hot mit cleynem geczew frey fyschreye in den czweyn seen by Runewangin und by dem dorffe Tagen ee genant etc. Runewangin und Baselanken Grunow Busem dy in habin nicht fyschereie und dy von der Langinbrucke und von der Schaitenike und Posters in unsern wassern nicht freyheyt habin zcu fyschin etc. Weysinborg hot uff 10 dinste mit cleynem geczew frey fischereie in dem Sallant wilchir das yor das dinst von 10 hubin bereytet dy andern inwonir nicht etc. Girkindorff hot freye fischereie mit cleynem geczew in dem Kirsen und Sampilcz etc. Pilcz hot frey fischereie in dem Sampilcz ee gena[n]t und das flis dor aus bys in den Donow und dor zcu fischereie in dem Donow etc. Weddern der molnir hot mit cleynem geczew frey fischereie in deme mole teyche etc. Dy inwonir des dorffes Weddern habin von sundirlichin gnodin mit cleynem geczew frey czu fyschin in dem mole teyche ee genant und in dem halbin Weddern see der glichin habin auch dy bruder aus dem closter zcu Resil ee gedacht etc.

a Über der Zeile ergänzt.

[fol. 86r]
Item alle dy freyheit der undirsoßin des amptis Seestin dy fischin mogen in unsern seen mit cleynem geczew czu notdorft ires tischis und nicht zcu vor gebin adir zcu vor kouffin danne so vorberuret ist und alle flisse in dy see aus den seen sullen frey unvorstalt ungefischit bleybin und in dem hecht und bresem striche sullen wir ungedrungin von in und unsir see ungefyschit von in bleybin sunder mit gunst der hirschaft gescheen sulde etc. Und beseth dy hantfestin abir dy freyen und czins guttir dorynne findet man dy worheyt etc.

Item so dis register etczliche grenitczin czwisschin dem gebitte Elwing aufweysit so hot der pfleger zcu Ortelsborg[229] me danne 1 grose meyle wegis breyt und me danne 3 lang wiltenisse dy keygin Seestin gehoren etc. Der glichin hot der pfleger zcu Rastinborg[230] auch vil wiltenisse dy keygin Seestin gehoren etc. Ausgenommen was obir dy grenitczin dy keygin Johansborg von Rastinborg geen etc. Und van Ortelsborg uff Yohansborg und in dy Masow abe geet dem ampte zcur Balge etc.

229 Reibnitz, Albrecht von, wie S. 125, Anm. 223. Möglich ist auch Pless, Hans von, ebd.
230 Sauer, Wolfgang von, wie S. 88, Anm. 155.

Item suchet her nach dy rechtfertigin grenitczin so danne aus unsers homeysters[231] kamer her gesant ist ausweisende czwisschin Ortelsborg Seestin Johansborger grenitczin bys uff den steyn vort bys an dy Masowsche grenitcze etc.

[fol. 86v]
Noch[a] eyns zcu vor nemen dy sundirlichin see und flisse dy in den Seestinischin grenitczin legen und in den kovent zcur Balge gehorin dy eyn pfleger zcu Seestin pfleget loßen zcu fyschin nach seynem willen und zcu vormitten etc.

Item von irst by dem Pilcze an der lantstrosse der Scheybelechte see dor neest der cleyne mole teych dy beyde zcur cleppe nicht vil nutcze etc. Item dy 2 mole flisse aus dem Sampilcz durch das dorff Pilcz bys in den Denow gehoren keygin Rastinborg e gedacht etc. Item das flis aus dem Sampilcz uff wertis durch Girkindorff bys in den Kirsen see gehoret mit allem nutcze keygin Seesten etc. Der Kirsen see zcum großem garne und das flis aus dem see durch dy Swarczinborg uff bys in den Gunnen see keygin Seestin etc. Der Gunen see zcum großin garne etc. Das flis durch dy Langenbrucke in den Grunen etc. Und das flis aus dem Grunen by dem galk berge in den Katczen see etc. Der Katczen see zcum großin garne dor aus das flis das undir dy mole zcu Seestin uff geet und das ander flis aus dem see uff dy alde Katczen brucke und in den Czern see bys under dy korn und sneyde mole zcu Seynsborg der Czern see egedacht zcum großin garne etc. Der mole teych abir dem

a + über der Zeile ergänzt in blasser Tinte.

[fol. 87r]
Tamme gehoret keygin Seynsborg egedocht etc. Item der teych umme das heus Seesten und das gebruche obir der dorff brucken zcur cleppe und das flis dor aus uff wertis in den Sallant see nach das ander flis aus dem gebruche in den Plauwen see etc. Der Plauwen see zcur cleppe dor aus das flis uff in das gebruche by dem Runewangeschen see und aus dem gebruche das flis in den Runewangeschin see etc. Der Runewangesche see zcur cleppe etc. Dor neest der see by dem Reuschindorffe der Togen zcur cleppe das flis doraus durch das dorff in den Sallant etc. In der Weyßinborger felde der see Pisdin zcur cleppe das flis dor aus in den Sallant und das flis von dem Busem in der Weysinborger und Reuschindorffer grenitczin in den Sallant gehoret zcum hewße etc. Der Sallant see zcum großen garne das flis dor aus in den Talupen etc. Der Talupin see zcur cleppe das flis dor aus in den andern Talupen in das bruch das flis aus dem

231 Möglicherweise Erlichshausen, Konrad von, wie S. 62, Anm. 98.

Talupin bruche bys an den wek gehoret keygin Seesten vort an das flis uff in den Salczen see gehoret keygin Rastinborg egedacht etc. Item der Enten see gehoret eyn teylis der stadt Seynsborg dorumme beseet dy grenitcze uff bey der seyte des sees das ander teyl gehoret zcum hewße eyn yor fyschit

[fol. 87v]

eyn pfleger den see gancz das ander jor dy stadt ouch alzo mit dem großin garne dor zcu ist her zcu seychte dy flisse dor aus in sint nicht sere nutcze etc. Item der Neydin see gehoret von dem crucze halp keygin Seestin dor uff sint 28 czoge alzo vil hot ouch der pfleger zcu Yohansborg[232] in dem Neyden see wilch garn von irst uff den see zcum crucze kummpt das hot dy besten czoge noch aldir gewonheyt dor uff mag eyn pfleger zcu Seestin[233] uff das hogeste 3 par angeler haldin das flis aus dem Neydin hot al und hecht und gehoret keygin Seestin etc. Der Karpen see by dem Neyden czum großin garne 3 czoge und nicht angeler adir fliße etc. Item by der Montow der Jewstin see zcum großin garne etc. 1 par angeler und nicht flisse etc. Dor by Strom Moth see zcur cleppe unde nicht flisse etc. Item by dem Neyden[a] Moth see zcum großin garne nicht flisse etc. Der Spring see adir Donner see by dem Awsten zcur cleppe das flis etc. Der Bors see und seyn flis zcur cleppe by dem Ayweydin etc. Medauwern see by Petczschindorff zcum großin garne und seyn flis durch Petczschindorff[b] etc. Zcur cleppe und das flis dor aus durch[c] etc. Der Crummen see und seyn flis zcur cleppe etc. Ayweydin see zcum großin garne und 2 par angeler und seyn flis etc. Moten see czur cleppe unde seyn flis etc. Kelledanck see zcu der

a Doppelt.

b Folgen zwei großzügig mit Tinte getilgte Wörter, darauf folgt Streichung *see zcur cleppe und nicht flíße etc.*, darauf folgen zwei der großzügig mit Tinte getilgte Wörter.

c Folgt ein großzügig mit Tinte getilgtes Wort.

[fol. 88r]

cleppin und seyn flis etc. Durresnabel see zcur cleppin und der cleyne Durrensnabel in der Ayweyder weße mit irem flisse etc. Kerwichin see zcum grosin garne und seyn flis etc. Große Sexdrin see czum großin garne und seyn flis dor uff eyn par angeler etc. Cleyne Sexdrin see zcum großin garne und seyn flis etc. Der große Kraywen see zcum großen garne 1 par angeler und seyn flis etc. Der cleyne Kraywenyn zcum großin garne und seyn flis etc. Tassunen see zcum großin garne und seyn flis etc. Und dor by alle dy wesen gehoren keygin

232 Für den Zeitraum 1445 bis 1455 ist kein Pfleger von Johannisburg namentlich bekannt. Annährend können jedoch Johann von Klettenberg, und Ulrich von Ottenberg, wie S. 58, Anm. 95, genannt werden.

233 Hug vom Heiligenberg, Erwin, wie S. 44, Anm. 58.

Seestin dy hot Segemunt lange czeyt vorgangin mit unrechte yn gehaldin etc. Gantot see zcum grosen garne und seyn flis etc. Weyßin see zcum großin garne 1 par angeler mit seynen flisse etc. Gilgen see zcum großin garne 1 par angeler und seyn flis etc. Gilgen Moten czum großin garne und seyn flis etc. Koyen see czum grosin garne und seyn flis etc. Sogonyn gehort zcum hewse den hot Segemunt mit unrechte gehat [a]zcur cleppe[a] etc. Lappimosken see zcum großin garne und seyn flis etc. Lapposken see zcum großen garne und seyn flis etc. Golwin see zcum großin garne und seyn flis etc. Golwenyn see zcum grosin garne mit seynem flisse etc.[b] Jsgonyn see in Segemundes felde zcum grosen garne und seyn flis etc. Der cleyne Heyden see zcur cleppe und seyn flis etc. Der Placken see zcur cleppe an etczlichin enden und seyn flis treybet Segemundis mole etc.

a Mit Ergänzungszeichen am Rand notiert.
b Folgt Streichung *Isgo*.

[fol. 88v]
Babentin der cleyne see zcum großin garne mit seynem flißе etc. Stromken see zcum großen garne mit seynem flisse etc. Worken see hot Segemunt mit unrechte gehat der horet zcur cleppe mit seynem flisse keygin Seestin etc. Perwayen see zcum großin garne mit seynem flisse etc. Almoyen see mit seynem flisse gehoret obir das wunfte teyl zcur cleppin keygin Seestin das obirge dem heren bischoffe etc. Dy flisse durch Sorkemiten keygin Seestin etc. Der Glanten see zcum großin garne und seyne flisse keygin Seestin etc. Serwen see zcum großin garne und seyn flis uff dy eyßin mole uff das borkwal in den Glanten etc. By dem Polnischindorff der ausgegrabin see zcur cleppe und seyn flis in den Gunen etc. Der Stubben see zcur cleppe und seyn flis in den Kessel etc. Der Kessel see zcur cleppe und seyn flis[a] in dy mos bruther etc. Der see by der lantwere zcur cleppe und nicht flisse etc. Das flis aus dem Stammen see in den Gunen etc. Der Lange see dy trencke by Mertinsdorff zcur cleppe und nicht flisse etc. Der Korwin see zcur cleppe und seyn flis etc. Korwin see zcur cleppe und seyn flis Motkarwen see zcur cleppe und seyn flis etc. Der Smale see zcur cleppe und seyn flis etc. Der Lange see zcur cleppe und nicht flisse etc. Der Swarcze see zcur cleppe und nicht flisse etc. By dem Ayweyden Crummeniczschin bruch see zcur cleppe etc. Und dor by der Heyden see zcur cleppe und nicht flisse etc.

a Folgt Streichung *etc.*

[fol. 89r]

Dysse noch geschrebin flisse gehoren zcu dem hewße Seestin zcu nutzcen und geen aus und in dy see vor genant do sy auch by gedacht sint etc.

Item von irst das Neydin flis hot hecht und al und ist nutcze etc. Item das flis von der sneyde mole in den Czern see ist nicht nutcze etc. Item das Czern flis in den Katczin hat hecht und al ist nutcze etc. Item das Katczin flis in den Gunen hot hecht und al ist nutcze etc. Item das flis aus dem Gunen durch dy Swarczinborg in den Kirsen hot hecht und al ist nutcze etc. Item das flis aus dem Kirsen durch Girkindorff in den Sampilcz hot hecht und al ist nutcze etc. Item das flis durch dy Langebrucke in den Gun[n]en see egedacht hot weynig nutczunge etc. Item das flis aus dem Runewangeschin see den man den grosin Togen heyset in das gebruche und dor aus das flis in den Plauwin see und aus dem see das flis in der Seestenir weßen und vortan das flis uff in den Sallant und das flis widder abe in das gebruche by der Seestenir brucke und vort das flis in den hews teych hot nutczunge den selbigin teych dor methe zcu speyßen yerlich nicht zcu vor stellen etc. Item das flis aus dem hews teyche in den Katczin see ist nutcze mit vil bleyfisch und ukeleyen in irem striche zcu der kochin und den hunden und den armen leuten in dem dorffe wan man in des gan zcu fischin etc.

[fol. 89v]

Item das flis aus dem see by dem Rewschindorffe den man den cleynen Tagen heyset das flis dor aus durch das Rewschindorff in den Sallant ist nicht nutcze etc. Item das flis von dem Busem in unsern grenitczin egedacht in den Sallant ist nutcze zcu hechte etc. Item das flis aus dem Pisdin von der Weysinborg in den Sallant ist geringe etc. Item das flis aus dem Sallant uff in den Talupen und aus dem see in das Talupen bruch und aus dem bruche das Salczen flis egedacht uff bys an den winter weyk alzo man von dem Sallant obir eys uff dy Montow czewt so ferne is zcum hewße egedacht gehoret dy flisse sint nutcze zcu hechte in dem striche etc. Item das Stromken Moth flis by dem Jewstin ist nicht vil nutcze etc. Item das Spring adir Donner flis genant by dem Wendel ist nicht vil nutcze etc. Item Medauwern flis durch Petczschindorff ist nicht vil nutcze etc. Item das flis aus dem großin Bredin durch das dorff ist nicht vil nutcze etc. Item das flis durch den Crummen see uff Crummeniczschin ist nicht vil nutcze etc. Item das flis aus dem Ayweydin see hot ol und hecht etc. Item Moten flis hot ol und hecht etc. Kelledanck flis geet in den Ayweydin see hot hecht nicht vil etc. Item Durre Snabel flis hot hecht nicht vil etc. Item Cleyne Durre Snabel flis in der Ayweyder wese hot hecht nicht vil etc. Item Perslanken flis hot hecht krewes plotczen gutte notdorft etc. Item Kerwichin flis

[fol. 90r]

hat ol und hecht ist gut etc. Item grose Sexdrin flis ist gut hot hecht etc. Item grose Kraywen flis ist gut hot hecht etc. Item Tassewnen ist gut etc. Item Gantot flis hot ol und hecht ist gut etc. Item das cleyne Babentin flis ist gut hot al und hecht etc. Item Gilgen Moten flis hot hecht und bleyen etc. Item Koyen flis ist gut hot al und hecht etc. Item Lappimosken Weypin flis ist gut hot hecht und ol ane were etc. Item Lapposken flis durch Sorkemiten ist gut etc. Item grose Golwin flis ist gut etc. Item Cleyne Golwin ist gut etc. Item Ysgenyn flis undir Segemundes mole ist gut etc. Item Sogonyn see nicht Segemundes etc. Dor by das cleyne Heyden flis nicht gut etc. Item Placken flis uff Segemundes mole vor dem mole Tamme ist gut zcu ol hecht sleyen und zcu allirley fisch etc. Item Stromken flis ist gut etc. Worken flis ist gut etc. Item Perwoyen flis ist gut etc. Item Almoyen flis ist gut etc. Item Glanten flis by Botin ist gut etc. Item Serwen flis in dem Glanten by dem borkwal[a] fellit ist gemeyne nicht sere gut etc. Item in dem felde zcu dem Polnischindorfe Stammen flis in dem Gunen ist gut etc. Item das aufgegrabin flis nicht gut in dem Gunen etc. Item das Stubben flis in dem Gunen nicht gut etc. Item das Kessel flis in dem Gunen nicht gut etc. Item Karwin flis in den Enting ist gut etc. Item Karwenyn flis in den großin Karwen ist gut etc.

a Folgt Streichung, unleserlich.

[fol. 90v]

Item Motkarwin flis in den Enting[a] nicht gut etc. Item das flis aus dem cleynen Smalen see in den Karwin nicht gut etc. Item das Enting flis in den Schattoser see der gehoret keygin Seynsborg das flis ist nicht gut etc.[b]

Summa 32 grose see zcum grosin garne zcu fyschin etc.

Summa 37 cleyne see mit der cleppe zcu fyschin etc.

Summarum der gedochtin see gros und cleyn nutcze und unnutcze dy eyn pfleger zcu Seestin leth fyschin adir vormitten zcu seynem nutcze der ist[c] 69 etc.

Summa der flisse aus den gedochten seen dy zcum bewße egedacht ouch geheren der ist gros und cleyn nutcze und unnutcze 57 flisse etc.[d]

a Folgt Streichung *flis*.

b Unterhalb des Eintrags folgt Freiraum bis zum nächsten Eintrag.

c Folgt Streichung erster Strich von römisch L (50).

d Unterhalb des Eintrags folgt Freiraum.

[fol. 91r]

Dysse noch geschrebin see legen czwisschin Ortelsborg und der Quoselow und dem Reybin und Crummeniczschin und Birsucken und by Niclosberg dy danne eyn sundirlich wol zcu seen mit iren flissen von Seestin habin mussen vor dybereye von der Quoselow von Bischoffesborg und von Passenheym und von den umme soßen dy see sint alle iczlichir vor genant dy mag eyn pfleger yerlich eyn teylis vormitten dy noch eyns durch guttir zcuse[unge] willen her nach genant sint etc.

Item von irst der grose Kraywen hot 4 czoge czandis und bleyfisch und 2 tonnen hechtis uff den winter der ist zcum hewse nutcze etc.

Item der cleyne Kraywenyn mit dem Motsee hot czandis besem und bleyfisch und 1 ½ tonne hecht und 3 czoge ist nutcze zcum hewße etc.

Item der Tassewnen see hot 3 czoge 1 ½ tonne hechtis plotczin karusen und gemeyne fisch nutcze zcum hewße etc.

Item Sexdrin see hot 8 czoge 3 ½ tonne hechtis bresem czandis und gutten bley fisch etc.

Item der cleyne Sexdrin see hot 4 czoge 2 tonnen hecht[is] czandis bresem und gutten gemeynen fisch etc.

[fol. 91v]

Item Kerwicken see hot 2 czoge 2 ½ tonne hechtis czandis und bley fisch genug etc.

Item der cleyne Babentin see by Segemund[es] hoffe hot 5 czoge 2 tonnen hechtis und gutte bresem und gemeynen fisch den mag man vormitten etc.

Item der grose Golwin hot 5 czoge 1 ½ tonne hechtis und gutten gemeynen fisch den mag man vormitten etc.

Item der cleyne Golwin hot 2 czoge 1 tonne hechtis und gutten gemeynen fisch den mag man vormitten etc.

Item Ysgonyn see adir Mole Wasser genant hot 4 czoge 1 ½ tonne hechtis wels und gutten bleyfisch den mag man vormitten etc.

Item der cleyne Heydin see hot 3 czoge 1 tonne hecht[is] und gutten gemeynen fisch den mag man vormitten etc.

Item Birken see hot 1 czog etc. Und der grose Gorken 2 czoge etc. Und der cleyne Gorken 1 czog dy 3 see 1 ½ tonne hecht[is] al und allirley andern gemeynen fisch notdorft dor ynne etc. Dy mag man ouch vormitten etc.[a]

---

a Unterhalb des Eintrags folgt Freiraum.

[fol. 92r]

Noch eyns der Seynsborger grenitczin und etczliche aus czog der stat hantfeste her nach beruret etc.

Item an zcu hebin dy irste grenitcze der stat Seynsborg ist eyn eychin pfol beschut bouswynig der aldin lantwere keygin dem dorffe Stanginwalde das nu das Polnischindorff heysset etc. Von danne zcu geen gerichte uff dy sneyde mole etc. Von danne uff eynen eychin pfol ummb schut und geczeychint das ist eyne ort grenitcze etc. Und der Talupen see etc. Von danne gerichte zcu geen by lang dem Jewsten see etc. Von danne bys in den Proberg see an[a] eyne eyche dy ist geczeychint und beschuttet vor dy dritte ort grenitcze etc. Von danne ge[d]achte zcu geen uff Gunten see uff eynen fichten bom geczeychint und umme schuttet das ist dy firde ort grenitcze etc. Von danne widder zcu geen uff dy irste grenitcze do man an hup zcu messen by dem Polnischindorffe vorberuret Stanginwalt genant etc.

Item der scholtus in der stat sal habin ewiclich alle cleyne gerichte alzo 4 sol. und dor under etc. Dy großin gerichte hals und hant sullen sy in der stat nicht richtin ane der hirschafft willen unde keyginwertik[eit] adir unser boten yo dor by seyn sullen etc. Von allen großin gerichtin dy in der stat und bousweynig iczlichem tore der stadt dreyer seyl lang gefellit sal dem scholczen eyn teyl dem rate der stat

a Folgt Streichung *eyt[...]*.

[fol. 92v]

das ander teyl das dritte teyl der hirschafft gehoren sal etc. Und was von gerichten in der borgerdorff gefellit dor von sal dy hirschaft czwey teyl nemen der scholtus den dritten d. etc. Was dy hirschaft nymmeth adir dirleth an gerichtin dor widder in sal sich der scholtus nicht setczen sunder seyn teyl ouch obir geben sal etc.

Item der scholtus und dy borger in sullen nicht richtin obir unsir hoffe gesinde und obir unser Prewssen etc. Sunder wilche Preussen adir den leen leuten adir freyen gesessen seyn adir zcu kunnfftig quemen dy in der stat gerichte gebrechin und von der stadt wegen gefangin wurdin dy mag der scholtus und der roth richtin noch Prewsches rechtis ausweysunge und by irem wergelde an dem gerichte sal habin dy hirschaft den dritten pfenning dy ander czweyteyl so vorberuret ist dy stat etc.

Item dy borger in der stadt in sullen nicht me habin danne eyne brewpfanne zcu der stat nutczunge was czinses und nutczunge von dem kouff hewße brot bencken fleysch bencken schubencken fysch bencken gewant ramen schergadem batczstubin dy ytczunt seyn und mochten werdin zcu komende dor von sal allis der dritte pfennig czins der hirschafft gefallen etc.

[fol. 93r]
Item der burgermeyster und der roth sullen uns alle yor in manen unsir czinse nutczunge der stat und uns geweren un vorczogen uff alle Sinte Merten[234] noch loute ir hantfeste etc. Der scholtus unsir gerichte nicht zcu vor sweygin dy un vor borgen und in czu manen etc.

Item alle inwonir der stat mogin zcu notdorft ires tischis nicht zcu vor gebin adir zcu vor kuffen mit cleynem geczew fischin[a] in dem Czussen und Awsten see etc.

Item dem pfarnir und scholczin vor leye wir eynen cleynen see ewiclich mit allir nutczunge Muldechin genant so vil ackers sullen sy dor vor entperen so der see mit wesserunge begriffen hot etc.

Item umme dy stat uff eyne meyle wegis in sal keynirley hantwerk geubet adir getrebin werdin ausgenomen smede dy ydermannis zcu seynir notdorft mag setczin und haldin etc. Sunder unser hews Seesten mag habin allirley hantwerker und dy zcu setczen noch unsir bruder willen etc.

Item wurde der stat acker vorberuret her noch molis gemessen wurde danne me gefunden wan ir hantfeste ausweysit das sal in nicht zcu neest der stat genomen werdin sunder an dem fordersten acker abenemen mag uns sal etc.

a Folgt Streichung *d.*

[fol. 93v]
Gegebin ir hantfeste an dem Donnerstage vor Kathedra Petre[a] zcu Seesten in dem vir und virczigesten yore[235] etc.[b]

Quoselow pflugkorn und orkunde uff Mertini[236] etc.

Noch inhaldunge meyster Conradis Czollnir von Rotinsteyn[237] hantfesten so sal habin her Felips von Wildenow und seyne nochkomelinge etc. zcu der Quoselow 350 hubin an dem Tymber see gelegin so ferne sy do vol sint unschedelich andern guttern dy dor angrenitczin dy sy danne habin sullen erplich zcu Colmischim rechte in dissen noch geschrebin grenitczin etc.

234 November 11.
235 1444 Februar 19.
236 November 11.
237 Zöllner von Rotenstein, Konrad, wie S. 42, Anm. 54.

Item von irstin an zcu hebin an der want dy den von der Olse gehoret bys an eyne geczeichinte eyche dy uff dem Werder by dem Lappasken gelegin steet etc. Von der eyche gerichte zcu geen bys an den Birsucken an eyne geczeychinte fichte etc. Von dem Birsucken zcu geen bys an den Golwin an eyne geczeychinte eyche etc. Von danne gerichte zcu geen bys an das Babentin flis do is aus dem Babentin flewsset etc. Von danne gerichte zcu geen bys an das Worken flis do is fellit in den Babent etc. Von danne das flis uff zcu geen abir den Worken etc.

---

a Sic.

b Unterhalb des Eintrags folgt Freiraum bis zur nächsten Uberschrift.

[fol. 94r]

Von dem Worken zcu geen bys obir den Stromken etc. Van dem Stromken zcu geen bys an eyne geczeichinte haynbuche dy do steet an heren Rechinbachis ricken etc. Dy ricke gerichte uff zcu geen bis an eyne geczeychinte tanne dy do steet by dem Tymber etc. Von danne zcu geen keygin dem Rewswin an das dorffis grenitczin und see bys an eynen geczeychinten leynbom das heren Mentzel irste grenitcze ist gewesen etc. Von dannen zcu geen bys an das heren bischoff[es] zcu Ermelant want do wopeken grenitcze antretinde ist an das heren bischoffes ee genante want abe czu geen bys an dy vor geschrebin grenitcze dy den von der Olse zcu gehoret etc. Und vort dy grenitcze uff zcu geen bys an das vor geschrebin Werder an dem Lappasken gelegen do dy geczeichinte eyche uffe steet do man zcum irstin an hup zcu geen etc.

Item wurdin dy 350 hubin her nach molis gemessen wurde ir me gefunden dy sullen sy ouch hoger vor dynen etc. Ist ir weyniger so vil dinstis sal in abe geen etc.

Item wir behaldin zcu unserm nutze disse nach geschrebin 6 see dy bynnen den obin geschrebin grenitczin gelegin sint etc. Golwin Ilgolwin Perlanken Stromken Perwanten und den Morken see etc. Und dor zcu das flis das aus dem Babeutin flewsset das als van in unvorseret und ungefischit bleybin etc. Wir wallen das disse noch geschrebin see in ir grenitcze sullen seyn gemessen der Birsucken Stromke Moten Gabelen Randoyn dy

[fol. 94v]

vier see sullen in dy 350 hubin gehoren etc. Sunder Stromke Moten Gabelin Randow dy see gehoren keygin Ortelsborg etc. Sy habin ouch freye fischeriye mit cleynem geczew alleyne zcu notdorft ires tisches in dem Placken see der ouch Perlanken heyßet etc.

Item noch in haldunge meyster Conradis von Jungungen[238] briffe der gegebin ist zcum Elwinge an Sinte Bartolomeus Tage noch der Gebort Unsers Heren Tusint Drey Hundert ym XCVIII yore[239] etc. Ist in vorlegen freye fischereie in drin seen alzo Stromken Weysen und Golwin dy in dem Belgeschin gebitte legen zcu Seestin mit cleynem geczew alleyne zcu notdorft ires tisschis etc. Sy in sullen keyne flisse in dy see durch dy see aus den seen vorgenant geen in dem hecht und in dem bresem striche nicht vor stellen in sullen etc. Wilchir das yor das gancze dinst hot der sal dy freyheyt der fischereye habin dy andern nicht sy vormessen sich czweyer briffe obir freyheyt fischerye der sy nicht in habin etc.

Item her Felips und seyne nochkomelinge sullen noch in haldunge meyster Conradis von Jungunen briffe herschauwunge herferten lantwerunge alle ir dinst dem komptur zcum Elwinge[240] thun von den guttern dy sy under dem komptur zcur Balge[241] zcur Quoselow habin legen in den Belgeschen grenitczin nach loute ires briffis etc. Sunder alle ander dinste und gerichte bowunge pflugkorn orkunde gehorsam sullen sy gebin und thun dem komptur zcur Balge von den guttern undir ym

[fol. 95r]
belegin etc. Wir wollen ouch das alleyne dy dinstpflichtigin vorberuret dy freyheit der fischreye in unsern wassern vorberuret habin sullen und nicht ir scholczin adir ander ir undirsosen etc. Wurdin dy guttir vorgenant undir dem kompthur zcur Balge[242] gelegin geteylit wer danne dy guttir vordynit der sal alleyne dy fischereie in den drin seen vor genant dy zcur Balge gehoren behaldin etc. Der glichin sal is ouch gehaldin werdin mit der fischereye under dem komptur zcum Elwinge[243] zcu Ortelsborg etc.

Item meyster Michel[244] hatte Segemunde vor legen den see Sagonyn etc. Und Isgonyn dor obir in hot her keynirley beweysunge so hot her eyne wese by Tassewnen see ouch ynne gehaldin vil yor mit unrechte dy 2 see und dy wese gehoren zcu dem hewße Seestin mit rechte dy habin vor gehort zcu den richthoffen unsers ordins zcu der Quoselow und zcum Reybin etc.

238 Jungingen, Konrad von: Hauskomtur von Osterode (1387), Oberster Tressler (1391 März 12–1393 Dezember 1), Hochmeister (1393 November 30–1407 März 30).

239 1398 August 24.

240 Möglicherweise Reuß von Plauen, Heinrich der Mittlere, wie S. 69, Anm. 113.

241 Möglicherweise Wesenthau, Eberhard von, wie S. 53, Anm. 87.

242 Möglicherweise Wesenthau, Eberhard von, wie S. 53, Anm. 87.

243 Möglicherweise Reuß von Plauen, Heinrich der Mittlere, wie S. 69, Anm. 113.

244 Küchmeister, Michael: Hochmeister 1414 Januar 9–1422 März 3.

Reybin etc.

Item Bertolt und Hans gebruder habin iren briff in der nach geschrebin loute etc. Ich Wygant Geyppel in der czeyt pfleger zcu Seestin[245] was habe gewechselt mit Bertolt und mit seynem bruder freyen worin zcu Petczschindorff do sy hatten 21 freye hubin sy allis von 15 hubin eyn gewonlich platin dinst thun sulden etc. Vor dy selbigin hubin habe ich in gegebin zcum Reybin dy helfte des dorffes das unser was mit dem hoffe dorynne 31 hubin zcu Culmischin rechte mit freyem mole werk und mit andir fryheyt so wir sy

[fol. 95v]

gehat habin und an uns gekomen seyn vor dy 21 hubin gegebin zcu Petczschindorf vorberuret nach loute der beyder dorffer hantfeste sy ir hubin uff gobin und dy andern zcum Reybin widder genomen habin unschedelich unsir freyheyt etc. Sy sullen von Petczschindorff rewmen und czien III wochin noch Sinte Peters Tag[246] neestkomende und bleybin by der aldin rechtin hantfestin dy dor obir gehoren ym felde welden gepussche gebruche und ym rewmen in wassern in molen alzo sy unserm ordin gehort habin etc. Sy sullen ouch eynen gebewer wilchin sy wallen von Petczschindorff mit in nemen etc. Dor zcu sal ich in gebin 1 ½ last rockin zcu hulfe des sal in gebin Segemunt zcur Quoselow 17 ½ scheff[el] kornis etc. Und ½ last kornis meyn teyl molen czins zcur Quoselow etc. So sal ich in uff disse neesten Ostern 18 scheff[el] kornis beczalen so seyn sy genug beczalet der 1 ½ last rockins etc. Unsir beyder gloubede unde wechselunge noch loute disser schrifte sal macht habin und bleybin feste und steticlichen gehaldin werdin ane alle widder rede bys an meyne obirstin etc. Ab in hoyes dis yor wurde gebrechin so habe ich in dirloubit in unsir wiltenisse 10 fuder hoyes zcu machen und nicht me und lenger wan dis yor etc. Geg[eben] zcu Seesten im XLIII yare under des amptis sigel etc.

Item ich Erwin[247] habe den czweyn gebrudern zcum Reybin dirloubit etczliche Damerouwin wesen gebruche umme lang dem Gilgen see gelegen etc. So habe ich in vor legen das flis das do geet aus deme Perwoyen in den Stromken see doch dem hecht und bresem striche unschedelich etc.

[fol. 96r]

Pflugkorn etc.[a]

Item is sey zcu wissen wurde 1 freye hube an 4 geteylit adir hager adir weyniger so menniche pflug hake adir norge dor uff geet so vil scheffel weys und pflugkornis te[netur] und iczlichir scholtus und czins gebuer gibit van eynir hube

245 Geyppel/Geyffel, Wigand, wie S. 66, Anm. 105.
246 Juni 29.
247 Hug vom Heiligenberg, Erwin, wie S. 44, Anm. 58.

1 firtel weys so vil pflugkornis das ist eyne gewonheyt in dißem pflegir ampt etc.

---

a Oberhalb der Überschrift folgt Freiraum.

[fol. 96v]

Dys noch geschrebin pflugkorn ist mir gefallen und wachs orkunde von den fryen dinstin zcu Seestin mitteander das wuste findet sich her nach wol im XLIX yore uff Mertini[248] etc.

Item is sey zcu wissen wilchir freye nicht weys in hot zcu gebin der gibit 2 scheffel gestrichins rockins vor 1 scheff[el] weys dor noch dy hirschaft wil etc.

Item wilchir scholtus adir czins gebuer unsir undirsoßin adir der eddelinge adir freyen czins hubenir nicht weys in habin dy sullen uns allis vor eynen scheffel weys 1 ½ scheffel rockins gebin der halbe scheffel sal gehowffet seyn etc.

Item eyn iczlichir eddelinge adir freye der seyne hubin mit czins geburen besetczet der hot von uns durch gnode eyn yor des pflugkornis frey ab wir wollen etc.

Item wilchir eddelinge adir freyer seyne guttir nicht beczewt besitczet adir mit leuten besetczet der sal der hirschaft noch loute seynir hantfesten gliche wol reysen lantwerunge herschawunge pfluckorn wachs orkunde gebin und gebot dor von halden so ym gebort etc.

Item wilchir mit dem pfluge hoken norgin pfluget der sal seyn pfluckorn glich wal vol gebin nach leute seynir hantfeste noch gnodin der hirschaft etc.

[fol. 97r]

Birsucken etc.

Item[a] Merettich d[edit] das irste pflugkorn 2 ½ scheff[el] rockins von 40 hubin dy ouch zcur Quoselow gehoren etc. Tenetur 1 pfunt wachs 5 d. vor 1 platin dinst etc. D[edit] wachs etc. H[ir] noch by der Quoselow beruret etc.

Baselanken etc.

Item Merten furman und Rockinbrot d[ederun]t 2 scheff[el] weys so vil kornis von 4 hubin dy in das dinst czum Busem gehorin etc. Tenentur 1 pfunt wachs 5 d. orkunde uff eyn cleyn dinst etc. D[ederunt] wachs etc.

---

248 1449 November 11.

Steynsborg etc.

Item dy stat d[edit] vor 80 freye hubin uff 6 gutte dinste nach gnodin 8 scheffel weys so vil pfuckornis sy in gibit nicht wachs ir czins hubin her nach beruret etc.

Pylcz etc.

Item Hans Profant und Steffan Runge d[ederunt] vor 8 hubin uff 1 gut dinst 2 scheff[el] weys so vil kornis etc. Tenetur 1 pfunt wachs 5 d. orkunde etc. D[edit] wachs etc.

Item Matthis Rimow und Kristean unde Peter Rodde d[ederunt] vor 8 hubin uff 1 gut dinst 3 scheffel weys so vil kornis tenetur 1 pfunt wachs 5 d. orkunde etc. D[edit] wachs etc.

Summa pfluckorn 15 scheffel weys so vil kornis etc.

Summa wachs 4 pfunt und 20 d. etc.

---

a Neben jeder Zeile des gestrichenen Eintrags ist ein + gezeichnet.

[fol. 97v]

Pylcz etc.

Item Rote Hans und Pawel Sleysiger schaltissen d[ederunt] von 8 hubin uff 1 gut dinst 2 scheffel weys so vil kornis sy in gebin nicht wachs etc.

Grunow etc.

Item Peter scholtus und Hans Storke d[ederunt] von 5 hubin uff 2 platin dinste 2 scheff[el] weys so vil kornis tenetur 1 pfunt wachs 5 d. etc.

Item Merten Pfeylschefter scholcze d[edit] von 5 hubin ouch uff 2 platin dinste 1 scheff[el] weys so vil kornis tenetur 1 pfunt wachs 5 d. orkunde etc.

Item das dorff d[edit] von 30 czins hubin 7 ½ scheffel weys so vil kornis etc. Noch so habin dy eddeling by dem dorffe an dem Luden see gelegin 30 hubin waldis dy sulden dy freyen egedochten zcu Baselanken sundirliche von iren 4 hubin vordynen etc.

Busem etc.

Item Niclos Grunenwalt scholcze d[edit] vor 5 hubin uff 2 platin dinste 1 scheffel weys so vil kornis tenetur 1 pfunt wachs 5 d. etc.

Item Peter Montow scholcze d[edit] vor 5 hubin uff 2 platin dinste 1 scheff[el] weys so vil kornis tenetur 1 pfunt wachs 5 d. etc.

Summa pflugkorn 14 ½ scheff[el] weys so vil kornis etc. Wachs 4 pfunt 20 d. orkunde etc.

[fol. 98r]
Summa des wachs in dem vorgin[anten] halbin blade 4 pfunt wachs 20 d. orkunde etc.

Noch Busem vor gedocht etc.

Item das dorff hot noch 4 kirchin hubin frey etc. Und 36 czins hubin dor von ist in dyßem yore 20 hubin dy mir 5 scheffel weys so vil pflugkornis gegebin habin etc. Dy obirgin sint noch in freyheyt etc.

Weysinborg etc.

Item das dorff hot 100 hubin uff 10 gutte dinste dor von sint 10 hubin Preusch noch loute der hantfeste dor von d[edit] 28 scheff[el] weys so vil kornis tenetur 10 pfunt wachs und 50 d. etc. D[edit] wachs etc.

Runewange etc.

Item das dorff d[edit] von 44 hubin uff 4 gutte dinste 18 scheffel weys so vil kornis tenetur 4 pfunt wachs und 20 d. etc. D[edit] wachs etc.

Langebrucke etc.

Item das dorff d[edit] vor 42 hubin uff 5 gutte dinste 13 scheffel weys so vil kornis tenetur 5 pfunt wachs 25 d. etc. D[edit] wachs etc.

Summa pfluckorn 1 last und 4 scheff[el] weys so vil pfluckornis etc.

Summa das wachs 19 pfunt und 95 d. etc.

[fol. 98v]

Schaitenike etc.

Item Hans Schaitenike d[edit] vor 6 Meydeborgesche hubin uff 1 gemeyne dinst 1 scheff[el] weys so vil kornis tenetur ½ pfunt wachs 3 d. etc.

Posters etc.

Item dy inwonir des dorffes d[ederunt] vor 10 hubin dy danne Hans Kremiten gehoren zcu dynen in seyne guttir zcu Sorkemiten 2 ½ scheffel weys so vil kornis tenetur 1 pfunt wachs 5 d. etc. Sy in sint nicht wachs pflichtig zcu komende zcu gebin etc.

Sorkemiten etc.

Item das dorff d[edit] von 44 huben mit czweyn scholczin 10 scheffel weys so vil kornis etc. Der pfarnir hot dor von 4 kirchin hubin und Bartolomeus und Awstin 4 scholczin hubin sy in gebin nicht wachs etc.

Meluken etc.

Item dy inwonir des dorffes d[ederunt] von 30 hubin uff 3 gutte dinste 4 scheffel weys so vil kornis noch 1 scheffel und so vil kornis tenetur 3 pfunt wachs 15 d. etc. D[edit] wachs etc. Sy vor dynen ouch Posters etc.

Pustenike etc.

Item dy inwonir d[edit] von 20 hubin uff 2 gutte dinste 2 scheffel weys so vil kornis tenetur 2 pfunt wachs 10 d. dy gehoren Otten von der Olse etc. D[edit] wachs etc.

Summa des pflugkornis 20 scheff[el] weys so vil kornis etc. und ½ s[cheffe]l iczlichis etc. 5 ½ pfunt wachs 28 d. orkunde etc.

[fol. 99r]

Summa das wachs in dem vorgin[anten] halbin blade 6 ½ pfunt und 33 d. orkunde etc.

Almoyen etc.

Item der Almoyen gehoret auch Otten von der Olse auch genant von Legyn egedacht Clauke d[edit] von 20 hubin uff 1 gut dinst 1 scheffel weys so vil kornis tenetur 1 pfunt wachs 5 d. etc.

Stammen etc.

Item dy inwonir d[ederunt] von 50 hubin uff 5 gutte dinste 6 scheffel weys so vil kornis tenetur 5 pfunt wachs 25 d. etc. D[edit] wachs etc.

Pilcz etc.

Item das dorff d[edit] van 32 czins hubin 8 scheffel weys so vil kornis dorynne ist nicht wustis etc. Von des pfarnirs 4 hubin und von 6 briff hubin und von 4 kretczmer hubin gefellit nicht pflugkorn etc. In dem dorffe e gedacht sint obir al 70 hubin etc.

Summa des pflugkornis 15 scheff[el] weys so vil pflugkornis etc.

Summa des wachs 6 pfunt und 30 d. orkunde etc.

[fol. 99v]

Sorkemiten etc.

Item zcu Sorkemiten Meluken Almayen Pustenike Stammen Posters egedacht dy guttir Hans Kremiten Otte von Legin gehoren dorynne ist uff disse czeyt besatczet 100 und 68 hubin dor von d[edit] ir pfluckorn und orkunde egedacht uf Mertini[249] etc. Dor obir ist 6 hubin gesatczt etc.

249 November 11.

Item dy eddelunge egedacht unde Niclas Tranckewitcze und Raschow sullen habin egedacht 300 und 10 hubin uff 10 gutte dinste dor von ist nach wuste und gutte wiltenisse 100 und 26 hubin etc.

Item dy gedachtin 10 hubin zcu Posters leth Hans Kremite mit guttem willen pflugkorn und orkunde gebin sy in thun uns keynirley dinst sy in gehoren ouch nicht in dy guttir zcur Quoselow egedacht etc.

Cleyne Stanginwalt etc.

Item Yorge zcum Polnischindorffe sulde do vor dynen 6 Preusche hubin uff 1 gemeyne dinst das ist nach in freyheyt nach loute seynir schrift 1 scheffel weys so vil kornis 1 pfunt wachs 5 d. orkunde etc.

Summa nicht in dissem halbin blade etc.

[fol. 100r]

Polnischindorff etc.

Item das dorff heysset Stanginwalt in ir hantfeste etc. Der scholtus d[edit] von 4 hubin uff 1 gemeyne dinst 1 scheff[el] weys so vil kornis etc.

Item das dorff hat nach 36 czins hubin der ist 30 zcu czinse gekomen dor van d[edit] 7 ½ scheff[el] weys so vil kornis etc. So ist nach in dem dorffe 6 hubin besatczet und in czinses freyheyt dor von geet abe 1 ½ scheffel weys so vil kornis etc.

Seeșten etc.

Item von 4 scholczen hubin uff 1 gemeyne dinst d[ederunt] 1 scheffel weys so vil kornis etc.

Item Thomas Snelling kretczmer und Blasie jeger d[ederunt] vor[a] 4 Preusche hubin uff 1 gemeyne dinst 2 scheffel weys so vil kornis tenetur ½ pfunt wachs etc. D[edit] wachs etc.

Item das dorff hat nach 20 czins hubin dor von d[edit] 5 scheffel weys so vil kornis etc.

Item dor obir sint 4 kirchin hubin und 8 kretczmer hubin frey etc.

Summa des pflugkornis 16 ½ scheff[el] weys so vil kornis etc.

Summa ½ pfunt wachs 3 d. orkunde etc.

---

a Folgt Streichung *2 pre[...]*.

[fol. 100v]

Weddern etc.

Item der scholtus d[edit] von 2 hubin uff 1 gar geringe dinst nach gnadin ½ scheff[el] weys so vil kornis etc.

Item Niclos Blanckenmeyster d[edit] von 10 hubin uff 1 gut dinst 5 scheff[el] weys so vil kornis tenetur 1 pfunt wachs etc. D[edit] wachs etc.

Item Niclos Stangindorff d[edit] von 8 hubin uff 1 gut dinst 3 scheffel weys so vil kornis tenetur 1 pfunt wachs etc. D[edit] wachs etc.

Item das dorff hat nach 24 czins hubin und nicht wustis d[edit] 6 scheffel weys so vil kornis etc.

Mertinsdorff etc.

Item der scholcze d[edit] von 5 hubin uff 1 gemeyne dinst 5 firtel weys so vil kornis etc.

Item in dem dorffe ist uff disse czeyt nach 23 hubin in freyheyt und wuste dor von abegang 5 scheffel und 3 firtel weys so vil kornis etc. Item d[edit] nach aus dem dorffe von 22 hubin 5 ½ scheff[el] weys so vil kor[nis] etc.

Summa pfluckorn 21 scheff[el] und 1 firtel weys so vil kornis etc.

Summa 2 pfunt wachs 10 d. orkunde etc.

[fol. 101r]

Rewschindorff etc.

Item Lorencz Perske Hans seyn son scholczin habin 6 hubin uff 1 gemeyne dinst d[ederunt] 1 ½ scheffel weys so vil kornis etc.

Item Michel Torke hot 4 freye hubin uff 1 gemeyne dinst der ist nach dinst etczlich czeyt und 1 scheff[el] weys so vil kornis 1[a] pfunt wachs 5 d. orkunde in freyheyt etc.

Item Markayme hot 3 hubin allirley schwarwerkis frey dor von d[edit] 3 firtel weys so vil pfluckornis etc.

Item das dorff behelt noch 47 czins hubin dor von sint nach 2 in freyheyt d[edit] von 45 hubin 11 scheffel und 1 firtel weys so vil kornis etc.

Item der abegang van 6 hubin pflugkorn egedacht 1 ½ scheff[el] weys so vil kornis 1 pfunt wachs und 5 d. aus dem dorffe dorynne in ist nicht wust[es] etc.

Girkindorff etc.

Item der scholtus d[edit] von 4 hubin uff 1 gemeyne dinst 1 scheff[el] weys so vil kornis etc.

Item noch so behelt das dorff 56[b] czins hubin etc. Dor von sint 18 hubin nach in freyheyt und wuste etc.

Summa pflugkorn 20 ½ scheffel weys so vil pfuckornis etc. Mit der freyheyt und wustin etc. Gefallen 14 ½ s[cheffe]l etc. 1 pfunt wachs 5 d. orkunde etc.

---

a Folgt Streichung *5*.
b Korrektur aus *46* zu *56*.

[fol. 101v]

Girkindorff etc.

Item das dorff hot mir von 28 czins hubin gegebin 7 scheffel weys so vil kornis etc.

Montow etc.

Item der scholcze d[edit] von 4 hubin uff 1 gemeyne dinst 1 scheff[el] weys so vil kornis etc.

Item das dorff behelt noch 37 czins hubin dor von seyn nach 6 hubin in freyheyt dorynne ist nicht wustis etc. D[edit] noch von 31 hubin 7 scheff[el] und 3 firtel weys so vil kornis etc. Der abegang von 6 hubin 1 ½ scheff[el] weys so vil kornis etc.

Warpunen etc.

Item Niclos Bote d[edit] von 40 hubin uff 1 gut dinst 1 scheff[el] gestrichin und 1 gehewffet firtel weys so vil kornis tenetur 1 pfunt und 1 firtel volkomeliche van dem pfunde wachs und 7 d. orkunde etc. D[edit] wachs etc.

Warpunen etc.

Item Yorge by dem borkwal d[edit] van 40 hubin uff 1 gut dinst eynen gestrichin scheffel und 1 geheuffet firtel weys so vil kornis und 5 firtel volkomeliche von dem pfunde wachs d[edit] etc. Wachs etc.

Su[mm]a 19 ½ scheffel weys so vil kornis etc. Wachs 2 pfunt 3 firt[el] 9 d. orkunde etc.

[fol. 102r]

Warpunen etc.

Item Warpunen by dem Falkenhayn d[edit] von 40 hubin uff 1 gut dinst 1 gestrichin scheffel und 1 geheuwffet firtel weys so vil kornis und 5 firtel von dem pfunde volkomelich wachs ded[i]t wachs etc.

Item Niclos Boten beutenir d[edit] dis yor durch gnode ½ scheffel weys so vil kornis uff das zcu komende yor sal her vol gebin etc.

Item is sey czu wissin das dy drey Warpunen 4 gutte dinste sullen thun mit allem rechte dorumme durch das firden dinstis willen das nicht noch besatczet in ist gebin sy das gehewfte firtel getreydis und das obirge firtel wachs dor umme sy dy valle nutczunge dor von habin etc.

Moten etc.

Item das dorff hot uff 2 Preusche dinste egedacht 20 hubin noch etczliche yor in freyheyt egedacht etc.

Ryweydin etc.

Item das dorff egedacht mit der kirchin hat 60 hubin zcu beutenir recht frey etc.

Summa 1 scheff[el] und 3 ½ firtel weys so vil kornis etc. Wachs 5 firt[el] von dem pfunde 7 d. orkunde etc.

[fol. 102v]

Crummeniczschin etc.

Item dy inwonir d[ederunt] von 30 hubin uff 1 gut dinst 2 ½ scheffel weys so vil kornis iczlichem inwonir des dorffes geboret nicht me von dem pfluge adir norgin adir haken zcu gebin danne ½ scheffel weys so vil kornis etc. Ded[i]t ir recht 1 pfunt wachs etc.

Petczschindorff etc.

Item[a] wir habin 36 ½ hubin egedacht zcu der briff fure und zcu beutenirn[b] in dem dorffe dorvon so habin ouch unsir 2 kretczmer in dem dorffe irem czinse und scharwerke zcu hulffe und zcu irem bousteten 21 morgin etc. Von den hubin habin wir 1 hube mit rechte gewonnen von Matthis Agon dy Kunathis in vor czeyt gehort hot etc. Nach so habin wir 1 hube von Matthis e gedacht gewonnen dy danne Crummeniczsche dem komptur[250] uff gegebin hat von seynis weybis wegin ir was an gestorbin van ires vater unde mutter wegin zcu Petczschindorff auch vorberuret etc.

Item Yeschko hot besundern[c] 4 freye wuste hubin etc. zcum Bredin legen in den grenitczin etc. So hot her 3 ½ hube zcu Petczschindorff uff 1 dinst noch gnodin etc. D[edit] 1 scheff[el] weys so vil kornis mit seynen geburen etc. So hot seyn bruder Ditterich in dem dorffe auch 3 ½ hube uff ½ dinst noch gnodin d[edit] 1 scheff[el] weys so vil kornis mit seynen geburen etc. Und sy beyde 1 pfunt wachs 5 d. orkunde etc.

Summa 4 ½ scheff[el] weys so vil kornis etc. Wachs 2 pfunt 10 d. orkunde etc.

250 Wesenthau, Eberhard von, wie S. 53, Anm. 87.

a Zeichen am Rand nicht zu identifizieren.
b Neben der Zeile unleserlich möglicherweise Buchstaben.
c Folgt Streichung *2.*

[fol. 103r]

Petczschindorff etc.

Item Niczsche vom Erwins d[edit] vor 8 hubin uff 1 dinst mit seynen geburen 1 scheffel weys so vil kornis ½ pfunt wachs 3 d. orkunde etc.

Item Matczko Agon d[edit] vor 5 hubin uff ½ dinst 1 scheffel weys so vil kornis und ½ pfunt wachs 3 d. etc.

Item Falke d[edit] vor 3 ½ hube uff 1 cleyn dinst nach gnadin 1 scheffel weys so vil kornis ½ pfunt wachs 3 d. etc.

Item dy freyen in dem dorffe egedacht habin nach dorynne 23 ½ freye hubin uff Mertini gehat im XLIX yore[251] etc.

Bredin etc.

Item Casper Sittow hot in seynir newgin hantfeste 90 hubin uff 6 dinste etc.

Item von den 90 hubin egedacht hot unsir ordin 13 hubin und 10 morgen vorberuret etc.

Item so hot Jeschko zcu Petczschindorf egedacht 4 hubin dor von etc.

Item so behelt Casper Suttow nach von den gedachtin 90 hubin 72 hubin und 20 morgin uff 5 dinste dor an gebricht ym 2 hubin und 10 morgin etc.

Summa 3 scheff[el] weys so vil kornis etc. Wachs 1 ½ pfunt 8 d. orkunde.

[fol. 103v]

Bredin etc.

Item Casper Sittow d[edit] mit seynen czweyn scholczin 3 scheffel weys so vil kornis etc. Und seyne czins gebuer 4 ½ scheff[el] weys so vil pflugkornis durch gnode in gebort me zcu gebin etc. Ded[i]t 5 pfunt volkomelich wachs unde 25 d. orkunde uff Mertini egedacht etc.

Falkenhayn etc.

Item Matthis und seyn fetter Matt[his] von Talkirsdorff sint by mir gewest und habin mir genug getan vor alle vorsessene pflichte sunder herschawunge reysin lantwerunge in wallen sy nicht thun dorumme ir guttir etc. Falkenhayn egedacht

251 1449 November 11.

64 hubin wuste legen etc. Sy habin mir beczalt uff 2 platin dinste van dem gutte zcu thun 2 pfunt wachs 10 d. orkunde uff Mertini egedacht etc.

Quoselow etc.

Item Niclos zcur Quoselow Kamon genant vor dyni[t] mit seynen stiff kindern 100 und 41 hubin mit 3 ½ platen dinste 1 hube lewfet in zcu egedacht etc. Dor von her d[edit] mit seynen stiffkindern und schalczin und czins geburen zcur Quoselow und zcum Reybin van iren teyle 14 scheffel weys so vil pflugkornis etc. Und 3 ½ pfunt wachs und 18 d. orkunde uff Mertini im XLIX yore[252] etc.

Summa 21 ½ scheffel weys so vil kornis etc. Wachs[a] d. orkunde etc.

8 pfunt und 3 firtel dy d. vinden sich wol etc.

---

a Folgt Streichung *10½ pfunt 53.*

[fol. 104r]

Reybin etc.

Item Hans und Bertolt habin etc. Reybin 31 hubin mit der kirchin unde mole hubin glich Niclosen egedacht etc. Dor von d[edit] uff 3 dinste noch gnodin mit 3 pferdin egedacht d[edit] mit iren scholczin und czins geburen 4 scheff[el] weys so vil kornis und 3 firtel von dem pfunde wachs und 4 d. orkunde etc. Gehorin auch in dy hantfeste zcur Quoselow etc.

Birsucken etc.

Item Merrettich d[edit] vor 40 hubin uff 1 platin dinst 1 scheff[el] weys so vil kornis 1 pfunt wachs 5 d. orkunde gehoret auch in dy Quoselow etc. vorberuret etc.

Swarczinborg etc.

Item das dorff hot egedacht 100 und 20 hubin volkomelich und in ist nicht besatczet das brenget dem hewse großin fromen egedacht etc.

Summarum der pfleger[253] hot undir ym 35 dorffer und hoffe dor abir her richtet zcu Seestin dor von ist ir drey noch wuste und nicht besatczet vor genant und her nach beruret Swarczinborg und cleyne Stanginwalt und Moten etc. Mit der stat Seynsborg etc.

Summa 5 scheffel weys so vil kor[nis] etc. Wachs 7 firt[el] von dem pfunde 9 d. orkunde etc.

---

252 1449 November 11.

253 Hug vom Heiligenberg, Erwin, wie S. 44, Anm. 58.

[fol. 104v]
Summarum des wachses das mir Erwyn[254] etc. valkomelichin wart von den vor gedachtin dinstin und freyen guttern das wuste und dy freyheyt nicht gerechint in disse summe etc. 61 pfunt und 3 firtel von dem pfunde wachs und 20 sc. unde 9 d. aldis orkunde etc.

Item Moten und cleyne Stanginwalt und Torke zcum Reuschindorffe habin 4 pfunt wachs und 20 d. orkunde nach in behaldin in ir freyheyt nach loute ir schrifte egedacht etc.

Summarum des pfluckornis von alle den dinst pflichtigin von freyen von scholczin von hubenern czins geburen so dis register vorberuret aufweysit dy freyheyt etczlichir czins hubin und von dem wustin und von etczlichin freyen egedacht der pflugkorn ist abegenomen und vorberuret und nicht in disse summe gerechint her noch beruret das ich in genomen und volkomelich entpfangen habe 3 leste und 55 scheffel und 2 ½ firtel weysis und so vil pflugkornis uff Mertini vorgangin in dem XLIX yore[255] etc.

[fol. 105r]
Item ich rechin allis eyn jor dem andern zcu hulffe wal feyle und tewer 1 pfunt wachs mit seynen 5 d. vor 4 gutte sol. etc.

Item so rechin ich auch allis eyn yor dem andern zcu hulfe tewer und wal feyle 1 last weys und auch vor 1 last kornis 6 ½ m. aldis etc.

Summa vor das wachs egedacht 8 m. und 13 ½ sol. aldis uff Mertini[256] etc.

Summa vor den weys und rockin e gedacht ist 7 leste und 51 scheffel und 1 firtel getreydis durch enander das brenget an gelde 51 m. 4 sc. 13 d. aldis etc. Dach eyn yar dem andern und der weys dem rockin zcu hulffe so ist nauwe notdorft zcur winter soyt und unsern homeyster[257] und den komptur[258] und seyn gesinde das jor dor von zcu haldin dor nach danne das winter felt das yor gros adir cleyn ist das habe ich vor sucht etc.[a]

a Unterhalb des Eintrags folgt Freiraum.

[fol. 105v]
Dys nach geschrebin allirley getreyde an weys rockin malcz sweynos grutcze habe ich entpfangin und in genomen aus den molen Seynsborg Seestin und Pilcz

254 Hug vom Heiligenberg, Erwin, wie S. 44, Anm. 58.
255 1449 November 11.
256 November 11.
257 Erlichshausen, Konrad von, wie S. 62, Anm. 98.
258 Wesenthau, Eberhard von, wie S. 53, Anm. 87.

von Thome des Heyligin Apposteln Abint im[a] XLVIII yare[259] bys uff des Heyligin Cristus Abint in das XLIX yar[260] etc.

Mole Seynsborg etc.

Item am Abinde Conversio Paule[261], [b] aus der mole Seynsborg 38 ½ scheffel rockis etc. Und 5 ½ scheffel weys etc. Und aus der mole Seeschen 12 scheffel rackins etc. Und 1 scheffel weys etc. Und aus der mole Pilcz 19 scheff[el] rockins etc. Und 2 scheff[el] weys etc.

Mole Seetin etc.

Item am irstin Sonnobinde in der Fastin[262] aus der mole Seestin 17 ½ scheff[el] rockins etc. Und 2 ½ scheffel weys etc. Und 1 ½ scheffel os etc. Und aus der mole Seynsborg 33 scheffel rockins etc. Und 3 scheffel[c] weys etc. Und 1 ½ scheffel as etc. Und aus der mole Pilcz 20 scheffel rackins etc. Und 1 scheff[el] weys etc. Und 2 ½ scheffel malcz etc. Und 2 scheff[el] as etc.

Mole zcum Pilcze etc.

Item am Phalm Abinde[263] aus der

a Folgt Streichung *XLIX yare bys uff.*

b Sic, eigentlich *Pauli.*

c Folgt Streichung *etc.*

[fol. 106r]

mole Pilcz 24 scheff[el] rockins etc. und 5 ½ scheff[el] malcz etc. und 1 ½ scheffel weys etc. und 2 ½ scheffel as etc. und aus der mole Seestin 28 scheff[el] rockins etc. und 14 ½ scheffel malcz etc. unde 3 scheffel as etc. und 3 scheffel weys etc. Und aus der mole Seynsberg 34 scheffel rockins etc. und 7 scheffel weys etc. Nicht me etc.

Seynsborg etc.

Item am Abinde Unsers Heren Hymmelfart[264] aus der mole Seynsborg 26 scheff[el] rockins etc. Unde 39 scheffel malcz etc. Und 4 scheffel weys etc. Von Seestin 22 scheffel kornis etc. Und 4 scheff[el] malcz etc. Und 1 ½ scheff[el] weys etc. Und 2 scheff[el] as etc. Von dem Pilcze 13 scheffel kornis etc. 1 ½ scheff[el] malcz etc. 3 firtel von dem scheffel weys etc. 1 scheffel as etc.

259 1448 Dezember 20.

260 1449 Dezember 24.

261 Januar 24.

262 Wohl 1449 März 2.

263 Wohl 1449 März 5.

264 Wohl 1449 Mai 21.

Pylcz etc.

Item am Abinde Johannes Baptista[265] aus der mole Pilcz 13 scheff[el] kornis etc. Und 2 ½ scheffel malcz etc. Und 1 ½ scheff[el] as etc. Von Seynsborg 24 scheffel kornis etc. Und 3 ½ scheffel weys etc. Und 9 scheffel malcz etc. Von Seestin 25 scheffel kornis etc. 2 scheffel weys etc. 2 scheff[el] as etc.

[fol. 106v]

Seestin etc.

Item am Abinde Laurencij[266] wart mir aus der mole 22 ½ scheffel kornis etc. und 3 scheff[el] malcz etc. und 1 scheffel weys etc. und 2 scheffel as etc. Aus der mole Seynsborg 22 scheff[el] kornis etc. und 1 ½ scheff[el] weys etc. und 13 scheff[el] malcz etc. Von dem Pilcze 18 scheff[el] kornis nicht me etc.

Seynsborg etc.

Item am Obinde der Derhebunge des Heyligin Cru[cis][267] aus der mole 23 scheff[el] kornis etc. 3 ½ scheff[el] weys etc. 13 ½ scheff[el] malcz etc. Aus der mole Seestin 24 scheff[el] kornis etc. 3 ½ scheff[el] weys etc. 2 scheff[el] os etc. Von dem Pilcze 18 scheff[el] kornis etc. 3 ½ scheff[el] weys etc. 2 scheff[el] os etc.

Pylcz etc.

Item am Abinde Symeo[nis] et Jude[268] aus der mole 22 scheff[el] rockins etc. und 2 ½ scheff[el] weys etc. und 8 ½ scheff[el] malcz etc. Von Seestin 18 scheff[el] kornis etc. 4 ½ scheff[el] weys etc. 3 ½ scheff[el] malcz etc. Aus der mole Seynsborg[a] 29 scheffel kornis etc. unde 3 scheffel weys etc. und 3 scheff[el] malcz etc. und 4 scheffel as etc.

Seynsborg etc.

Item am Abinde Mertini[269] aus der mole Seynsborg 25 scheffel kornis etc. 3 ½ scheff[el] weys etc. und

a Am Rand ergänzt, mit Ergänzungszeichen in den Text eingefügt, an einzufügender Stelle steht *Pilcz* gestrichen.

265 Juni 23.
266 August 9.
267 September 13.
268 Oktober 27.
269 November 10.

[fol. 107r]
18 scheffel malcz etc. und 7 scheffel as etc. Aus der mole Seestin auch 18 scheff[el] kornis etc. und 2 scheff[el] weys etc. und 4 scheff[el] malcz etc. 2 scheff[el] as etc. Aus der mole Pilcz 12 scheff[el] kornis etc. und ½ scheffel weys etc. und 6 ½ scheffel as etc.

Seesthen etc.

Item am Obinde Andree App[osto]le[270] aus der mole entpfangin 21 scheffel rockins nicht me etc. Aus der mole Seynsborg 32 scheffel rockins 2 scheffel as etc. Aus der mole Pilcz wart nicht etc.

Pylcz aus der mole etc.

Item an dem Montage noch Thome App[osto]le aus der mole 22 ½[a] scheffel rackins etc. und 2 ½ scheffel malcz etc. und 2 scheffel weys etc. unde 5 scheffel os etc. Aus der mole Seynsborg 20 scheffel rockins etc. und 21 scheffel malcz etc. unde 7 ½ scheffel weys etc. und 7 scheffel as etc. und 4 fette sweyne etc. Aus der mole Seestin 10 scheffel rockins etc. und 5 scheffel weys etc. und 7 ½ scheffel malcz etc. und 3 scheffel as etc.

Seynsborg etc.

Summa das vorgangin jor mir gewordin aus der mole 5 leste und 6 ½ scheffel kornis etc. und 42 scheffel weys etc.

---

a Zahl *2½* auf Rasur.

[fol. 107v]

Seynsborg etc.

Und 1 last und 56 ½ scheffel malcz etc. und meynir sweyne 4 fette dorynne gemast und 21 ½ scheff[el] os dor zcu etc. und nicht haber grutcze etc. und 12 schok eyer und me etc. und 1 schok enten und huner und meer etc.

Summarum alle des getreydis aus der mole Seynsborg an rockin an weys an malcze an sweynos das vorgang[in] jor egenant ich entpfangin habe 8 leste und 6 ½ scheffel und ander nutczunge dor zcu e genant etc.

Seesthin etc.

Summa das vorgangin jor wart mir aus der mole 3 leste und 38 scheffel kornis etc. Und 23 scheff[el] weys etc. Und 36 ½ scheffel malcz etc. Und 17 ½ scheffel as und nicht sweyne in der mole gemast das yor etc. Mir wart das vorgangin jor aus der mole enten und huner 24 etc. Und me danne 12 schok eyer etc.

---

270 November 29.

Summarum alle des getreydis aus der molen Seestin an rockin an weys an malcze an sweynas das vorgang jor egenant ich entpfang[en] habe 4 leste und 55 scheff[el] und andir nutczunge dar aus egedocht und nicht haber grutcze etc.

Pylcz etc.

Su[mm]a das vorgangin jor wart mir aus der mole Pilcz 3 leste und 1 ½ scheffel kornis etc. Und 13 scheffel und 3

[fol. 108r]

Pylcz etc.

firtel weys etc. und 23 scheffel malcz etc. und 20 ½ scheffel os etc. und nicht habir grutcze das yor und keyne sweyne mast etc. 16 enten und huner und 8 schok eyer aus der mole das yor mir gewert etc.

Su[mm]arum das vorgangin jor aus der mole mir gewordin an rockin weys malcz sweynas egedacht 3 leste und 58 scheffel und 3 firtel getreydis ane dy andir nutczunge egedacht etc.

Su[mm]arum des rockins aus den dreyen molen Seestin Seynsborg Pilcz mir gewordin ist von Sinte Thomas des Apposteln Abint vorgangin im XLVIII yore bys widder uff Thome des Heyligin Apposteln Obindt 11 leste und 46 scheffel rockins im XLIX yore[271] vorgangin etc.

Summarum innam das vorgangin jor weys aus den drin gedachtin molen 1 last und 18 scheffel und 3 firtel weys im XLIX yore etc. Vorgangin etc.

Summarum des malcz der czeyt aus den drin molen 2 leste und 56 scheffel malcz im XLIX yare etc.

[fol. 108v]

Summarum sweynos aus den drin molen das vorgangin jor entpfangin 1 last minus ½ scheffel allirley os im XLIX yore und 8 sweyne mir fette gemast dor zcu etc.

Summarum alle des getreydis aus den gedachtin drin molen rockin weys malcz sweynos und 3 firtel haber grutcze mir uff das vorgangin jor gewordin ist in eynir summe gerechint etc. 17 leste und eynen scheffel entpfangin im XLIX jore etc.

Item dor obir aus den dreyen molen entpfangin 6 junge gense unde 24 enten und me wan 1 schok iunger huner und me[a] wan 40 schok eyer zcu notdorft meynir kochin das mochte man an eyn gelt slagin noch seynir wirde etc.

---

271 1448 Dezember 20–1449 Dezember 20.

Item eyn getreyde egenant kome dem andern zcu hulfe alzo weys malcz rockin haber grutcze sweynos dy last vor 5 ½ m. der scheffel vor 5 ½ [sc.][b] aldis so is in dem yore wol feyle was etc.

Su[mm]a das getreyde iczlichis vorgenant aus den drin molen uff das vorgangin jor entpfangin zcu gelde geslagin egedacht dy summe des geldis dor vor ist 93 m. 14 sc. 3 d. aldis etc.

---

a Doppelt.
b Im Text fälschlich als *s[cheffe]l.*

[fol. 109r]
Item dor obir dy innam der kochin speyse egedacht etc.

Schewnen zcu Seesthen etc. Im XLIX yore.

Item allirley getreyde entpfangin aus meynir schewnen von Thome App[oste]len in dem XLVIII yore[272] an zcu hebin bys uff widder Thome des Heyligin Apposteln Obind im XLIX yore[273] zcu meynem teyle ingenommen etc.

Item mir wart aus meynir schewnen von der Heyligin Drey Konige Tage im XLIX yore[274] bys uff[a] den czeendin tag[275] vor Pfingestin in dem yore der rockin ausgedresschin uff den tag wart etc. 4 leste und 45 ½ scheffel mit dem efterich etc. So wart in dem jore uff das newge widder an gehabin zcu dresschin an dem Abinde des Heyligin Crucis[276] vor Sinte Michel[277] von der czeyt wart mir bys uff des Heyligin Christus Abint[278] aus der schewnen 6 ½ leste und 15 ½ scheffel mit dem efterich etc.

Item das vorgangin jor wart mir weys aus meynir schewnen 9 leste und 14 ½ scheffel mit dem efterich etc.

Item das vorgangin jor wart mir aus meynir schewnen gerstin 7 leste und 16 scheffel mit dem esterich etc.

Item das vorgangin jor wart mir aus der schewnen erweys und wicken 48 scheff[el] etc.

---

272 1448 Dezember 21.
273 1449 Dezember 20.
274 1449 Januar 6.
275 Wohl 1449 Mai 22.
276 1449 September 13.
277 1449 September 29.
278 1449 Dezember 24.

a Folgt Streichung *uff.*

[fol. 109v]

Aus der schewnen im XLIX jore etc. Und kouff haber etc.

Item das vorgangin jor wart mir aus der schewnen 2 leste und 45 scheffel habers mit dem efterich etc.

Item so koufte ich das vorgangin jor 16 leste und 37 scheffel habers dy last vor 3 ½ m. aldis etc.

Item das vorgangin jor lis ich hacken 8000 und 850 scheffel hexels von habir und rockin und gerstin stroe etc. Durch des hacke habers willen so mus ich alle jor soith haber kouffin und andern haber zcu notdorft des heußis etc. Allis vor 600 scheffel zcu hacken ½ g[ute] m. by meynir koste und mit meynem messir etc.

Dy summe des rockins innam von pfluckorne und aus der schewnen ist und aus den molen obirall 27 leste und 42 scheffel und 1 ½ firtel rockins volkomelich etc.

Item von der summe des rockins lis ich widder seyen in das felt hinder dem melcz heuße hinder der schewnen hinder den czweyn rosgartin 4 leste und 29 scheffel kornis etc.

Item so wart das jor vor backen uff das Mockerowsche garn 1 last und 38 scheffel kornis etc. So wart das yor vor backen zcu der notdorft des heuses und uff eyn gros garn un[d] uff das cleyne hantgarn 12 leste und 26 scheffel rockins etc.

[fol. 110r]

Bakheus etc.

Item so wart vor mast by czweyn lestin rockins mit dem jungin fye und mast sweynen mit dem efterich etc.

Item so wart das vorgangin jor 24 scheff[el] weys vor backin etc.

Summa dy ausgobe des rockins egedocht 20 leste und 33 scheffel kornis etc.

Item so behilt ich zcu vor kouffin 7 leste und 9 scheffel und 1 ½ firtel kornis dy last vor koufft vor 5 ½ m. aldis dy summe des geldis dor vor findet sich wol etc.

Dy summe des weysis von pflugkorne aus der schewnen und aus der molen ist das vorgangin jor mir gewordin 14 leste und 28 scheffel und 3 ½ firtel etc. Dor von wart vor backin das jor dy 24 scheffel egedocht etc.

Item so gap ich meynem obirstin dem komptur[279] 6 leste weys in dem jore etc.

Item so lis ich das yor in das felt hinder dem melczheuse egedocht seyen 2 leste und 2 scheffel weys etc.

Item das felt hinder dem melczheuße egedacht ist das groste felt dorynne geet winter soyth 6 ½ last und 1 scheffel getreydis und zcu der soymir soyth geet in das felt 4 leste und 42 scheff[el] habers und 2 leste und 12 scheff[el] gerstin und 16 scheffel und 2 ½ firtel erweys etc.

[fol. 110v]

Czu der soyth in dy drey felde vor und noch beruret vor dem heuse etc.

Item in das felt by der molewesin bys an dy alde Katczin brucke und uff jenir seyte des flisses an das gebirge geet wintersoit 2 leste und 12 scheffel und 1 firtel weys und 4 leste und 12 ½ scheffel rockins dor von wart 40 ½ [scheffel] an das gebirge uff jenir seite des flis geseyet etc.

Item in das felt geet soymir soith 4 leste und 20 scheffel habers und 2 leste und 12 ½ scheffel gerste und 11 scheffel erweys etc. So geet in den großen rosgartin 19 scheffel habers und 15 scheffel gerste und 7 ½ scheff[el] erweys etc.

Item in das felt hinder der dorff kirchin geet winter soith 1 last unde 25 scheffel weys und 3 leste und 15 scheffel und 3 firtel rockins etc. In das felt geet soymir soith 4 leste und 8 scheffel habers und 2 leste und 51 scheffel gerstin und 9 scheffel und 1 fertel erweys etc.

Summa so des weysis innam und ausgobe vorberuret ist dor von behilt ich zcu meynem nutcze zcu vor kouffin 6 leste und 2 scheffel und 3 ½ fertel dy last vor 5 ½ m. aldis dy summe des geldes dor vor ist wol zcu rechin etc.

Dy summe der gerstin innam aus der schewnen und gekouft das vorgangin yor von dem scholczin zcu Resil vor 2 leste 5 scheffel 10 gutte m. aus der schewnen entpfangin 7 leste und 16 scheffel gerstin dorvon ausgobe etc.

[fol. 111r]
Item von der gerste wart geseyet das jor in das felt hinder der dorff kirche 2 leste und 51 scheffel egedocht etc.

Item so lis ich das jor 15 scheffel gerstin zcu speyse grutcze machin etc. So wart mit den hunern gensen enten jungem fye vorczert by 1 ½ last gerste vor efterich gerechint etc. So lis ich das vorgangin jor melczin 4 leste und 45 scheffel gerstin etc. Und 2 leste weysis dy sal man abe nemen von dem kouff weys egedacht etc. So lis ich das jor 3 leste habers melczin den sal man von dem haber her noch

279 Wesenthau, Eberhard von, wie S. 53, Anm. 87.

abeslagin etc. So lis ich 15 scheffel erweys und wicken melczin dy sal man von den erweyßin her noch abe nemen etc.

Summa das vorgangin jor vor melczet 10 leste allirley getreydis dor von wart mir 12 ½ last malcz nicht volkomelich etc. So wart mir aus den dreyen molen malcz das vorgangin yar 2 leste und 56 scheffel nicht volkomelich etc.

Item das vorgangin jor wart 9 leste malcz vor brewen das woren 18 gebrew dor undir was 5 mersche bir das ander was colacien bir und kovent zcu iczlichem gebrew geet 30 scheffel malcz und 10 scheffel hoppin so wirt von eynem gebrew mersch bir 8 tonnen volkomelich unde 14 tonnen kovent[is] volkomelich etc. So wirt von eynem colacien bire 13 tonnen birs volkomelich und 10 tonnen kovent[is] volkomelich etc. So wirt von 30 scheffel malcz 16 tonnen koventis volkomelich etc.

[fol. 111v]
Item das vorgangin jor lis ich 2 ½ tonne honigis vor brewen dor von wart 17 tonnen met[is] volkomelichin etc. Das vorgang[in] yor hatte ich 31 tonnen fremdis biris.

Dysse noch geschrebin erweys habe ich entpfangin und wicken egedocht das vorgangin jore etc. Dorvon wurdin vor brewen dy 15 scheffel egedacht so wart in das felt hinder der dorffkirche egedacht geseyet und in den grosin rosgartin 14 scheffel und 1 ½ firtel [erweys][a] etc. So behilt ich zcu notdorft des heusis 19 scheffel und 2 ½ firtel erweys etc. Dy summe is vorberuret innam etc.

Dyssen noch geschrebin haber habe ich das gancze vorgangen jor aus meynir schewnen entpfangin und dor zcu gekouft und dor zcu das sweynos aus den molen allis egedocht entpfangin und zcu haber zcu houffe gerechint etc. 20 leste und 21 ½ scheffel durchenander etc.

Item ausgobe von dem habir egedocht wart geseyet in das felt hinder dy dorff kirche und in dem grosin rosgartin das vorgangin jor egedacht 4 leste und 27 scheffel habers etc. Und vor melczet 3 leste egedocht etc. Und 4 leste volkomelich mit den hunden und mit den jungin ferkeln und jungin fullen vor czeret das yor etc. Und mit der sweyne mast me danne 1 last etc.

Item so wart das yar mit unserm homeyster[280] und mit dem komptur[281] und mit andern gestin und mit meynen pferdin vor futtert 8 leste unde 4 ½ scheffel habers volkomelich das jor etc.

---

a Ist aus dem Kontext ergänzt.

---

280 Erlichshausen, Konrad von, wie S. 62, Anm. 98.
281 Wesenthau, Eberhard von, wie S. 53, Anm. 87.

[fol. 112r]
Item das vorgangin jor wart in der kochin vorczert 1 tonne und 3 firtel von der tonne pottern dy an gelt gerechint vor 8 ½ m. aldis etc. So wart in dem heuße allirley kese vor czert und ausgespeysit 26 schok das schok vor 1 f. aldis gerechint ich in vor koufte das vorgang[in] jor keyne kese adir pottern etc. Das vorgang[in] jor quam 14 scheffel habers zcu habir grutcze den habir sal man von dem futtir habir egedacht abe nemen den gerstin grutcze vor bedacht etc.

Item das vorgangin jor wart in der kochin vor czert und uff drin garnen 45 ½ seytin speck[is] und 23 smeer und 5 birnschilde und 2 schok und 23 schrot treuge wildpret und 9 czemmel von wilde und 6 ree und 2 ½ ewer 3 eland und dor von 2 kelbir unde 23 stucke rothwildis gros und cleyn und 32 schrot schepczin und scheffe bucke und czegin fleysch und 2 ½ wilt sweyn und 62 buch schincken 21 treuge gense und 3 schok und 5 brot worste und 5 stucke rintfyes und dor czu 23 schepczen und 14 kelbir und 16 czickel und 57 brotferkel und bobin 43 schok eyer von gensin entin und huner und by 13 schock huner 37 gense und 42 enten alzo czins huner unde kouff huner etc. Sundir gense und enten und etczliche huner und dy eyer nam ich aus meynen molen und aus dem fyhoffe und von meynen gerten[n]en dy sulch fye mit mir umme dy helfte haldin etc. Rechint iczlichis an eyn gelt noch seynir wirde wer das bedarff etc.

Item das vorgangin jor koufte ich 16 tonnen weys salcz vor 36 m. aldis mit dem ungelde etc. Und 2 leste grop salcz vor 29 m. mit dem ungelde etc.

[fol. 112v]
Item das vorgangin jor gap ich czymmer unde decke lon bobin 9 gutte m. etc. Und smede gelt bobin 12 gutte m. etc. Und vor geschirre etc. wagin sletin rade pflugwerk me danne 7 gutte m. etc. Vor schue stiffeln me danne 2 gutte m. Vor steyne unde molwerk das jor me wan 5 gute m. vor pfeffir czafferan igwer andir krewde zcu notdorft der kochin und meynir kamern itczundt nicht allis genant und vor ertczsteye und vor weyn bobin 15 gutte m. etc. Und vor pech und ther und schiff bounge zcur fischereye und vor ancker zcu bessern und vor melcz trage und vor brew botin und vor standin und fasse und tonnen und vor cleyn gefesse und den cleynsmedin vor sloswerk bobin 5 gutte m. etc.

Item vor leynwot zcu tisch und hanttuchern zcu laken zcu secken zcu schorcz und zcu seytuchern zcu mete secken vor kochin ål vor stor lachs dorsch newgin aukin herink runtfisch flackfisch bergerfisch feygin mandeln rosincken reys hanff und maen soith vor schencke bechir vor erdin toppe kannen trinck stutcze reybe toppe vor unslith zcu den molen und zcu lichtin und den kessel bussern und den sewsneydern das vorgangin jor gegebin und schrotlon und vor etczliche gropin und czynnen gefese zcu bessern und vor etczliche scheff[el] und meel beutel und gereyde sip und vor muldin schusseln korn scheuffeln und birschuffin und vor setel und czome und armbrost[e] mit ir zcu gehorde yait spisse und pfeyle und vor Ungerisch geryme und vor ander wilt leder zcu gerbin bobin 15 gutte

[fol. 114r][a]

m. vor dy ware egedocht ausgegebin etc. Und vor 1 pfert und vor 20 stucke rintfyes zcur kochin das vorgangin jor gekouft vor 67 m. aldis vorgang[in] und ausgegebin alle dy vor gedochtin ausgobe etc. Und 6 gutte m. vor 1 sneyde eysin und vor 2 feylen zcur sneyde molen etc. Vorgangin im XLIX yore und noch vor 1 hoppin seye vor czwippeln knobeloch gartin soyth vor habir hauwin vor hanff vor selen und strenge etc. Und vor bestin leynen und stricke etc. vor geyseln und vor snů̊re bobin 6 g[utte] m. etc.

[b]Czins im XLIX yare etc.[b]

Dys noch geschrebin gereyte gelt habe ich in genomen das vorgangin jor von des Heyligin Christus Tage im XLVIII yare[282] bys uff den Obint Thome App[osto]len in das XLIX yar[283] etc.

Ufflangunge etc.

Item von der ufflangunge und erunge und gabe so Colmisch erbe von den freyen gekouft adir vor kouft wirt habe ich das yor mir zcu gerechint uff 6 g[utte] m. etc.

Von gerichtin etc.

Itm das vorgangin jor mir zcu gerechint von gerichtin und abetronstigen gutte 9 gutte m. etc.

Waltczins etc.

Item von waltczins van weßin und von weydin nicht 2 gutte m. etc.

a Fol. 113r–v ist nachträglich eingefügt, wodurch an fol. 112v zunächst fol. 114r anschließt.
b Mit einem roten Kasten versehen.

[fol. 113r]

[a]Item so ich danne alle meyn innam vorberuret in schriftin gedencke etc. So ist is auch billich meynir ausgobe dor von nicht zcu vorgessen etc.[a]

282 1448 Dezember 25.
283 1449 Dezember 20.

Item meyne cleydunge und meyne strossin czerunge und etczlich tranck gelt armen heren und andern etc. Und andir ungelt das vorgangin jor bobin 12 g[utte] m. etc.

Item vor 3 kessel zcur fischerye 9 f. aldis etc. Vor 12 eysaxin 6 m. aldis vor 3 suche haken und vor 3 nebiger und vor 6 molen slosse und vor 18 par eys sporn 1 ½ m. aldis vor 3 fischwagin und 3 sletin vor futtersecke mulden und eymir schusseln 4 m. aldis vor 3 cleppin 10 ½ m. aldis etc. Und vor 16 winde reyffin und vor borne leynen

a Die Zeile ist rot unterstrichen.

[fol. 113v]
[a]und vor ronen leynen[a] und vor 20 cleppin[b] leynen und vor 1 schok garne leynen und vor 4 schok flosse und vor 6 schok gropsteyn und vor stelle garn und vor watschiffe und vor folge kanen und vor cleppin kanen und vor yait schollen bobin 8 g[utte] m. etc.

Item vor 4 hekel 8 metricz tuchir 8 vorhalse 9 g[utte] m. Und vor 1 ½ schok hering tuchir und vor 1 ½ schok mittel tucher und weyte tuchir by 30 m. aldis.

Item vor fysch und honig tonnen etc. Und vor[c] schiff pech und wagin theer etc. Ausgobe in disser czeddel und register vorberuret im XLIX yore gescheen etc.[d]

a Mit einem roten Kasten versehen.
b Folgt Streichung *leynen*.
c Folgt Streichung *sch*.
d Fol. 113r–v ist nachträglich eingefügt, wodurch an fol. 112v zunächst fol. 114r anschließt.

[fol. 114v]

[a]Czins im XLIX yare etc.[a]

Item von wasser czinse von dem Glantin see czins 5 gutte m. etc. Von dem Almoyen see 3 gutte m. etc. Von dem Serffen see 4 gutte m. und von dem Gunnen und Kirsen see 6 gutte m. und von dem T[ammi]en see 1 ½ gutte m. czins wilch jor man sy so tewer vormitten ken etc. Der czins geet an uff Pfingestin[284] und geet aus uff den neestin Sontag[285] nach Mertini dor noch eyn pflegir sy vor mittet uff Sinte Jacub[286] sal der czins halp gefallen etc. Der Gunne see und Kersen see habin vor 8 adir 9 g[utte] m. geczinßet by meynir czeit etc.

284 1449 Juni 1.
285 1449 November 16.
286 Juli 25.

Fyschereye von den großin garne etc.

Item von czweyn großin garnen und von dem kochin garne hantgarn adir cleppe genant habe ich das vorgang[en] XLIX yor abir meyne ausgabe by 25 guttin m. gewonnen etc.

Felwerk und milch speyße etc.

Item das vorgangin jor in hatte ich keynirley innam von felwerk adir milch speyße etc.

Ol und mersch hecht etc.

Item das vorgangin jor gewan ich abir meyne ausgabe an al und merschim hechte by 32 m. aldis etc.

Allirley getreyde vor koufft etc.

Item vor allirley getreyde und malcz das vorgangin jor ingenomen nicht 10 gutte m. etc.

a Mit einem roten Kasten und einzelnen, roten Punkten versehen.

[fol. 115r]

[a]Czins im XLIX yore etc.[a]

Hubin und kretczmer czins in genomen im XLIX yore an geretem gelde das wuste abegenomen und doch her noch beruret mit der freyheit etc. Der molen Seestin Seynsborg Pilcz czins und nutczunge suchet das ist vorberuret etc.

Czins von dem Stanginwalde Polnischindorff genant uff der Heyligin Drey Konigetag im XLIX.[287]

Item das dorff hat 36 czins hubin iczliche hube czinßet ½ g[utte] m. 1 firtel weys so vil pflugkornis und 2 huner und 1 fuder kynis vor ir ruttin holcz etc.

Item in dem dorffe was uff dy czeyt 2 hubin gancz wuste der abegang findet sich wol etc.

Item der Alde Czenger etc. und Jacub wegenir etc. iczlichir hat 2 hubin czinsis frey bys uff der Heyligin Drey Konig Tag in das LIII jor[288] sunder huner und pflugkorn sullen sy gebin alle jor und ym hayslage haber awste und zcu czewnen ricken wesin zcu rewmen und zcum heuße hant scharwerk glich andern zcu thun etc.

287 1449 Januar 6.
288 1453 Januar 6.

Item Buffe Jan hat Freytagis 2 hubin czinsis frey in das LI yor uff der Heyligin Drey Konige Tag[289] sunder ander gobe und dinste und kyn sal her gebin und thun glich Sengern und Jacub egenant etc.

Summa der abegang von 8 hubin in dem vorgangin yore egedacht ist zcu derkennen etc.

Item von 28 hubin habe ich entpfangin pflugkorn huner und kyn und 14 gutte m. im XLIX yare etc.

a Mit einem roten Kasten und einzelnen, roten Punkten versehen.

[fol. 115v]

[a]Czins uff unsir Liebin Frauwintag der Lichtmessen in dem XLIX yore[290] etc.[a]

Mertinsdorff etc.[b]

Item[c] das dorff hot 45 czins hubin iczliche hube czinset uff Lichtmesse ½ g[utte] m. 1 firtel weys so vil pflugkornis und 2 huner und 1 fuder kynis vor das ruttin holcz etc.

Item ich habe von 22 hubin entpfang[en] pflugkorn huner und kyn und 11 g[utte] m. im XLIX yore etc.

Item ich habe in dem jore wustir hubin in dem dorffe besatczet mit Stenczel 2 hubin mit Andres 2 hubin unde mit Hansen 2 hubin und mit Michal scholczin 2 hubin etc. Dy 8 hubin sullen alleyne des czinsis derloßin seyn bys uff der Heyligin Drey Konige Tag in das LV yar[291] etc. Sy sullen in dem LI yore uff iren czins tag czins huner gebin und uff iren czins tag in dem LII yore pflugkorn gebin etc. Sy sullen in dem hoy slag und habir auste mete helffin und sust mit allirley hantscharwerk nach hubin czal etc. Mit Hans Peterkynne son 2 hubin besatczt [d]des czins[is] frey in das LV yor etc.[d]

Item in dem dorffe sint noch 15 hubin gancz wuste etc. Der abegang von den 8 hubin und 15 hubin egedacht von den 23 hubin der abgang ist zcu [mirkn] im XLIX yare.

Seesthen etc.

Item in dem dorffe sint 4 kretczmer dy habin 8 czins hubin sy alle czinßin

289 1451 Januar 6.

290 1449 Februar 2.

291 1455 Januar 6.

a Mit einem roten Kasten und einzelnen, roten Punkten versehen.
b Buchstabe M mit roten Punkten versehen.
c Der Buchstabe *I* ist mit roten Punkten und Strichen verziert.
d Nachtrag.

[fol. 116r]

[a]Kretczmer czins etc.[a]

uff unsir Liebin Frauwintag der Lichtmessen[292] 11 g[utte] m. sy werdin noch loute ire schrift korczlich me czinßin dor noch seth pflugkorn und huner ruttin holcz seyn sy der loßin etc.

Item das dorff hot noch 20 czins hubin iczliche czinßet ½ g[utte] m. und 2 huner und 1 firtel weys so vil pflugkornis uff Lichtmessen pflugkorn huner ruttin holcz ist beczalt und 10 gutte m. hubin czins und der kretczmer czins egedacht in dem dorffe in ist nicht wustis im XLIX yore etc.

Reuschindorff etc.

Item Markayme hot in dem dorffe 3 hubin scharwerk[is] huner und ruttin holcz frey etc. Sunder her sal uff alle Unser Liebin Frauwintag der Lichtmessin czinßin 9 gutte f. etc.

Item das dorff behelt noch 47 czins hubin iczliche czinßet uff Unsir Liebin Frauwintag der Lichtmessin ½ g[utte] m. 2 huner 1 firtel weys so vil pflugkornis 1 firtel ruttin holcz zcu hauwin und nicht zcu furen glich den Seestenern etc.

In dem dorffe sint 2 hubin noch in czinsis freyheyt bys uff Lichtmessin in das LI yar cleppeners hubin etc. Sy beczalt huner pflugkorn rutten halcz und 22 ½ gutte m. czins etc. Und Markayme seynen czins etc. Der abegang von 2 hubin ist zcu dirkennen in dem dorffe in ist nicht wust[e] in dem XLIX yare.

a Mit einem roten Kasten und einzelnen, roten Punkten versehen.

[fol. 116v]

[a]Pylcz etc.[a]

Item[b] das dorff hat 30 czins hubin und 2 mole hubin iczliche czinset uff Unser Liebin Frauwintag der Lichtmessen[293] ½ gutte m. 1 firtel weys so vil

292 Februar 2.
293 Februar 2.

pflugkornis und 2 huner dy 2 mole hubin in gebin nicht ruttin holcz sy habin eynen frey briff etc. Dy.[c]

Item dy 2 kretczmer habin 4 hubin dor vor ir czins uff Lichtmessin 2 g[utte] m. und nicht huner und pflugkorn und[d] czins in dem dorffe in ist nicht wustis etc.

Item das dorff molen und kretczmer hubin beczalt alle ire gerechtik[eit] und 18 g[utte] m. iren czins im XLIX yore etc.

Mole zcu Seynsborg etc.

Item dy mole hot vor geczinßet uff Lichtmessen 12 gutte m. ir nutczunge vorberuret etc.

Mole Sestin etc.

Item dy mole hat vor geczinßet uff Lichtmessen 7 g[utte] m. ir nutczung vorberuret etc.

[a]Girkindorff etc.[a]

Item das dorff hat 46 czins hubin iczliche czinßet 1 g[utten] f. 1 firtel weys so vil pflugkornis 2 huner 1 firtel ruttin holcz uff Unser Liebin Frauwintag der Lichtmessen im XLIX yare.[294]

a Mit einem roten Kasten und einzelnen, roten Punkten versehen.
b Der Buchstabe *I* ist mit roten Punkten und Strichen verziert.
c Folgt Streichung *2 mole h[...]*.
d Folgt Streichung *m.*

[fol. 117r]

Girkindorff etc.

Item in dem dorffe sint 14 hubin gancz wuste etc. Und in dem yore ich besatczt wuster hubin in dem dorffe mit Jacub Polen und seynem sone 4 hubin etc. Mit Niclos Polen 2 hubin dy 6 hubin sint des gelt czins frey bys uff Unsir Liebin Frauwintag in das LV yor[295] sundir sy sullen in dem hoy und haber awste helffin und zcu allen hantscharwerkin etc. Pflugkorn huner und rutten holcz sullen sy gebin in dem LI yore uff Lichtmessen[296] etc.

Item von 26 czins hubin habe ich pflugkorn huner und ruttin holcz und 13 gutte m. entpfangin in dem XLIX yare.

294 1449 Februar 2.
295 1455 Februar 2.
296 1451 Februar 2.

Summa kretczmer und hubin czins ist mir gefallen dy gedachtin molen und dy czins hubin dy nach in freyheyt seyn und dy wustin hubin aufgenomen so habe ich an geretem gelde an der Heyligin Drey Konigetage[297] und an Unsir Liebin Frauwin Tage der Lichtmessen uff dy 2 vorgangin czinstage entpfang[en] und ingenomen etc. Und von allir andir nutczung der innam egedacht ausgenommen dy 3 korn molen etc. 365 ½ m. innam egedacht aldis geldis etc. Von 100 und von 88 besatczten czins hubin aufgenomen dy vorge[nante] nutczunge [a]von den molen etc.[a] im XLIX yare etc.

Item uff dy czeyt was in czinsis freyheit in den gedachtin dorffern 22 hubin der abegang findet sich wol etc.

Item uff dy czeyt was in den gedachtin dorffern gancz wuste 31 hubin der abegang findet sich wol etc.

---

a Unter der Zeile notiert, mit Ergänzungszeichen in den Text eingefügt.

[fol. 117v]

[a]Czins uff Mertini[298] etc.[a]

Uff Mertini czins von molen und kretczmern und hubin und gartin czins unde von honige an geretem gelde innam alle wust[is] und un nutczis und freyheit der czins hubin etc. Abegenomen etc.

Honig gelt etc.

Item das vorgangin jor gewan ich 44 m. aldis an meynem honig[is] abir meyne ausgobe etc.

Mole Pilcz etc.

Item dy mole hat vor geczinßet 5 gutte m. uff Mertini ir nutczunge nu vorberuret etc.

Kretczmer Pilcz etc.

Item dy 2 kretczmir czinßin alle jor 4 g[utte] m. uff Mertini und nicht huner adir pflugkorn adir ruttin holcz etc. Dy 4 g[utte] m. egedacht hebet Reynike molnir alle jor uff seyn erbegelt uff dy mole Pilcz noch loute seynir schrift etc.

Kretczmer Petczschindorff etc.

Item dy 2 kretczmir in dem dorffe czinsin uff alle Sinte Mertin 3 g[utte] m. und 16 huner und 16 tag[e] schorwerk mir dar von genug getan im XLIX yare etc.

---

297 Januar 6.

298 November 11.

Weddern etc.

Item das dorff hot 24 czins hubin iczliche hube czinset ½ g[utte] m. 2 huner 1firt[el] weys so vil pflugkornis 1 firtel ruttin holcz uff Mertini etc.

a Mit einem roten Kasten und einzelnen, roten Punkten versehen.

[fol. 118r]

[a]Weddern etc.[a]

Item das dorff d[edit] ruttin holcz pflugkorn huner und 12 g[utte] m. uff Mertini im XLIX yore[299] etc.

Kretczmir Weddern etc.

Item der kretczmer czinset uff alle Merti[ni] 4[b] m. aldis etc. Und nicht huner pflugkorn ruttin holcz etc.

Summa alle des geldis innam aufgenomen dy mole Pilcz dy sneyde mole mit 12 gutten m. dy ich das yor dor von hatte abir meyne ausgobe ingerechint ist meyn innam an geretem gelde volkomelich gewest 110 m. aldis etc. Seynsborg und Montow und dy gertenir vor dem heuße Seestin und zum Pilcze her nach beruret etc.

Seynsborg czins etc.

Item dy stat czinset von 32 hubin von der hube 14 g[utte] sc. 2 huner 1 firtel weys so vil pflugkornis uff Mertini im XLIX yare etc.

Summa hubin czins 37 m. 8 sc. aldis etc. Und vor 72 halbe hoffe smalen czins 14 sc. 1 sol. ald[is] von dem halbin hoffe 3 d. aldis etc. Und von der stat brewpfanne 2 m. aldis etc. Und von 8 brotbencken 21 sc. 5 d. aldis etc. Und vor 7 schubencke 7 sc. ald[is] etc. Und vor 64 czins huner 1 m. 14 sc. 1 sol. ald[is] das hun vor 9 d. ald[is].

Su[mm]arum des statczins mit den hunern gereyt gelt entpff[angen] 42 m. 17 sc. 2 d. ald[is] etc.

a Mit einem roten Kasten und einzelnen, roten Punkten versehen.
b Folgt Streichung *g[...]*.

299 1449 November 11.

[fol. 118v]

[a]Seynsborg czins etc.[a]

Item dy stat czinßet von 6 fleyschbencken eynen roen gestosin steyn talkis gerechint vor 10 g[utte] sc. etc. Und sy gibit 16 scheffel weysis und so vil pflugkornis etc. Sy sal vortan von der brewpfanne hoger czinßin etc. Dy sal vortan van der batczstobin auch czinßin etc. Czins von der wage etc. Czins von gewant ramen etc. Czins von scheergadem etc. Czins von allen haken und kramir und ander kouffschatcz budin alle yor in zcu manen durch vorgeslichk[eit] willen etc.

Czins von der Montow etc.

Item das dorff hat 38[b] czins hubin iczliche czinset uff Mertini ½ g[utte] m. 1 firtel weys so vil pflugkornis etc. Und nicht huner ruttin holcz adir kyn etc.

Item Bernhart Eymerer hot 2 hubin in czinsis freyheyt bys uff Mertini in das L yor[300] pflugkorn sal her gebin und zcur yait dynen und im hoyslage unde andir hantscharwerk thun noch hubin czal etc.

Item Hans am Ende hot 2 hubin uff Mertini in das LI yor[301] czins frey sunder andir dinste und gobe egedocht sal her gebin und thun etc.

Item Brosian vom Reyne hot 2 hubin in czinsis freyheyt uff Mertini in das LIII yor[302] und seyn dinst und gobe zcu thun alzo egedacht ist etc.

Item der abegang von 6 hubin egedacht findet sich wol im XLIX yore etc.

---

a Mit einem roten Kasten und einzelnen, roten Punkten versehen.
b Korrektur aus *37* zu *38*.

[fol. 119r]

[a]Montow czins etc.[a]

Item in dem dorffe habin mir geczinßet 31 hubin 15 ½ gutte m. mir beczalt etc. In dem dorffe in was nicht wustis[b] uff Mertini in dem XLIX yare[303] etc.

Gertenir Pilcz etc.

Item Beme gertenir czinßet uff alle Merti[ni] 4 gutte sc. und 2 huner mich beczalt etc. Sehet seynen briff im XLIX yore.

---

300 1450 November 11.
301 1451 November 11.
302 1453 November 11.
303 1449 November 11.

Gernemete gertenir etc.

Item Merten Gernemete czinßet alle jor uff Mertini vor seynen garten czum Pilcze 4 gutte sc. und 2 huner der hot noch eynen frey briff dor nach seeth etc.

Summa des czinsis mir gefallen und wal beczalt von Seynsborg von der Montow von Bemen gartin zcum Pilcze dy 6 gedachtin hubin und Gernemet[e] gartin czins zcum Pilcze aufgenomen etc. Dor obir mir gewordin 74 m. und 17 d. aldis etc.

Su[mm]arum das mir gewordin ist und wol beczalt van allem czinse uff Mertini vorgangin von Seynsborg Petczschindorff Montow Weddern Pilcz alle freyheyt und wustis abegenomen etc. Dor abir mir gefallen ist 184 m. und 17 d. aldis geldis von allir nutczingen egedacht etc.

Su[mm]arum allir innam von Ostern vorgangin und von der Heylig[en] Drey Konig[en] Tage[304] und von Unser Liebin Frauwin Tage

a Mit einem roten Kasten und einzelnen, roten Punkten versehen.
b Folgt Streichung *J[...]*.

[fol. 119v]

[a]Czins und nutczunge innam im XLIX yare.[a]

der Lichtmessen[305] egedacht so da[nn]e iczliche meyn innam vorberuret ist dy freyheit und das wuste abegenomen und der czins von Mertini[306] nicht in gerechint der innam ist mir zcu guttem nutcze gefallen etc. Und ausgenomen dy 3 korn molen der nutczunge sundirlich vorberuret und nicht in disser summe ist etc. 365 ½ m. aldis im XLIX yore etc.[b]

Su[mm]a alle meyn innam an geretem gelde das vorgangin jor ist gewest 549 m. und 13 sc. und 2 d. ald[is] etc.

Item ym XLIX yore worin besatczter czins hubin dy nach in czinsis freyheyt woren 28 hubin etc. So was wuster hubin dy vor geczinset hubin 31 hubin etc.

Item so hattin das yor mir geczinßet obir al so das vorge[nante] czinsregister ausweysit 200 und 51 hubin etc. Noch dißem vorgin[anten] register mag man sich worhaftig richtin im XLIX yare geschrebin etc.

304 Januar 6.
305 Februar 2.
306 November 11.

[c]Seesthin uff Mertini gartin czins etc.[c]

Dys[d] nach geschrebin register weysit vort an aus von des Heyligin Cristustage[307] in dem XLIX yare und vort an in das L yor allirley meyne ausgobe und wer mir schuldig ist das ist her noch zcu suchin und zcu findin dorumme alle vorge[nante] schrifte getotet sullen seyn sunder doch zcu haldin dorynne zcu seen ab dis zcu kennende de yor mit dem vorgangin abir eyn tragin werde etc. Am Abinde Thome Appostole[308] gescheen etc.

---

a Mit einem roten Kasten und einzelnen, roten Punkten versehen.
b *Jore* durch andere Hand zwischen die Eintragungen geschrieben.
c Mit einem roten Kasten versehen.
d Der Buchstabe *D* ist mit roten Strichen verziert.

[fol. 120r]

[a]Hofe gesinde etc.[a]

Dysse[b] nochgeschrebin dynir notdorfft und gesinde lon habe ich ausgegebin und beczalt von der Quatertemper zcu Weynnachtin vorgangin im XLVIII yare[309] bys uff des Heyligin Cristi Tages Quatertemper im XLIX yore[310] etc. [c]Und geet so vort in das L jor etc.[c]

Item von irst her Thomas Samelant hewskappelan seyn jor lon 3 gutte m. und alle oppir aus der kirchin sunder das wachs bleybit zcu nutcze der kirchin etc. In gancz beczalt das yar etc. [d]Dedit uff Reminiscere 3 g[utte] f. etc. D[edi]t uff Pfingest[en] seyn lon etc. D[edi]t uff Michaelis im L yore. [311, d]

Item Hans meyn kemerer und schreyber uff alle Quatertemper 7 g[utte] sc. schugelt und uff Sinthe Michel[312] 8 eln groe gewant dy ele vor 2 g[utte] sc. und uff Pfingestin vor 8 eln schon gewant 2 g[utte] m. alzo vil gebe ich eynem iczlichin der vor dynir dynit etc.

Summa eynem dynir uff eyn yor an schugelde soymir und wintir gewande 7 m. 16 sc. aldis 4 g[utte] sc. habe ich das schugelt gehoget den dynern zcu hulffe etc. Ich te[netu]r dem schreyber egedacht uff 2 yor vorgangin alle seyne notdorfft gerechint an Sinthe Martins Obinde im XLIX yore[313] etc.

---

307 1449 Dezember 25.
308 Dezember 20.
309 1448 Dezember 18.
310 1449 Dezember 17.
311 1450 September 29.
312 September 29.
313 1449 November 10.

a Nachtrag von anderer Hand mit roter Tinte.
b Der Buchstabe *D* ist mit roten Strichen verziert.
c Nachtrag, wahrscheinlich der gleichen Hand.
d Nachtrag, wahrscheinlich der gleichen Hand. Unterhalb des Eintrags folgt Freiraum bis zum nächsten Eintrag.

[fol. 120v]

Item Merten lantkemerer tolke und fischmeyster seyn yor lon alzo dem schreyber 7 m. 16 sc. aldis etc. Mit ym gerechint an Sinthe Mertins Abinde[314] e gedocht do bleyb ich ym schuldig uff 2 yor vorgangin alle seyne notdorf[t] etc.[a]

Item Jacub kochemeyster slewser kellirknecht melczer und brewer ist zcu mir komen uff Alle Gotis Heyligin im XLIX yore[315] seyn yorlon an schugelde hoffe gewant 4 g[utte] m. dor zcu habe ich ym geeret 5 ½ ele groe

a Oberhalb und unterhalb des Eintrags bestehen Freiräume.

[fol. 121r]

gewant und 1 par bintschu und leynwat und schrotlon vor 15 sc. gutt[is] etc. Item ym getan 3 g[utte] f. etc. Und 9 sol. aldis vor 3 par hanczken am Tag der Entpfonuge Unsir Liebin Frauwin im XLIX yore[316] etc. Und ym 7 g[utte] sol. vor gewsin mit 1 spunde beyl beczalt etc. In gancz beczalt von Omnem Sanctorum[317] egedocht vorgang[en] bys uff Invencio Sancte Crucis[318] vor XXVI wochin vor das halbe yor 2 g[utte] m. und was dor abir ist egedacht ich in dar mete geeret etc. Dar abir so habe ich in auch geeret mit 9 eln groes gewand[es] dynir gewant uff Margarete Virginis[319] etc.

Item[a] Lange Matthis keypper seyne jor notdorft alzo vor etc. ym beczalt soymir und winter gewant und schugelt bys uff Remi[ni]scere im[b] yore etc. Ist in meyn dinst komen uff der Heyligin Drey Konige Abint im XLVIII yore[320] etc. D[edit] ym uff Remi[ni]scere 1 f. schrotlon ald[is] etc. Im L yore[321] etc. Egedacht etc. Im geeret 1 par bint schue vor 5 g[utte] sc. etc. Im geeret 1 sweyke und 1 ½ g[utte] m. und 3 tonnen birs etc. am Tag Petre in der Fastin[322] etc.

314 November 10.
315 1449 November 1.
316 1449 Dezember 8.
317 November 1.
318 Mai 3.
319 Juli 13.
320 1448 Januar 5.
321 1450 März 1.
322 Februar 22.

Item Matt[his] der alde kochemeystir ist am Tage Petre widder zcu mir in dinst komen im L yore[323] *seyn yar lon 2 ½ g[utte] m. her sal mir 3 vordynen zcu komende her te[neteur] mir 4 g[utte] m. ufflangung[e] noch gnodin her noch abe zcu slan etc. Uff Ostern 4 g[utte] sc. etc. Und 6 g[utte] sol. uff Walporij*[324] *etc.*

a + neben der Zeile ergänzt.
b Folgt Streichung *XLIX*.

[fol. 121v]
Item Merten Sleysiger ist zcu mir gekomen uff den Pfingest Tag im XLVI yare[325] *seyne yor notdorft alzo vor in ga[n]cz beczalt bys uff Weynachtin*[326] *etc. In geeret mit eynem par bintschue vor 5 g[utte] sc. etc. Im XLIX yore etc. Im getan uff Reminiscere 5 eln roth gewanth dy ele vor 3 f. 2 eln leynwat vor 6 sol. und 16 sc. schrotlon im L yore*[327] *etc. Im d[edit] 5 f. aldis*[a] *vor 1 tessche etc. Her mir widder beczalt mit gerste 9 g[utte] sc. etc. Uff Ostern 8 g[utte] sol. etc. Her bleyp mir uff dy Pfingestin 17 sol. aldis etc. Unde dor obir 1 g[utten] f. schue gelt etc. Im 2 g[utte] m. vor seyn hoffegewant soymir abegeslag[en] an seynir schulde egedacht etc. Te[netur] uff Sinte Michel*[328] *3 f. 2 sol. ald[is] etc. Und 20 g[utte] sc. hern Huxer uff Bartolom[ei]*[329] *etc.*

Item Brosian Preust pferde marschalk und Preusche tolke ist zcu mir komen am dem Tage Nativitatis Maria[e][330] *seyn yor lon alzo vor in gancz beczalt bys uff Weynachtin und in geeret mit winter gewande etc. Her hot mir gelegin 10 g[utte] m. geretis geldis etc. Ich ym d[edit] 1 par stiffeln vor 7 g[utte] sc. seyn schu gelt uff Remi[ni]scere etc. Nach d[edit] uff Remi[ni]scere 11 sc. schrotlon ald[is] etc. Im L yare etc. Van dem winter gewande egedacht sal her mir 5 eln beczalen vor 10 g[utte] sc. her nach abezcuslan etc. Im d[edit] 6 eln und 1 firtel roth gewant dy ele vor 3 f. aldis 2 eln leynwat 6 sol. und schorlon 8 sc. uff Rem[ini]scere egedacht im L yare im d[edit] 1 m. 8 sc. vor 1 tessche ald[is] etc. 4 g[utte] sol. vor schue etc. Noch vor 1 par schue und 8 sc. gelegin 11 sc. minus 3 d. ald[is] [etc.].*

323 1450 Juni 29.
324 Mai 1.
325 1446 Juni 5.
326 Dezember 25.
327 1450 März 1.
328 September 29.
329 August 24.
330 September 8.

a Doppelt.

[fol. 122r]

Matt[is] kochemeystir etc.

Item her ist widder uff das newge zcu mir gekomen am Tage Petre in der Fastin im L yare[331] ym d[edi]t uff Ostern[332] 4 g[utte] sc. etc. Und uff Walporius[333] 6 g[utte] sol. etc. Und 10 g[utte] sc. var semisch und seyn winter gewant uff Sinte Michel[334] ich d[edi]t etc. Und 15 sc. aldis etc. Dar van abegeslagin ½ g[utte] m. uff Pfingestin[335] und uff Michaelis vorgangin in dem L yore [a]vor seyn sel[p] gelt[a] dor abir ym getan am Tage Galle[336] ½ g[ute] m. etc. D[edi]t 13 sc. aldis schugelt uff Reminiscere te[netu]r 1 g[utten] f. her noch mer etc.[b]

a Mit Ergänzungszeichen 90° zum Text gedreht an der Seite notiert.
b Unterhalb des Eintrags folgt Freiraum.

[fol. 122v leer]

[fol. 123r]

Brosian etc.

Item seyne tassche steet an machelone und an silber mit den ketin 10 m. 6 sol. aldis etc. Sy hot 23 sc. gewicht und 1 quart silbers das sc. gewicht vor 7 sol. aldis das quart 4 sol. 4 d. aldis etc. Machelon 1 g[utte] m. vor dy tessche 1 m. 8 sc. aldis etc. Nach vor seynen gurtel vor ym beczalt 13 m. aldis etc. Noch vor ym beczalt machelon vor seynen newgin gurtel 3 m. 10 sc. aldis dem goltsmede etc. Am Donnerstag[e] vor Palmarum gerechint etc.

Item ich habe Brosian dy vorgedochtin 10 g[utte] m. gancz beczalt etc. Dor obir so bleyp Brosian mir schuldig zcu beczalen bobin alle seyn schue gelt und winter und soymir gewant vorgang[in] ich ym das gancz beczalt etc. Dor abir bleyp her mir schuldig zcu beczalen 10 m. 5 sc. aldis etc. Dor von sal ich ym abe slan seyn schuegelt uff disse Pfingestin neestkomende in dem L yore[337] etc. Dor abir im d[edit] uff Ostern 4 g[utte] sc.

331 1450 Februar 22.
332 Wohl 1450 April 5.
333 Wohl 1450 Mai 1.
334 Wohl 1450 September 29.
335 1450 Mai 24.
336 Oktober 16.
337 1450 Mai 24.

[fol. 123v]

Brosian etc.

Item mir d[edit] am Montage vor Sinte Jorgin gutte m. das obirge te[netur] noch mir d[edit] 2 g[utte] m. dy ich in dirlis am Sontag Philippe et Jacube das obeng[enante] mir te[netur] 2 g[utte] m. und ich ym seyn schugelt dor obir Pfingestin beczalt etc. Dor zcu ym gelegen 9 g[utte] sc. uff Michaelis im L yore[338] van sal ich ym seyn schugelt uff Sinthe Michel vorgang[en] abeslan gerechent uff Galle im L yare[339] d[edit] 13 sc. aldis seyn schugelt uff Remi[ni]scere te[netur] dy vorgin[ante] schulde 4 m. 3 f. ald[is] etc.[a]

a Unterhalb des Eintrags folgt Freiraum.

[fol. 124r]

Blasie.

Item Blasie bleybit mir schuldig an geretim gelde uff disse zcu komende Weynachtin abir alle seyne hoffe notdorft 3 m. und 9 d. ald[is] etc. Dor zcu blep her mir schuldig 3 g[utte] m. vor dy wunden des molners zcu Seestin uff Weynnachtin noch im L yore[340] etc. Dor obir ym getan 9 eln grae gewandis und 1 par winter stiffeln var 1 m. 14 sc. aldis uff Allir Got[tis] Heylig[en] Obint in dem gedachtin yore[341] etc. Und ym getan uff Reminiscere im LI yare[342] 6 g[utte] sol. vor 1 par schue etc. Su[mm]a 5 m. 22 sc. 3 d. ald[is] gerechint uff Letare im LI yare[343] und dor obir meyne gerichte egedacht etc.

[fol. 124v leer]

[fol. 125r]

Item uff dy tessche vor silber und keten und rincken und vor machelon 8 m. 22 sc. aldis her te[netur] mir abir seyn soymir gewant und schue gelt uff diße Pfingesten 13 m. und 20 sc. ald[is] so habe ich noch seynis geldis 8[a] m. 4 sc. aldis etc. Ich ym te[netur] 16[b] m. minus 1 sc. aldis uff Mitfasten etc.

Item Blasie jeyger seyn jor lon alzo vor ist zcu mir komen uff Pfingestin im XLV yare[344] in gancz beczalt bys uff Reminiscere uff den tag mit im gerechint und beczalt do bleyp her mir schuldig 2 ½ g[utte] m. und 6 ½ ele groe gewant

338 1450 September 29.
339 1450 Oktober 16.
340 1450 Dezember 25.
341 1450 Oktober 31.
342 1451 März 21.
343 1451 April 4.
344 1445 Mai 16.

seynir frauwin vor 1 m. aldis her nach ym abe czu slagen und an zcu hebin uff Reminiscere im dem L yore[345] *nach d[edit] ym und seynir frauwin ½ m. schrotlon ald[is] uff Remi[ni]scere etc. Und 6 g[utte] sol. vor seyn pflugkorn etc. 2 sc. aldis etc. Und 1 g[utten] sc. vor 1 scheyde etc. Uff Ostern 8 g[utte] sol. etc. Summa 7 m und 8 sol. aldis etc. Dor von slae ich ym abe vor seyn soymir gewant 2 g[utte] m. und 1 g[utten] f. schuegelt uff Pfingestin etc. Dor abir bleybit her mir schuldig uff Sinthe Michel*[346] *neestkomende 2 m. 15 sc. 3 d. aldis gerechint am Freytag vor Pfingestin in dem L yore*[347] *etc.*

Blasie etc.

Item an Sinte Michels Abinde[348] *bleyp her mir schuldig abir alle seyne 2 hoffegewant und 4 schugelt etc. Dor zcu hatte ich ym beczalte seyn leder und hirtcz gewige und unslith und allirley was ich ym schuldig was dar abir der lis ich im 9 f. und 3 d. ald[is] etc. Dor abir bleyp her mir 3 m. und 9 d. ald[is] etc. Im L yore etc. Nach Michaelis uff Weynnachtin*[349] *etc.*

a Über der Zeile ergänzt, über *6½* geschrieben.
b Korrektur durch Streichung aus *17* zu *16*.

[fol. 125v]

Item Bartcz von Bartensteyn ist zcu mir gekomen am Tage Panigratie im XLIX yare[350] *seyne yor notdorft glich andern dynern etc. In beczalt bys uff Weynnachtin*[351] *etc. Im d[edi]t 8 sc. schrotlon aldis uff Remi[ni]scere etc. Im ge eret 1 par bintschue etc.*[a] *4 g[utte] sc. etc. Im L yare etc. Nach ym d[edi]t 6 eln roth gewant dy ele vor 3 f. 2 eln leynwat 6 sol. schrotlon 1 f. uff Remi[ni]scere egedacht im L yare*[352] *etc. Und 1 g[utten] f. seyn schue gelt etc. Und 5 g[utte] sc. heren Thomas dem beuteler vort beczalt etc. Summa 5 m. 10 sc. 1 sol. aldis etc. Dor van 2 g[utte] m. abegeslag[en] vor seyn soymr gewant etc. Und 1 g[utten] f. schue gelt uff Pfingestin etc. Gerechint an der Freytag[e] vor Pfingestin etc. Te[netur] 11 g[utte] sc. [...]*[b] *6 d. uff Sinte Michel*[353] *etc. Und 1 g[utte] f. etc.*

345 1450 März 1.
346 September 29.
347 1450 Mai 22.
348 September 28.
349 Dezember 25.
350 1449 Mai 12.
351 Dezember 25.
352 1450 März 1.
353 September 29.

Item Hans koch ist zcu mir komen uff des Heylig Lichnammis Abint im[c] XLV yare[354] seyne yor notdorft mit gewande lon unde gobe von mir 3 ½ g[utte] m. in gancz beczalt uff Weynachtin im XLIX yare[355] her in sal keynirley getrencke brot kostunge roe adir gaer adir fette adir felwerk und keynirley genis adir koch recht habin adir nemen danne was ich ym selbist gebe dor umme habe ich ym seyn lon gehaget 1 ½ g[utte] m. mit dem gewande etc. Her mag zcu meynen colacien und vor meynen tisch geen und in meynen kellir und trincken noch [licquementis] und her sal alle seyn getrencke bir

a Über der Zeile ergänzt.
b In der Buchfalz.
c Folgt Streichung *XLIX yare.*

[fol. 127r]
und kovent in dy koche nemen glich den dynern und mit in zcur colacie geen wan her wil etc. Und her sal habin vom allem wilde das in dy kochin kum[m]pt den wunfftin hals stroffelon und dy adern was in der kochin vor czeret wirt etc. Im ge eret 1 par schue vor 4 g[utte] sol. etc. Im d[edi]t seyn volle lon uff Remi[ni]scere im L yore[356] und im gelegin 1 g[utten] f. dor abir uff Pfingestin abe zcu slan etc. In gancz beczalt uff Pfingest[in] etc. und in geeret mit ½ g[utte] m. und mit 5 ½ ele groe gewant und 1 gegerbete hirtcz hewt etc. In gancz beczalt uff Michaelis im L yare[357] und ym gelegin uff Galle[358] 1 g[utten] f. etc. D[edi]t ½ g[utte] m. uff Nicolae[359] etc. D[edi]t seyn lon uff Weynnachtin[360] und uff Remi[ni]scere etc.[a]

Item Merten Gernemete hoffemeyster und schirmachir seyn yor lon 4 g[utte] m. ist zcu mir komen uff Michaelis im XLIX yare[361] in gancz beczalt uff Weynnachtin etc. ½ m. ald[is] uff Remi[ni]scere etc. In beczalt uff Remi[ni]scere etc. Und ym beczalt 1 g[utte] m. seyn lon uff Pfingestin vargangin etc. D[edit] seyn lon uff Michaelis in dem yare etc.

354 1445 Mai 26.
355 1449 Dezember 25.
356 1450 März 1.
357 1450 September 29.
358 Oktober 16.
359 Dezember 6.
360 Dezember 25.
361 1449 September 29.

Item her bleybit mir schuldig vor meyn geschirre zcu machin das her mir nicht in machte und ich eyn andir weyk muste losin machen und vor 1 kue dy her mir vorlor 1 ½ g[utte] m. uff Galle im L yare.[362]

---

a Unterhalb des Eintrags folgt Freiraum bis zum nächsten Eintrag.

[fol. 127v]

Item Hencze keypper uff der Mockerow hot mir 9 yor gedynit seyne jor notdorft glich eynem dynir egedocht etc. Dem bin ich II yor alle seyne notdorfft schuldig noch zcu beczalen etc.[a]

Item Hans hewsbecker hot[te] bobin XX yor zcum hewße gedynit seyn jar lon 2 ½ gutte m. und 10 elen gro gewant etc. im beczalt etc. Her te[netur] 1 *g[utten] f. uff Weynnachtin*[363] *etc. Das gewant gerechint vor 15 sc. gutt[e] alle jor etc. 8 sc. ald[is] uff Remi[ni]scere in gancz beczalt etc. Te[netur] 4 g[utte] sc. uff Pfingestin etc. In gancz beczalt [uff]*[b] *Pfingestin vor gangin etc. Und in ge er[et]*[b] *mit eynir yopin par hosen par schuen Sym[m]on seynem jungin zcu gebin vor 5 f. aldis etc. Und ym geleg[en] 10 g[utte] sc. an seynen lone uff Sinte Michel*[364] *cabe zcu slan etc.*[c]

Item Cleynepeter waltknecht zcum Pilcze hot mir gedynit von Pfingestin in dem XLIIII yore[365] *seyn yor lon 2 g[utte] m. in gancz beczalt uff Thome App[osto]le im XLIX yore*[366] *etc.*

---

a Oberhalb und unterhalb des Eintrags bestehen Freiräume.
b Durch Restaurationspapier verdeckt.
c Unter der Zeile ergänzt.

[fol. 126r]

Berteko etc.

Item mit ym abegerechint am Tage Dyonisii et Sociorum[367] do blep her mir schuldig uf disse Weynnachtin[368] zcu komende und dor noch abe zcu slan an seynem schugelde 11 g[utte] sc. etc. D[edi]t seyn schugelt 13 sc. ald[is] uff Remi[ni]scere te[netur] dy 11 sc. gedocht etc.[a]

---

362 1450 Oktober 16.
363 Dezember 25.
364 September 29.
365 1444 Mai 31.
366 1449 Dezember 21.
367 Oktober 9.
368 Dezember 25.

---

a Unterhalb des Eintrags folgt Freiraum.

[fol. 126v leer]

[fol. 128r]

Hans becker etc.

Item ym seyn valle lon uff Sinthe Michel vorgangin im L yare[369] beczalt etc. Seyn yor lon 2 ½ g[utte] m. und 10 eln groe gewant gerechint uff Galle[370] etc. Und ym gelegin 1 g[utten] f. etc.[a]

---

a Unterhalb des Eintrags folgt Freiraum.

[fol. 128v leer]

[fol. 129r]

Item Schile Casper packemo[r]e und briff furer hot mir mit seynem weybe IIII yor getruwelich gedynit ir beyder yor lon 2 ½ g[utte] m. sy beczalt etc.[a]

Item Wilhelm glockenir und kirchin schuler hot mir III jor gedynit seyn yor lon 1 ½ g[utte] m. d[edi]t gancz uff Weynnachtin[371] etc.[a]

Item Clement Fochs meyn kamir junge hot mir IIII yor von Pfingestin vorgangin gedynit seyn yor lon 2 g[utte] m. ich ym te[netur] 2 ½ g[utte] m. etc.[a]

Item Stenczelow Rewße ouch meyn kamir junge hot mir von Jahan[ni]s Baptistem Tag[372] IIII yor gedynit seyn yorlon 3 g[ute] m. etc. Ich ym te[netur] 2 ½ g[utte] m. etc.[b]

---

a Unterhalb des Eintrags folgt Freiraum bis zum nächsten Eintrag.
b Unterhalb des Eintrags folgt Freiraum.

[fol. 129v]

Item Mor kochin und fisch junger hat mir III yor gedynit von Unsir Liebin Frauwintag der Lichtmessen[373] seyn jor lon 1 ½ g[utte] m. ich ym te[netur] 1 g[utte] m. etc.[a]

---

369 1450 September 29.
370 Oktober 16.
371 Dezember 25.
372 Juni 24.
373 Februar 2.

Item Yorge Saymaiten son kochin junge hot mir IIII jor von Pfingestin gedynit seyn jor lon 1 ½ g[utte] m. ich ym te[netur] ½ g[utte] m.[a]

Item Wokelle Sophien son kochin junge hat mir von Sirthe Michel[374] eyn jor gedynit seyn yor lon 1 g[utte] m. in gancz beczalt etc.[a]

Item Antonius hecker ist zcu mir gekomen an Sinte Barbarem Tage im XLV yore[375] seyn jor lon 3 m.[b] guttis in gancz beczalt *bys uff Remi[ni]scere im L yore[376] etc. An dem tage d[edit] ym 7 ½ ele groe gewant dy ele vor 9 sol. 1 ele leynwat 3 sol. und schratlon 8 sol. 1 par schue var 11 sol. aldis su[mm]a 1 ½ m.[c] aldis minus 3 d. d[edit] seyn valle lon uff Remi[ni]scere etc. 8 g[utte] sol. uff Ostern etc. Und ym getan am Obinde Johannes Antiportem[377] 10 g[utte] sc. etc. D[edit] seyn lon uff Pfingest[in] etc.*

a Unterhalb des Eintrags folgt Freiraum bis zum nächsten Eintrag.
b Folgt Streichung *und 1 f.*
c Folgt Streichung *4 sol.*

[fol. 130r]

Hans[a] stalknecht etc. Cleppenir genant etc.

Item in gancz beczalt uff Michaelis vorgangin in dem L yare[378] her sal noch dynen bys uff Weynnachtin[379] neestkomende in dem yare dor uff so bleybe ich ym schuldig ½ g[utte] m. gerechint uff Galle[380] in dem yare gedacht etc. In d[edit] uff den tag her nach abe zcuslan 5 g[utte] sc. etc. Am Obinde Mertini[381] d[edit] 9 sol. ald[is] etc. Und 7 g[utte] sol. vor salcz etc. Vor salcz 7 sol. g[utte].[b]

a *b* neben der Zeile ergänzt.
b Unterhalb des Eintrags folgt Freiraum.

374 September 29.
375 1445 Dezember 4.
376 1450 März 1.
377 Mai 5.
378 1450 September 29.
379 Dezember 25.
380 Oktober 16.
381 November 10.

[fol. 130v leer]

[fol. 131r]
Item Antonius hecker seyn volle lon 3 g[utte] f. yn gancz beczalt bys uff des Heyligin Cristus Tag neestkomende im L yore[382] etc.[a]

Item Hans cleppenir meyn stal und wagin knecht ist zcu mir komen am Tage Lucie im XLVII yore[383] seyn jor lon 3 g[utte] m. im beczalt bys uff Weynnachtin im XLIX yore[384] do bleyp her mir schuldig 3 g[utte] f. etc. Uff Remi[ni]scere etc. Im getan 1 par schue 1 par hanczken vor 6 g[utte] sol. uff dy czeyt etc. Im L yare etc. 2 sc. ald[is] etc. Unde 21 sc. ald[is][b] Markayme und 4 sc. vor schue ald[is] etc. Und 15 sc. aldis vor 1 par stiffeln etc. 4 g[utte] sc. uff Ostern etc. Und ym getan am Abinde Johannis Antiporten[385] 9 g[utte] sc. etc. Am Freytag vor Pfing[estin] bleyp her mir nach uff Sinte Michel[386] zcu beczalen 1 ½ m. 2 sol. ald[is] etc. Und 1 f. aldis uff des Heylig[en] Lichnamistag etc. Und ym[c] 1 par schu 4 g[utte] sol. etc.

Item Gemße meyn stal und wagin knecht ist zcu mir komen am Sinthe Gallen Tage im XLIX yore[387] seyn jor lon 3 g[utte] m. an dem tage bleyp her mir schuldig vor 6 ½ ele gewant und schrotlon 5 f. aldis etc. Uff Remi[ni]scere etc. im L yore[388] etc.

a Unterhalb des Eintrags folgt Freiraum bis zum nächsten Eintrag.
b Über der Zeile ergänzt.
c *a* rechts neben der Zeile ergänzt.

[fol. 131v]
und 1 par schue und hanczken 6 g[utte] sol. etc. 2 sc. ald[is] etc. Im getan vor 1 par stiffeln und vor 1 vor geschue und 14 sol. vor in Jocub etc. 5 f. ald[is] etc. Und 11 sol. aldis vor schue uff Reminiscere etc. 4 g[utte] sc. uff Ostern etc. Ist mir entronnen am Obinde Eufienbe Virginis[389] etc. Item[a] Peter Petczschin son von Girkindorff ist in seyne state vor stalknecht gekomen am Obinde Ad Alberti im L yare[390] mir drey yor zcu dynen dor vor ist seyn vater borge dor uff her mir te[netur] 3 g[utte] m. seyn lon glich Hans cleppenir stalknecht etc. Ym getan am

382 1450 Dezember 25.
383 1447 Dezember 13.
384 1449 Dezember 25.
385 Mai 5.
386 September 29.
387 1449 Oktober 16.
388 1450 März 1.
389 Wohl 1450 April 12.
390 1450 April 22.

Abinde Yohannis Antiporten[391] *9 g[utte] sc. und 11 g[utte] sc. hosen stiffeln und schue etc.* [b]*Unde 1 par schue vor 4 g[utte] sol. etc.*[b]

Item Gregor cleppenir ist zcu mir komen am Sontage vor Ostern im XLVI yare[392] *seyn yor lon 2 g[utte] m. her te[netur] hecht dybereye dor vor ist borge Niclos kretczmer zcu Weddern und andir seyne frunde etc. Nach her te[netur] frewel das her mir meynen keypper walde slaen und nicht by dem garne und sust gehorsam und getruwewalde seyn unde das her mir dor by wundete eynen fyschirknecht etc. Ich in gancz beczalt uff Weynnachtin*[393] *her bleyp mir schuldig aldir schulde 2 ½ m. 2 sol. aldis etc. Dor zcu ym getan 1 g[utten] f. und 6 eln gewandis und schrotlon ½ g[utte] m. und 5 g[utte] sc. var 1 par stiffeln so erte ich in mit 5 g[utte] sc. an den stiffeln van der schulde sal ich ym abeslan seyn Quatertemper lon zcu komende an zcu hebin uff Remi[ni]scere in dem L yore*[394] *und ym gnode getan und in gancz beczalt bys uff Galle im L yare*[395] *etc.*

a + ist an der Stelle im Text und nochmals neben der Zeile ergänzt.

b Möglicherweise ist diese Textpassage oben hinter *Virginis etc.* zu ergänzen, jedoch nicht eindeutig, da kein inhaltlicher Zusammenhang besteht.

c ++ ist an der Stelle im Text ergänzt. Möglicherweise besteht an dieser Stelle eine inhaltliche Verbindung zu den Textinformationen von fol. 132r.

[fol. 132r]

Peter[a] Petczschin son etc.

Item in gancz beczalt vor XXVI wochin seyn lon von Adalberti[396] bys uff den Donnerstag nach der Elfftusint Juncfrauwin Tage im L yore[397] gedacht etc. Her mir te[netur] meyne gerichte noch gnode etc. Am Abinde Mertini[398] d[edi]t 9 sol. ald[is] etc. Unde 9 eln groe gewant dy ele vor 9 sol. ald[is] etc.[b]

391 Mai 5.

392 1446 April 10.

393 Dezember 25.

394 1450 März 1.

395 1450 Oktober 16.

396 1450 April 23.

397 1450 Oktober 22.

398 November 10.

a ++ neber der Überschrift ergänzt. Möglicherweise besteht an dieser Stelle eine inhaltliche Verbindung zu den Textinformationen von fol. 131v.
b Unterhalb des Eintrags folgt Freiraum.

[fol. 132v leer]

[fol. 133r]

Gregor cleppenir etc. Und nu hoppener.

Item uff Galle gedocht im L yare[399] bleyp her mir schuldig her nach zcu beczalen 9 g[utte] sc. und in ge eret uff den tag 1 par schue und 9 eln groe gewant etc. Noch ym getan uff den tag 6 g[utte] sc. etc. Dor obir her m[i]r te[netur] 1 m. 19 sol. ald[is] am gedachtin Tage Galle und meyne aldin gerichte nach gnodin etc.[a]

a Unterhalb des Eintrags folgt Freiraum.

[fol. 133v leer]

[fol. 134r]
und[a] *1 ranczke grap salcz vor 7 g[utte] sol. etc. 2 sc. ald[is] etc. Und 8 g[utte] sol. vor salcz etc. 4 g[utte] sc. uff Ostern etc. Und 1 par schue vor 2 g[utte] sc. etc. Und ym getan am Obinde Yohannis Antiportem*[400] *9 g[utte] sc. etc. Gerechint am Freytag vor Pfing[estin] do bleyp her mir noch uff Sinte Michel*[401] *zcu beczalen 4 m. 2 sc. aldis doran habe ich in ½ g[utte] m. vor schiff machin dir losin etc. Nach ym gelegin 1 f. aldis an des Heylig[en] Lichnammistag etc.*

Gregor cleppenir etc.

Item ym seyn lon uff Pfingest[in] und uff Sinte Michels Tag zcu komende und Pfingest[in] vorgangin gancz beczalt etc. Dor obir so bleyp her mir schuldig 1 g[utte] m. etc. Her noch zcu beczalen etc. Im L yare etc.

Item Cleyne Hans cleppenir ist zcu mir komen am Montage noch Ostern im XLVIII yare[402] seyn yor lon 2 g[utte] m. glich Gregor in gancz beczalt uff Weynnachtin[403] etc. Her bleyp *mir schuldig 10 sc. 1 sol. aldis und 1 g[utten] f. und 6 eln groe gewant und schrotlon 1 m. aldis und 1 par stiffeln vor 5 g[utte] sc. dor an so erte ich in mit so vil etc. Dor von abe zcu slan an seynem lone uff*

399 1450 Oktober 16.
400 Mai 5.
401 September 29.
402 1448 März 25.
403 Dezember 25.

Remi[ni]scere im L yore[404] etc. Und 1 ranczke grop salcz vor 7 g[utte] sol. etc. 2 sc. ald[is] etc. Und 8 g[utte] sol. vor salcz etc. Und 4 g[utte] sol. vor schue etc. 4 g[utte] sc. uff Ostern etc. Und 1 par schue vor 2 g[utte] sc. etc. Ym getan am Obinde Johannis Antporten 9 g[utte] sc. etc. Gerechint am Freytag vor Pfingest[in] do bleyp her mir uff Sinte Michel[405] zcu beczalen 2 m. 22 sc. ald[is] dor an dirlose ich in ½ g[utte] m. durch seynir fromik[eit] willen etc. Im L yore

a + neben der Zeile ergänzt.

[fol. 134v]

noch ym gelegin 1 f. aldis uff des Heyligin Lichnammistag[406] etc. Noch ym d[edi]t uff Michaelis[407] an stiffeln 5 g[utte] sc. dor obir ym ge eret 4 g[utte] sc. im L yore mit [im][a] abegerechnt alle vorge[nanten] seyne dir hebunge ist tot etc.

Sunder[b] her bleyp mir schuldig uff Galle neest vorgang[en] in dem L yore[408] 1 m. 14 sc. aldis her nach abe zcu slan etc. Dor obir ym getan 7 g[utte][c] sol. etc. Und dor zcu 5 g[utte] sol. etc. Und ym getan am Abinde Symeonis et Iude[409] 1 m. 3 sol. aldis vor groe gewant etc. Und 5 g[utte] sc. vor stiffeln und 1 f. aldis etc. Und nach vor 1 par stiffeln und par schue 10 g[utte] sc. uff Mitfastin etc.

Item Cleynepeter kretczmer und waltknecht zcum Pilcze hot mir IIII jor von Ostern[410] vorgangin gedynit seyn yor lon 2 gutte m. in beczalt uff Weymachtin im XLIX yore[411] etc. Und in beczalt uff Michaelis im L yore[412] etc.

Item Hans Koseler der gutte man ist zcu mir komen uff Sinte Michel im XLVII yore[413] seyn yorlon 1 ½ g[utte] m. ym beczalt uff Weynnachtin[414] etc.

Item der gropsmit der gutte man ist zcu mir komen uff Pfingestin im XLIX yare[415] seyn yorlon 1 ½[d] g[utte] m. in gancz beczalt uff Weynnachtin etc.

404 1450 März 1.
405 September 29.
406 1450 Juni 4.
407 1450 September 29.
408 1450 Oktober 16.
409 Oktober 27.
410 Wohl 1446 April 17.
411 1449 Dezember 25.
412 1450 September 29.
413 1447 September 29.
414 Dezember 25.
415 1449 Juni 1.

Dor noch in gancz beczalt uff Michaelis in dem L yare[416] etc. Uff Luce Ewangeliste in dem yore[417] etc. Da czog her von mir.

Item German Sebinbom der gutte man quam zcu mir an der Mittewochin nach Unser Liebin Frauwintag der Lichtmesse seyn yor lon [1 ½][e] g[utte] m. im L yare[418] etc.

---

a Durch Restaurationspapier verdeckt.
b ⁜ neben der Zeile ergänzt.
c Durch Restaurationspapier verdeckt.
d Korrektur durch Streichung aus *3* zu *1½*.
e In der Buchfalz.

[fol. 135r]

Crumme Peter cleppenir etc.

Crumme Peter ist zcu mir gekomen vor eynen cleppenir adir fyschir am Sontage noch des Heyligin Lichnammis Tage im L yore[419] do bley her schuldig vor hecht und bresem dybereye aus dem hutfasse in dem Glanten gestolen 9 g[utte] m. adir 3 tonnen hecht dor an so her mir dynen mit seynem weybe und kindern dy weyle ich pfleger[420] hir byn seyn yarlon glich Hans cleppenir seynem kompan etc. Wissentlich dem geheygetin dinge zcu Seestin etc.

Item in gancz beczalt und ym gnode getan uff Michaelis vorgang[en] im L yore[421] mit seynen fischir stiffeln glich Hans seynem kompan etc. Gerechint uff Galle in dem yare[422] etc.

[fol. 135v]

Crumme Peter cleppenir etc.

Item ym getan uff Galle[423] 12 g[utte] sol. etc.

Item Lorencz Gruse cleppenir etc.

Item her ist zcu der cleppe gekomen am Tag Symeonis et Iude im L yore[424] seyn yor lon glich seynem kumpan uff den Tag bleyp her mir schuldig her nach abe zcu slon 1 ½ g[utte] m. und 5 g[utte] sc. mit den fyschir stiffeln etc. Und ym

---

416 1450 September 29.
417 1450 Oktober 18.
418 1450 Februar 4.
419 1450 Juni 7.
420 Hug vom Heiligenberg, Erwin, wie S. 44, Anm. 58.
421 1450 September 29.
422 1450 Oktober 16.
423 Oktober 16.
424 1450 Oktober 28.

getan uff den tag 1 m. 3 sol. aldis vor groe gewant etc. Und 2 g[utte] sc. schrotlon etc. Noch ym getan uff Mitfastin an stiffeln und schuen 10 g[utte] sc. und 4 g[utte] sc. etc.

[fol. 136r]

Saymayte[a] etc.

Item mit ym gerechint am Tage Galle[425] und in gancz beczalt seyn lon uff Michaelis vorgang[in] ym L yore[426] gedacht etc. Und ym beczalt 2 wilt huner und 12 eychornir etc. Und her te[netur] mir 4 g[utte] sc. vor schue her nach abe zcu slan etc. Und meynen schadin vor gedacht nach gnodin zcu beczalen etc. Und 6 sol. ald[is] vor salcz etc.[b]

a Buchstabe *b* neben der Überschrift ergänzt.
b Unterhalb des Eintrags folgt Freiraum.

[fol. 136v]

German Sebinbom gutte man vorberuret etc.[a]

Blynde Andreas gutte man ist zcu mir gekomen uff Alle Gotis Heylig[en] im L yare.[427]

a Unterhalb des Eintrags folgt Freiraum bis zum nächsten Eintrag.

[fol. 136ar leer]

[fol. 136av]

Lange Matthis etc.

Item Lange Matt[his] van Bischofesborg ist czu mir gekomen an Sinte Elisabet Tage[428] seyne dynir notdorft glich andern in dem L yare d[edit] 13 sc. aldis seyn schu gelt uff Rem[i]n[i]scere etc.[a]

a Unterhalb des Eintrags folgt Freiraum.

425 Oktober 16.
426 1450 September 29.
427 1450 November 1.
428 November 19.

[fol. 136br]

Blynde Andreas etc.

Item seyn yar lon glich Sebinbom etc.[a]

a Unterhalb des Eintrags folgt Freiraum.

[fol. 136bv leer]

[fol. 137r]
Item Jedekant Saymaite hat mir von Pfingestin IIII yor vor roshirten gedynet in gancz beczalet uff Weynnachtin[429] *etc. Her te[netur] mir uff Remi[ni]scere zcu komende vor 10 eln groe gewant und schrot lon 1 m. 20 sc. 2 sol. aldis und 8*[a] *g[utte] sc. kueczins den der lis ich in das vorgangin jor durch des wiltwerkis willen das her mir geweret das jor etc. Und 2 pferde vorwarloset te[netur] durch gnode etc. Seyn jorlon 2 g[utte] m. etc. Im XLIX yore 2 sc. ald[is] und 1 f. aldis schue und gelt uff seyn kindelbir im L yare und 1 g[utten] sc. ald[is] 8 g[utte] sol. uff Ostern etc. Gerechint am Freytage vor Pfing[estin] do bleyp her mir schuldig ane den schadin egedocht an geretem gelde uff Sinte Michel*[430] *13 sc. 3 d. aldis etc.*

Suche hir nedene in der czeddel A etc.

Item Michel cleppenir kobel knecht hot mir IIII yor von Ostern gedynit seyn yorlon 2 g[utte] m. in gancz beczalt uff Weynnachtin etc. Her te[netur] uff Remi[ni]scere *zcu komende vor gewant schrotlon schu ½ g[utte] m. etc. Und 2 pferde vor warloset te[netur] durch gnode etc. Ym d[edit] uff Remi[ni]scere 4 sc. ald[is] Dymittern etc. Im L yore etc. Und 1 ranczke grop salcz vor 7 g[utte] sol. etc. 2 sc. ald[is] etc. Und 8 g[utte] sol. vor salcz etc. 2 g[utte] sc. vor schue etc. 8 g[utte] sol. uff Ostern etc. Am Freytage vor Pfing[estin] gerechint do bleyp her mir uff Sinte Michel schuldig 11 sol. ald[is] dy habe ich ym dirlosin etc. Den schadin egedocht te[netur] etc.*

a Korrigiert von *4* zu *8*.

429 Dezember 25.
430 September 29.

[fol. 137v]

Michel kobelknecht etc.

Item in gancz beczalt uff Sinthe Michel vorgang[in] im L yare[431] und gerechint am Tage Galle[432] sunder den gedachtin schadin bleybit her mir schuldig noch gnodin etc. Und ym getan am Abinde Symeonis et Iude[433] 1 m. 3 sol. aldis vor groe gewant etc.

Item Dymitter kuhirte hot mir von Ostern IIII yor gedynit seyn yor lon 2 gutte m. d[edit] seyn lon uff Weynnachtin[434] her te[netur] vor 8 eln groe gewant und schrotlon und an geretem gelde ym getan 2 m. 4 sc. aldis uff Remi[ni]scere zcu komende etc. Her te[netur] nach gnodin vor czegen vorlorn und geslag[en] etc. im L yare etc. 2 sc. ald[is] etc. Her 1 kue vor warloset uf Lichtmessin[435] vor 1 gutte m. etc. 4 g[utte] sc. uff Ostern etc. Und 8 g[utte] sol. uff Philippe et Jacube[436] gerechint am Freytage vor Pfing[estin] bleyp her mir schuldig ane den schaden egedocht 20 sc. 1 sol. ald[is] an gelde etc. D[edit] ym seyn volle lon uff Sinthe Michel vorgang[in] im L yore gerechint uff Galle etc. Te[netur] mir meynen schadin noch gnode mir her noch zcu beczalen 1 ochsin und 2 kue und etczliche czegin dor abir mir te[netur] her nach zcu beczalen[a] 1 g[utten] f. etc.

Item Messing sweynhirte hot mir von Ostern IIII yor gedynit seyn yor lon 2 g[utte] m. yn beczalt uff Weynnachtin etc. Und ym beczalt in dem vorgangin jore schindelon vor 2 pferde 4 kelber 4 czegin etc. Her bleyp mir schuldig vor 11 eln gewant und leynwot und schrotlon und vor schu 1 gutte[b]

---

a Folgt Streichung *3*.

b Fortsetzung auf fol. 139r.

[fol. 138r]

Dymitter kuhirte vorberuret etc.[a]

Messing sweynhirte vorberuret etc.[b]

---

a Unterhalb des Eintrags folgt Freiraum bis zum nächsten Eintrag.

b Unterhalb des Eintrags folgt Freiraum.

---

431 1450 September 29.

432 Oktober 16.

433 Oktober 27.

434 Dezember 25.

435 Februar 2.

436 Mai 1.

[fol. 138v]
Peter schrotir her noch beruret etc.[a]

a Unterhalb des Eintrags folgt Freiraum.

[fol. 139r]
am. uff Remi[ni]scere im L yore[437] etc. Und 6 sol. seynem sone vor schu uff Remi[ni]scere aldis etc. Und noch 12 sol. vor 1 tor geschue etc. 2 sc. aldis etc. Und 10 g[utte] sc. vor 1 par stiffeln etc. Und 9 sol. aldis vor schue uff Remi[ni]scere etc. 8 g[utte] sol. etc. Uff Ostern etc. Gerechint am Freytage vor Pfing[estin] do bleyp her mir schuldig 1 m. 15 sc. 3 d. aldis uff Sinte Michel doran dirlose ich in vor schindelon und sust durch seyne armut dy 15 sc. und 3 d. ald[is] etc. Item von den gedachtin Pfingestin bys uff Galle[438] vorstorbin 6 pferde alt und junck und 2 kelbir dor vor in beczalt 1 g[utten] f. und seyn lon ½ g[utte] m. uff Sinte Michel vorgang[in] beczalt im L yore[439] und ym getan uf[b] Galle gedocht 8 g[utte] sc. her noch abe zcu slan etc. Und 4 g[utte] sc. uff Mertini[440] etc. *Und 4 sol. ald[is] vor salcz etc.*

Item Orthea des hoffemeysters weyb fymutter cog zcu mir an Sinte Michels Obinde im XLVII yore[441] ir yor lon 2 gutte m. sy gancz beczalt uff Weynnachtin[442] etc. Da bleyp sy mir schuldig uff Remi[ni]scere zcu komende 2 m. 11 sc. geringis etc. Im L yore etc. D[edit] ir lon uff Sinthe Michel[443] etc.

Fymutter etc.

Item uff Michaelis im L yare[444] ist zcu mir gekomen von Konigisberg Addelie Polkynne vor eyne fymuttir ir yar lon 2 g[utte] m. dor uff ir gelegin 1 g[utten] f. uff Galle[445] etc. Sy gancz beczalt uff Weynnachtin[446] etc.

Item Peter schroter vom Reuschindorffe ist zcu mir gekomen uff Sancte Laurencij im XLVIII yare[447] seyn yorlon 4 g[utte] m. in gancz beczalet mit seynem kompan an des Heyligin Cristus Obinde im XLIX yare.[448]

437 1450 März 1.
438 Oktober 16.
439 1450 September 29.
440 November 11.
441 1447 September 28.
442 Dezember 25.
443 September 29.
444 1450 September 29.
445 Oktober 16.
446 Dezember 25.
447 1448 August 10.
448 1449 Dezember 24.

Item seyn schrotlon uff eyn yor by freyer koste bobin 7 g[utte] m. zcu Seestin etc.

---

a Fortführung von fol. 137v.
b + neben der Zeile ergänzt.

[fol. 139v]
Item Orthea fymait Schile Nickelsche quam zcu mir uff Pfingestin im XLVIII yare[449] ir yor lon 5 f. guttes sy gancz beczalt uff Weynnachtin[450] etc. Sy te[netur] vor flachs uff Remi[ni]scere 9 sc. und 2 sol. aldis etc. Ir d[edit] 4 sc. schrotlon aldis uff Remi[ni]scere etc. Im L yare[451] etc. Und 3 g[utte] sol. etc. 6 sol. aldis etc. Und 1 par schue vor ½ f. aldis etc. 8 g[utte] sol. uff Ostern[452] etc. D[edit] ir lon uff Pfingest[in][453] etc. D[edit] ir lon uff Sinthe Michel im L yare[454] etc. 4 g[utte] sol. uff Mertini[455] etc.

Item Orthea kochemeystersche ist zcu mir komen fymait uff Sinte Michel im XLIX yore[456] ir yor lon 5 f. gutt[e] sy beczalet uff Weynnachtin[457] etc. 6 sol. aldis etc. Und 1 par schue vor ½ f. aldi[is] sy gancz beczalt uff Remi[ni]scere etc. D[edit] ir lon uff Pfingest[in] etc. D[edit] ir halp lon uff Sinte Michel sy gancz beczalt 7 ½ sc. ald[is] etc.

Item Anne Gernemete fymait quam uff Remi[ni]scere im L yore[458] ir yor lon also vor etc. D[edit] ir lon uff Pfingest[in][459] etc. D[edit] ir lon uff Sinte Michel[460] etc. 4 g[utte] sol. uff Mertini[461] etc. Und 1 m. 8 sc. ald[is] vor groe gewant etc. Und 4 g[utte] sc. uf Weynnach[tin].[462], [a] Und 1 par schue vor 4 g[utte] sol.

---

449 1448 Mai 12.
450 Dezember 25.
451 1450 März 1.
452 Wohl 1450 April 5.
453 Wohl 1450 Mai 24.
454 1450 September 29.
455 November 11.
456 1449 September 29.
457 Dezember 25.
458 1450 März 1.
459 1450 Mai 24.
460 1450 September 29.
461 1450 November 11.
462 1450 Dezember 25.

Item Crummeul wartet der krancken pferde und fullen von Sinte Michel[463] *bys uff Philippe et Jacube im L yore*[464] *seyn lon dy czeyt 3 g[utte] f. etc. D[edit] gancz etc.*

---

a Folgt Streichung *Item Barbara Schile Caspers weyb vorberuret etc.*

[fol. 140r]

Tyle hoffemeystir etc.

Item her ist zcu mir gekomen am Tage Longinj des Heyligin Ritters im L yore[465] von dem tage sal her mir mit seynem weybe III yor sy vor eyne fymutter dynen seyn yor lon 7 m. aldis dor vor zcu thun meynen fromen was her geheysin wirt alle czeyt etc.[a]

---

a Unterhalb des Eintrags folgt Freiraum.

[fol. 140v]

Anna fymutter etc.

Item sy ist zcu mir gekomen myt irem manne vor hoffemeystir zcu dynen so beruret ist am Tage Longinii des Heyligin Ritters im L yare[466] von dem tage drey yor mir zcu dynen vor fymutter ir yar lon 2 gutte m. etc.[a]

---

a Unterhalb des Eintrags folgt Freiraum.

[fol. 141r]

Su[mm]arum dynir notdorft und gesindelon so dis register vorberuret ausweysit uff eyn yor by aldem gelde gerechint uff das allir weynigeste ausgenommen oppir gelt hulffe und ander gobe noch dem danne eyn iczlichir keygin mich vordynit und ich ym gutt[is] gan etc. Dy rechte ausgobe iczlichem so vil vorgenant ist brenget in der summe uff eyn yor mir zcu beczalen 193 m. unde 14 sc. aldis etc. Und recht geschr[eben] uff das allir weynigeste etc.

---

463 Wohl 1449 September 29.
464 1450 Mai 1.
465 1450 März 15.
466 1450 März 15.

Item is sey mir Erwin[467] etc. zcu wissen das ich mit lone und kostunge zcu besorgin habe so dis register iczlichin vorberuet nennet 39[a] menschin hoffegesindis etc.

Item Hans Merkener von Slochow meyn stalknecht ist zcu mir gekomen czu des Heyligin Lichnammis Abint[468] seyn yor lon 3 g[utte] m. glich den anderen stalknechtin im L yare etc. Im getan 13 sc. aldis var 1 par stiffeln und 9 eln und 3 firtel groe gewant gekr[um]pin[b] dy ele vor 9 sol. und 1 ½ ele leynwat vor 4 sol. und 12 sol. ald[is] schrotlon etc. uff Margarete Virginis[469] etc. Uff Sinte Michel[470] vorgangin was seyne dirhebunge von mir 1 g[utte] m. das abirge so beruret ist dirlis ich in durch seynir fromik[eit] willen etc. Dor uff so teth ich ym ½ g[utte] m. gerechint am Tage Galle[471] im yore gedacht etc.[c] Und 1 par schue var 4 g[utte] sol. seyne dir hebunge so beruret ist gerechint 3 m. 7 sc. aldis uff Mitfastin etc.

a Korrektur aus *38* zu *39*.
b Seite abgeschnitten.
c Folgt Streichung *S.*

[fol. 141v]

Item uff dy gedochte Mitfastin teth ich ym 1 m. 17 sc. 3 d. aldis etc. Und 4 sc. g[utte] uff Weynnachtin[472] etc.[a]

a Unterhalb des Eintrags folgt Freiraum.

[fol. 142r]

Dysser nach geschrebin czins und andir allirley meyn innam und nutzcunge dy ich bruder Erwin Hůg von dem Heyliginberge[473] in genomen und widder aus gegebin habe der dynir und andir gesinde lon und notdorft vorberuret etc. Und dor neest dy andir ausgobe wilchirley dy ist her nach beruret etc. Und meyn innam egedocht an geretem gelde und wilchirley[a] dy ist ouch her nach beruret in dem L yore etc. Angehabin noch des Heylig[en] Cristus Tage[474] dor nach danne intrit das[b] wunffczigeste[c] gedochte yor etc.

467 Hug vom Heiligenberg, Erwin, wie S. 44, Anm. 58.
468 1450 Juni 3.
469 Juli 13.
470 September 29.
471 Oktober 16.
472 Dezember 25.
473 Hug vom Heiligenberg, Erwin, wie S. 44, Anm. 58.
474 1449 Dezember 25.

Der irste czins ist zcu Seesten fellig von dem Polnischindorffe Stanginwalt genant uff der Heyligin Drey Konigetag in dem L yore[475] etc.

Polnischindorff czins etc.

Item ich habe aus dem dorffe an der Heyligin Drey Konigetage egedacht entpfangin von 28 besatcztin czins hubin 7 scheff[el] weys so vil pflugkornis etc. Und 56 czins huner etc. Und 28 m. hubin czins aldis etc. Dy freyen unde wustin hubin vorberuret etc. Und 28 fudir kynis etc.

Czins von den kretczmir zcu Seestin uff Lichtmessin[476] etc.

Item dy 4 kretczmer habin 8 czins hubin etc. Ir kretczmir und hubin

---

a Folgt Streichung *qi[...]*.
b Folgt Streichung *L*.
c Folgt Streichung *d*.

[fol. 142v]

Seestin kretczmir etc.

czins 11 gutte m. iczlichir 5 ½ alde m. uff Lichtmessin[477] und nicht me danne ir scharwerk sy werdin hoger czinßin noch laute ir schrift[e] etc. Dy 11 gutte m. habe ich val entpfangin etc.

Seestin dorff czins uff Lichtmessen etc.

Item das dorff hot mir beczalt 5 scheffel weys so vil pflugkornis etc. Und 40 huner etc. Und 10 firtel ruttin holcz etc. Und 10 gutte m. hubin czins von 20 hubin egedocht etc.

Mertinsdorff czins uff Lichtmessen etc.

Item das dorff hot mir beczalt von 22 czinshubin ytczundt besatczet 5 ½ scheffel weys so vil pflugkornis und 44 huner etc. Unde 22 fuder kynis etc. Dy andern freyen und wustin hubin vorberuret etc. Und 22 m. hubin czins ald[is] etc.

Reuschindorff czins uff Lichtmessin etc.

Item das dorff hat mir beczalt von 46 czinshubin ytczundt besatczt ist etc. 11 ½ scheffel weys so vil pflugkornis etc. Und 92[a] czins huner etc. Und 23 firtel holcz etc. Und 46 m. hubin czins aldis[b] von 46 hubin etc. Dy obirgin freyen und wustin hubin vorberuret etc.

---

475 1450 Januar 6.
476 Februar 2.
477 Februar 2.

a Folgt Streichung *L*.
b Über der Zeile ergänzt.

[fol. 143r]

Reuschindorff czins etc.

Item Markayme gibit von 3 hubin 3 firtel weys so vil pflugkornis und nicht me etc. Sundir uff Lichtmessin[478] 4 ½ m. czins ald[is][a] adir 9 gutte f. nach loute seynir schrifte etc.

Girkindorff czins uff Lichtmessin etc.

Item das dorff hot mir von 26 hubin ytczundt besatczt beczalet 6 ½ scheffel weys so vil pflugkornis und 52 huner und 13 firtel ruttin holcz etc. Und 13 m. czins aldis etc. Dy obirgin freyen und wustin hubin vorberuret etc.

Pylcz czins uff Lichtmessen etc. Kretczmir etc.

Item in dem dorffe sint 2 kretczmir dy habin 4 hubin etc. Und 6 morgin zcu ir boustete und gartin egedocht etc. Frey von pflugkorne huner und ruttin holcz etc. Dy beyde kretczmir czinßin 2 g[utte] m. uff Lichtmessin etc. Dy dir hebet Reynike molnir jerlich vor seyn erbegelt egedocht etc.

Pylcz hubin czins etc.

Item das dorff hot mit den czweyn mole hubin 32 czins hubin etc. mir beczalt 8 scheffel weys so vil pflugkornis und 64 huner und 15 firtel ruttin holcz dy mole hubin ist des frey etc.

a Über der Zeile ergänzt.

[fol. 143v]

Pylcz czins etc.

Item dy unsir mole sal habin noch loute ir aldin hantfestin 3 morgin ackers zcu ir boustete und gartin egedacht etc. Dor von hot Beme gertenir und Mertin Gernemete zcu iren gartin und boustetin noch loute ir schrift der czins ist vorberuret etc.

Item mir beczalt aus dem dorffe mit den kretczmern und mole hubin 36 m. aldis ir freyheit und wust[e] vorberuret etc.

478 Februar 2.

Dysse noch geschrebin czins ist fellig uff Mertini in dem L yore[479] etc.

Seynsborg etc.

Item dy stadt gibit alle yor vor ir freyheyt 8 scheffel weys so vil pfluckornis etc. So gibit sy vor ir czinshubin ouch 8 s[cheffe]l weys so vil pflugkornis etc. Und gibit von den fleyschbencken der stat eynen volkomelichin steyn gestosen ungesmelczetis guttis unslittis uff alle Mertini das allis d[edit] in dem L yore vorgangin etc.

Item dy stadt gibit 64 czinshuner von den czinshubin uff alle Mertini d[edit] in dem L yore etc.

Item dy stat hot 32 czinshubin dy hube czinsit 14 g[utte] sc. 1 firtel weys so vil pflugkornis.

[fol. 144r]

Wassir czins uff Sinte Yocub und uff Mertini in dem L yare.[480]

Glanten.

Item Hans fyschir van Seynsborg czinsit vor den Glantin 15 m. aldis van Philippe et Jacube[481] bys uff den Sontag noch Mertini[482] halp uff Sinte Yacub dy andir helfte uff Mertini etc.

Gunen und Kersen etc.

Item Hans heckers weyb czinsit vor dy 2 see vandem neestin Sontage noch Ostern[483] bys uff den Sontag nach Mertini 7 g[utte] m. den ol unde bresem strich und hecht strich behalde wir frey und alle flisse und 2 molczeyt fisch zcum heuse alle wochin wan man dar noch sendet etc.

Innam von potter und kesen im L yare.

Item vor koufft 1 tonne pottir und 9 schok czegin kese und 7 schok Thurolt kese 11 m. und 3 f. aldis etc. Bynnen dem ganczin vorgangin yare intercetera.

[fol. 144v]

Innam von felwerk von irst allerley gros und cleyn von wiltwerg und von ochsin rindern kelbern schepczin czegin und von pferdin leder alt und junck so danne dorvon in dy kochin gekomen etc. Und dor neest von ym selbist vor sterbin ist

479 1450 November 11.

480 1450 Juli 25 und November 11.

481 1450 Mai 1.

482 1450 November 15.

483 1450 April 12.

dor von habe ich von den schumachern entpff[angen] by 10 gutt[e] m. intercetera.

Von felwerg innam vorberuret 10 g[utte] m. etc.

Von Honige etc.

Von honige und von wachse meyn innam obir meyne ausgobe das vorgangin L yar nicht volkomelich 11 g[utte] m. etc.

Von fyschreye innam etc.

Item alle das gancze vorgangin yar von des Heyligin Cristus Tag[e] im XLIX yare[484] gerechint bys uff des Heylig[en] Cristus Tag indas L yar[485] etc. Meyn yn nam und gewyn obir alle meyne ausgobe by 40 g[utte] m. intercetera.

[fol. 145r]

Seynsborg etc.

Und 2 huner etc. pflugkorn und huner van den 32 cinshubin vorberuret etc. S[u]mma van der stadt 32 czinshubin ded[erun]t 37 m. 8 sc. aldis uff alle Mertini[486] etc.

Item dy stat czinsit von 72 halbin hoffen 14 sc. 1 sol. aldis d[edit] uff Mertini etc.

Item dy stadt czinsit vor ir brewpfanne 2 m. aldis d[edit] uff Mertini etc.

Item sy czinsit von 8 brotbencken 21 sc. 5 d. aldis uff Mertini d[edit] etc.

Item sy czinsit van 8 schubencken 8 sc. aldis uff Mertini d[edit] etc.

Item dy stadt czinsit von ir batczstobe 10 sc. 10 d. aldis d[edit] uff Mertini in dem L yore etc.

S[u]mma stadt czins an geretim gelde ausgenomen pflugkorn huner und unslith nicht hirynne gerechint ist etc. 41 m. 14 sc. 1 sol. aldis etc.

Item dy stat dynet mit 6 pferdin und harnisch noch des landes gewonheyt etc.

Petczschindorff czins uff Mertini in dem L yare.[487]

Item dy 2 kretczmir in dem dorffe czinsen 3 g[utte] m. und 16 huner sy scharwerkin zcur fyschreye d[edit] uff Mertini iren czins und huner in dem L yore etc.

484 1449 Dezember 25.
485 1450 Dezember 25.
486 November 11.
487 1450 November 11.

[fol. 145v]

Pylcz kretczmir czins uff Mertini im L yore etc.[488]

Item dy 2 kretczmir in dem dorffe czinsin 4 g[utte] m. und nicht huner adir pflugkorn etc. Sy scharwerkin myt der molen hubin in dem dorffe zcu der yait und mit dem kretczmir zcu Weddern nach ausweysunge iris briffis etc. Cleyne Peter d[edit] synen czins Reynike Molnern vor erbegelt etc. Hersefelt d[edit] seynen czins zcum heuse uff Mertini im L yore etc.

Gertenir czins zcum Pilcze uff Mertini im L yore.

Item Beme gertenir czinsit vor seyn gebewde und gartin 4 g[utte] sc. und 2 huner d[edit] uff Mertini noch lauthe seynis briffis etc.

Item Mertin Gernemete czinsit vor seynen gartin auch 4 g[utte] sc. und 2 huner nach louthe seynis briffis bys uff Mertini in das LII yor[489] czinsis und scharwerkis frey etc.

Seesthin gerten czins uff Mertini in dem L yore.

Item eyn iczlichir garte vor dem heuse gelegin sal czinsin 2 g[utte] sc. und 2 huner und zcum heuse scharwerkin so danne in dyßim register vorberuret ist sy haben czinsis frey bys uff Mertini komende im LVI yore[490] etc.

Weddern czins uff Mertini in dem L yore etc.

Item der kretczmir czinsit 2 g[utte] m. nicht huner adir pfluckorn.

[fol. 146/147r]

Weddern etc.

Der scharwerker czur yait in dem yare VI wochin glich den 2 kretczmern und der molen hubin zcum Pilcze vor gedacht etc. D[edi]t seynen czins uff Mertini L yore[491] etc.

Czu Weddern hubin czins uff Mertini gedocht etc.

In dem dorffe czinsit von 24 hubin 12 g[utte] m. 1 firtel weys so vil pfluckornis und 2 huner und ½ firtel ruttinholcz und ½ g[utte] m. von iczlichir hubin etc. D[edi]t den czins und pfluckorn huner und ruttinholcz uff Mertini im L yare.

Montow czins uff Mertini im L yore.

Item das dorff hot 38[a] czins hubin dy hube czinsit ½ g[utte] m. und[b] nicht huner etc. Sy czinsit 1 firtel weys so vil pfluckornis und tut hulffe in dem hoy und

488 1450 November 11.
489 1452 November 11.
490 1456 November 11.
491 1450 November 11.

habir awste sy scharwerkin czur yait nach lowte ires briffis etc. In dem driffe[c] hot Brosian und Hans Nawducke 2 hubin in czinsis freyheyt sunder scharwerk und pflugkorn sullen sy gebin glich andern indas LI yar etc. Clement hat 2 hubin in czinsis freyheyt bys uff Mertini indas LIII yar[492] scharwerk und pflugkorn in der czeyt sal her thun glich andern etc.

Item das dorff vor czinsit in dem L yore 33 hubin wal besatczit ded[erun]t dy 33 m. aldis uff Mertini im L yore[493] etc.

---

a Korrektur aus *37* zu *38*.
b Folgt Streichung *2*.
c Wohl *briffe*.

[fol. 146/147v]

Aus den molen etc. Und schewnen etc. Und pflug etc. Und gekoufft etc. korn etc. in dem L yo[r]e etc.

Item von irstin habe ich gekouft van dem scholczin und Bartholomeus Schonen flis und von Schone Johan 20 leste habers vor 30 gutte m. etc. So habe ich sust gekouft und von meynem hoffe man 3 leste gerstin vor 8 g[utte] m. habir und gerste mir gewert und ich beczalt an dem Freytage nach Unsir Liebin Frauwintag der Lichtmessin in dem L yare[494] so beczalte ich uff dy czeyt eynem Masowir 12 scheffel erweys zcu der soyth umme 1 m. und 12 sol. gutt[e] und vor 3 scheffel gestampten herse 1 g[utten] f. und vor ål und vor ½ tonne hering und vor 1 scheff[el] czwippeln und 6 reyen knobelochis und vor 4 lechse 3 m. 1 f. g[utte] etc.

Molen etc. Seestin etc.

Item das irste ausmessen noch des Heyligin Cristus Tage[495] adir noch der Heyligin Drey Konigetage in dem L yare[496] aus der mole Seestin an Unsir Liebin Frauwin Obint der Lichtmessen etc. gemessen 16 scheffel kornis etc. 3 scheff[el] malcz etc. 2 scheffel weys etc. 2 scheff[el] as etc. Aus der Mole Seynsborg 41 scheffel kornis 16 scheffel malcz 5 scheffel weys 6 scheffel as etc. Aus der mole Pilcz 16 scheffel kornis 3 scheffel malcz 1 ½ scheffel weys 2 scheffel as und 1 firtel habir grutzce etc.

---

492 1453 November 11.
493 1450 November 11.
494 1450 Februar 2.
495 Wohl 1449 Dezember 25.
496 1450 Januar 6.

[fol. 148r]

Aus der schewnen etc.

Item das irste uff hebin nach der Heyligin Drey Konige Tage in dem L yore[497] am Obinde Fabiane et Sebestiane[498] 3[a] leste und 16 scheffel gerstin und 8 scheffel efterich etc. Den efterich dem fye etc. Und 8 scheffel gerstin zcu speyse grutzce etc. So sante ich uff dy czeyt 3 leste und 10 scheffel gerste keygin Resil zcu der vorgin[anten] aldin gerste etc.

Item van Resil entpfangin mit 2 furen 5 leste habers am Abinde der Heyligin Drey[b] Konig[etage] etc. Und aus der schewnen 1 last und 52 scheffel dem kochemeystir Jocub gewert etc. Haber etc.

Item an der Heyligin Drey Konige Obinde egedocht Jcub gewert uff dem melczheuse 300 und 10 scheffel hoppins volkomelich etc.

Item an dem tage im gewert 2 tonnen donnen mete von Rastinborg und Resil etc. Und 7 tonnen biris von Rastinborg Resil Bartensteyn etc. Und 2 ½ tonne honigis etc. Und 16 tonnen alt bir etc. Und 4 tonnen frisch bir etc. Und 5 tonnen roseneken etc. Und 31 tonnen heusbiris etc. Und 16 tonnen kovent[is] etc.

Item uff der Heyligin Drey Konige Obindt egedacht im gewert 200 und 67 scheffel malcz etc.

Item und 24 scheffel rockins etc.

Item und 18 scheff[el] erweys mit torken erweys etc.

---

a Korrektur durch Streichung aus *1* zu *3*.
b Folgt Streichung *Heyligin Drey*.

[fol. 148v]

Aus der scheunen etc.

Item ym gewert mole korn und aus der schewnen noch 1 last und 43 scheffel mit dem efterich etc.

Kellir etc.

Item am Freitage nach der Heyligin Drey Konige Tage[a] wart das irste mal in dem L jore[499] 30 scheffel malcz vor brewen etc. Dor von wart 4 tonnen mersch bir und 12 tonnen colacien bir und 5 tonnen koventis etc.

Item uff dy czeit hatte ich in dem gewelbe 32 schok und 43 unslith lichte etc.

---

497 1450 Januar 6.
498 1450 Januar 19.
499 1450 Januar 9.

Item[b] den hunden zcu osse getan von dem vorgin[anten] malcze von habir 31 scheff[el] etc. Und 24 scheffel habers uff Fabiane et Sebestiane[500] etc.

Kellir etc.

Item uff den andern tag nach Fabiane[501] egedocht wart 30 scheffel malcz vor brewen dor von 5 tonnen mersch bir 12 tonnen colacien bir 6 tonnen koventis etc.

Item uff den Tag Sebestiane[502] egedocht Jocub gewert 26 speyse schusseln und 4 schusseln zcu by gerichtin und 12 cleyne schusseln zcu senffe alle czy[nn]en etc. Und ½ schok czelir schusseln etc.

Kellir etc.

Item am Donnerstag noch Unser Liebin Frauwintag der Lichtmessin[503] 30 scheff[el] malcz vor brewen dor vort wart etc. 8 tonnen mersch bir 12 tonnen kovent[is] etc.

a Buchstabe *a* über dem Wort ergänzt.

b + über der Zeile ergänzt.

[fol. 149r]

Salcz pottir kese speykfleysch und andir kochinspeyse etc.

Item am Obinde der Heyligin Drey Konige[504] egedacht hatte ich by dem prior zcu Resil 13 große tonnen vol gropsalcz etc. Und 3 tonnen gros bant val weys salz etc. Sleysigir berechinte mir 14 tonnen grop salcz und 9 tonnen weys salcz in dem clostir dor von ist dy 9 tonnen egenant her in das hews gekomen etc.

Item uff dy czeyt was 1 tonne pottir by deme scholczin zcu Resil etc. Und by Petir Fellenbom 20 seytin speckis etc. Und in dem clostir 1 gros kessil[a] und 1 newe sneyde eyßin etc.

Item Yacub kochemeystir hatte an der Heyligin Drey Konige Obint 6 große tonnen und 3 firtel von der tonnen grop salcz etc. Unde 8 ½ grosse tonnen weys salcz volkomelich.

Fysch salcz in ranczken etc.

Item in eyne große tonne wan dy vol weys salcz gepacket ist so sich gebort so geet 18 geheufte ranczken volkomelich in 1 tonne salcz gros bant etc. In eyne

500 Januar 20.

501 Januar 21.

502 Januar 20.

503 Wohl 1450 Februar 5.

504 Januar 5.

cleyne tonne geet gepacket weys salcz volkomelich 13 geheufte ranczken etc. Uff 1 tonne hechtis geet 3 ranczkin weys salcz nicht geheuffet etc. Is geet allis 1 tonne gros bant uff 6 tonnen hechtis nicht volkomelich etc.

Item uff dy czeyt was in dem gewelbe 7 ½ schok kese etc. So hatte Jocub uff dy czeit 3 firtel van der tonne pottir in der kache etc. Und van 21 sweynen allirley in gesnete etc. Und 13 seytin aldis speckis etc. Unde 86 seytin new speck etc. Und dy 20 seytin zcu Resil egedacht etc. Und 30 smeer etc.

---

a Folgt Streichung *6*.

[fol. 149v]

Koche etc.

Item Yocub hatte uff dy czeyt gedacht der Heyligin Drey Konige[505] ½ tonne und ½ firtel gesmelczet[is] speyse smalcz etc. Item uff I woche gebort eynem iczlichinn ausspeysir 3 kese etc.

Resil etc.

Item an der Mittowachin noch der Heyligin Drey Konigetage[506] hatte ich by den monchen[a] 6 leste und 17 scheffel gerste val komelichin her nach ist me gerste geschr[iben] etc. So was uff dy czeyt in dem closter 27 leste und 24 scheffel weys und kornis volkomelich zcu houffe gerechint etc. Und in dem clostir hatte ich auch 15 leste habers legin etc. Weys me her noch beruret etc.

Koche etc.

Item am Obinde der Heylin Drey Konige[507] hatte Jocub kochemeyster in dem salcze 3 stucke und 1 firtel roth wildis und 11 [czernnel] und fleysch von 1 ½ bern und 12 beer fusse und ½ wilt sweyn etc. Und 3 schok schrot treuge wiltpret volkomelich und 17 treuge eychhorn und 4 birnschilde und 14 treuge gense und enten und 3 ½ schok schrot treuge schepczin und buck fleysch und 1 schok schrot treuge rintfleysch und von 3 rindern und van 7 kelbern grun fleysch in der kochin und 4 schok und 15 brot worste und 1 schok und 9 buch schinken und 1 schok und 35 sweynklauwin und 1 ½ schok huner und 4 ½ schok eyer in der kochin etc. Und 17 sweyne smeer etc.

---

a ⌘ neben der Zeile ergänzt.

---

505 Januar 6.

506 Wohl 1450 Januar 7.

507 Januar 5.

[fol. 150r]

Koche etc.

Item von alle deme vorgin[anten] getrencke und kochin speyße und habir genant vorczert der komptur von der Balge[508] und Brandinborg[509] und pflegir zcu Rastinborg[510] mit andern iren gesten vil von am neestin Sontage noch Unsir Liebin Frauwintag der Lichtmessin in dem L yore[511] etc.

Item Yocub gewert 20 korn und malcz secke zcu iczlichema[a] sacke 2 ½ ele und ½ firtel leynwot dy ele vor 18 d.

Schewne[b] etc.

Item am Montage[512] und dor noch an dem Freytage[513] nach Petre in der Fastin 3 leste und 18 scheffel gerstin meyn teyl etc. Und 8 scheffel efterich etc. Und gekouft von dem hoffeman 47 ½ scheffel gerstin dy alle uff dy genantin tage keygin Resil in das clostir gesant etc. Der efterich bleyp hir etc.

Kellir etc.

Item am Freytage vor Petre in der Fastin 1 ton birs von Resil und 5 tonnen birs von Seynsborg gekauft etc. Und 30 scheffel malcz an dem tage vor brewen dor van wart 9 tonnen colacien bir und 12 tonnen kovent[is] etc.

Kellir etc.

Item darnoch am Obinde Felicitat[is][514] vor brewen 30 scheffel malcz zcu eynem merschin bire dor von wart 10 tonnen birs und 12 tonnen kovent[is] etc.

Molen etc.

Item zcu Seestin 24 ½ scheffel rockins etc.

---

a Folgt Streichung, unleserlich.
b ⁜ neben der Zeile ergänzt.

---

508 Wesenthau, Eberhard von, wie S. 53, Anm. 87.

509 Mertz, Gerlach von: Pfleger von Barten (1432), Pfleger von Rastenburg (1434 Juni 16–1435 April 11; 1437 Februar 25–1437 September 15), Vogt von Dirschau/Liebenhoff (1437 September 15–1438 März 2), Komtur von Mewe (1438 März 2–1440 Juni 26; 1441 April 18), Großkomtur (1440 Juni 25–1441 Februar 16), Komtur von Ragnit (1444 Juli 3–1447 Juni 15), Komtur von Brandenburg (1449 Juni 3–†1452 Oktober 18).

510 Möglicherweise Truchsees von Stetten, Johann: Komtur von Nessau (1432 September 1–1434 September 28), Komtur von Osterode (1438 Oktober 31–1449 Juni 17), Pfleger von Rastenburg (1449 August 25).

511 1450 Februar 8.

512 Wohl 1450 Februar 23.

513 Wohl 1450 Februar 27.

514 Wohl November 22.

[fol. 150v]

Molen etc.

Und 4 scheffel weys etc. und 10 scheffel malcz und 4 ½ scheffel os etc. Aus der mole Seynsborg 41 scheffel rockins etc. und 6 scheffel weys etc. und 17 scheffel malcz etc. und 4 scheffel as etc. Aus der mole Pilcz 20 scheffel rockins etc. 1 ½ scheffel weys etc. 2 scheffel malcz etc. 4 ½ scheffel os etc. Am Obinde Gregorie Pape[515] etc.

Schewnen etc.

Item am Obinde Gregorie Pape uff gehabin zcu meynem teyle 1 last und 13 scheffel kornis mit dem efterich gerste her noch beruret an den tage uff gehabin etc. Zcu meynem teyle 1 ½ last und 4 scheffel gersten und 2 scheffel efterichis etc. Und von dem hoffeman gekouft 17 scheffel gerste etc. Von Casper Ficken 7 ½ scheffel etc. Und van Peter Polen 4 ½ scheffel etc. Der gerste 2 leste und 3 scheffel zcu melczen und zcur soyth behaldin etc. Item am Obinde Benedicte Abbat[is][516] uff gehabin den letczstin rockin in meynir schewnen mit dem efterich 1 last und 2 scheffel etc. Su[mm]a von der Heyligin Drey Konigetage[517] vorgangin bys uff Benedicte egedacht rockin und efterich aus meynir schewnen entpfangin zcu meynem teyle 2 leste und 15 scheffel etc. Den rockin und weys und erweys der vor Weynnachtin[518] aus der schewnen uff genomen wart ist in der aldin rechinschaft etc. Dy gerste findet sich[a] wal etc.

Kellir etc.

Item am Abinde Benedicte Obbat[is] 30 scheffel malcz vor brewen dor von 12 tonnen mersch bir und 12 tonnen kovent[is] etc. Und 6 tonnen roseneken von Johannisborg und 1 tonne Konigesbergisch bir etc. Und 2 tonnen birs von Sorkemiten etc. Und 2 tonnen birs von der Quoselow etc.

a ⸭ neben der Zeile ergänzt.

[fol. 151r]

Und 1 tonne birs von der Weysinborg von Lange Merten etc.

Koche Resil etc.

Item am Obinde Benedicte Abbat[is][519] 51 seytin fleysch zcu Peter Fellenbom zcu dem vorgin[anten] fleysche der 20 seytin gesant etc. Und 2 tonnen honigis

515 März 11.
516 März 20.
517 Januar 6.
518 Dezember 25.
519 März 20.

in das clostir uff dy czeyt by Gernemethe gesant etc. Und 1 ochsin und kue uff den tag an dy kochin geslagin etc.

Kellir etc.

Item an dem Montage nach Palmarum[520] 30 scheffel malcz zcu eynem colacien bire dor von wart 12 tonnen birs und 12 tonnen kovent[is] etc.

Schewne etc.

Item an der Mittewochin vor Ostern[521] uff gehabin meyn teyl gerste[a] 1 last und 14 scheffel gerste mit dem efterich etc. Und von dem hoffeman und gertenern 28 scheffel gerste den scheffel vor 1 gut sc. beczalt etc.

Molen etc.

Item an der Mittewochin vor Ostern aus der mole Pilcz 15 scheffel rockins und 1 ½ scheffel weys und 2 ½ scheffel malcz 2 scheffel os etc. van Seestin 19 scheffel rockins 2 ½ scheffel weys und 6 scheffel malcz 3 scheffel as etc. Von Seynsborg 39 ½ scheffel rockins und 6 scheffel weys 18 scheff[el] malcz und 4 scheff[el] as etc.

a Folgt Streichung, unleserlich.

[fol. 151v]

Koche etc.

Item 2 kelbir und 2 czickel und 19 wilde huner und 2 kaphauen und 10 schok eyer uff Ostern[522] etc. Uff dy vorgangin Faste gekouft 30 pfunt bomo̊l das pfunt vor 4 sol. aldis und vor 12 pfunt [rube]o̊l 19 sc. 3 d. aldis und vor 1 scheffel czwippeln 8 sc. aldis und vor 4 rigen knobelochis 4 sc. aldis etc. Und vor 12 schok schusseln 1 m. aldis etc. Unde nach 1 kalp uff Tiburcij Martir[523] und 2 ree und 2 stucke rothwylt in dy koche uff dy czeyt etc.

Kellir etc.

Item am Obinde[a] Adalberte[524] ½ last malcz vor brewen dor von 1 last mersch bir und 4 tonnen colacien bir und 5 tonnen kovent[is] etc. Und 1 tonne birs von Konigisberg und 3 tonnen birs von Seynsborg etc. Und 3 fas weynis und 1 tonne aldis metis unde noch 1 ame weynis etc. Und dy 2 tonnen honigis von Resil

520 Wohl 1450 März 30.
521 Wohl 1450 April 1.
522 Wohl 1450 April 5.
523 August 11.
524 April 22.

genomen egedacht dy vor brewen am Tage Vitalis Marter[525] dor von wart 9 tonnen metis uff den meystir etc.

Soymir soith im L yore.

Item in das gebirge hinder der aldin Katczinbrucke uff jenisseyt des flis geseyget 23 scheffel gerste und 24 scheffel habers summa 47 scheffel etc. Und by dy Scheybelechte wese erweys 8 scheffel geseyet am Tage Jeorgii Marter[526] etc.

---

a Folgt Streichung, unleserlich.

[fol. 152r]

Schewne etc.

Item am Obinde Jeorgij Marter[527] egedocht geschach das letczste uff hebin von der gerste do wart mir zcu meynem teyle mit dem efterich 19 scheffel dor zcu so kouffte ich von den dresschern 1 scheffel gerste vor 1 gut sc. etc. Uff dy czeyt wart mir 37 ½ scheffel weys mit dem efterich zcu meynem teyle etc. So koufte ich 8 scheffel von deme hoffeman 1 scheffel vor 3 g[utte] sol. etc.

Soymir soyth im L yore.

Item in den großin rosgarten 13 scheffel gerstin und 18 scheffel habers geseyget am Obinde Philippe et Jacube[528] etc.

Koche etc.

Item am Obinde Philippe et Jacube was von Ostern aus den dreyen molen und sust gekoufft und mir ge eret wart gekomen 15 schok eyer etc. und 5 hasen etc. und 2 kelber etc. und 17 ewer hanen und birk und hasel huner etc. und 1 elent von Mertinsdorff vor das allis meyne ausgobe 15 gutte sc. etc.

Czymmer unde andir erbeyter lon etc.

Item das newge heus vor dem merschin kellir stunt an czymmer lone 6 ½ m. aldis etc. Dor zcu quam delen und swarten 100 und 12 stucke gerechent vor 2 m. 8 sc. aldis etc.

[fol. 152v]

Czymmerlon etc.

Item noch uff das newge hews vor dacket 37 schok spilisse vor 1 m. 20 sc. aldis das schok vor 3 sol. zcu reyssen und zcu vor decken etc. Und nach vor 2 par thor

---

525 April 28.
526 1450 April 23.
527 April 22.
528 1450 April 30.

bande und vor 2 par vinster bande dor zcu keten krampin haspen und vor nagel etc. Und vor 4 schok lattin nagel vor das allis 1 m. 3 sc. aldis etc. Und vor den efterich dor uff mit leyme geslagen 9 gutte sc. etc. ausgenomen scharwerk und talk speyße und tranck des ist nicht gerechint etc. Noch vor 1 blech slos vor 6 gutte sol. am Obinde Philippe et Jacube[529] gerechint etc.

Molen Seynsborg etc.

Item dor aus 25 scheffel rockins und 2 ½ scheffel weys und 13 scheff[el] malcz und 4 scheff[el] os etc. Von Seestin 16 scheffel kornis 1 ½ scheff[el] weys und 5 scheff[el] malcz und 4 scheff[el] os etc. Von dem Pilcze 15 ½ scheffel kornis und ½ scheff[el] weys und 2 scheffel malcz 2 scheffel os etc. am Obinde des Heyligin Crucis[530] neest Ostern etc.

Pylcz smyt etc.

Item Casper smit do selbist dem gebe ich uff eyn yor 3 g[utte] f. und 2 scheffel rockins vor allirley eysinwerk gros und cleyn zcu haldin zcu bessern zcu stelen das man sleyssinde werk uff 2 rade pfleget czu heyssen in beczalt etc. Und sust ym beczalt vor nagel und vor andir eysinwerk zcu nutzce der molen das yor vorgang[en] 20 sc. gutt[e] etc.

[fol. 153r]

Seestin smyt etc.

Item ich gebe dem smede in dem dorffe sulch lon an gelde und an rockin vor das sleyssinde werk in der mole Seestin uff 2 rade zcu haldin so vil und glich dem smede zcum Pilcze 3 g[utte] f. und 2 scheffel rockins uff eyn yor etc. Und beczalt etc. So gebe ich dem selbigin smede zcu Seestin uff eyn jor 5 pfluge und so vil gespannis mit allirley eysinwerk das sleyssinde werk heyssit zcu haldin und mir also gut widder zcu geweren so her is von mir entpfangin hot 3 gutte m. und 4 scheffel weysis und so vil rockins das heyssit sleyffelon etc. So mus ich dem selbigin smede dor bobin alle jor geben zcu allir gemeynir nutzcunge des hewsis vor scharffgeczew und vor huff slag unde sust vor andir nutzcunge vor eysinwerk zcum heuße bobin 8 g[utte] m. etc.

Seynsborg smyt etc.

Item ich gebe dem smede zcu Seynsborg auch das yor 3 g[utte] f. und 2 scheffel rockins vor allirley sleyssinde werk uff 2 rade in der mole zcu haldin glich den gedochtin smeden Seestin und Pilcz etc. So gebe ich ym unde den cleynsmedin das yor vor huff slag und vor andir eysinwerk zcur fyschreye und zcur sneyde

529 April 30.
530 Mai 2.

molen und sust zcu meynir nutczunge und dy pferde zcu artczsteyen und das sneyde eysin und feylen zcu zcu richtin wal 6 g[utte] m. etc.

[fol. 153v]

Czymmerlon etc.

Item dy gedochtin drey korn molen und dy sneyde mole steen das yor wol 4 gutte m. ungeldis zcu ir besserunge und dor zcu wol 5 gutte m. vor steyne so ich mich dor uff vor weys etc.

Item dy gedachtin drey smede Seynsborg Seestin Pilcz dy habin das gedinge von den molen und der smyt zcu Seestin das pflugwerk vor dem hewße uff sich genomen iczlichir eyn jor also zcu haldin am Sonnobinde noch der Heyligin Drey Konigetage in dem L yare[531] etc.

Botchir gelt etc.

Item ich mus uff eyn yor vor allirley gefese bodem standin tonnen czobir trichter eymir teynen czapfasse pattir fasse kannen stutcze bechir schalen muldin korn schewffeln bir schuffen korn sibe hoppin seyge hoffe schusseln glase und vor erden toppe mel sibe und vor mel beutel habin bobin 4 g[utte] m. und den kessil bussern und sew nennern und den gropin gissern und den kannen gissern und vor new gefese sulchir ware auch wol 1 ½ g[utte] m. etc.

Item noch sundirlich czymmer lon uff eyn yor vor gemeyne nutczunge der gebewde des hoff[es] und vor decke lon und vor allirley geschirre und radewerk und vor pech und ther und vor schiffe kanen schollen fisch sewe zcu machin wol vor 5 g[utte] m. dor methe nicht aus zcu richtin etc.

[fol. 154r]

Vor schue und setel und geryme und vor leynwot etc.

Item uff eyn yor mus ich vor schue vor setel mit ir zcu gehorde vor geryme gurte vor allirley leynwot vor armbrost vor pfeyle vor strossin czerunge und etczlich tranck gelt und hulffe guttin frunden und vor selen und strenge und vor sust menchirley ausgobe zcu notdorfft des heusis und guttir frunde und meynis gesindis etc. Und vor krewde und vor getrencke und vor andir notdorfft und nutzcunge meynis leybis uff eyn jor wol 15 gutte m. habin mus aufgenomen pferde und allirley kochin speyse zcu kouffin das danne zcu dirkennen ist das eynir eyn sulche notdorfft nicht allis aus seynem fyhoffe genemen mag etc. Salcz stor hering und andir treuge fisch unde kram muser und kochin ål ist auch das jor wol 20 gutte m. meyne ausgobe Erwyn[532] etc.

531 1450 Januar 10.

532 Hug vom Heiligenberg, Erwin, wie S. 44, Anm. 58.

Schewne etc.

Item am Pfingest Obinde[533] weys uff gehabin 1 last und 50 ½ scheff[el] mit dem efterich etc. Und von dem hoffeman gekoufft 25 scheff[el] weys 1 scheff[el] vor 1 gut sc.

Soymir soyth etc.

Item in das felt by der mole wese wart geseyet 4 leste und 46 scheff[el] habers etc. Sundir das gebirge uff jeynir seyte dem Katczin flisse und der grose

[fol. 154v]

Soymir soyth etc.

rosgarte dorynne dy habir soyt vorberuret obir dy gedochte s[u]mme etc. In das selbige gedachte felt wart 5 firtel leyn soth geseyet etc. In dem selbigin felde bleyp acker ungeseyget an dem gebirge legin wol zcu 24 scheffeln habers etc.

Item in das selbige felt wart gerste geseyet 2 leste und 8 ½ scheff[el] etc. Sundir das gebirge uff jenir seyte der Katczin brucke und der grose rosgartin vorberuret dy gerste dorynne geseyet ist obir dy summe etc.

Summe obir all gerste soymir soyth 2 leste 8 ½ scheff[el] so vorberuret ist mit dem gebirge und rosgartin des was zcu vil geschr[eben] etc.

Summa der habir soyt 5 leste unde 32 scheff[el][534] obir all etc. Erweys und leynsoyt und drisch vorberuret etc.

Aus der molen Seestin etc.

Item aus der mole 11 s[cheffe]l rockins 1 ½ scheffel weys und 1 ½ scheff[el] malcz und 1 scheffel os etc. Aus der mole Pilcz 7 scheffel rockins 1 ½ scheffel malcz 1 scheffel os etc. Von Seynsborg 22 scheffel rockin 2 scheffel weys 5 scheffel malcz 2 scheffel as etc. Am Pfingest Obinde[535] etc.

Koche etc.

Item am Pfingest Obinde 1 tonne grop salcz in das clostir czu Resil gegebin etc. Und 2 kelbir und 16 ferkeln und 1 czege in meyne koche andem obinde etc.

[fol. 155r]

Kellir etc.

Item am Mantage[536] vor des Heyligin Lichnammis Tage von Niclos Stibbelow vor ufflangunge 1 tonne Reselisch bir etc. Und 30 scheffel malcz vor brewen

533 Wohl 1450 Mai 23.

534 Siehe Gesamtabrechnung auf fol. 156r bis 157r.

535 Wohl 1450 Mai 23.

536 Wohl 1450 Juni 1.

zcu colacien bire an dem tage dor von wart etc. 12 tonnen colacien bir und 12 tonnen koventis etc.

Koche etc.

Item an des Heyligin Lichnammis Obint[537] 2 ochsin in dy kochin geslagin der was eynir von brochen von Weddern vor 3 g[utte] f. etc. Der andir was von meynem fye etc. Und eyn ewer und 3 ½ stucke rot wildis etc. Und 2 kelbir etc. Und 4 tonnen grop salcz von Resil in dy koche genomen am Obinde Barnabe Appostole[538] etc. Und 12 ferkeln in dy koche etc.

Schewnen etc.

Item an dem gedachtin Obinde Barnabe des Heyligin Apposteln wart das letczste uff hebin das vorgangin jor in meynir schewnen von wesen mit dem efterich ½ last etc.

Czymmer und andir erbeytir lon etc.

Item czymmer lon am kellirshalse an deme mete kellir und an dem grosin kellir in der offin gruben in dem mel heuße in deme back heuße in der brotkamern an des koche meysters kamer an des schroters kamer an

[fol. 155v]

Czymmerlon etc.

der kochin thore an der kochin kamern an dem cleynen fleysch sullir an dem back offin in dem heuße und mewer lon und vor czigel mewer steyn und dach steyn vor das allis und an der brucke gebessert etc. Bobin 8 g[utte] m. sloswerk bande nagel keten krampin zcu der gedachtin nutzunge back troge beutel kastin wirk banck und[a] 2 meel beutel allis in dy gedachte summa gerechint etc. Am Tage Marce et Marceliane[539] beczalt etc. Und vor 100 eln leynwot zcu notdorfft des heußis 5 m. 20 sc. aldis etc.

Item alle den leuthen dy zcu der gedochtin erbeyt hant reychunge mit talken adir mit scharwerk gros adir cleyn gethan haben den habe ich speyse und tranck gegebin abir meyne ausgabe egedocht etc. So ist zcu der gedachten erbeyt gekomen 1 ½ schok und 3 delen und swartin gerechint vor 3 g[utte] m. etc.

Schewnen gerste etc.

S[u]mma so dis register ausweysit so habe ich zcu meynem teyle van der Heyligin Drey Konige Tage im L yore[540] entpfangin aus meynir schewnen bys

537 Wohl 1450 Juni 3.
538 Juni 10.
539 Juni 18.
540 1450 Januar 6.

uff der X Tusint Ritter Obint[541] reynir gerste 9 leste und 59[b] scheffel etc. Dor zcu so habe ich gekoufft so auch dis register ausweysit in der gedachtin czeyt 4 leste unde 45 ½ scheffel auch reynir gerste etc.

Ausgobe von der gedachtin gerste etc.

Item noch abir dy summe der gersten

a Doppelt.

b Korrektur durch Streichung aus *11* zu *59*, Zahl *59* neben der Zeile ergänzt.

[fol. 156r]

Ausgobe gerstin und efterich etc.

so habe ich zcu mynem teyle aus der schewnen 44 ½ scheffel efterichis entpfangin und den selbigin auch mit dem fye vor czert in der vorgangin czeyt etc.

Item von irstin van der gedachtin reynen gerstin 18 scheffel gethan zcu speyse grutzce etc. Und zcu der soymir soith egedacht 2 leste und 8 ½ scheffel getan egedocht etc. So hot Yacub kochemeystir dor von in der vorgangin czeyt vor melczet 1 last und 50 scheffel gerstin her noch beruret das malcz dor von etc.

S[u]mma ausgobe der gedochtin gerstin in der vorgangin czeyt van den 13 lesten und 56 ½ scheffeln egedacht 4 leste und 15 ½ scheffel gerste etc.

Item[a] so habe ich dor von in der vorgangin czeyt 9 leste und 41 scheffel gerste keygin Resil gesant zcu der aldin gerste dy ich vor do hatte in dem XLIX yare etc.

Schewnen weys etc.

Item ich habe van der gedochtin Heyligin Drey Konige Tage im L yare[542] bys uff der X Tusint Ritter Obint[543] zcu meynem teyle aus der schewnen entpfangin so dis register ausweysit 2 leste und 59 scheffel weysis mit dem efterich etc. Dor zcu so habe ich gekouft von dem hoffeman und van den dresschern 1 last und [b]45 ½ s[cheffe] weys etc.[b] [c]scheffel weys[c] den scheffel vor 6 sol. aldis etc.

Summa weys und efterich 4 leste und 9 scheffel innam etc. Is ist me etc.

541 1450 Juni 21.

542 1450 Januar 6.

543 1450 Juni 21.

a ꙮ zwischen den Zeilen ergänzt.
b Am Ende des Eintrags mit Ergänzungszeichen notiert, an Einfügungsstelle *11* gestrichen.
c Nach Einschub des vorherigen Satzteils doppelt.

[fol. 156v]

Ausgobe weys und efterich etc.

Summa ausgobe von irst 18 scheffel efterichis dem fye etc. Und 36 scheff[el] uff unsern homeyster und komptur[544] und uff dy sebin feste der heyligin czeyt vor backen etc. So hot Yocub kochemeystir bynnen der vorgangin zceyt vor melczet 2 leste und 12 scheffel weys das malcz dor von her nach beruret etc. So habe ich 1 last und 3 scheffel weysis in dißim L yore keygin Resil gesant zcu dem aldin weys den ich do hatte in dem XLIX yare etc.

Schewnen habir etc.

Summa van der Heyligin Drey Konige Tage egedacht im L yare[545] bys uff der X Tusunt Ritter Obint[546] habe ich aus der schewnen zcu meynem teyle 2 leste unde 52 scheffel habers mit dem efterich entpfangin etc. So habe ich von meynem hoffeman 3 leste habers gekouft in dem stroe seyn teyl zcu hacke haber etc. Dy last vor 3 m. aldis dor zcu so habe ich gekauft von dem scholczin zcu Resil und Bartholomeus Schonenflis Schone Johan und von Peter Fellenbom so dis registir eyn teylis var aufweysit 20 leste habers dy last beczalt so tewer vorberuret ist etc. Mit dem haber den ich Jocub dem kochemeystir egedacht geantwert habe etc.

Summa eyn teylis ausgobe des gedachtin habers von irstin 15 scheffel zcu grutzce etc. Und zcur soymir soit so egedacht ist 5 leste und 32 scheffel etc. Dy innam der summe des habers allir egedacht ist 25 leste und 52 scheffel dor van dy ausgobe korcz vorberuret etc. Dor von hatte ich noch an dem gedochtin

[fol. 157r]

Habir etc.

Obinde Yocub kochemeystir 1 last habers zcu vor melczin getan das malcz der von her nach beruret etc. Und den obirgin haber vor futtert etc. Bys uff 3 leste und 50 scheffel so vil habers hatte ich noch von alle der vorgin[anten] summa habers am Obinde Nativitat[is] Johannis im L yore.[547]

544 Wesenthau, Eberhard von, wie S. 53, Anm. 87.
545 1450 Januar 6.
546 1450 Juni 21.
547 1450 Juni 23.

Aus der schewnen erweys etc.

Item von irstin von Torken entpfang[en] 8 scheffel erweys etc. Und von eynem Masowir gekouft 10 scheffel erweys etc. Und aus der schewnen 10 scheffel erweys etc. Eyn teylis vorberuret etc. Summa von den 28 scheffel erweys wurdin 8 scheffel widder geseyet etc. Dy abirgin eyn teylis in der kochin vor czeret etc. Das andir teyl zcu brote gemolen etc.

Herse grutcze etc.

Item 4 scheffel herse grutzce egedocht gekouft etc.

Rocken aus der schewnen etc.

Item von der Heyligin Drey Konige Tage[548] vil gedacht rockin aus der schewnen entpfangin bys uff den Abint der X Tusint Ritter[549] auch egedocht ist mir zcu meynem teyle gewurdin 2 leste und 15 scheffel rocken etc.

Melczhews etc.

Item Yocub kochemeystir hot in der vor

[fol. 157v]

Melczheus etc.

gang[en] czeyt sint der Heyligin Drey Konige Tage in dem L yare[550] bys uff der X Tusint Ritter Abinde[551] egedacht do her des melczens uff horte vor melczet 100 und 10 scheffel gerste dor von wart 2 leste und 20 scheff[el] malcz volkomelich etc. So vor melczete her 2 leste und 12 scheffel weys dor von wart 3 leste malcz volkomelich etc. So vor melczete her 1 last habers dor van wart 1 last und 12 scheffel malcz etc. Iczlich getreyde das vor melczet ist das ist vorberuret in meynir innam etc.

Summa das malcz 6 leste und 30 scheffel ist van dem gedachtin getreyde geworden her noch beruret etc.

S[u]mma des getreydis zcu dem malcze e gedacht 5 leste und 2 scheffel etc. Dor van was meyn gewyn 1 ½ last malcz volkomelich so mir Yacub kochmeystir berechint hot am Heyligin Abinde[552] egedacht etc.

Aus der molen Pilcz etc.

Item ander Czeen Tusint Ritter Tage[553] aus der molen 12 scheff[el] rockins etc. und 1 ½ scheffel malcz etc. und 1 scheff[el] os etc. Aus der mole Seestin

548 Januar 6.
549 Juni 21.
550 1450 Januar 6.
551 1450 Juni 21.
552 Dezember 24.
553 Juni 22.

15 ½ scheffel kornis etc. Und 1 ½ scheffel weysis etc. Und 2 ½ scheffel malcz etc. Und 1 scheff[el] as etc. Aus der molen Seynsborg 23 scheffel rackins etc. Und 1 ½ scheffel weys etc. Und 12 scheff[el] malcz etc. Und 2 scheff[el] as etc.

[fol. 158r]

Koche etc.

Item am Obinde Petre et Paule[554] eyn elent in dy koche etc. Und 2 stucke rintfyes und 1 kalp etc. Und am Abinde Margarete Virginis[555] 3 stucke rintfyes und 1 kalp in dy koche etc. Hasen gense enten junge huner und eyer und wilde fogel des eyn teylis gekoufft vor 3 g[utte] f. etc.

Kellir etc.

Item am Obinde Petre et Paule vor brewen 30 scheffel malcz dor von wart 4 tonnen heren bir etc. Und 1 tonne birs von Resil geeret etc. Und 7 tonnen colacien bires etc. Und 11 tonnen kovent[is] etc.

Backhews etc.

Item am Donnerstag vor Margarete Virginis[556] wart von Resil 1 last rockins in das melcz heus geweret etc. Und 2 meel beutel vor 11 sc. aldis etc.

Kamer etc.

Item vor 12 czynnen stutcze iczlichir von 1 ½ quarttir und 3 cleyne kannen iczlich von 1 ½ quarttir und noch 2 kannen von 1 quarttir und noch 1 kanne von 1 ½ stoffe und nach 2 grose czynnen kannen iczliche von 2 ½ stoffe adir grossir und 2 czynnen flasschin zcu gebrautin weyne iczliche von 1 quartir und grossir etc. Und noch 3 czynnen stutcze iczlichir van 1 quartir und grossir czynnen schusseln vorberuret etc.

[fol. 158v]

Kamir etc.

Item nach 7 czynnen weyn flasschin und 1 messingis kantczsche zcu groem bire und 1 gros messing[is] kessel und 1 lage bekechin etc. Und 1 cleyn beckechen vor das bette vor alle dy ware egedacht habe ich beczalet mit den czynnen schusseln 15 gutte m. etc. Eyn pfunt czynnes beczalte ich mit dem gisse lon vor 3 g[utte] sol. so gap ich von meynem czynne vor das pfunt zcu gissen 15 d. aldis etc.

554 Juni 28.
555 Juli 12.
556 Wohl 1450 Juli 9.

Koche etc.

Item am Dinstage nach Sinthe Yacub[557] 6 stucke rintfyes uff unsern homeyster[558], [a] in das salcz gehauwin etc. Vor 5 m. g[utte].

Kellir.

Item an Sinthe Annen Unser Liebin Frauwin Mutter Abinde[559] 30 scheffel malcz vor brewin etc. Dor von wart heren bir 6 tonnen etc. und colacien bir 7 tonnen etc. und 10 tonnen kovent[is] etc. und 1 tonne Rastinborgisch bir von dem bloen steyne etc. und 1 tonne Seynsborgisch bir von grutgir etc.

Koche etc.

Item an Sinte Annen Tage[560] 1 g[utte] m. vor 12 schok schusseln etc. Und 4 g[utte] sc. vor muldin etc. Und 4 g[utte] sol. vor 2 bir schuffin etc. Uff den meyster etc.

Mole Seynsborg etc.

Item am Tage Marta Virginis[561] aus der mole Seynsborg 27 scheff[el] kornis und 2 scheff[el] weys etc. Aus der mole Seestin 12 scheff[el] kornis 1 scheff[el] os etc. Aus der mole Pilcz 17 s[cheffe]l kornis und 1 s[cheffe]l weys etc.

a Korrigiert von *homeysters* zu *homeyster*.

[fol. 159r]

Kellir etc.

Item am Tage Tyburcij Martir[562] 30 scheff[el] malcz vor brewin dor von wart 10 tonnen birs und 13 tonne kovent[is] etc. Und von Rastinborg 4 tonnen mersch bir uff unsern homeyster[563] vor 2 m. 4 sol. gutt[e] etc. Und von Resil 6 tonnen mersch bir uff unsern homeystir vor 3 m. gutt[e] und vor 1 tonne met[is] 1 m. 21 sc. ald[is]. Und von Konigisberg vor 2 tonnen birs uff unsern homeystir 1 m. 4 sc. gutt[e] mit der fure etc.

Koche etc.

Item am Tage Tiburcij Martir egenant uff unsern homeystir 4 stucke rintfyes vor 4 g[utte] m. und 10 schepczin vor 2 ½ m. aldis etc. und 1 elant etc. unde 34 entin

557 Wohl 1450 Juli 28.
558 Erlichshausen, Ludwig von, wie S. 53, Anm. 86.
559 Juli 25.
560 Juli 26.
561 Oktober 17.
562 August 11.
563 Erlichshausen, Ludwig von, wie S. 53, Anm. 86.

vor 1 g[utten] f. und 2 schok und 11 huner vor 7 f. aldis und 14 schok eyer vor 14 sc. gutt[e] etc. und vor 1 tonne essig ½ g[utte] m. und var ½ scheff[el] czwippeln vor 2 sc. gutt[e] etc. und 1 firtel pottern etc. und 1 seyte specks etc. Und vor 6 bergir fysch und vor 8 schok flackfisch 2 m. 8 sc. ald[is] etc. und vor 12 pfunt olis ½ g[utte] m. und 3 g[utte] f. vor glase etc. und in des meysters kochin 1 g[utte] m. tranck gelt etc. und des kompturs koch 7 g[utte] sc. tranck gelt etc. Der dynir knecht 1 f. aldis etc. Der schreyber junge 3 g[utte] sol. vor wachs etc. Des meysters thorwechtir 6 g[utte] sol. und seynem kamirknechte 6 g[utte] sol. den tromittern 1 g[utten] f. den heraldin 9 g[utte] sc. des meysters futtir marschalk 8 g[utte] sc. etc. Vor pfeffer komel saffran 1 ½ g[utte] m. vor feygin mandel rosineken vor reys 9 f. aldis etc.

[fol. 159v]

Koche etc.

Item noch uff unsern homeystir[564] gekoufft 5 mandel trengis hechtis und czandes vor 1 m. 8 sc. aldis etc. Und noch vor 8 schok bresem fisch 10 g[utte] sc. Und noch vor 33 welse 1 g[utte] m. allis uff unsern homeystir und vor senff und moen und hanff soith 1 g[utten] f. etc. Und grutgir und h[annran] fleysch eyer zcu Seynsborg vor kochelon und slachte gelt uff unsern homeystir 3 g[utte] f.

Homeysters czerunge egedacht und her nach beruret etc.

Item 5 leste und 20 scheffel habers vor czeret dor von quam 50 scheffel habers keygin Petczschindorff etc. Vor den habir 26 m. und 16 sc. aldis mit der fure etc. So wart 37 scheffel weysin meels vor backen etc. Und 46 scheffel rocken meels etc. So wart zcu Seestin 18 ½ tonne birs aufgetruncken und 5 tonnen metis etc. So wart zcu Petczschindorff 6 ½ tonne birs aufgetruncken und 3 firtel von der tonne mete etc. Am Obinde Unsir Liebin Frauwin der Worczeweyunge[565] czog unser homeystir von Petczschindorff noch der malczeyt keygin Ortelsborg etc. Ich hilt seyne gnode und syn hoffe gesinde zcu Seesten und Petczschindorff 7 molczeyt im L yore etc.

Molen etc.

Item am Abinde Felicis et Aucti[566] hat Matt[his] kochemeystir aus der mole Seynsborg gemessin das irste mol noch Yacub etc. 43 s[cheffe]l koren 2 s[cheffe]l weys 13 s[cheffe]l malcz 3 ½ s[cheffe]l as etc. Von Seestin

564 Erlichshausen, Ludwig von, wie S. 53, Anm. 86.
565 August 14.
566 August 29.

17 ½ s[cheffe]l korn 1 ½ s[cheffe]l weys 3 s[cheffe]l malcz 1 s[cheffe]l as etc. Von dem Pilcze 9 ½ s[cheffe]l korn ½ s[cheffe]l weys 1 s[cheffe]l as etc.

[fol. 160r]

Homeystir[567], [a] etc.

Item noch meystir Bartcz 8 eln leynwot zcu Seestin etc. Und zcu Petczschindorff auch 8 eln leynwot zcu schussel tuchern vor 16 g[utte] sc. etc. Noch des meysters schencken zcu Seestin 4 eln leynwot und zcu Petczschindorff 4 eln leynwot uff dy schencke bang vor 8 g[utte] sc. etc. Und noch vor 1 weys beutel 4 g[utte] sc. etc. Und vor 6 eymir in dy kochen und vor 3 czobir und vor 6 holczern kannen und vor 20 holczern trinck stutcze und vor 6 korbe zcu[b] brote und zcu glasin und zcu trinck stutczin 1 m. 11 sc. 3 d. aldis etc. Und noch vor 30 erdin kannen und vor 2 schok erdin trinck stutcze und vor 4 reybe toppe und vor 1 schok erdin koch toppe mit iren storczin 2 m. 8 sol. aldis etc. Und noch 1 m. 16 sc. vor 2 tonnen birs von Kagenayl gekouft den freyen do sy dy haldunge getan hattin zcu Seesthin etc. Summa 7 m. 19 sc. 3 d. aldis etc. Und nach vor 4 schok lichte in den kellir etc. Und noch vor 8 pfunt wachs czu schencke kerczin etc.

Kellir etc.

Item am Tage Stephane Regis[568] 30 scheffel malcz vor brewin dor von wart 8 tonnen birs und 14 tonnen kovent[is] von Yacub das letczste gebrew etc.

Kellir etc. Matt[hias] irst etc.

Item am Obinde Matheus des Ewangelistin und Apposteln[569] 30 scheff[el] malcz vor brewin dor von wart 14 tonnen birs und 6 tonnen kovent[is] etc.

a Korrektur durch Streichung aus *hoffemeystir* zu *homeystir*.
b Folgt Streichung, unleserlich.

[fol. 160v]

Kellir etc.

Item am Obinde des Ewangelistin[570] e gedacht ½ tonne honig[is] vor brewin dor von wart 3 tonnen met[e] volkomelich etc. Uff den Obint 2 tonnen birs von Resil entpff[angen] etc.

567 Erlichshausen, Ludwig von, wie S. 53, Anm. 86.
568 August 20.
569 September 20.
570 Wohl September 20.

Koche etc.

Item von Resil 2 tonnen weys salcz und 2 ½ tonne gropsalcz von dem vorberurtin salcze aus dem clostir entpfang[en] an dem gedochtin Obinde des Heyligin Ewangelistin von dem aldin salcze etc. An dem Abinde 3 kelbir aus dem hoffe in dy kochin etc. Und 1 fette sweyn etc. Und 1 sweyn lenkenir gesant und 8 s[cheffe]l weys ge eret etc. Und nach 1 kue aus dem hoffe in dy kochin geslagin etc.

Kochin salcz etc.

Item am gedachtin Obinde Sancte Matheus[571] hatte ich in dem clostir zcu Resil in 11[a] tonnen 1 last weys salcz von Hartwich kremir gekauft vor 23 m. und 2 m. vor furlon ald[is] etc. Noch so habe ich in dem clostir 2 leste grop salcz auch von Hartwich kremir vor 30 m. und 4 m. furlon aldis etc.

Koche etc.

Item am Tage Cosme et Dameani[572] 4 tonnen grop salcz von Resil von dem aldin salcze in dy kuchin uff den tag in hatte ich van dem aldin salcze weys adir swarcz nicht me zcu Resil legin danne alleyne das newge salcz von Hartwich kremir egedacht etc. korcz hir vor geschr[eben] etc.

a Korrektur durch Streichung aus *12* zu *11*.

[fol. 161r]

Koche etc.

Item am Tage Lamperti des Bischoff[is][573] 4 gesundin ochsin in dy kachen und 2 kelbir aus dem hoffe und 26 iunge ferkel und noch 10 stucke fremdes fyes in dy koche geslagin uff Michaelis[574] etc. Und aus der mole Pilcz am Abinde Michaelis[575] 9 schok und 40 eyer und 7 enten und 23 iunge huner in dy kache gekomen von Ostern vorgangin etc.

Aus der mole Seynsborg etc.

Item am Obinde Michaelis 18 s[cheffe]l kornis etc. Und 10 scheffel malcz und 2 s[cheffe]l weys und 1 s[cheffe]l as etc. Aus der mole Seestin 13 s[cheffe]l kornis und 3 scheff[el] weys und 1 scheffel as etc. Aus der mole Pilcz 13 s[cheffe]l kornis und 1 ½ s[cheffe]l weys etc.

571 September 20.
572 September 27.
573 September 17.
574 September 29.
575 September 28.

Kellir etc.

Item am Obinde Galle[576] 30 scheffel malcz var brewen der van wart 13 tonnen birs und 7 tonnen kovent[is] etc.

Hoppin etc.

Item am Tage Galle[577] was nach in dem melczheuse 100 und 10 scheffel aldis hoppins etc. So wart mir in dem[a] gedochtin L yare aus dem hoppin gartin 600 und 35 scheff[el] grunes hoppins allis vor 2 scheffel pfluckelon 3 d. aldis das ist vor das 105 g[utte] sc. etc. Vor dy 600 und 35 s[cheffe]l hoppins pfluckelon 2 m. 15 sc. und 6 ½ d. aldis etc. Und van alle dem hoppin darrelon ½ g[utte] m. vor das 102 g[utte] sc. dy 35 s[cheffe]l mete in gerechint etc.

Summa vor den hoppin 3 m. 15 sc. und 6 ½ d. aldis etc.

a Folgt Streichung *L.*

[fol. 161v]

Hoppin etc.

Item vandem vorgin[anntin] hoppin neme ich czum heusse zcu voraus dy helfte alle yor etc. So beczale ich dem hoppenir seyne helfte allis var 1 s[cheffe][a] grunes hoppins 6 d. aldis das was vor seyne helfte das vorgangin yor 5 m. 17 [sol.] 3 d. aldis etc. Ich beczale das pflucke lon vor in und mich etc.

Summa pfluckelon darrelon und des hoppeners teyl ich beczalt 8 m. 22 sc. 6 ½ d. aldis etc. Am Tage Galle gerechint und beczalt im L yare[578] etc.

Item von der summe grunes hoppins so gedacht ist wart mir gedarret hoppins 300 und 85 scheffel etc.

Koche etc.

Item am Obinde der Elfftusint Juncfrauwin[579] lis ich 12 schepczin in das salcz slan etc. Und 5 gense und 7 enten etc. Und 3 tonnen weys salcz von Resil von der last salcz korcz vorberuret das ich von Hartwich kremir kouffte keygin Seestin furen etc. Dor von bleyp noch zcu Resil in dem clostir 8 volle tonnen weys salcz etc. Und 3 sweyne von dem molnir zcu Seesthin an brachin genomen etc. Und 43 czegin in das salcz geslagin uff dy czeyt und 3 gelle kue auch in das salcz geslagin.

576 Oktober 15.
577 Oktober 16.
578 1450 Oktober 16.
579 Oktober 20.

Aus der schewnen des getreydis dirhebunge uff das newge etc.

Item am Abinde der 11000 Juncfrauwin geschach das irste uff hebin von disem yare van dem newgin getreyde zcu der winter soyth im L yore etc.

---

a Folgt Streichung *treugis ho.*

[fol. 162r]

Schewnen im L yare.

Item von eynen tonne rockin mit dem efterich entpfangin 1 last und 20 scheffel etc. Und weys 58 scheffel und 2 s[cheffe]l efterichis und 52 scheff[el] rockins mit dem efterich und 36 s[cheffe]l habir am Obinde Elisabeth[580] das warin dy irstin czwey uff hebin aus der schewnen nach Sinte Michel im L yore[581] etc.

Wintersoyt im L yore.

Item in das felt hinder der dorffkirchin wart geseyet 1 last weys volkomelich etc. Und 4 leste und 2 s[cheffe]l rockins etc. So bleyp wol zcu 15 scheffeln felt legen unbeseyet vor froste nicht geseyen in kunde etc. Dy winter soyth geschach alle von dem pflugkorne und nicht aus der schewnen etc. Zcu geseyet am Donnerstag noch der 11000 Juncfrauwintag[582] etc.

Kellir etc. Keller II.[a]

Item am Obinde Symeonis et Iude[583] 1 tonne roseneken von Johannsberg entpff[angen] etc. Und 30 scheffel malcz Tiburcien[584] und dem pfarnir zcum Pilcze und andern vor gebin etc.[b] Und 30 s[cheffe]l malcz vor brewen am Donnerstage noch Symeonis et Iude[585] dor van wart 13 tonnen birs und 6 tonnen kovent[is] etc. Dor zcu quam von Konigisberg und Resil 4 tonnen birs etc.

Molen Seynsborg etc.

Item dor aus am Obinde Symeonis et Jude entpff[angen] 29 s[cheffe] kornis und 11 ½ s[cheffe]l malcz etc.

---

a *Keller II* von anderer Hand.

b Neben der Zeile als Überschrift das Wort *kellir* ergänzt, mit Ergänzungszeichen im Text eingefügt, jedoch gestrichen.

---

580 1450 November 18.

581 1450 September 29.

582 1450 Oktober 22.

583 Oktober 27.

584 August 11.

585 Wohl 1450 Oktober 29.

[fol. 162v]

Molen etc.

Und aus der mole Seestin 19 kornis und 3 s[cheffe]l malcz und 1 ½ scheffel weys und 1 ½ s[cheffe]l os etc. Aus der mole Pilcz 20 s[cheffe]l kornis und 2 s[cheffe]l weys und 3 s[cheffe]l malcz etc.

Koche etc.

Item am Obinde Mertini[586] 1 ochsin in dy kochin geslagin und 2 tonnen weys salcz von Resil etc.

Molen etc.

Item aus der mole Seynsberg 29 s[cheffe]l kornis 8 s[cheffe]l weys 15 s[cheffe]l malcz 4 s[cheffe]l as etc. Von Seestin 15 s[cheffe]l kornis 2 ½ s[cheffe]l weys 3 s[cheffe]l malcz 2 s[cheffe]l as etc. Von dem Pilcze 9 ½ s[cheffe]l kornis 1 ½ s[cheffe]l weys und 1 ½ s[cheffe]l malcz und 6 s[cheffe]l as am Obinde Elisabeth[587] etc.

Kellir etc.

Item am Abinde Elisabeth 30 s[cheffe]l malcz vor brewin dor von wart 12 tonnen birs und 8 tonnen kovent[is] etc.

Getreyde gekoufft in dem L yare etc.

Item am Abinde Leonharde des Beychtegers[588] mit meynem hoffeman gerechint do bleyp her mir schuldig 58 m. 20 sc. und 1 sol. ald[is] dy irste summe was 42 m. aldis etc. Dor neest 9 f. aldis des Polens lon etc. Dor neest 14 m. 14 sc. 1 sol. ald[is] das ich seyne knechte beczalte

[fol. 163r]

dy ym gedynit hattin etc. Dor obir bleyp her mir schuldig 1 last und 4 s[cheffe]l rockins dy ich ym gelegin hatte vor 5 m. aldis etc. Und dor obir[a] vor salcz ½ g[utte] m. und vor 1 par stiffeln und vor 2 par schue 9 g[utte] sc. etc.

Summarum 65 m. 14 sc. 1 sol. aldis bleyp mir der hoffeman schuldig dor von hot her mir beczalit getreyde her nach loutinde etc.

Item ich habe von dem hoffeman gekoufft 200 und 5 mandel rockins das brengit 3 schok und 25 mandel das schok garbin brengit 30 s[cheffe]l rockins nicht volkomelich das habe ich ym vor 2 leste rockins abegekouft vor 6 g[utte] m. sy beyde etc. So habe ich ym 200 und 55 mandel weysis abegekoufft 2 mandel gerechint vor 1 s[cheffe]l weys das brengit 2 leste und 7 ½ s[cheffe]l vor 12 m.

586 November 10.
587 November 18.
588 1450 November 5.

3 f. aldis vor den weys beczalt etc. So habe ich ym abegekouft 200 und 8 mandel gerste vor 1 last und 44 s[cheffe]l gerechint vor 7 m. 8 sc. aldis in beczalt etc. So habe ich ym 300 und 57 mandel habers abegekoft vor 3 leste und vor[b] 37 s[cheffe]l vor 10 m. 19 sc. aldis etc. So habe ich ym 27 mandel erweys abegekouft vor 7 s[cheffe]l vor 1 m. 8 sc. 4 sol. aldis etc. Also vil iczlichis getreydis mandeln was des hoffemannis wunfte teyl in dem vorgangin L yore etc.

Summa her mir beczalt mit den getreyde genant 44 m. [c]und 1 f. 9 d. aldis etc. Am Obinde Elisabet[589] bleyp her mir schuldig 21 m. 120 sc. minus 3 d. ald[is] das allis dirlis ich in durch Got[is] willen und dor zcu was her mir von eysinwerk vorlorn hatte etc.[c]

---

a Folgt Streichung *her*.
b Folgt Streichung *33*.
c Neben der Zeile ergänzt, in der Buchfalz.

[fol. 163v]

Kellir etc.

Item an der Mittewachin vor Sinte Barbarn Tage[590] 30 s[cheffe]l malcz vor brewin dor von wart 8 tonnen new mersch bir und 12 tonnen koventis etc.

Pffluckorn vorberuret und her nach geschr[eben] so is gefallen ist uff Mertini in dem L yore[591] etc.

Seynsborg etc.

Item so vorberuret ist aus der stat entpfangin 16 scheffel weys und so vil pfluckornis etc.

Polnischindorff pflugkorn etc.

Item dy 2 schalczin und dy czins gebuer d[ederun]t 8 s[cheffe]l weys sovil pfluckornis etc.

Stanginwalt etc.

Item Stanginwalt ist nach in freyheyt gelegin czwischin dem Polnischindorffe und Mertindorff etc.

---

589 1450 November 18.
590 Wohl 1450 Dezember 2.
591 1450 November 11.

Mertinsdorff etc.

Item dy 2 scholczin und dy czinsgebuer in dem dorff d[ederun]t 7 scheffel und 3 firtel weys so vil pflugkornis uff Mertini etc.

Montow etc.

Item dy 2 scholczin und dy czinsgebuer d[ederun]t 9 ½ scheffel weys so vil pflugkornis etc.

S[u]mma des pfluckornis 41 scheffel und 1 firtel weys so vil pfluckornis d[edi]t uff Mertini im L yare etc.

[fol. 164r]

Bredyn pflugkorn unde orkunde uff Mertini im L yore.[592]

Item in des dorffis grenitczin unde hantfestin sullen 90 hubin vol gemessin seyn etc. Dor von so hot unser ordin 13 hubin und 10 morgin mit allir nutczunge noch hubinczal etc.

Item so hot Yeschko und Ditterich zcu Petczschindorff wonende gebruder 8 hubin in den 90 hubin gedacht zcum Bredin uff ½ gut gewonlich dinst dor von d[ederun]t sy beyde 2 scheff[el] weys so vil pfluckornis und ½ pfunt wachs und 3 d. orkunde das dinst pflugkorn und orkunde sal Bertolt zcum[a] Bredin[b] vortan alle yor gebin d[edi]t uff Mertini im L yare.

Item noch so behelt Bertolt zcum Bredyn mit seynen 2 scholczin kretczmir und czinsgebuern 68 hubin und 20 morgin etc. Allis von 15 hubin 1 gewonlich gut dinst und 1 pfunt wachs und 5 d. orkunde und von iczlichim pfluge norgin adir hokin 1 s[cheffe]l weys so vil pfluckornis uff alle Mertini etc. Sunder dy czinsgebuer des dorff[es] gibit uns iczlichir von der hubin 1 s[cheffe]l weys und so vil pfluckornis also thun auch dy scholczin des dorffis durch gnode etc.

Summa Bertolt hot 4 ½ dinst und 20 morgin dor abir d[edi]t 1 s[cheffe]l weys so vil pfluckornis und 4 ½

a Folgt Streichung *Reybin.*
b Neben der Zeile mit Ergänzungszeichen notiert.

[fol. 164v]

Bredyn etc.

pfunt wachs und 23 d. orkunde uff Mertini im[a] L yore[593] sunder wirt her dy gedochtin 8 hubin von Yeschkon und Ditterichin behaldin so gibit her das

592 1450 November 11.
593 1450 November 11.

pflugkorn und orkunde vor sy yerlich czu komende so vorberuret ist so hot Bertolt 5 dinste und 1 hube [unde] 20[b] morgin dor abir volkomelich zcu vordynen etc.

Item in dem Bredyn sint 2 scholczin dy selbigin und dy czinsgebuer des dorffis d[ederun]t 6 scheffel weys so vil pflugkornis uff Mertini in dem L yore etc.

Petczschindorff[c] pfluckorn und orkunde im L yare etc.

Item Yeschko und Ditterich und Niczko und Falke und Matczko dy 5 freyen ded[erun]t 5 scheffel weys so vil pflugkornis und 2 pfunt und ½ firtel wachs 12 d. orkunde vor dy freyen guttir zcu Petczschindorff etc.

Motin etc.

Item Heynrich briff furer hat nach dy 20 hubin zcu Motin in allirley freyheyt bys uff Mertini in das LV yor[594] etc.

Ayweydin etc.

Item das dorff ist mit beutenern besatczt also Petczschindorff dy in gebin nicht pfluckorn adir orkunde etc.

---

a Folgt Streichung *L*.
b Folgt Streichung *d*.
c Korrigiert von *Pffetczschindorff* zu *Petczschindorff*.

[fol. 165r]

Crum[m]ieniczschin etc.

Item dorynne wonen 5 freyen d[ederun]t 2 ½ scheff[el] weys so vil pflugkornis 1 pfunt wachs 5 d. orkunde nicht me geborit in czcu gebin etc.

Quoselow etc.

Item Niclos zcur Quoselow mit seynen stiff kindern d[ederun]t vor ir guttir und ir scholczin und vor ir czinsgebuer zcur Quoselow Rewsow Reybin 15 ½ s[cheffe]l weys und so vil pflugkornis etc. Und 7 pfunt wachs und 35 d. orkunde van 7 platin dinstin allis von 40 hubin eyn sulch dinst etc.

Reybin etc.

Item Hans und Bertolt d[ederun]t vor sich und var ir scholczin und czinsgebuer zcum Reybin vor 31 hubin 5 s[cheffe]l weys so vil pflugkornis und 3 firtel van dem pfunde wachs und 4 d. orkunde etc.

---

594 1455 November 11.

Birsucken etc.

Item Merrettich d[edi]t vor 40 hubin uff 1 platin dinst 1 s[cheffe]l weys so vil pflugkornis 1 pfunt wachs 5 d. orkunde uff Mertini im L yore[595] etc.

Summa dy Quoselow Rewsow Reybin Birsucken Niclosberg sullen habin 350 hubin allis van 40 hubin 1 platin dinst zcu thunde und 1 pfunt wachs 5 d. orkunde und von iczlichim pfluge haken adir norgin 1 s[cheffe]l weys so vil pflugkornis uff alle Mertini etc.

[fol. 165v]

Quoselow etc.

Item dy Quoselow hot 9 platin dinste doran gebricht 10 hubin sunder wurde sy gemessin dy hirschafft sunde gar vil me abir mosse etc. Dor van d[edi]t alle yar 8 pfunt und 3 firtel van dem pfunde wachs und 44 d. orkunde pflugkorn unde wachs so beruret ist d[edi]t Niclos mir Erwin[596] mit seynen nockwern und ist rechtfertig geschrebin und gerechint uff Mertini im L yore[597] etc.

Sorkemiten etc.

Item das dorff mit den scholczin d[ederun]t 10 s[cheffe]l weys so vil pflugkornis ir recht alle yor und nicht orkunde etc.

Almoyen etc.

Item Matthis d[edi]t uff 1 dinst 1 s[cheffe]l weys so vil pflugkornis 1 pfunt wachs 5 d. orkunde etc.

Meluken etc.

Item[a] 5 freyen in dem dorffe d[ederun]t uff 3 dinste 5 s[cheffe]l weys so vil pflugkornis 3 pfunt wachs 15 d. orkunde etc.

Pustenike etc.

Item do sint 2 freyen uff 2 dinste d[ederun]t 2 s[cheffe]l weys so vil pflugkornis 2 pfunt wachs 10 d. orkunde etc.

Stammen etc.

Item do sint 6 freyen uff 5 dinstin d[ederun]t 6 s[cho]k weys so vil pflugkornis und 5 pfunt wachs 25 d. orkunde etc.

Posters etc.

Item das dorff d[edi]t 2 ½ s[cheffe]l weys so vil pflugkornis ym geborit nicht wachs zcu gebin etc.

---

595 1450 November 11.

596 Hug vom Heiligenberg, Erwin, wie S. 44, Anm. 58.

597 1450 November 11.

a Folgt Streichung *V.*

[fol. 166r]

Warpunen etc.

Item Niclas bote d[edi]t 1 gestrichin s[cheffe]l und 1 gehewffit firtel weys so vil pflugkornis und 1 ½ pfunt und ½ firtel wachs und 8 d. orkunde etc.

Warpunen etc.

Item Yocub Sontag by dem borkwal d[edi]t 1 gestrichin s[cheffe]l weys und 1 geheuffit firtel so vil pflugkornis und 1 ½ pfunt und ½ firt[el] wachs und 8 d. orkunde etc.

Warpunen etc.

Item Matczko d[edi]t 1 gestrichin s[cheffe]l und 1 geheuffit firtel weys so vil pflugkornis und 1 ½ pfunt und ½ firt[el] wachs 8 d. orkunde etc.

Item dy 3 genantin Warpunen sullen 4 dinste thun dor von 4 s[cheffe]l weys so vil pflugkornis 4 pfunt wachs 20 d. orkunde mir beczalt uff Mertini im L yare[598] etc.

Falkinhayn etc.

Item dy Tolkymir habin do 64 hubin uff 2 platin dinste te[nentur] pflugkorn im L yare und 2 pfunt wachs und 10 d. orkunde was sy vor vor sessin hattin unde schuldig warin geblebin das habin sy mir beczalt etc.

Weddern etc.

Item der molnir der kretczmir der junge H[erman] und Gabriel Junge Michel Hans Gerke und Brosian und Gotesfrunt dy 8 freyen d[ederun]t von 2 dinstin 8 s[cheffe]l weys so vil pflugkornis 2 pfunt wachs 10 d. orkunde etc.

[fol. 166v]

Weddern etc.

Item der scholtus und dy czinsgebuer des dorffis d[ederun]t 6 ½ s[cheffe]l weys so vil pflugkornis etc.

Schaytenike etc.

Item Hans d[edi]t 1 s[cheffe]l weys so vil pflugkornis von 1 gemeynen dinste und ½ pfunt wachs 3 d. orkunde etc.

598 1450 November 11.

Girkindorff etc.

Item der scholtus und dy czinsgebuer d[ederun]t 8 s[cheffe]l weys so vil pflugkornis etc.

Pylcz etc.

Item Profant und Runow und Kerstan und Rodde und Runge dy 5 freyen d[ederun]t von 2 dinsten 5 s[cheffe]l weys so vil pflugkornis 2 pfunt wachs 10 d. orkunde etc.

Item dy scholczin und czinsgebuer in dem dorffe d[ederun]t 10 s[cheffe]l weys so vil pflugkornis etc.

Langebrucke etc.

Item van 13 freyen uff 5 dinstin 13 s[cheffe]l weys so vil pflugkornis 5 pfunt wachs 25 d. orkunde etc.

Runewange etc.

Item von 16 freyen uff 5 dinstin 16 s[cheffe]l weys so vil pflugkornis 5 pfunt wachs 25 d. orkunde etc.

Busem etc.

Item dy 2 scholczin d[ederun]t uff 2 platin dinst 2 s[cheffe]l weys so vil pflugkornis 2 pfunt wachs 10 d. orkunde etc. Dy inwonir des dorff[es] d[ederun]t 5 s[cheffe]l weys so vil pflugkornis etc.

[fol. 167r]

Grunow etc.

Item 3 scholczin in dem dorffe d[ederun]t uff 2 platin dinste 3 s[cheffe]l weys so vil pflugkornis 2 pfunt wachs 10 d. orkunde etc. Dy inwoner des dorff[es] d[ederun]t 7 ½ s[cheffe]l weys so vil pflugkornis etc.

Baselanken etc.

Item 2 freyen van 4 hubin uff 1 gemeyne dinst vor dynen 20 hubin waldis zcur Grunow d[ederun]t 2 s[cheffe]l weys so vil pflugkornis 1 pfunt wachs 5 d. orkunde etc.

Reuschindorff etc.

Item der torke und dy 2 scholczin d[ederun]t 2 ½ s[cheffe]l weys so vil pflugkornis der torke hot 4 hubin in dem dorffe uff 1 gemeyne dinst nach in freyheyt nach laute seynir schrifte etc.

Item Markayme und dy gemeynde des dorff[es] d[ederun]t 12 ½ s[cheffe]l weys so vil pflugkornis etc.

Weysinborg etc.

Item dorynne 28 freyen uff 10 dinsten dor undir ist 1 Preusch dinst d[ederun]t 28 s[cheffe]l weys so vil pflugkornis 10 pfunt wachs 50 d. orkunde etc.

Seestin etc.

Item Thomas Snelling und Blasie d[ederun]t van 4 Preuschin hubin uff 1 gemeyne dinst 2 s[cheffe]l weys so vil pflugkornis und ½ pfunt wachs 3 d. orkunde etc.

Item dy 2 scholczin und dy gemeyn[d]e des dorff[is] d[ederun]t 6 s[cheffe]l weys so vil pflugkornis uff Mertini im L yare[599] etc.

[fol. 167v]

Swarczinborg etc.

Item dy Swarczinborg hot 100 und 20 hubin und vil me zcu der fy weyde und zcum hayslage zcu Seestin etc.

Heygewalt etc.

Item by der Langinbrucken Pilcz Runewange Reuschindorff Seesten unsir hegewalt etc.

Summarum des pflugkornis das mir Erwyn[600] volkomelich gevil uff Mertini im L yare[601] aus dem kamir ampt Seestin etc. Des was an weys 4 leste und 4 s[cheffe]l und 3 firtel weysis und so vil pflugkornis ich volkomelichin entpff[angin] habe uff Mertini vil gedacht in dem L yore etc.

Summa der dinste gros und cleyn so beruret ist dy dis vorgang[en] yar orkunde und pflugkorn geg[eben] habin der ist 63 ½[a] dar van d[edi]t 63 pfunt und 2 ½ firtel wachs dy pfennige dor zcu finden sich wal intercetera.

Koche etc.

Item am Obinde Lucie Virginis[602] 3 ochsin und 1 kue und 1 kalp und 3 czegin und 6 gense und 18 huner etc. Und 11 seytin speckfleyssch van Resil in dy kochin getan etc.

Schewne etc.

Item am Montage nach Lucie[603] von eynem tonne 50 ½ s[cheffe]l weys mit dem efterich und uff den andern 2 tonnen 2 ½ last und 5 s[cheffe]l rackins mit dem efterich uff gehabin etc.

---

599 1450 November 11.

600 Hug vom Heiligenberg, Erwin, wie S. 44, Anm. 58.

601 1450 November 11.

602 Dezember 12.

603 Wohl 1450 Dezember 14.

a Korrektur aus *63* zu *63½*.

[fol. 168r]

Kellir etc.

Item am Montage nach Lucie Virginis[604] 30 s[cheffe]l malcz vor brewen etc. Dor van wart 12 tonnen birs[a] und 7 tonnen kovent[is] und was das letczste gebrew vor Weynnachtin in dem L yare[605] etc.

Bakhews etc.

Item von der Heyligin Drey Konige Tage[606] so dis register angehabin ist bys uff des Heylig[en] Christus Tag[607] in dem yore wart vor backen 15 leste und 20 s[cheffe]l rockins mit dem rocken uff den meyster vorbacken so vorberuret ist abir al etc. Inder czeyt wart vor backen 50 s[cheffe]l weys mit dem weys so vorberuret uff den meystir ist vor backen bys uff des Heyligin Cristus Tag gedacht und vorgangin im L yare etc.

S[u]mma in dem L yare wart vor backen das umme geende yor an racken und an weys so iczlichis vor geschr[eben] steet etc. 16 leste und 10 s[cheffe]l etc.

Koche etc.

Item an Sinte Thomas Obint[608] 1 kue in dy koche geslagin etc. So quam andes Heylig[en] Cristus Obint[609] 5 hirtcze und 2 ree in dy kache etc.

Schewnen etc.

Item andes Heylig[in] Cristus Obinde uff gehabin 56 s[cheffe]l weys mit dem efterich und 1 last und 36 s[cheffe]l habers etc. Und 14 s[cheffe]l erweys und was dor von das erste uff hebin etc.

a Folgt Streichung *2 to*.

604 Wohl 1450 Dezember 14.
605 1450 Dezember 25.
606 Januar 6.
607 Dezember 25.
608 Dezember 20.
609 Dezember 24.

[fol. 168v]

Meyn innam vor allirley getreyde das ich vor kouft habe in dem vorgang[en] L yore etc.

Item von weyse rocken erweysin gersten und von malcze das ich das vorgang[en] yar vor kouft habe dor an ich danne habe gewonnen abir meyne ausgabe me wan mich das gekost hatte etc. by 25 guttin m. intercetera.

Von gerichtin ufflangunge und van erunge und gobe etc.

Item dar von meyn innam so iczlichis genant ist das vorgang[en] yor und zcu gelde gerechint bobin 15 g[utte] m. by der glichin etc.

Waltczins etc.

Item so habe ich von Cleynepeter zcum Pilcze und von dem scholczin und van Casper Eler czu Girkindorff vor allirley holcz gron und treuge etc. Und von abetronstigim gutte und van wustin acker und wesin durch dys gancze kamir ampt entpfangin by 6 g[utte] m. etc.

Sneyde mole delen etc.

Item das vorgang[en] L yor habe ich obir alle meyne ausgobe und bawunge ander molen getan etc. By 18 g[utte] m. das meyn gewyn dor van was intercetera.

Brewheus ausgobe etc.

Item var 2 newge cleyne botin und vor 2 czobir vor 2 cleyne standin und vor 4 stroe decken uff das bir 1 ½ g[utte] m. etc.

[fol. 169r]

Geschirre ausgabe etc.

Item vor 12 flechtin und korbe in wagin und uff sletin und vor 8 korbe zcu brote kruse stutcze kannen becher und kol in dy koche und sust uff und abe zcu tragin zcu notdorft unsers homeysters[610] und sust durch das yor und vor 4 futter korbe hexel dorynne zcu tragin 2 ½ m. aldis etc. Und vor 12 schok bestin strenge 15 sc. g[utte] und vor 1 ½ schok heuffin sele strenge und vor 1 schok heuffin selen und vor 40 clostern zcom stricke und leytseyl und var 30 geysseln und vor geyssel snure etc. 2 ½ g[utte] m.

Ausgobe vor erdin toppe etc.

Item vor 4 schok gropsteyn und vor 6 reybe toppe und vor 1 schok grose und cleynir koch toppe mit iren storczin und vor 1 schok gros und cleynir trinck

610 Erlichshausen, Ludwig von, wie S. 53, Anm. 86.

kannen und vor 2 schok gros und cleynir trinck stutcze und vor 20 geglasete koch toppe in meyne kammer 1 m. 4 sc. g[utte] etc.

Karwin ausgobe etc.

Item vor alt geschirre zcu bessern und vor 20 pflugrade und vor 40 karwinsrade und vor 12 rade zcu den yait wagin und vor 16 rade an dy cleynen rynne wagin und vor 4 rade an den fisch karren 11 m. ald[is] das vargang[en] yar etc.

[fol. 169v]

Ausgobe in meyne kamir etc.

Item 1 m. aldis vor 4 scheybin und 3 m. und 12 sol. aldis vor eyner undirczack und vor 1 fosunge und dor uff eyn gesperre etc. Und dy scheybin zcu beslagin 5 m. aldis etc. Und sust das gesperre und fosunge und undirczock undir den wagin 2 m. 3 f. aldis etc. Dor zcu quam 20 eln blae gewandis uff das gesperre dy ele vor 9 sc. scherlon 13 sol. 4 d. aldis etc. Dor czu quam 33 eln leynwot under das tuch dy ele vor 3 sol. aldis und 3 f. schrotlon aldis etc.

Summa vor den wagin so iczlichis gedacht ist meyne ausgobe 22 m. 4 sol. und 4 d. aldis und dor abir vor das leder in dy fosunge geslagin ist 5 f. aldis etc.

Ausgobe umme pferde und umme fye etc.

Item dem voit[611] in dy Marke 1 pfert gesant das stunt mit der czerung bys keygin Marienbarg 11 g[utte] m. etc. So habe ich dor zcu zcu meynir nutczunge 4 sweyken gekouft vor 10 g[utte] m. etc. So habe ich obir alle das rint fye varberuret 12 kochin ochsin gekouft vor 33 ½ m. aldis etc.

Melczheus etc.

Item vor 2 newge scheffel und vor 1 firtel zcur mosse gekouft mit dem beslage 21 sc. aldis etc.

[fol. 170r]

Mole etc.

Item aus der mole Pilcz 16 s[cheffe]l kor[nis] 1 ½ s[cheffe]l weys 3 ½ s[cheffe]l malcz etc. Seestin 16 s[cheffe]l kornis 4 s[cheffe]l malcz 2 ½ s[cheffe]l weys 3 s[cheffe]l as etc. Seynsborg 40 ½ s[cheffe]l kornis 6 s[cheffe]l weys

611 Dobeneck, Hans von: Pfleger von Neidenburg (1432 April 6), Hauskomtur von Thorn (vor 1434 September 28), Komtur von Nessau (1434 September 28–1435 April 23), Komtur von Schönsee und Vogt von Leipe (1438 November 11–1442 November 13), Vogt von Dirschau/Liebenhoff (1446 November 4), Vogt von der Neumark (1435 April 23–1438 November 6/11 und 1448 November 15–1450 November 2), Vogt von Schivelbein (1450 November 2–1455 Juni 19). Möglich wäre auch Eglinger, Christoph von: Vogt von der Neumark (1450 November 2–1455), Pfleger (Amtshauptmann) von Rastenburg (1462 Mai 31–1465 Februar 26).

17 s[cheffe]l malcz 5 scheffel as etc. Am Abinde Thome App[osto]le aufgemessen im L yare[612] etc.

Uff Mertini czinshuner etc.

Item vanden czweyn kretczmern zcu Petczschindorff 16 und von den czweyn unsern gartin czum Pilcze 4 und von den czinshubin zcu Weddern 48 etc. Und von Seynsborg 64 huner etc.

Summa mir gefallen uff Mertini in dem L yore[613] 2 schok und 12 huner etc.

Honig czins uff Mertini etc.

Item in dem L yare wort mir 2 tonnen und 4 ranczken beutin czins den allir vor brewen uff unsern homeyster[614] etc. Myt dem wachse dor von ich dy kirche in dem heuse gehaldin habe und mit anderm wachse dor zcu getan etc.

Kirchin ausgobe etc.

Item vor weyn und weyrauch und lichte tocht und vor 1 alter schelle und rauchfas unde vor 1 weyn flassche 4 am

[fol. 170v]

Kirche etc.

pallen und vor 1 wassirkanne und vor 1 glocken stranck und vor abe latin und vor 1 slas an dy kirch thore und vor dy slosse an den lichte kastin und kirchin schrang gebessert gegebin 7 f. aldis bynnen dem vorgangin yare.

Aus der mole Seynsborg etc.

Item das vorgangin yar von Thome App[osto]le[615] bys widder uff Thome App[osto]le in dem L yare[616] habe ich entpfangin allirley getreyde aus den molen her nach beruret etc.

S[u]mma aus der mole Seynsborg gedacht entpffangin 6 leste und 18 scheffel kornis etc.

Summa malcz 2 leste und 27 ½ scheffel etc.

Summa weys 44 scheffel etc.

Summa os 29 ½ scheffel etc.

Su[mm]arum so iczliche entpfange meynir innam aus der molen genant ist zcu hauffe gerechint 9 leste und 59 scheffel abir all etc.

612 1450 Dezember 20.
613 1450 November 11.
614 Erlichshausen, Ludwig von, wie S. 53, Anm. 86.
615 1449 Dezember 21.
616 1450 Dezember 21.

Aus der mole Pilcz etc.

Item das vorgangin yor aus der mole entpfangin iczlich getreyde genant und her nach gesummet etc.

Summa aus der molen Pilcz 2 leste und 50 ½ scheffel kornis etc.

Su[mm]a aus der molen malcz 20 ½ scheffel etc.

Summa aus der molen weys 13 scheffel etc.

Summa aus der molen os 19 ½ scheffel etc.

Summarum aus der mole iczlichs

[fol. 171r]

Mole Pilcz etc.

so genant ist 3 leste unde 43 ½ s[cheffe]l etc.

Aus der mole Seestin etc.

Item das vorgangin yar aus der molen entpfangin eynis iczlichin getreydis her nach genant etc.

Summa 3 leste und 18 ½ s[cheffe]l kornis etc.

Summa malcz 35 s[cheffe]l etc.

Su[mm]a 30 ½ scheffel weys etc.

Summa os 25 scheff[el] etc.

Su[mm]arum des getreydis der genantin entpfounge aus der mole Seestin 4 leste und 49 scheffel etc.

Koche etc.

Item andes Heyligin Cristus Abind[617] quam van Resil 2 tonnen grop salcz in dy kochin im L yare.

Summarum alle des getreydis aus den dreyen molen das ich entpfangin habe so iczlichis vor genant ist in dem vorgangin L yare meyn innam 18 leste und 31 ½ scheffel etc.[a]

a Unterhalb des Eintrags folgt Freiraum.

617 1450 Dezember 24.

[fol. 171v]

Korn innam etc.

Summa aus den drin molen genant rckin entpfangin 12 leste und 27 s[cheffe]l etc.

Weys innam etc.

Summa aus den drin molen genant weys entpfangin 1 last und 27 ½ scheffel etc.

Malcz innam etc.

Summa aus den drin molen genant malcz entpff[angen] 3 leste und 13 ½ s[cheffe]l etc.

Os innam etc.

Summa aus den drin molen genant os entpff[angin] 1 last und 14 s[cheffe]l etc.

Aus der schewnen korn innam etc.

Summa das vorgangin yor aus der schewnen und von Resil und von meynem hoffe man und von meynen dresschern und sust von andern gekoufft und in genomen und dor zcu mit dem rocken der von dem XLIX yore mir abir bleyp uff dem melczheuse legin in das L yor zcu hoffe gerechint des ist gewest so dys vorge[nante] register aufweysit 11 leste und 37 ½ scheffel uff das weynigeste gerechint mit dem efterich etc.

[fol. 172r]

Summa des gerstin gekoufft und aus der schewnen entpffangen mit deme effterich 16 leste und 29 s[cheffe]l volkomelich etc.

S[u]mma weys gekouft und aus der schewnen entpffangin 5 leste und 45 ½ s[cheffe]l mit dem efterich.

Summa des habers gekouft und aus der schewnen entpfangin vil me wan 20 leste des nicht notdorft an ist nauwe zcu rechin das register vorberuret weysit das[a] clerlich aus etc.

Summa erweys gekouft und aus der schewnen entpff[angen] mit dem efterich 33 s[cheffe]l dar zcu 18 s[cheffe]l etc.

Summa das vorgangin yar lis ich gerste und weys und habir melczin das mit dem aldin malcze aufgenomen das mole malcz vor und her noch beruret ist 10 leste und 59 scheffel etc. Und aus den drin molen 3 leste und 13 ½ scheffel etc. Czu hoffe gesummet ist 14 leste und 12 ½ scheffel malcz volkomelich mir gewordin in dem vorgangenen L yore etc.

Item bynnen dem vorgangin yare wart var brewen zcu bire und zcu kovente 11 leste das worin 22 gebrew zcu iczlichin gebrew nym[m]et man 30 s[cheffe]l malcz und 9 s[cheffe]l hoppins eyne czeyt der andern zcu hulffe etc.

Item van den 22 gebrewen wordin mir 200 und 90 tonnen birs etc. Und 100 und 98 tonnen kovent[es] etc. Dar zcu kauffte ich 44 tonnen fremd[es] birs unde 12 tonnen rasenecken etc.

Su[mm]a 500 und 44 tonnen und dor obir 15 tonnen met[es] etc.

---

a Folgt Streichung *L.*

[fol. 172v]

Item vor dy gedachtin 44 tonnen kouff birs dy tonne beczalt vor 10 g[utte] sc. und dy 12 tonnen roseeken dy tonne beczalt vor 8 g[utte] sc. und vor donnen mete gekofft varberuret 3 g[utte] m. und von iczlichem gebrew bir[es] adir koventis adir met[es] 1 g[utten] sc. aldis zcu beczalen etc.

Summarum alle der rocken so dis register ausweysit pflugkorn kouf korn und aus der schewnen und aus den molen des ist 27 leste unde 9 scheffel unde 3 fertel rockins obir all mit dem effterich so dys register ausweysit etc. Der weysen und habir und gerste und erweys und grutcze van habir und von gerstin und van herse ist nicht notdorfft zcu summen dorumme eyn sulchis hirynne wal zcu finden steet etc.

Wynter sayt im L yare.

Item ausgobe von dem gedachtin rocken 4 leste und 2 ½ s[cheffe]l kornis etc. Und in dem heusse vor backen das vorgangin umme geende yar 15 leste und 20 scheffel rockins etc. Und volkomelich 3 leste rockins mit dem efterich mit allem fye vor czert aufgenomen dy kleyen aus dem backhewse dy ist dor abir etc.

Weys winter sayt etc.

Item 1 last und 3 firtel weys winter sayt und 50 scheffel weys das yar vor backen etc.

Item allirley kochin speyse ist varberuret und der fy hoff und nicht notdorfft zcu summen intercetera.

[fol. 173r]

Smede zcu Seynsborg im LI yare.

Item mit meystir Rosinort abegerechint an der Heyligin Drey Konige Obinde im LI yare[618] *und in gancz beczalt seyne erbeyt in dem vorgang[en] L yare mir getan etc. Dor neest rechinte her mir uff Benedicte Abbat[is]*[619] *in der Fastin*

---

618 1451 Januar 5.
619 März 21.

1 f. vor eysinwerk und 2 sc. vor eysinwerk und nach 1 f. var eysinwerk und 9 sol. var eysinwerk und 1 f. und 9 d. vor eysinwerk zcu der sneyde mole gekomen und vor feylen und 18 sol. vor huff slag und 9 sc. var mole werg und 16 sol. vor nagil werk zcur molen. In gancz beczalt su[mm]a 1 m. 22 sc. 2 sol. ald[es] etc.

Item an Sinte Michels Obinde im LI yore[620] *mit ym gerechint und gancz beczalt 3 g[utte] f. var mole werk und 4 s[cheffe] rockins uff 1 yar und dor neest in beczalt vor allirley huff slack und vor andir erbeyt eysinwerk und vor feylen zcu der korn und sneyde molen zcu Seynsburg 5 m. 15 sc. 3 d. aldis etc. Su[mm]a 7 m. 8 sol. aldis etc. Item her bleyp mir andem gedachtin Sinte Michels Abindt 1 g[utte] m. schuldig her nach abe zcu erbeytin etc. 3 m. 9 sc. vor eysin und 20 sc. vor stal etc.*[a]

Item am Pfingest Abinde im LII yare[621] *mit Rosinort abegerechint uff II Quatertemper und in gancz beczalt van der korn mole und sneyde mole 4 m. 5 sc. minus 4 d. ald[is] te[netu]r mir uff Pfingesten 1 ½ g[utte] m. vor eyßin und stal minus 3 d.*[b]

a Folgt Streichung, vermutlich Überschrift *Smede czum Pilcze im LI yare.*
b Unterhalb des Eintrags folgt Freiraum.

[fol. 173v]

Pilcz smit im LI yare etc.

Item mit ym gerechint am Sontage nach Michaelis und in gancz beczalt von der Heyligin Drey Konige Tage in dem LI yare[622] bys uff der Heyligin Drey Konige Tag in das LII yar[623] vor molewerk und sust var andir erbeyt 3 ½ m. aldis und 4 s[cheffe]l rackins her helt dy mole mit allem sleysinde werk umme sullich lon also der smyt zcu Seesten und Seynsburg etc. Item her bleyp mir 1 g[utte] m. schuldig uff der Heyligin Drey Konige Tag neestkomende im LII yare Cleyne Peter was by der rechinschaft smede zcu Seestin im LI yare.

Item von der Heyligin Drey Konige Tage im LI yare angehabin von der czeyt mit Hans Fellenbom dem smede vor dem heusse gerechint bys uff den Obint Sancta Maria Magedalena in dem gedachtin yare[624] var allirley erbeyt in der zceyt mir gethan in gancz beczalt etc. Von irst vor 25 huff eysin 5 f. var 4 stos eyßin 2 wagin schenen 2 sc. 3 schok nagel 18 sol. 20 clamern 2 sc. 2 spatin 9 sol. vor ketin und krampin vor satel clammern vor mist gabeln und noch vor nagel

620 1451 September 28.
621 1452 Mai 27.
622 1451 Januar 6.
623 1452 Januar 6.
624 1451 Juli 21.

14 sol. eyne rechinschafft etc. In der andern rechinschafft 34 huff eyßin 1 m. 16 sc. 2 sol. 12 wagin schenen mit stosin und nageln ½ m. nach 5 schenen 2 sc. vor kastin bande ketin krampin nagel 8 sol. vor 1 kessel seyl 2 sc. var mist gabeln 2 sol. 2 schok nagel[a] 12 sol. dy su[mm]a 2 ½ m. 14 sol. etc. Item dy dritte rechinschafft vor 3 tisch bande 1 f. var krampin keten bleche und

Su[mm]a[b].

---

a Über der Zeile ergänzt.
b Am unteren Rand geschrieben.

[fol. 174r]

Smyt czu Seestin etc.

nagel 8 sc. 2 kessel bande 1 f. 1 kessel ring 3 sc. nach vor 1 kessel ring 2 sc. 2[a] trage ringe 3 sc. 3 ringe zcu [aftir] selen 1 f. vor 2 steynbicken 1 f. 4 wagin schenen 4 sc. und 4 sc. vor 1 scheff[el] zcu beslan 4 sc. vor 1 kastin 3 sc. vor kirchin erbeyt 4 sc. vor lonen und trage ringe 14 sol. [und][b] vor schiff clammern 2 ½ m. var 1 wagin zcu beslan 6 m. vor pfluglon und 4 s[cheffe]l weys und so vil rockins etc. Und vor 82 huff eyßin 4 m. 6 sol. und vor rade bande 8 sol. und vor mole werk in dy mole Seestin 2 m. 3 sc. su[mm]a 18 m. 3 sol. etc. In der firden rechinschafft 14 sc. 9 d. vor gemeyne erbeyt etc. Var 4 holcz axin und vor 9 nebiger und vor 5 kessel henkel und vor 51 huff eysin 3 m. 14 sc. 1 d. su[mm]a dy 3 m. 14 sc. und der d. etc. Item dy wunfte rechinschafft mit ym getan am Obinde Sancta Maria Magdalena[625] so danne vor bedocht ist vor 21 huff eyßin 1 m. 3 sol. und vor 2 axin 16 sc. vor 1 czymmer beyl ½ m. vor eysinwerk in dy kochin ½ m. vor wagin schenen 1 f. vor 4 bicken 1 f. vor 5 haken 6 sol. vor 2 thor bande und vor andir eysinwerk 19 sc. vor 1 axe 2 sc. vor 8 ringe in dy newge stobe 2 sc. und vor 25 ½ huff eyßin 1 m. 18 sol. und ½ m. vor gemeyne erbeyt und ½ m. vor 1 pflug etc. Su[mm]a 6 ½ m. 3 sc. etc.

Summa[c].

---

a Korrektur aus *3* zu *2*.
b Über der Zeile ergänzt.
c Am unteren Rand geschrieben.

---

625 Juli 21.

[fol. 174v]

Smyt zcu Seestin etc.

Item ym beczalt seyn mole lon 9 sc. aldis uff dy vorgangin Pfingestin etc. Su[mm]a in den 5 rechinschaftin so vorberuret ist von der Heyligin Drey Konige Tage[626] *bys uff Sinte Maria Magdalenen Tag*[627] *habe ich ym beczalt 31 m. und 9 sc. minus 2 d. aldis etc.*

Item an Sinte Michels Obinde[628] *mit Hans smyt zcu Seesthin abegerechint von irstin 9 sc. aldis vor werk und vor huffslag 16 sc. aldis und 10 sc. van eysinwerk zcu wagin und 5 sc. vor eysin zcu glasewerk und 13 sc. an sensen gebessert und 16 sc. vor brant rutten fewir gabeln steyn bicken vinsterbande hackemesser gebessert in dy kache und 22 sc. vor kessel ringe und 15 sc. vor 1 halcz axe und 1 m. 8 sc. vor 7 hackemesser czu hexel und vor 21 par eyssporn 21 sol. aldis van meynem eyßin und 4 s[cheffe]l rockins uff eyn yar dem mole gelde zcu hulffe etc.*

Summa ym beczalte am tage egedacht 6 m. 6 sol. aldis etc.

Item uff den gedachten obindt bleyp her mir schuldig 5 m. 4 sc. 4 sol. aldis etc. Und im gethan 1 fas eysins var 3 m. 9 sc. mit der fure und 2 m. 15 sc. var 4 billen und 2 bicken zcu Resil gemacht und 1 f. czerunge hyn und widder.

Item an den Montage nach der Heyligin Drey Konige Tage im LII yare[629] *mit meystir Hans Fellenbom abe gerechint etc.*

[fol. 175r]

Item von irstin vor 82 huff eysin 4 m. 6 sol ald[is] vor 1 fessir adir span eysin von seynem eyßin 10 gutte sc. und vor 24 trencke czome 3 f. aldis und vor 3 ketin und krampin an den newgin stal 1 f. aldis und vor 3 bleche in dy koche an das schaff var 1 f. aldis und vor 9 wagin schenen mit iren staff eysin und nageln 9 sc. aldis var 1 falde bant 1 g[utten] sc. und vor 4 trage ringe ½ m. aldis vor 2 span nagil 1 f. ald[is] und vor 2 dewmen zcum wagin 1 g[utten] sc. und vor 1 axe gestelit 4 sc. vor 8 winde eysin czu glase venstern 8 sol. ald[is] und 9 sc. vor molewerg summa 8 m. 12 sol. ald[is] etc.

Item uff Reminiscere mit Hans Fellenbom abegerechint im LII yore[630] *vor 3 bande an das glase schaff 1 f. und vor 33 huff eysin 1 ½ m. 9 sol. und Kappelaneken 1 axe gestelit 8 sc. und vor 1 huff hamir 8 sol. und vor 2 huff eysin 6 sol. und vor 4 wag[en] schenen 4 sc. und var mole werk 9 sc. etc. Summa 3 m.*

626 Januar 6.
627 Juli 22.
628 September 28.
629 1452 Januar 10.
630 1452 März 5.

3 d. ald[is] und var pflugwerk 3 g[utte] m. uff Omnium Sanctorum[631] *und nach 2 m. 20 sc. var mole werg etc. Und 4 s[cheffe]l rockins var 28 sol. var molewerk etc. Von der Heyligin Drey Konige Tage*[632] *egedocht bys uff Ostern im LII yare*[633] *etc.*

[fol. 175v]
Dyssir noch geschrebin czins huner und ruttinholcz ist alle yar fellig von dem Stanginwalde nu das Polnischindorff genant uff den czwelfftin tag[634] nach der Gebort Unsers Heren den ich Erwin[635] dann dirhabin habe in dem LI yare.

Polnischindorff czins etc. uff den czwelftin tag im LI yore etc.

Item das dorff hat 36 czinshubin iczliche hube sal czinsin uff den gedachtin tag ½ g[utte] m. und 2 huner und 1 firtel weys so vil pflugkornis und ½ firtel ruttin halcz zcu hauwin etc.

Item van den hubin sint 2 hubin lange wuste gewest etc So sint nach 2 hubin wuste do Freytag van entran etc. Und nach 2 hubin do Stanteko Palen van entran etc. So hat der Alde Senger und Yacub wegenir 4 hubin in des gelt czinsis frey bys uff den czwelftin tag in das LIII yor[636] etc.

Item nach so bleybit in dem dorffe 28 besatczte czinshubin dar van habin sy mir val beczalit 28 m. aldis und 56 czinshuner etc. Der scholtus hat 2 czinshubin dy ym angestorbin seyn von seynir tochtir von den 28 hubin dy sal her besetczin adir in wern de hant brengin etc.

Item das dorff hat 26 morg[en] habers geslagin vor den morgin 1 g[utten] sc. abe czuslan etc.

Weddern etc.

Item der czins aus dem dorffe uff Mertini[637] gefallen vorberuret sy habin 18 morgin habers gehauwen vor den morgin 1 g[utten] sc. abe zcu slan etc.

[fol. 176r]

Seestin czins gefallen uff Lichtmessin in dem LI yare.[638]

Item das dorff hat 20 czinshubin iczliche czinsit uff Unser Liebin Frauwintag der Lichtmessen ½ g[utte] m. und 2 huner und 1 firtel weys so vil pflugkornis

631 November 1.
632 1452 Januar 6.
633 1452 April 9.
634 1451 Januar 6.
635 Hug vom Heiligenberg, Erwin, wie S. 44, Anm. 58.
636 1453 Januar 6.
637 November 11.
638 1451 Februar 2.

und ½ firtel ruttinholcz etc. D[edi]t 10 g[utte] m. und 40 huner und das pflugkorn und das ruttinhalcz uff Unser Liebin Frauwintag der Lichtmessen gedacht etc. Item dy Seestenir habin 11 morgin habers geslagin vor den morgin 1 g[utte] czinse abe zcuslan etc.

Kretczmir czins zcu Seestin uff Lichtmessin im LI yare.

Item Niclos Kagenayl d[edi]t vollen kretczmer czins 5 ½ m. aldis in den zcu komendin dreyen yorn wirt her und dy andern drey kretczmir des dorff[es] 3 g[utte] f. hogir czinsin nach loute ir schrifft etc.

Item Matthis kretczmir d[edi]t 5 ½ m. kretczmir czins ald[is] gancz beczalt etc.

Item Sperling kretczmir d[edi]t 5 ½ m. kretczmir czins aldis gancz beczalt etc.

Item Thomas Snelling d[edi]t 5 ½ m. kretczmir czins aldis gancz beczalt etc.[a]

Girkindorff czins uff Unsir Frauwintag der Lichtmessen im LI yore etc.

Item das dorff hat 46 czinshubin iczliche czinsit 1 g[utten] f. und 2 huner 1 firtel weys so vil pflugkornis und ½ firtel ruttinhalcz etc.

a Unterhalb des Eintrags folgt Freiraum bis zum nächsten Eintrag.

[fol. 176v]

Girkindorff czins im LI yare.

Item das dorff d[edi]t van 26 czinshubin 13 m. aldis und[a] 54 huner und ir ruttinholcz etc.

Item in dem dorffe hat Matt[is] Palen und Yacub Plauman 4 hubin in czinsis freyheyt van Unser Liebin Frauwintag der Lichtmesse vorgangin im LI yare[639] bys uff den Unser Liebinfrauwintag in das LIIII yar[640] sunder fusscharwerg und czum habir und hayslage pflugkorn und huner sullen sy thun und gebin glich andern inwonern des dorff[es] bynnen den yar in des czinsis freyheyt etc.

Item in dem dorffe sint 16 hubin gancz wuste im LI yare etc.

Item das dorff hot 16 morgin habers gehauwin vor den morgin 1 gut sc. abegeslagin etc.

Item in dem dorffe sint nach Matt[is] Preussen 2 hubin gancz wuste etc.

Reuschindoff czins uff Lichtmessen in dem LI yore etc.

Item Symon[b] Markayme d[edi]t van drin czinshubin 4 ½ m. aldis val beczalt etc.

639 1451 Februar 2.
640 1454 Februar 2.

Item nach so behelt das dorff 47 czinshubin iczliche hube czinsit ½ g[utte] m. und 2 huner 1 firtel weys so vil pflugkornis ½ firtel ruttinholcz etc.

Item in dem dorffe sint 4 hubin von Kappelaneken 2 und van Mertin 2 wuste dy Markaymyt rechte sal vor czinsin etc.

---

a Folgt Streichung *25*.
b Folgt Streichung *Kay*.

[fol. 177r]

Reuschindorff czins im LI yare.

Item das dorff d[edi]t van 43 hubin czins 43 m. aldis und 86 huner pflugkorn und ruttinholcz etc.

Item das dorff hat 22 morgin habers geslagin vor den morgin 1 gut sc. abe zcu slan etc.[a]

Pylcz czins uff Unser Liebin Frauwintag der Lichtmessin in dem LI yore[641] etc.

Item czweyne kretzmir in dem dorff czinsen uff alle Lichtmessin 2 g[utte] m. das habin sy Reynike molnir beczalt etc.

Item das dorff hat 32 czinshubin dy hube czinsit ½ g[utte] m. und 2 huner 1 firtel weys so vil pflugkornis und ½ firtel ruttinholcz uff alle Unsir Frauwintag der Lichtmessin etc. Sy gancz beczalt etc.

Item das darff hat 16 morgin habers gehauwin vor den morgin 1 g[utten] sc. abe zcu slagin etc.[a]

Mertinsdorff czins uff Lichtmessin in dem LI yore etc.

Item das dorff hot 45 czinshubin iczliche hube czinsit uff der gedochtin Unser Liebin Frauwintag ½ g[utte] m. 2 huner 1 firtel weys so vil pflugkornis und ½ firtel ruttenholcz etc.

---

a Unterhalb des Eintrags folgt Freiraum bis zum nächsten Eintrag.

[fol. 177v]

Mertinsdorff czins im LI yare.

In dem dorffe habin 22 habin mir geczinsit 11 g[utte] m. In dem gedachtin yore pflugkorn huner und ruttinholcz etc.

---

641 1451 Februar 2.

Item in dem dorffe sint 8 hubin in czinsis freyheyt so lange her noch noch gesatczit ist etc. Dor von hot Michel des scholczin son 2 hubin frey von Unser Liebin Frauwintag der Lichtmessin[642] vorgang[en] bys uff den tag in das LVI yar so hot Niclos Pelow 2 hubin frey bis uff den gedachtin Unser Liebin Frauwintag im LII yare[643] dor zcu so hot Stanteko 2 hubin frey bys uff den genantin Unser Liebin Frauwintag in das LIII yar[644] nach so hot Jenisch Schot 2 hubin frey bys uff Unsir Liebin Frauwintag genant in das LVI yar[645] etc. Sundir hantscharwerg pflugkorn huner ruttinholcz kynfur sint sy nicht dirlosin etc.

Item noch so ist in dem dorffe 15 hubin gancz wuste etc.

Item das dorff hot 10 morgin habers gehauwin von dem morgin 1 g[utte] sc. abe zcu slan etc.

Item ym LI yare an Sinte Bartholomeus Tage[646] wart Merten Benir zcu Seynsborg meyn haubtborge und Wotsag und Stanteko und Hans wonende zcu Mertinsdorff und Bartusch scholcze und Hans scholcze in dem dorffe wonende auch meyn borge var Niclos Decker van drin gefort und vor Mertin und vor Peter seyne sone das dy widder uff ir 2 hubin zcu Mertinsdorff czyen sullen dar von sy entronnen woren vor darff zcu bleybin uns glich und recht dor von zcu thunde uff den Sontag[647] vor Sinte Michel sullen sy dy hubin beczyen im LI yore etc.

[fol. 177ar leer]

[fol. 177av]
Dysse nach geschrebin allirley notdorfft so genant wirt ist mir von dem L yore vorgangin zcu gelouffin und abir blebin in das LI yar und Matthis meynem kochemeystir gewerit mit heren Thomas meynem kappelan am Obinde der Heyligin Drey Konige so man schreybit LI yar[648] intercetera.

Backhews etc.

Item dorynne was abir lauff 22 scheffel rockin meels etc.

Melczheus etc.

Item dorynne was malcz 3 leste und 12 ½ scheffel etc.

Item dorynne was 2 ½ last rockins volkomelich etc.

642 Februar 2.
643 1452 Februar 2.
644 1453 Februar 2.
645 1456 Februar 2.
646 1451 August 24.
647 1451 September 26.
648 1451 Januar 5.

Item dorynne was 1 ½ last habers val komelich etc.

Item dorynne was 35 scheffel erweys volkomelich etc.

Item nach so was dorynne 300 und 90 scheffel happins volkomelichin etc.

Item nach so was dorynne 10 scheffel weys etc.

Kellir etc.

Item am obin berurtin tage was 19 tonnen aldis bir[es] etc. und 4 tonnen Konigisbergisch bir etc. und 2 tonnen Reselisch bir und 5 tonnen metis etc. und 12 tonnen mersch birs etc. und 5 tonnen colacien bir etc. und 13 tonnen kovent[is] etc.

Item am Donnerstag[649] nach der Heylig[in] Drey Konige Tage gedacht 30 scheffel malcz vor brewen das was das irste gebrew im LI yare der von wart 6 tonnen mersch bir und 7 tonnen colacien bir und 7 tonnen kovent[is] etc.

[fol. 178r]

Koche etc.

Item am gedochtin der Heyligin Drey Konige Obinde[650] was 1 volle tonne pattir etc. und von 5 ochsin treuge fleysch etc. und von 12 schepczin treuge fleysch etc. und von 11 habir bucken treuge fleysch etc. und von 2 rindern fleysch in dem salcze und 2 ½ stucke rothwildes im salcze etc. So quomen 7 ree und 1 spitczing etc. und 12 treuge gense und 2 entin etc. und 3 birnschilde etc. und 3 czem[m]el etc. und 14 bern clauwin etc. und 20 treuge eych horn etc. und noch von 1 ochsin treuge fleysch etc. und von 3 buckin treuge fleysch etc. und van 2 stuckn trage[a] wiltpret und 46 buch schinckin etc. und 7 smer etc. und 15 brot worste etc. und 1 ½ achtel speyse smalcz etc. und 13 seytin aldis speck fleysch etc. und 2 steyne ungesmelczet[es] unslitt[is] etc.

Item uff den gedachtin und vorgang[en] Tag der Heyligin Drey Konige in dem LI yare[651] hatte ich 23 sweyne uff der mast legin dy nutczunge dor von wirt sich findin wan sy geslagin seyn etc.

Item uff den vil gedachtin tag was in der kochin 3 ½ tonne grop salcz und 6 ranczkin weys salcz etc. und 1 scheffel habir grutcze und 1 ½ s[cheffe]l gerstin grutcze und 5 firt[el] hanff soyth etc. Und 1 ½ scheff[el] leyn soyth etc. und 1 tonne honig und ½ fas stores und 15 stockfisch und 2 ½ schok flackfisch etc.

649 1451 Januar 7.
650 Januar 5.
651 1451 Januar 6.

Item an der Heyligin Drey Konige Obint im LI yare was in dem gewelbe 33 schok lichte etc. Und 1 achtel speyse smalcz in meyne kamir dor mete zcu kachin etc.

a Möglicherweise eher *treuge.*

[fol. 178v]

Koche etc.

Item an der Heyligin Drey Konige Tage im LI yare[652] hatte ich sundirlich abir das vorberurte 1 tonne pottir und 3 tonnen gutt[is] pekel fleysch von 5 ochsin etc.

Item am Tage Felic[is][653] was zcu Resil in dem clostir 5 tonnen weys salcz und 17 tonnen gropsalcz etc. Und by Petir Fellenbom 60 seytin fleysch etc.

Resil etc.

Item am gedochtin Tage Felicis hatte ich in dem clostir 11 ½ last un[d] 3 s[cheffe]l malcz etc.[a] etc. un[d] 12 leste habers etc. Von dem scholczin var 30 m. aldis in beczalt etc.

Koche etc.

Item am Tage Felicis 2 tonen weys salcz von Resil gebracht etc. Item in dy koche gekomen 3 stucke rothwilt 7 ree und 1 wilt sweyn am Tage Prisce Virginis[654] etc. Und 2 ½ stucke rothwildis uff Conversio Paule[655] und vor 4 ree 2 m. 8 sc. aldis das stucke vor 7 g[utte] sc. beczalt etc. Und vor 2 scheffel czwippelen 8 g[utte] sc. und vor 2 reyen knobelochis 8 sol. aldis und vor 2 buchir poppir 16 sol. aldis und vor ½ steyn seffe 8 sc. aldis un[d] von 100 und 42 ½[b] eln leynwot 7 m. und ½ f. aldis dor von 60 eln zcu 20 korn und malczsecken Matt[is] kochemeystir gewert am Abinde Unser Liebin Frauwin der Lichtmessin[656] vor 2 stoffe kirchin weynis 8 sol. aldis und vor 40 schok tocht zcu lichtin 10 sc. und 10 d. ald[is] das schok vor 4 d. etc.

a Folgt Streichung *Und 3 leste un[d] 17 scheffel weys und 12 leste und 18 scheffel kornis.*
b In Zahl Streichung, unleserlich.

652 1451 Januar 6.
653 Januar 14.
654 Januar 18.
655 Januar 25.
656 Februar 1.

[fol. 179r]

Koche etc.

Item am Obinde Dorotea Virginis[657] 3 ree in dy kochin vor 9 g[utte] sc. und 1 tonne dorsch und 2 lesse vor 1 m. 8 sc. aldis etc. Item am Tage Dorotea[658] gedacht vor 1 korp feygin 4 m. aldis und vor 1 steyn mandel kernen 9 f. und vor 1 steyn rosinen 9 f. aldis und vor 1 pfunt czafferans 3 ½ m. und vor 6 pfunt komels 1 m. und vor 6 pfunt pfeffers 2 m. aldis etc. Und nach vor 1 cleynen fischkessel 8 sc. ald[is] etc. Item am Tage Antonij Martir[659] 15 ree in dy kochin gekomen der eyn teylis beczalt vor 2 gutte m. und 1 g[utten] f. etc. Item am Obinde Petre[660] 7 ree und 5 firtel von dem wildin sweyne in dy kochin gekomen dor von beczalt 15 g[utte] sc. der jeygir teyl etc.

Koche Resil etc.

Item am Sonnabinde in der Fastnacht von Resil aus dem clostir 4 tonnen weys slacz und 3 ½ tonnen gropsalcz entpff[angen] uff den tag hatte ich noch in dem clostir 14 tonnen vol gestosins grop salcz und keyn cleyn salcz mer etc. So quomen uff dy Fastnacht[661] 8 ree in dy kochin dor von 4 beczalt vor 1 m. 8 sc. aldis etc. Item so dys registir ausweysit vorberuret von dem wilde dor van so habe ich 3 hirtcze und 27 ½ ree [a]vor gebin[a] etc. Und so danne varberuret ist 23 sweyne uff der mast zcu legen dy sint alle in dy kochin geslagin dor van wart 46 seytin fleysch zcu nutzce uff dy Fastenacht etc.

a Durch Ergänzungszeichen nachgetragen.

[fol. 179v]

Kache etc. Homeyster[662] etc.

Item nach vor 2 lechse 8 sc. und vor nosse und eppil 1 f. und vor 2 pfeffer kuchin 8 sc. dy tonne hering[es] vorberuret vor 3 ½ m. und der dorsch vorberuret 5 f. und 3 m. 10 sc. vor den stor vorberuret und vor 27 pfunt bom olis 1 m. 21 sol. aldis und vor 2 schok kringel 8 sc. und vor 1 s[cheffe]l rubesoyt und vor 1 s[cheffe]l leynsoyt und vor ½ s[cheffe]l mansoyt un[d] vor 4 s[cheffe]l hanffsoyth zcu ål uff unsern homeystir geslagin 9 f. aldis und 14 sc. slage lon und nach vor 2 s[cheffe]l hanff soyt und vor 1 firtel maensoit zcu gemusen und

657 Februar 5.
658 Februar 6.
659 September 2.
660 Juni 28.
661 Wohl 1451 März 9.
662 Erlichshausen, Ludwig von, wie S. 53, Anm. 86.

vor ½ firtel senffes 22 sc. und vor 12 grose schencke glase 16 sc. und vor 12 mittel schencke glase ½ m. und vor 12 cleyne schenke glase 24 sol. und vor 12 kovent[es] glase und vor 12 cleyne lange kovent[is] glase vor 16 sol. vor 40 grose schencke bechir und vor 1 schok cleynir bechir und vor 2 legel zcu al vor das allis 1 m. 5 sc. 3 d. aldis und vor 10 schok schusseln vor 1 m. 16 sc. aldis und vor 10 muldin 8 sc. und vor 3 reybe toppe und vor 2 schok erdin trinck stutcze und vor 1 schok koch toppe mit iren storczin 17 sc. 3 d. und nach vor 12 holczern trinck stutcze und vor 6 eymir unde vor 4 holczern kannen ½ m. aldis und vor 16 eln leynwot des meysters koche und vor 8 eln leynwot des meysters schencke vor 2 m. aldis und des meysters kropeln 1 g[utten] sc. dem thorwechtir 2 g[utte] sc. dem kamir knechte 2 g[utte] sc. den tromittern 4 g[utte] sc. meystir Bartcz unde

[a]Su[mm]a 24 m. 22 sc. 2 sol. ald[is].[a]

a Unterhalb des Textes geschrieben.

[fol. 180r]

Homeystir[663] etc. Koche etc.

des meysters kochin 3 g[utte] f. und vor 4 leste habers des meysters futterunge vor 12 m. ald[is] und vor 3 tonnen roseneken 1 m. und 21 sc. ald[is] und vor 11 tonnen Seynsborgir bir 8 m. 1 f. aldis und von Rastinborg 3 tonnen birs vor 2 ½ m. und vor 9 tonnen Reselisch bir vor 6 m. 3 f. aldis und nach vor 4 tonnen Konigisbergisch bir 3 m. aldis und vor 2 tonnen Danczeker bir 2 m. 20 sc. aldis und nach vor 20 eln leynwot zcu gemeynen tisch und hant und pfeffir tuchern und schencke tuchern in das remptir und in dy kochen vor ½ g[utte] m. und vor 6 m. und 14 sc. vor grune fische dy ich uff den meystir kouffen muste mit dem furlone nach vor 1 s[cheffe]l czwippeln 10 sc. das allis vor genante muste ich kouffen uff dy zcu kunfft unsers homeysters etc. So wart mit ym vor than 12 schok lichte und wunff pfunt wachs zcu drin schencke kerczen etc.

Summa 45 m. 5 sc. aldis etc.

Koche etc.

Item in der woche vor Pfingestin quam 2 ½ stucke rothwildis elant hirtcz thire in dy koche etc. und 1 ochse in dy koche und 2 kelbir unde 16 schok eyer sint Ostern bys uff Pf[in]gestin aus dem fyhofe etc. Dor czu kouffte ich 3 kelbir vor 16 sc. und 15 schok eyer vor ½ g[utte] m. und 27 iunge huner und vor 18 alde huner in dy koche zcu meynem tische und vor 2 Sweydesche kese 20 sc. ald[is].

663 Erlichshausen, Ludwig von, wie S. 53, Anm. 86.

Su[mm]a.[a]

a Unterhalb des Textes geschrieben.

[fol. 180v]

Kellir etc.

Item der kellir ist vor ouch beruret in dyssem newgin register das suchet zcu rucke auch in dem LI yare[a] und vor dy var beschr[iben] 4 tonnen Konigisbergisch bir 2 g[utte] m. mit der fure etc. Item 1 tonne honigis und 4 ranczkin vor brewen dor von wart der mete var geschr[eben] etc.

Item von Resil 1 tonne birs etc. Und 30 scheffel malcz vor brewin am Tage Prisce Virginis[664] dor von wart mersch bir 8 tonnen 5 tonnen colacien bir un[d] 5 tonnen kovent[is] etc.

Item am Tage Conversio Paule[665] was 3 tonnen und 1 achtel weynis etc. Uff den tag vor brewin 30 scheffel malcz dor van 7 tonnen mersch bir 4 tonnen colacien bir 7 tonnen kovent[is] etc.

Item am Tage Dorothea Virginis[666] 3 tonnen birs van Resel etc. Und 30 s[cheffe]l malcz vor brewen dor von wart 8 tonnen mersch bir 4 tonnen colacien bir 6 tonnen kovent[is] etc. Item am Tage Juliane Virginis[667] 30 s[cheffe]l malcz vor brewen darvan wart 8 tonnen mersch bir 5 tonnen colacien bir 6 tonnen kovent[is] etc.

Item am Donnerstag nach Petre[668] 30 s[cheffe]l malcz vor brewen dor von wart 8 tonnen mersch bir 5 tonnen colacien bir 6 tonnen kovent[is] etc.[b] Und vor 2 tonnen Reselisch bir mit dem holcze vor 20 sc. gutt[es] am gedachtin Tage Kathedra Sancte Petre[669] etc.

a Folgt Streichung *2 tonnen Konigesbergisch birs am Tage Felic[ie] gebracht vor 1 g[utte] m.*
b Folgt Streichung *Und vor 2 tonnen Danczkir birs uff unsern homeystir 2 m. 16 sc. aldis.*

664 Januar 18.
665 Januar 25.
666 Februar 6.
667 Februar 16.
668 Wohl 1451 Juli 1.
669 Februar 22.

[fol. 181r]

Kellir etc.

Item am Sonnabende in der Fastnacht 30 s[cheffe]l malcz von dem vorberuretin malcze das zcu Resil leyt keygin Seestin genomen zcu brewen dor von wart 7 tonnen mersch bir 4 tonnen colacien bir 6 tonnen koventes etc.

Item andem Montage[670] zcu Mitfastin 30 s[cheffe]l malcz zcu merschem bire vor brewen dor von wart 8 tonnen birs und 10 tonnen kovent[es] etc.

Item mit unserm homeystir[671] wart 1 tonne aldis bir[es] und 2 tonnen Danczkir bir und 2 tonnen Reselisch bir und 2 tonnen Konigisbergir bir und 1 tonne roseneken und 9 tonnen mersch bir und 4 tonnen met[es] ausgetruncken zcu Seestin und zcu Petczschindorff etc.

Kellir etc.

Item uff Palmarum[672] 30 scheffel malcz[a] vor brewen dor van wart 11 tonnen colacien bir und 10 tonnen kovent etc.

Resil etc.

Item am achtin tage nach Ostern[673] ½ last malcz aus dem clostir entpff[angen] etc. Das selbige malcz vor brewen am Tage Prodenciane Virginis[674] in der firdin wochin vor Pfingestin dor von wart 13 tonnen colacien bir und 8 tonnen kovent[es] etc. So koufte ich von Petir Fellenbom an dem tage 10 tonnen mersch bir vor 7 ½ m. aldis etc. und 1 tonne Elwingisch bir und nach 2 tonnen Reselisch bir var 2 m. 8 sc. aldis furlon und spundelon 14 sc. aldis etc.

---

a Folgt Streichung *uff.*

[fol. 181v]

Kellir etc.

Item am Pfingest Obinde[675] von Matthis Scherffe 1 tonne birs entpff[angen] etc. Und am Dinstag[676] vor Sinte Yohannis 30 scheffel malcz vor brewen und 4 scheffel vor gebin dor von wart 12 tonnen colacien bir und 7 tonnen kovent[is] etc.

---

670 Wohl 1451 April 5.
671 Erlichshausen, Ludwig von, wie S. 53, Anm. 86.
672 Wohl 1451 April 18.
673 Wohl 1451 Mai 3.
674 Mai 19.
675 Wohl 1451 Juni 12.
676 Wohl 1451 Dezember 21.

Schewnen etc.

Item am Montage[677] nach Visitationis Marie 44 scheffel weys mit dem efterich uff gehabin etc. Und den obir louff von dem hacke habir und das letczste uff hebin 1 last und 48 scheffel etc. Dor zcu koufte ich 20 scheffel habers vor 10 g[utte] sc.

Kellir etc.

Item an dem vor gedachtin tage[a] 30 scheffel malcz vor brewin dor von wart 12 tonnen birs und 7 tonnen kovent[es] etc. Unde von Nyvorgalt czu Rastinborg 1 tonne birs ge eret etc.

Innam etc.

Item van Pfingestin neest vor gangen bys uff Sinte Jacubus Tag[678] von wassir czinße ufflangunge und von gerichtin und van abe tronstigem gutte und von waltczinße und von pech czinße und var felwerk ingenommen czu haffe gerechint 10 ½ g[utte] m. etc. Dor czu so habe ich vor kaufft 1 last und 42 s[cheffe]l weys vor 11 m. 16 sc. ald[is] etc.

Su[mm]a.[b]

a Folgt Streichung *3 s.*
b Unterhalb des Textes geschrieben.

[fol. 182r]

Kellir etc.

Item am Mantage[679] nach Sinte Jacub 8 scheffel malcz vor gebin etc. Und 30 scheffel malcz vor brewen dor von wart 10 tonnen birs und 8 tonnen kovent[es] etc. Und 24 s[cheffe]l hoppins vor gebin etc. Und vor aldin mete und weyn gegebin und vor etczliche ladin krewde und vor ertczsteye 2 m. 9 sc. gutt[e] etc.

Koche etc.

Item von Pfingestin bys uff Sinte Yocub[680] 5 stucke ochßin und bullen und kue und 3 stucke rothwildes und 2[a] bucke 3 czickel und 5 kelbir und 46 ferkeln und 18 schok eyer und 2 ½ schok huner und junge entin in dy kochin gekamen und 2 schepczen des habe ich eyn teylis beczalit vor 2 m. 1 f. aldis etc. Und vor 10 schok flackfisch 5 f. aldis etc. Und nach vor treugin hecht und czandis und

677 Wohl 1451 Juli 5.
678 Juli 25.
679 Wohl 1451 Juli 26.
680 Juli 25.

bresem fisch geg[eben] 3 g[utte] m. etc. Und vor 7 flicken fleysch 4 ½ m. aldis etc.

Koche Resil etc.

Item so danne vorberuret ist 14 valle tonnen grop salcz czu Resil dor von so habe ich an Sinte Jocubs Obinde[681] 4 tonnen keygin Seestin genomen etc. Und an dem abinde 3 tonnen weys salcz van Konigisberg in dy koche gekomen van herrn Huxer darynne was 3 schiff pfunt etc.

Summa.[b]

a Folgt Tintenfleck.
b Unterhalb des Textes geschrieben.

[fol. 182v]

Koche etc. Kellir etc.

Item an Sinte Annen Obinde[682] 1 junger ochse und 1 habir buck und 15 junge ferkeln in dy kache geslagin etc.

Koche Resil etc.

Item am Obinde Dominici[683] von Petir Fellenbom[a] 19 seytin fleysch keygin Seesten genomen etc. Und noch[a] so was uff dy czeyt 40 seytin fleysch in dem clostir das ich von Fellenbom do der entran dor in lis brengin etc.

Resil kellir und backhews[a] etc.

Item am Obinde Dominici 1 last malcz aus dem clostir keyg[en] Seestin etc. Und 28 s[cheffe]l rackens dor mete gebracht.

Resil salcz.

Item am Abinde Dominici van Konigesberg 3 tonnen weys salcz in das clostir gesant etc.

Kellir etc.

Item.

Item am Tage Dominici[684] 30 s[cheffe]l s[cheffe]l malcz zcu eynem colacien bire gebrewen dor von wart [b]12 tonnen colacien bir und 7 tonnen kovent[es] etc.[b]

681 Juli 24.
682 Juli 25.
683 August 4.
684 August 5.

Koche etc.

Item am Obinde Dominici 1 ochse in dy koche geslagin etc. [b]Und an Unsir Liebin Frauwin Obint[e][685] 1 kue in dy kochen geslagin vor 1 m. 4 sc. g[utte] sy beczalt etc.[b]

a Wort mit Tintenfleck.
b Nachtrag andere Tinte, gleiche Hand.

[fol. 183r]

Molen und schewnen etc.

Item an dem Sonnobende nach der Heyligin Drey Konige Tage in dem LI yare[686] wart 22 scheffel erweys uff gehabin und was das letczste uff hebin dor von nicht me der zcu dresschin in was etc. Und ½ last weys und 22 s[cheffe]l rackins uff gehabin andem tage etc. Item am Tage Dorothea Virginis[687] von eynem tenne uff gehabin 74 s[cheffe]l habers und uff dem andern tenne 1 ½ last weys uff dem drittin tenne racken 2 leste 27 scheffel etc.

Molen etc. Seynsborg etc.

Item am Tage Dorothea Virginis ausgemessin 38 ½ s[cheffe]l kornis unde 14 s[cheffe]l malcz und 5 s[cheffe]l weys und 6 ½ s[cheffe]l as etc. Aus der mole Seestin 17 ½ s[cheffe]l kornis 5 s[cheffe]l malcz 3 ½ s[cheffe]l weys 2 s[cheffe]l as etc. Aus der mole Pilcz 17 s[cheffe]l kornis 2 s[cheffe]l as etc. Item am Tage Juliane Virginis[688] aus der schewnen entpffang[en] 1 last und 46 scheffel habers etc. Und van den dresschirn gekoufft 14 s[cheffe]l vor 7 g[utte] sc. und dor zcu gekoufft van andern 34 s[cheffe]l habers vor 17 g[utte] sc. andem gedochtin tage etc. Item am Obinde Petre[689] uff eynen tenne uff gehabin 1 last und 50 scheffel habers an dem obinde was alle meyn habir ausgedresschin in meynir schewnen etc. Item am Sonnabinde in der Fastnacht uff gehabin 1 ½ last und 4 scheffel rockins und was das letczste uff hebin rockin van dissim yore etc.

Resil etc.

Item am Sonnabinde in der Fastnacht keygin Resil gesant 1 ½ last und 6 s[cheffe]l weys etc.

685 Februar 2.
686 1451 Januar 9.
687 Februar 6.
688 Februar 16.
689 Juni 28.

[fol. 183v]

Molen etc.

Item uff unsern homeystir[690] wart am irstin Domerstage[691] in der Fastin in der schewnen[a] weys uff gehabin 14 s[cheffe]l etc.

Item am gedachtin Donnerstag aus der mole Seynsborg 42 s[cheffe]l kornis 5 ½ s[cheffe]l weys 24 s[cheffe]l malcz 4 s[cheffe]l os etc. Aus der mole Pilcz 13 ½ s[cheffe]l kornis ½ s[cheffe]l weys 5 ½ s[cheffe]l[b] malcz 2 s[cheffe]l as etc. Aus der mole Seestin 27 ½ s[cheffe]l kornis 5 s[cheffe]l weys 8 s[cheffe]l malcz 4 s[cheffe]l os etc.

Item am Obinde Remin[i]scere[692] gerste uff 2 tonnen in der schewnen uff gehabin mit dem efterich 2 leste und 45 s[cheffe]l dor abir 4 s[cheffe]l efterich etc.

Resil.

Item[c] Matt[is] kochemeystir hat am Donnerstage[693] vor Letare 4 leste und 46[d] s[cheffe]l weys volkomelich gemessen in dem clostir etc. Und 12 leste und 40 s[cheffe]l kornis[e] weys und rockin in dyßim buche vorberuret zcu Resil leyt geschr[eben] ist das ist tot etc.[f]

Schewnen etc.

Item am Pfalm Obinde[694] uff gehabin uff eynem tenne 1 last und 36 s[cheffe]l gerstin mit dem efterich etc.[g]

Molen Seynsborg etc.

Item an der Mitewachin[695] vor Ostern aus der molen entpff[angen] 26 s[cheffe]l kornis 6 s[cheffe]l weys 33 s[cheffe]l malcz 2 ½ s[cheffe]l as aus der mole Seestin 23 ½ s[cheffe]l kornis 5 s[cheffe]l weys 9 s[cheffe]l malcz 4 s[cheffe]l as etc. Aus der mole Pilcz 11 s[cheffe]l kornis 1 ½ s[cheffe]l weys 1 s[cheffe]l as etc.

Summa.[h]

---

690 Erlichshausen, Ludwig von, wie S. 53, Anm. 86.
691 Wohl 1451 März 11.
692 Wohl 1451 März 20.
693 Wohl 1451 April 1.
694 Wohl 1451 April 17.
695 Wohl 1451 April 21.

a Folgt Streichung *6.*
b Folgt Streichung *as.*
c neben dem Eintrag ergänzt, eine vertikale Linie verbindet dieses zu dem unteren Zeichen.
d Neben der Zeile ergänzt, daneben Streichung *41.*
e Folgt Streichung *we.*
f neben dem Eintrag ergänzt, eine vertikale Linie verbindet dieses zu dem oberen Zeichen.
g Folgt Streichung *Und dornach am Ostir Obinde uff dem andern tenne gerste uff gehabin 36 s[cheffe]l gerste etc.*
h Unterhalb des Textes geschrieben.

[fol. 184r]

Molen etc. Schewnen etc.

Item am Ostir Obinde[696] wart uff gehabin 1 last und 48 scheffel gerste etc. und 3 s[cheffe]l efterichis etc.

Item am Pfingest Obinde[697] das letczste uff hebin van der gerste in dem vorgangin jore 2 leste und 11 s[cheffe]l mit dem esterich dor zcu so kouffte ich von den dresschern 18 s[cheffe]l gerste vor 3 g[utte] f. etc. So wart mir am Pfingest Obinde gedacht van Kappelaniken wustin hubin 18 s[cheffe]l rockins mit dem esterich etc. Item so wart mir auch aus der schewnen von dem obir louff des hacke habers den ich lis dresschin und uff hebin zcu meynem teyle 2 leste am Pfingest Obinde etc. Dor zcu koufte ich von den dresschern und sust von Wilkindorff 2 leste und 3 s[cheffe]l habers vor 5 m. 3 sc. aldis zcu der notdorft meynir futterunge etc.

Molen etc.

Item am Donnerstage[698] vor Pfingestin aus der[a] mole Pilcz 22 s[cheffe]l kornis und 2 s[cheffe]l weys und 4 ½ s[cheffe]l malcz etc. Aus der mole Seestin 22 s[cheffe]l kornis und 5 s[cheffe]l malcz 3 s[cheffe]l weys und 3 s[cheffe]l as etc. Aus der mole Seynsborg 38 s[cheffe]l karnis 5 s[cheffe]l und 15 s[cheffe]l malcz 2 s[cheffe]l as etc.

Schewne etc.

Item am Abinde Sancta Maria Magdalena[699] weys uff gehabin mit dem efterich 46 scheffel den weys vor koufft so danne varberuret ist und was das letczste uff heben van dem aldin weys etc.

Summa.[b]

696 Wohl 1451 April 24.
697 Wohl 1451 Juni 12.
698 Wohl 1451 Juni 10.
699 Juli 21.

a Folgt Streichung *l*.
b Unterhalb des Textes geschrieben.

[fol. 184v]

Molen etc. Schewnen etc.

Item so dann in korcz vorberuret ist das letczste uff hebin van dem weys so blep uff dy czeyt noch in dem stroe zcu der wintersoyt weys czu seyen bobin 3 leste geschatczit etc. So blep nach in dem stroe hacke habers noch Sinte Yocub[700] uff den winter legin geschatczit bobin 2 leste etc.

Item an Sinte Yacubs Obinde[701] 1 last und 23 scheffel habers gekoufft var 2 m. 3 f. 1 sol. aldis etc.

Mole Seynsborg etc.

Item am Obinde Dominici[702] aus der mole Seynsborg 30 scheffel kornis und 5 s[cheffe]l malcz 1 scheffel weys etc. Aus der mole Seestin 25 s[cheffe]l kornis 1 s[cheffe]l weys 1 ½ s[cheffe]l as etc. Aus der mole Pilcz 18 scheffel rockins nicht me etc.

Resil etc.

Item an der Mittewachin nach Sinte Barthalomeus[703] Tage 3 tonnen gropsalcz und 1 tonne weys salcz von herrn Huxer in das clostir gesant etc.

Koche etc.

Item an Sinte Bartholomeus Obint[704] 1 kue vor 3 g[utte] f. gekouft und in dy koche geslagin und 2 tonnen grop salcz von herrn Huxer an dy koche gethan und 1 m. 8 sc. var 8 schok Thurolt kese und vor dy gedachten 6 tonnen salcz ½ g[utte] m. furelon etc. Konigisberg etc.

[fol. 185r]

Molen etc.[a]

700 Juli 25.
701 Juli 24.
702 August 4.
703 Wohl 1451 August 25.
704 August 23.

a Unterhalb des Eintrags folgt Freiraum.

[fol. 185v]

Hir noch volgit allirley innam un[d] gemeyne tegeliche ausgobe etc.

Ausgobe etc.

Item am Sontage noch der Heyligin Drey Konigetage im LI yare[705] czweyn hern van Thorn 7 g[utte] sc. czerunge gegebin etc. Und Merten uff den tag ½ g[utte] m. czerunge keygin Konigesberg noch notdorfft etc. Item dem komptur[706] 6 g[utte] m. vor 1 pfert in dy Marke gesant etc. Item ich vor czerte zcu Rastinborg uff Prisce[707] 9 g[utte] sc. etc. Item Mertin ½ g[utte] m. czerunge keygin Konigisberg noch notdorfft etc. Item ich zcu Resil vor czert 15 sc. aldis und 1 m. 8 sc. aldis heren Kroyel der mir vor meyn getreyde zcu wenden in dem clostir hat gerotin etc. Item vor 4 neestkessil 2 g[utte] m. beczalt etc. und vor 1 flas und 1 par sporn 1 g[utten] f. etc. und vor 1 pelcz 2 ½ m. aldis etc. und noch vor 1 korczin pelcz 7 f. aldis etc. Item Petir Fellenbom vor czerunge und vor andir seyne ausgobe vor mich getan ym beczalt am Tage Conversio Paule[708] 3 ½ m. 8 sol. aldis und vor das getreyde zcu messin etc. Item hackelon vor 2300 beczalt 5 m. 3 f. aldis etc. Item vor 3 schok eyer 12 sol. aldis. Item den fleyschayern slachtelon 5 f. aldis. Item dem messirsmede ½ m. aldis. Item dem bagener 7 f. aldis. Item dem seteler 20 sc. aldis. Item deme cleynsmede 3 f. aldis beczalt uff Unser Liebin Frauwin Obinte der Lichtmessin[709] etc. Item Hansen und Mertin czerunge uff 3 sletin nach notdorft keygin Konigesberg am Tage Dorotea Virginis[710] 1 m. 20 sc. aldis etc. Item dem Semisch gerbir von etczlich fel zcu gerbin 2 ½ m. aldis an dem tage gedacht etc.

Su[mm]a.[a]

a Unterhalb des Textes geschrieben.

705 1451 Januar 10.

706 Möglicherweise Kalb/Kalp, Albrecht: möglicherweise Pfleger von Lesewitz (1432), Hauskomtur von Balga (1435–1437), Hauskomtur von Königsberg (1443–1446), Komtur von Thorn (1446 November 6–1454 Februar).

707 Januar 18.

708 Januar 25.

709 Februar 1.

710 Februar 6.

[fol. 186r]

Ausgobe etc.

Item am Tage Juliane Virginis[711] czweyn heren von Strosborg gegebin 8 g[utte] sc. etc.

Item am Obinde Petre[712] czweyn heren von Konigisberg ½ g[utte] m. etc.

Item czweyn heren vom Elwinge 10 g[utte] sc. etc. So vor czerte ich zcu Resel und zcu Bartinsteyn also ich zcum komptur[713] zcock 8 g[utte] sc. etc.

Innam von der Heyligin Drey Konige Tage[714] bys uff Palmarium im LI yare[715] vor delen 7 g[utte] m. und vor gerichte und ufflangunge zcu hoffe gerechint 8 g[utte] m. und wassir czins 3 g[utte] f. und waltczins 14 g[utte] sc. und vor weys und getreyde gekouft 17 ½ g[utte] m. und vor allirley felwerk vor koufft in der vorgang[en] czeyt 2 ½ g[utte] m. etc.

Ausgabe etc.

Item vor 9 eln leynwot zcu milch und seytuchirn in den fyhoffe uff Palmarium vor 11 sc. ald[is] etc. Und vor flechtin und korbe 15 g[utte] sc. etc. Und czweyn heren van der Swetcze 8 g[utte] sc. etc. Und nach 2 heren vom R[e]den 9 g[utte] sc. etc. Und noch 2 heren van der Balge ½ g[utte] m. etc. Und van der Heylig[en] Konigetage bys uff Palmarium ich und meyn gesinde in der herberge zcu Resil vor czert 6 m. und 15 sc. etc. Und in der czeyt zcu Rastinborg in der herberge vor czert 4 m. und 19 sc. ald[is] etc. Und de[r][a] czeyt keygin Konigisberg und keygin Bartinsteyn und zcu Schippinpil vor czert 3 m. und 13 sc. ald[is] etc. Und 2 g[utte] sc. vor kirchin weyn und 4 g[utte] sol. var weyroch und abelatin etc. Und 2 m. und 20 sc. czymmirlon aldis etc.

Summa.[b]

a Tinte verwischt.
b Unterhalb des Textes geschrieben.

711 Februar 16.
712 Juni 28.
713 Möglicherweise Wesenthau, Eberhard von, wie S. 53, Anm. 87.
714 1451 Januar 6.
715 1451 April 18.

[fol. 186v]

Ausgobe etc.

Item an der Heyligin Drey Konige Tage[716] bys uff den Grunen Do[nn]erstag[717] hacke lon aus geg[eben] var 5100 s[cheffe]l hexels zcu hacken 12 m. und 3 f. aldis etc. Und nach vor etczliche koch und reybe toppe und vor eymir und gefese in dy kochin in den fyhoff 10 g[utte] sc. etc. und noch vor 5 par pflugeyßin 1 m. 16 sc. ald[is] und noch vor 1 schok stap eyßin 3 m. aldis und vor 16 stangin eysins in vinstir werk 1 m. 14 sc. und 1 sol. aldis etc. Und noch schrotlon zcu meynir notdorft 5 f. aldis und nach vor stiffeln und schue und vor hanczkin und vor 1 filtczhut zcu meynir notdorft 2 ½ m. aldis un[d] nach vor etczliche eln gewandis und parchem und gerbelon vor semisch felwerk zcu meyner notdorft und vor 3 armbroste zcu bessern und vor etczlich slosse und slussel zcu bessern zcu hoffe gerechent beczalt am Grunen Donnerstag 4 m. 14 sc. aldis etc. Und nach vor etczlich glasewerk zcu bessern und vor kessel zcu flicken und ferkelen aus zcu sneydin und vor etczlich gemeyne ausgabe und opper gelt uff Ostern[718] 2 m. 4 sc. aldis beczalt etc. Und 3 g[utte] f. vor 2 seddeln und 2 stule und ½ m. g[utte] czymmerlon den kovent[is] kellir undir bauwit und mit treppin und thorm und mit logirholcz angericht etc. Und vor 8 tonnen kalk 1 m. 8 sc. aldis und vor 500 mewirsteyn 20 sc. aldis und 10 g[utte] sc. mewir lon vor das vinstir in der kachin by dem fewre an zcu richtin beczalt am Ostir Obinde[719] und vor 3 steyn bicken ½ g[utte] m. etc. Auch beczalt am gedachtin tage etc.

Summa.[a]

a Unterhalb des Textes geschrieben.

[fol. 187r]

Ausgobe etc.

Item 45 scheffel hoppins vor gebin in den Oster Heyligin Tagin[720] etc.

Item gegebin czum Polnischindorffe var 1 sweyke 3 ½ m. aldis etc. Und van der Montow var 1 sweyke 3 m. aldis etc. Und von Weddern var 1 sweyke 6 m. aldis am Tage Faustini des Heyligin Bischoff[is][721] etc. An dem tage aufgeg[eben] czymmer lon an der mole Seesten und in dem kovent[is] kellir vor bauwit 2 m. 20 sc. aldis aufgenomen dele werk und eysinwerk etc. Item an dem Pfingest

716 Wohl 1451 Januar 6.
717 Wohl 1451 April 22.
718 Wohl 1451 April 25.
719 Wohl 1451 April 24.
720 Wohl 1451 April 25.
721 Juli 11.

Obinde[722] ausgeg[eben] meystir Hans und Felips czymmer mannis und von der Langinbrucken 4 czymmir mannis und von dem Pilcze 4 czymmir mannis und von Weddern 3 und von Warpunen 2 czymmer mannis beczalt 10 ½ m. aldis dy danne dy newge stobe und schorsteyn und vor der kamern sullir werk und sust an rynnen bauwite und besserunge tetin etc.

Soymirsoyth im LI yare etc.

Item in das grosse felt hinder dem melczheusse und hinder den czweyn rosgarten wart geseygit 5 ½ last habers und erweys 10 ½ s[cheffe]l und gerste 2 leste und 1 ½ scheffel etc. Czu geseygit am Obinde Urbanie[723] etc.

Ausgabe etc.

Item Niclos von der Quoselow vor 1 pfert ym beczalt vor 14 m. aldis etc. Und Petir Fellenbom vor 1 pfert beczalt 15 m. 4 sc. aldis etc. Und vor 12 stangin eysins in

Summa.[a]

a Unterhalb des Textes geschrieben.

[fol. 187v]

Ausgobe etc.

vinsterwerk 1 m. 10 sc. aldis am Pfingest Obinde[724] beczalt etc. Unde var wagin und pflugeschirre und var 12 pflugrade und vor 6 tonnen thers und vor 1 tonne schiff pechis und vor 2 melbeutel und vor 2 mel sibbe und vor 6 ratin sibe 8 m. 4 sc. aldis etc. und vor 4 pferde glocken 10 sc. aldis und vor 1 ros schere 7 sol. aldis am Pfingest Abinde etc.

Item nach var 1 last kalkes unde vor 600 mewirsteynis und das mewirlon 5 m. aldis am Pfingest Abinde beczalt etc. Und an dem abinde beczalt vor 1700 hexels hackelon 4 m. 1 f. aldis etc. Und 1 g[utten] f. czymmer lon vor rynnen zcu machin etc.

Innam etc.

Item von dem tage so vorberuret ist so habe ich bynnen der czeyt bys uff Pfingestin[725] entpff[angen] vor delen und vor wassir czins var waltczins von

722 Wohl 1451 Juni 12.
723 Mai 24.
724 Wohl 1451 Juni 12.
725 Wohl 1451 Juni 13.

gerichtin von ufflangunge unde vor felwerk und vor 1 last ters dy nam ich an schulden vor das allis innam 27 m. 3 f. aldis etc.

Ausgobe.

Item var 2 mole steyne in dy mole Pilcz 5 m. aldis am Pfingest Obinde etc. Und nach vor 3 mole steyne in dy mole Sestin und Seynsborg 7 m. aldis beczalt etc.

Summa.[a]

---

a Unterhalb des Textes geschrieben.

[fol. 188r]

Ausgobe etc.

Item vor 1 welle und wassir radt in dy mole Pilcz und vor 1 welle und wassir radt in dy mole Seestin und vor 1 wassir radt und schaframen satel und leytern an dy sneyde mole und vor sneyde eyßin czu bessern unde vor feylen vor bande vor nagel werk und vor clammern und czinteln czu den molen und vor 1 tonne pechis und czymmerlon dy schiffe und sewe und folge kanen und cleppin kanen gebessert habin vor das allis beczalt am Pfingest Obinde[726] und vor 2 ronen leynen und vor 2 born leynen und vor 4 cleppin leynen und vor 8 schok bestin strenge und vor 20 heuffin selen und vor 20 clostern czom stricke und vor 10 geyseln und vor snure 8 m. 9 sc. aldis beczalt etc.

Item am gedachtin Pfingest Obinde obir Petir Fellenbom beczalt vor kirchin weyn vor czerunge vor futterunge und vor 1 hekel czur cleppe und vor 1 newge cleppe und vor bley zcu hoffe gerechint 4 m. 19 sc. aldis etc.

Innam etc.

Item so dys registir ausweysit von der Heyligin Drey Konige Tage in dem LI yore[727] von dem tage bys uff Pfingest[en][728] so habe ich abir meyne ausgabe van 3 garnen und von der cleppe von al von merschim hechte und von allirley gesalczin unde van treugim fisch nicht volkomelich[a] 15 m. aldis entpff[angin] etc.

Summa.[b]

---

a Wort mit Tintenfleck.
b Unterhalb des Textes geschrieben.

---

726 Wohl 1451 Juni 12.
727 Wohl 1451 Januar 6.
728 Wohl 1451 Juni 13.

[fol. 188v]

Ausgobe etc.

Item von Pfingestin[729] bys uff Sinte Jocubus Tag[730] czymmerlon ausgeg[eben] vor dy newge stobe und an kellirwerk und an der mole czu Seestin und an der sneyde molen czu Seynsborg vor bouwit 5 m. und 16 sc. aldis etc. Unde 1 ½ g[utte] m. czymmerlon vor den newgin stal by dem fyhoffe und vor 8 schok nagel 9 g[utte] sc. und vor 4 par thorbande an dy newge stobe 10 g[utte] sc. und vor vinster bande und winde eysin und nagel dor zcu und vor steynbicken und vor 3 nebigir 1 m. 20 sc. aldis etc. Und 8 g[utte] sc. eynem heren[a] van Slochaw czerunge und 2 ½ m. ald[es] vor 1 pflugsweyke aldis und 1 g[utten] f. vor 3 spatin und 2 g[utte] sc. vor slosse czu bessern und 8 g[utte] sc. dem kessel bussir etc. Und vor 60 eln leynwot 2 ½ m. aldis und vor 3 schok kachelen 14 sc. gutt[e] und vor etczliche brat korbe und krewt korbe reybe toppe und koch toppe erdin kannen und trinck stutcze und vor etczliche gartin soyt grabelon planczen unde getenlon in den gartin 1 m. 20 sc. aldis czu sampne gerechint und allis beczalt am gedachtin tage und vor 1 clappe 1 ½ g[utte] m. und vor 1 kanen 9 g[utte] sc. beczalt etc.

Item vor ½ last salczis und vor 3 ½ steyn salczis in czu fullen vor 1 m. 20 sc. aldis mit dem furlon uff Assumpcionis Marie[731] beczalt etc.

Su[mm]a.[b]

a Folgt Streichung, unleserlich.
b Unterhalb des Textes geschrieben.

[fol. 189r]

Wintersoyth in dem LI yare etc.

Item am Tage Ulrici[732] was III volle wochin nach Pfingestin am dem tage lis an hebin zcu brachin zcu der wintersoyt das felt uff jenir seytin und uff dyssir seyten der aldin Katczinbrucke das felt wart zcu gepfluget geseyget geeyget uff geforet bynnen XIIII wochin und III tagen dornoch bys uff Colmiane Martir[is][733] etc.

729 Wohl 1451 Juni 13.
730 Juli 25.
731 August 15.
732 1451 Juli 4.
733 1451 Oktober 13.

Item weys geseyget in das felt und an gehabin am Obinde Nativitat[is] Marie[734] 1 last und 20 ½ scheffel etc. An Sinte Michels Abinde[735] etc. Item so wart rockin geseyget 4 leste und 8 scheffel dor von quam 40 ½ scheffel an das gebirge uff jenir seyte der aldin Katczinbrucke am XIII Tage[736] noch Michaelis wart zcu geseyget etc. Summa winter soith 5 leste und 28 ½ scheffel etc.

Kellir etc.

Item am Tage Calmiane 30 scheff[el] malcz vor brewen dor van wart 11 tonnen birs und 7 tonnen kovent[is] etc.

Koche etc.

Item am Tage Calmiane 6 stucke rint fyes und 2 schepczen in das salcz geslagen etc.

Ausgabe etc.

Item var 15 s[cheffe]l habers 15 sc. ald[es] und vor 1 ther trag 5 sc. gutt[e] und czymmerlon vor den newgin stal beczalt 7 m. aldis mit der ther kamern hundestal garn sullir und gesch[irr]e kamern beczalt etc.

[fol. 189v]

Ausgabe etc.

Item czudem newgin stalle quomen 24 deln und 1 schok und 50 swartin etc. Vor 1 hunde trag 12 sol. aldis und vor 8 sweyne trage 20 sc. aldis czymmerlon und var dy sewe und fisch kanen czu flicken 9 g[utte] sc. und vor 1 tonne pechis 1 g[utten] f. var 2 tonne thers 20 sc. aldis vor 12 pflug rade ½ m. aldis etc. Und vor etczlich stucke rintfies und schepczin so in korcz vor be ruret in dy kochin ist 3 m. aldis und vor 1 sweyn und vor 8 scheffel weys und vor 8 scheffel rockins Lenkenir czu Rastinburg 2 m. 8 sc. aldis und etczlichin spilelewtin unsers Obirstin Marschalk[is][737] czerunge 8 sc. aldis am Tage Kalixte[738] etc.

Item am Tage der Elfftusint Juncfrauwin[739] czymmerlon vor dy gastkamer in das newge gemach und vor dy stobe in dem fyheuse zcu bessern 3 czymmer mannis ir lon 2 m. 15 sc. aldis etc. Und var den newgin stal egedocht vor

734 1451 September 7.
735 1451 September 28.
736 1451 Oktober 12.
737 Exdorf, Kilian von: Kumpan des Obersten Marschalls (1435–1437), Vogt von Leske (1438–1440 Januar 4), Komtur von Schwetz (1440 Februar 14–1440 April 17), Komtur von Strasburg (1441 April 11–1441 Mai 27), Oberster Marschall zgl. Komtur von Königsberg (1441 Juni 6–1454 Februar).
738 Oktober 14.
739 Oktober 21.

100 schack splisses 3 m. 8 sc. zcu reyssen etc. Vor das schok 1 g[utten] sol. etc. Unde decke lon 1 m. 16 sc. vor das schok 6 d. etc.

Innam etc. Schewnen etc.

Item am der Elff Tusint Iuncfrauwin Tage egedacht wart mir aus meynir schewnen 35 s[cheffe]l erweys gut und bose von dysem

[fol. 190r]

Erweys etc.

jore das was das irste und das letczste uff hebin von erweyßen im LI yare.

Ausgobe etc.

Item vor 2 steyne unslitt[es] und vor 2 s[cheffe]l maen soyth und vor ½ s[cheffe]l czwippeln 4 m. 1 f. aldis etc. Und 2 m. czerunge am Abinde Symonis et Jude[740] nach salcze mit meynem wagin zcu holen von Konigisberg etc. Und 1 m. 20 sc. vor gemeyne ausgabe zcu notdorfft der kochin uff Symonis et Jude[741] gedacht und 5 f. aldis vor 3 tonnen thers etc.

Schewnen das irste uff hebin nach Michaelis im LI yare.[742]

Item am Abinde Omnium Sanctorum[743] uff gehabin 25 scheffel weys mit dem esterich etc. Und 33 s[cheffe]l rockins mit dem esterich und 6 scheffel minus 1 firtel rocken gekauft von den dresschern etc. Und 7 scheffel gerste gekoufft am Obinde egedocht Omnium Sanctorum etc.

Koche etc.

Item am Obinde Nicolai[744] 2 stucke rintfyes in dy koche geslagin etc.

Schewnen etc.

Item am Obinde Nicolai [u]ff[a] gehabin 51 scheffel rockens mit dem esterich etc. Item von Gerkindorff von wustem erbe 34 s[cheffe]l rackins etc.

a Wort mit Tintenfleck.

740 Oktober 27.
741 Oktober 28.
742 1451 September 29.
743 1451 Oktober 31.
744 Dezember 5.

[fol. 190v]

Molen etc.

Item am Donnerstage[745] vor des Heyligin Cristus Tage aus der mole Seynsburg 20 scheffel kornis und 7 s[cheffe]l malcz und 2 ½ s[cheffe]l weys und 5 s[cheffe]l os etc. Aus der mole Seestin 18 s[cheffe]l kornis und 5 s[cheffe]l malcz und 4 s[cheffe]l weys 4 s[cheffe]l os etc. Aus der mole Pilcz 8 ½ s[cheffe]l kornis ½ s[cheffe]l weys 2 s[cheffe]l malcz und 2 scheffel os etc.

Kellir etc.

Item am Donnerstag vor des Heyligin Cristus Tage 1 tanne birs von Resil und 30 s[cheffe]l malcz vor brewen dor von wart 8 tonnen birs 7 tonnen kovent[is] etc.

Koche etc.

Item 1 rynt und 9 sweyne uff des Heyligin Cristus Tag[746] in dy koche geslagin etc. An dem Donnerstage vor des Heyligin Cristus Tag 2 tonnen cleyn salcz und 1 tonne grop salcz aus dem clostir zcu Resil in dy koche gethan dar abir so was an des Heyligin Cristus Obint[747] dor abir so was 3 ½ tonne weys salcz des grabin salcz was 3 ranczken weyniger etc.

[fol. 191r]

Kellir etc.

Item am Tage Lucie[748] 30 s[cheffe]l malcz vor brewen dor von wart 8 tonnen birs und 9 tonnen kovent[is] und 1 tonne roseneken von Jahannisburg etc.

Resil etc.

Item am Freytage vor Thome des Apposteln Tage im LI yore[749] lis Matt[hias] meyn borkgroffe meynen wys im closter czu Resil messen des was 7 leste und 52 s[cheffe]l und 11 leste und 22 s[cheffe]l rockins und 9 leste und 2 s[cheffe]l malcz und 12 tonnen grop salcz und 2 tonnen weys salcz und 30 seytin speckes und den mete kessel etc.

745 Wohl 1451 Dezember 23.
746 Dezember 25.
747 Dezember 24.
748 Dezember 13.
749 1451 Dezember 17.

Schewnen uff hebin an des Heyligin Cristus Obinde im LI yore[750] etc.

Item 35 s[cheffe]l rockins mit dem efterich van 2 tonnen und van dem dritten tonne 1 last und 18 s[cheffe]l habers dor zcu van den dresschern gekouft 12 s[cheffe]l vor 12 sc. aldis etc.[a]

---

a Unterhalb des Eintrags folgt Freiraum.

[fol. 191v leer]

[fol. 192r–194v Blätter und damit Paginierung fehlen]

[fol. 195r]

Ausgobe etc.

[fol. 195v leer]

[fol. 196r]

Dysse nach geschrebin dynir notdorfft und andir gesinde lon angehabin am Tage der Heyligin Drey Konige im LI yore.[751]

Von irst her Thomas Samelant meyn heuskappelan seyne yar notdorfft 3 g[utte] m. und dor zcu alle pfenning oppir und andir oppir der glichin[a] sunder das geopperte wachs bleybit zcu nutcze der kirchin etc. D[edi]t uff Reminiscere[752] 1 gutte m. etc. D[edi]t uff Pfingestin[753] 1 gutte m. etc. D[edi]t uff Sinte Michel[754] und Weynnach[755] 2 g[utte] m. seyn volle lon etc.[b]

Item Hans[c] meyn schreybir und kemerer vor seyne yor notdorfft 4 gutte m. ich te[netu]r etc. D[edi]t seyn schugelt uff Pfingestin etc. [d]D[edi]t uff Weynnachtin etc.[d]

Item Mertin meyn Polnischir und Preusch tolke und fischmeystir seyne yor notdorft 4 gutte m. ich te[netu]r etc. D[edi]t uff[e] Weynnachtin etc.

Item Hencze meyn junger und fisch keypper czur cleppe seyne yar notdorft 4 gutte m. ich te[netu]r etc. [d]D[edi]t uff Weynachtin etc.[d]

Summa ausgabe in dyssem halbin blade 30 m. aldis und hogir etc.

---

750 1451 Dezember 24.
751 1451 Januar 6.
752 Wohl 1451 März 21.
753 Wohl 1451 Juni 13.
754 Wohl 1451 September 29.
755 Wohl 1451 Dezember 25.

a Folgt Streichung *somir*.
b Unterhalb des Eintrags folgt Freiraum bis zum nächsten Eintrag.
c Über der Zeile ergänzt.
d Nachtrag durch gleiche Hand.
e Wort mit Tintenfleck.

[fol. 196v]

Item Stanteko Reusse meyn kamir junge seyne yor notdorfft 2 ½ g[ute] m. ich te[netur] etc. [a]D[edi]t 2 g[utte] sol. uff Weynnachtin[756] etc.[a]

Item Clement Fochs kellir junge und sust her czu thunde was her geheyßin wirt seyne yor notdorfft 2 ½ gutte m. ich te[netu]r etc. [a]D[edi]t 2 g[utte] sol. uff Weynnachtin etc.[a]

Item Yorge Saymayte meyn jungir seyne yar notdorft 2 g[utte] m. ich te[netu]r etc. D[edi]t 1 g[utten] sol. uff Weynnachtin etc.

Item meystir Mor koch seyne jor notdorfft 2 gutte m. ich te[netu]r etc. [a]D[edi]t 1 g[utten] sc. uff Weynnachtin etc.[a]

Item Wokelle kachin iunge seyne yor notdorfft 5 g[utte] f. ich te[netu]r etc.

Item Schile Casper packemore den ich auch halde durch Gotiswillen seyne yor notdorfft g[utte] m. ich te[netu]r etc. [a]D[edi]t 1 ½ g[utte] sc. uff Weynnachtin.[a]

Item Barbara des gedachtin Caspers weyb dy ich halde durch Gotiswillen ir yar notdorft 1 g[utte] m. ich te[netu]r etc.

Item kirchin schuler seyne yor notdorft 5 g[utte] f. ich te[netu]r etc. [a]D[edit] 1 g[utten] sc. uff Weynnachtin etc.[a]

Item eynem armen manne den ich durch Gotiswillen halde seyne yor notdorft 1 g[utte] m. ich te[netur] etc.

Summa 30 m. aldis etc. [a]D[edi]t 1 g[utten] sc. uff Weynnachtin.[a]

a Nachtrag durch gleiche Hand.

[fol. 197r]

Item Matthis kochemeystir und hoffe meystir seyne yor notdorfft 8 elen gekumpins schon gewant vor 2 g[utte] m. und 9 eln groe gewant uff Sinthe Michel[757] 1 m. und vor 12 sol. ald[es] dy ele vor 4 g[utte] sol. etc. Und 1 m. und

756 Wohl 1451 Dezember 25.
757 Wohl 1451 September 29.

4 sc. gutt[e] schugelt etc. Das were uff iczliche Quatertemper eynem dynir 7 g[utte] sc. etc.

Summa eynem dynir uff eyn yor vor seyn soymir und winter gewant und vor seyn schugelt so iczlichis beruret ist zcu hoffe gerechint 7 ½ m. 2 sol. aldis etc.

Item der gedachte kochemeystir bleyp mir uff disse zcu komende Pfingestin[758] 1 g[utten] f. schuldig am schugelde abe zcu slan so vor in dem aldin register beruret ist in dem L yore und nu ist in dem LI yare d[edi]t seyn somir gewant etc. Und 7 g[utte] sc. uff Pfingest[en][759] te[netur] 13 sc. aldis uff Sinte Michel etc. D[edi]t seyn schugelt uff Sinte Michel te[netu]r dy 13 sc. uff Weynnachtin[760] etc. D[edi]t seyn winter gewant etc. D[edi]t ½ m. 3 sol. ald[is] uff Weynnachtin te[netu]r dy irste schulde etc.[a]

Summa.[b]

a Unterhalb des Eintrags folgt Freiraum bis zum Eintrag *Summa*.
b Am unteren Rand geschrieben.

[fol. 197v]
Item Brosian pferdemarschalk und karwinskemerer bleyp mir schuldig so vorberuret ist in dem L yore und her nach beruret im LI yore uff Pfingestin[761] 2 m. 9 sc. gutt[e] etc. Und seyne yor notdorfft so vor Matthis kochemeystir beruret ist gerechint uff Reminiscere etc. D[edi]t seyn somir gewant abir dy vorge[nante] schulde etc. D[edi]t seyn schugelt uff Pfingest[en] dy alde schulde te[netu]r etc. D[edi]t seyn winter gewant und schugelt uff Sinte Michel[762] etc. Te[netu]r dy irste schulde etc. D[edi]t ½ m. 3 sol. uff Weynnachtin[763] etc.[a]

Item Blasie jeygir seyne yor notdorfft glich andern dynern so vorberuret ist in dißim newgin register im LI yare und gerechint uff Reminiscere[764] do blep her mir schuldig 4 ½ m. und 3 d. aldis und dor bobin meyne gerichte so das vorge[nante] alde registir ausweysit von des molnirs wegin etc. D[edi]t 8 g[utte] sc. uff Mitfastin[765] etc. D[edi]t seyn somir gewant abe geslagin an der vorgin[anten] schulde her czog an dem Sontage 3 wochin nach Ostern von mir uff das scholcz ampt czur Montow im LI yare[766]

758 Wohl 1451 Juni 13.
759 Wohl 1451 Juni 13.
760 Wohl 1451 Dezember 25.
761 1451 Juni 13.
762 September 29.
763 Dezember 25.
764 1451 März 21.
765 Wohl 1451 April 4.
766 1451 Mai 16.

Summa.[b]

a Unterhalb des Eintags folgt Freiraum bis zum nächsten Eintrag.
b Am unteren Rand geschrieben.

[fol. 198r]

Blasie.

d[edi]t uff Pfingest[en][767] 13 sc. aldis seyn schugelt das soymir gewant sal ich ym von der vorgin[anten] aldin schulde abe slan etc. D[edi]t seyn winter gewant und schugelt uff Sinte Michel[768] te[netu]r dy irste schulde etc. D[edi]t ½ m. 3 sol. uff Weynnachtin[769] etc. Und 1 sweyke vor 2 g[utte] m. und 1 satel vor ½ g[utte] m. und 1 par stiffeln vor 9 g[utte] sc. dor obir te[netur] dy vorge[nante] schulde etc.[a]

Item Berteko von Bartinsteyn seyne yor notdorfft glich andern dynern mit ym gerechint uff Remi[ni]scere[770] do bleyp her mir schuldig uff disse zcu komende Pfingestin 11 g[utte] sc. der ist fysch keypper etc. D[edi]t seyn somir gewant etc. Und seyn schugelt uff Pfingestin dy berurtin 11 g[utte] sc. te[netur] nach etc. D[edi]t seyn winter gewant und schugelt uff Sinte Michel te[netu]r dy irste schulde etc. D[edi]t ½ m. 3 sol. uff Weynnachtin te[netu]r dy alde schulde etc. [b]

Summa.[c]

a Unterhalb des Eintrags folgt Freiraum bis zum nächsten Eintrag.
b Unterhalb des Eintrags folgt Freiraum bis zum Eintrag *Summa*.
c Am unteren Rand geschrieben.

[fol. 198v]

Berteko etc.[a]

Caspar koch etc.

Item Lange Matthis ouch fischkeyppir mit ym gerechint glich andern dynern in dyßim newgin registir uff Remi[ni]scere im LI yore[771] seyne yor notdorfft glich andern dynern egenant und in beczalt seyne sweyke vor 2 g[utte] m. und seyn

767 1451 Juni 13.
768 1451 September 29.
769 1451 Dezember 25.
770 1451 März 21.
771 1451 März 21.

schugelt uff Remi[ni]scere[772] vorgangin etc. Ich habe ym beczalt 2 g[utte] m. und syn schugelt uff Pfingest[en][773] her hat orlop etc. Item Casper koch ist zcu mir gekomen uff den Sontag vor Palmarum im LI yare[774] seyn yor lon 2 ½ g[utte] m. etc. D[edi]t uff Ostern[775] 4 g[utte] sc. etc. D[edi]t seyn volle lon uff Pfingest[en] und in ge eret mit eynir elandis heut etc. D[edi]t 9 eln groe gewant dy ele vor 4 g[utte] sol. uff Assumpcionis Marie[776] etc. D[edi]t seyn lon uff Sinte Michel[777] 15 g[utte] sc. etc. D[edi]t an Sinte Mertins Abinde[778] 1 g[utten] f. Bertolt Reychin etc. D[edi]t ½ g[utte] m. uff Weynnachtin[779] etc.[b]
Summa.[c]

a Unterhalb des Eintrags folgt Freiraum bis zum nächsten Eintrag.
b Unterhalb des Eintrags folgt Freiraum bis zum Eintrag *Summa*.
c Am unteren Rand geschrieben.

[fol. 199r]

Hans koch.

Item Hans meystir koch seyn yor lon 3 g[utte] m. vor allirley ausspeysunge und getrencke aus[a] *dem husse nicht zcu brengin zcu gebin adir vor kouffen in sal sunder speyse und getrencke sal her notdorfft habin glich den dynern und me noch dem her is vor dynint keynirley koch recht[is] gros adir cleyn felwerk gros adir cleyn und keynirley fette in sal her nicht[is] habin adir nemen und her sal allirley fye slachtunge in dem lone zcur kochin thun. Sundir wurde her is vor dynen noch meynen dirkentnisse so mochte ich ym mit etczlichir eln groe gewand[is] adir leynwot adir schuen adir oppir gelt zcu hulffe komen das steet czu meynen willen so danne vor in dem aldin registir beruret ist etc. Mit ym gerechint und gancz beczalt uff Reminiscere im LI yare*[780] *etc. D[edi]t 1 g[utten] f. uff Ostern*[781] *etc. D[edi]t seyn valle lon uff Pfingest[en]*[782] *in geeret 1 par schu 2 scheffel rockins etc.*

772 Wohl 1450 März 1.
773 Wohl 1451 Juni 13.
774 1451 April 11.
775 1451 April 25.
776 August 15.
777 September 29.
778 November 10.
779 Dezember 25.
780 1451 März 21.
781 Wohl 1451 April 25.
782 Wohl 1451 Juni 13.

Jorge Slesiger etc.

Item her ist zcu mir gekomen an des Heyligin Lichnamistage im LI yore[783] seyne yor notdorft glich andern dynern d[edi]t 9 eln winter gewant etc. Und vor 1 par schue und schrotlon und leynwot 7 g[utte] sc. am Tage Anna[784] etc. Und 9 g[utte] sc. vor 1 satel mit gurten stigledir stegereyssen etc. D[edi]t seyn winter gewant und schugelt uff Sinte Michel[785] te[netu]r dy alde schulde etc. Uff Symo[nis] et Jude[786] 4 g[utte] sol. vor schue etc. D[edi]t ½ m. 3 sol. uff Weynnachtin.[787]

Su[mm]a.[b]

a + neben der Zeile ergänzt.
b Am unteren Rand geschrieben.

[fol. 199v]

Hans becker etc.

Item Hans husbecker und Anna seyn eeweyb und Symon ir fettir becker knecht der dreyer yor lon 2 ½ g[utte] m. und 10 eln groe gewant und 3 par schue gewant und schue gerechint vor 1 m. 15 sc. aldis dorymme sy den pflugknechtin backen dorynnen so habe ich in ½ g[utte] m. und 3 par schue gehagit etc. Mit in gerechent am Tage Reminiscere[788] und sy gancz beczalt nach loute des vorgin[anten] aldin registers etc. Im LI yore uff alle Quatertemper 15 g[utte] sc.

Item in gelegin 8 g[utte] sc. uff Pfingestin abe zcu slan im LI yore[789] etc. D[edi]t seyn volle lon etc. In gelegin 1 g[utten] f. uff Sinte Michel[790] etc. Noch gelegen ½ g[utte] m. uff Sinte Michel dor nach abe zcu slan etc. An der schulde ½ g[utte] m. seyn lon uff Sinte Michel beczalt das obirge te[netu]r etc. Und ym ge eret 16 eln groe gewant etc. D[edi]t ½ g[utte] m. uff Weynnachtin[791] etc.[a]

Item Antonius becker seyn yorlon 2 ½ g[utte] m. und 2 par schue vor 4 g[utte] sc. mit ym gerechint und gancz beczalt uff Reminiscere im LI yore d[edi]t seyn valle lon uff Pfingest[in] etc. D[edi]t seyn lon uff Sinte Michel und dor abir 15 g[utte] sc. und 7 eln groe dynir gewant var 1 m. 3 sol. ald[es] dy ele vor 9 sol.

783 1451 Juni 24.
784 Juli 26.
785 September 29.
786 Oktober 28.
787 Dezember 25.
788 Wohl 1451 März 21.
789 1451 Juni 13.
790 September 29.
791 Dezember 25.

und 6 g[utte] sol. seyn valle lon uff Weynnachtin etc. Und im geleg[en] 9 g[utte] sc. uff dy zcu komende Quatertemper etc.

Summa.[b]

a Unterhalb des Eintrags folgt Freiraum bis zum nächsten Eintrag.
b Am unteren Rand geschrieben.

[fol. 200r]
Und 7 eln groe dynir gewant zcu 9 sol. dor zcu 12 sol. und 3 f. aldis etc. Uff Weynnachtin[792] etc.[a]

Item Hans Merkenir stalknecht seyn yor lon 3 g[utte] m. in beczalt und gerechint uff Reminiscere 1 m. 17 sc. *aldis ich ym te[netu]r ½ g[utte] m. uff des Heyligin Lichnammistag so ist seyn yar aus etc. Dor von d[edi]t 4 g[utte] sc. uff Mitfastin etc. D[edi]t seyn valle lan uff des Heyligin Lichnammistag in ge eret mit 1 par schue etc. Und 1 par schue var 4 g[utte] sol. etc.*

Item ich nam Merkenir widder uff vor eynen kellirk[necht] an des Heyligin Lichnammistag genant im LI yare[793] seyn yarlon 2 g[utte] m. und 4 par schue etc. D[edi]t seyn lon uff Sinte Michel[794] etc. D[edi]t uff der XI Tusint Juncfrauwin Tage[795] 2 eln gewant vor[b] 16 sol. und 3 eln ge eret etc. D[edi]t 9 g[utte] sc. uff Weynnachtin etc. D[edi]t 9 g[utte] sc. uff Weynnachtin etc.

Item Hans cleppenir stalknecht seyn yor lon 3 g[utte] m. in gancz beczalt das yor und dor abir 1 firtel yoris van Lucie Virginis[796] bys uff der Czehen Tusint Ritter Tag[797] etc. Uff den tag bleyp her mir schuldig 7 sc. minus 3 d. ald[is] etc. So teth ich ym uff Remi[ni]scere 4 g[utte] sc. etc. Und dor obir 4 g[utte] sc. uff Mitfasten etc. Und uff Pfingest[en] 1 yope vor 1 g[utte] m. und 7 g[utte] sol. und nach 4 g[utte] sol. vor 1 vorgeschue etc.

Summa.[c]

a Unterhalb des Eintrags folgt Freiraum bis zum nächsten Eintrag.
b Folgt Streichung *14*.
c Am unteren Rand geschrieben.

792 Dezember 25.
793 1451 Juni 24.
794 September 29.
795 Oktober 21.
796 Dezember 13.
797 Juni 22.

[fol. 200v]

Item getan an der Elfftusunt Juncfrauwen Tage[798] 8 eln gewant 1 ½ ele leynwot 1 par hanczk[en] und schrotlon und 1 yope 1 m. 22 sc. ald[es] am Abinde Symonis et Jude[799] 6 bechir salcz etc. Und[a] 2 par schu var 9 g[utte] sol. am Abinde Elisabet[800] etc. D[edi]t uff Weynnachtin[801] 1 f. aldis etc. D[edi]t 1 f. aldis uff Weynnachtin etc.[b]

Item Cleyne Hans cleppenir seyn yor lon 9 g[utte] f. mit den stiffeln dor an ich in ere alle yor mit 1 g[utten] f. das obirge beczalt her mir in gancz beczalt und mit ym gerechint uff Reminiscere im LI yare[802] do bleyp her mir schuldig her nach abe zcu slan 1 m. 1 sc. 1 sol. gutt[e] etc. Dor zcu teth ich ym 4 g[utte] sc. etc. Dor obir schrotlon etc. Uff Ostern etc. D[edi]t 6 g[utte] sol. uff Pfingestin etc. Dor van d[edi]t seyn lon uff Pfingest[en][803] und uff Sinte Michel im LI yore[804] etc. Dar obir bleyp her mir schuldig 7 sc. 2 sol. gutt[es] her nach abe zcu slan etc. Und ym gethan ander XI Tusint Juncfrauwin Abindt 8 eln gewandes vor 1 m. 4 sol. aldis und 4 sc. schrotlon etc. Und von weys unde gerste 4 g[utte] sol. und dor abir 1 g[utten] sc. vor rock[en] etc. Nach ym d[edi]t 1 hut und 1 par hanczk[en] vor 2 g[utte] sc. etc. Am Obinde Allir Gottis Heylig[en][805] 9 g[utte] sc. vor stiffeln etc. Uff Weynnachtin 2 g[utte] sc. etc. D.[c]

Summa.[d]

a Wort mit Tintenfleck.
b Unterhalb des Eintrags folgt Freiraum bis zum nächsten Eintrag.
c Buchstabe in Zeile geschrieben ohne weiteren Bezug.
d Am unteren Rand geschrieben.

[fol. 201r]

Item Lorencz Gruse cleppenir seyn yor lon glich Hans cleppenir seynem kompan vorberuret mit ym gerechint unde gancz beczalt uff Reminiscere im LI yare[806] *do bleyp her mir schuldig 2 m. und 9 sol. gutt[es] und 1 f. aldis etc. Und 4 g[utte] sc. uff Ostern etc. D[edi]t 6 g[utte] sol. uff Pfingestin etc.*

798 Oktober 21.
799 Oktober 27.
800 November 18.
801 Dezember 25.
802 1451 März 21.
803 1451 Juni 13.
804 1451 September 29.
805 Oktober 31.
806 1451 März 21.

Item Grose Hans cleppenir ist in seyn dinst gekomen uff Sinte Michel im LI yare[807] seyn yor lon glich seynem kompan im d[edi]t 3 eln groe gewant und schrotlon 29 sol. aldis uff der Elff Tusint Juncfrauwin Abindte[808] und dor abir von Bertek[o]n her dir habin hat 1 m. 22 sol. aldis etc. Und 1 par hanczken vor 3 sol. ald[is] etc. Am Obinde Allir Gotis Heylig[en][809] 9 g[utte] sc. vor stiffeln etc. Uff Weynnachtin[810] 2 g[utte] sc. etc. Und ½ g[utte] m. czins etc.

Item Kappelanike kobelhirte ist zcu mir gekomen uff Unsir Liebin Frauwintage der Lichtmessin im LI yare[811] seyn yor lon 2 g[utte] m. und 1 par bintschue vor 4 g[utte] sc. der blep mir uff den tag schuldig vor sessin czins 1 g[utte] m. und 5 g[utte] sc. vor gewant von dem Saymaitin her nach abe zcu slan etc. Dor zcu tet ich ym uff Reminiscere 4 g[utte] sc. etc. Und uff Pfingestin 29 sol. aldis etc. 4 g[utte] sc. am Tage der Elff Tusint Juncfrauwin etc. Am Obinde Symonis et Jude[812] 14 eln gewant 1 par schu 1 par hanczk[en] 2 m. 6 sol. ald[is] etc. Uff Weynnachtin 4 g[utte] sc. etc.

Summa.[a]

a Am unteren Rand geschrieben.

[fol. 201v]
Item Nickel kobelk[necht] seyn yorlon 2 g[utte] m. und 1 par bintschue vor 4 g[utte] sc. mit ym gerechint und gancz beczalt uff Reminiscere das her mir und ich ym nicht nicht schuldig in blep seyn lon ½ g[utte] m. uff dy czeyt beczalt etc. D[edi]t 4 g[utte] sc. uff Ostern etc. Und 1 g[utten] f. und 1 sol. aldis uff Pfingestin etc. Am Obinde Symonis et Iude[813] 12 eln gewandis 1 par schu 1 par hanczkin 2 m. 2 sol. aldis[a] etc. Uff Weynnachtin[814] 4 g[utte] sc. etc.[b]

Item Dymitter ochsin hirte seyn yor lon 1 ½ g[utte] m. mit ym gerechint und gancz beczalt uff Reminiscere etc. 9 g[utte] sc. bleyp mir schuldig 5 g[utte] sc. seyn lon noch 1 par bint schue vor 4 g[utte] sc. etc. D[edi]t 4 g[utte] sc. uff Ostern etc. Und 1 g[utten] f. und 2 sol. aldis uff Pfingestin etc. D[edi]t uff Weynnachtin 1 g[utten] sc. etc.

Summa.[c]

807 1451 September 29.
808 Oktober 20.
809 Oktober 31.
810 Dezember 25.
811 1451 Februar 2.
812 Oktober 27.
813 Oktober 27.
814 Dezember 25.

a Wort mit Tintenfleck.
b Oberhalb und unterhalb des Eintrags bestehen Freiräume.
c Am unteren Rand geschrieben.

[fol. 202r]

Item Messing sweynhirte und schinder seyn yor lon 2 g[utte] m. und 4 sc. g[utte] vor 1 par bintschue gerechint und in gancz beczalt seyn Quatertemper lon und schindelon uff Remi[ni]scere do blep her mir schuldig 5 g[utte] sc. etc. D[edi]t uff Ostern 21 sol. ald[is] etc. Und[a] uff Pfingestin 29 sol. ald[is] etc. Am Abinde Symo[nis] et Jude[815] 12 eln gewandis 2 par schu 1 par hanczken vor 2 m. 8 sol. ald[is] etc. Und 4 g[utte] sc.[b] uff Mertini[816] etc. Uff Weynnachtin[817] 4 g[utte] sc. etc.[c]

Item Tylen hoffemeystir und seynem weybe fymutter iczlichis 1 Quatertemper ge west by mir sy beyde beczalit unde gerechint uff Letare ir beydir lon 1 g[utte] m. und 7 g[utte] sc. und 3 sol. aldis ym beczalt etc.

Item Orthea schirmacherynne fymutter ist zcu mir gekomen am Tage Ambrosij 3 wochin vor Ostern ir yar lon 2 g[utte] m. etc. Und dor zcu ½ g[utte] m. tranck gelt dorumme sy den pflugk[necht] kochit ab sy das keyg[en] mich vor dynit etc. D[edi]t ½ g[utte] m. uff Ostern etc. D[edi]t uff Pfingstin 1 g[utten] f. mit den schuen do zcog sy von mir etc. Do[d] quam dy newge mutter van dem Pilcze widder in ir stat etc. Dy sal mir dynen dy weyle ich pffleger[818] bin zcu Seestin etc. Item ir geeret 1 par schue etc. Und ir gelegin 2 g[utte] sc. uff Pfingest[en] etc.

Summa.[e]

a Folgt Streichung *1 par schue.*
b Folgt Streichung *4 g[utte].*
c Oberhalb des Eintrags besteht Freiraum.
d Neben der Zeile mit Ergänzungszeichen notiert.
e Am unteren Rand geschrieben.

815 Oktober 27.
816 November 11.
817 Dezember 25.
818 Hug vom Heiligenberg, Erwin, wie S. 44, Anm. 58.

[fol. 202v]

Britte fymutter etc.

Item *ir geeret 1 par schue uff Pfingestin* und gelegin 4 g[utte] sc. uff Sinte Michel[819] etc. Und 1 g[utten] f. etc. D[edi]t ir lon uff Sinte Michel te[netur] 1 g[utten] f. etc. Uff Weynnachten[820] etc. Und 2 g[utte] sc. uff Mertini[821] geeret etc. D[edi]t ir valle lon uff Weynnachtin etc.

Item Katherina von Girkindorff fymayt und gesinde koch im hoffe und sust zcu erbeytin und zcu thun was man sy wirt heyssen glich den andern meydin ir yor lon glich andern meydin 9 g[utte] f. und 2 par schue das eyne uff Sinte Mertin das andir par uff Unser Liebin Frauwintag der Lichtmessin[822] adir 4 g[utte] sol. vor 1 par schue sy ist zcu mir gekomen mit der fymutter gedacht am Tage Ambrosii[823] etc. D[edi]t 2 g[utte] sc. uff Ostern[824] etc. D[edi]t ir lon uff Pfingestin[825] do zcog sy von mir widder etc.[a]

Item Grosse Anne fymayt ir yar lon 9 g[utte] f. und 2 par schue vor 8 g[utte] sol. mit ir gerechint und gancz beczalt uff Reminiscere etc. 15 sc. aldis sy te[netur] mir uff Pfingest[en] 16 sc. 1 sol. aldis etc. D[edi]t 2 g[utte] sc. uff Ostern etc. Und 1 par schue geeret etc. Und 4 g[utte] sc. uff Sinte Michel gelegin etc. Und 2 g[utte] sc. etc. D[edi]t ir lon uff Sinte Michel te[netur] 5 g[utte] sc. und 1 sol. aldis uff Weynnachten etc. Uff Mertini 2 g[utte] sc. ge ert etc. D[edi]t ir volle lon etc. Ir geleg[en] 1 f. ald[is] her nach abe zcu slan etc.

Summa.[b]

a Unterhalb des Eintrags folgt Freiraum bis zum nächsten Eintrag.
b Am unteren Rand geschrieben.

[fol. 203r]

Item Orthea Schile mekelynne ir yor lon 9 g[utte] f. und 2 par schue vor 8 g[utte] sol. mit ir gerechint und gancz beczalt am Tage Reminiscere[826] etc. Sy te[netur] mir uff Pfingestin[827] 5 g[utte] sc. etc. D[edi]t ir lon uff Pfingestin etc. Ir geleg[en] uff Sinte Michel[828] 4 g[utte] sc. etc. Und 2 g[utte] sc. etc. D[edi]t ir

819 September 29.
820 Dezember 25.
821 November 11.
822 Februar 2.
823 April 4.
824 Wohl 1451 April 25.
825 Wohl 1451 Juni 13.
826 Wohl 1451 März 21.
827 Wohl 1451 Juni 13.
828 September 29.

lon uff Sinte Michel te[netur] uff Weynnachtin[829] 5 g[utte] sc. und 3 d. etc. Uff Mertini[830] 2 g[utte] sc. etc. Uff[a] d[edi]t 1 g[utten] sol. ir valle lon und ir gelegen her nach abe zcu slan 1 f. aldis.[b]

Item der alde gense kuhirte ist in seyn dinst gekomen am Tage [c]Dorotea Virginis[c] im LI yore[831] seyn yor lon 2 g[utte] m. und 1 par bintschue vor 4 g[utte] sc. etc. D[edi]t 4 g[utte] sc. uff Mitfastin[832] etc. Und 15 sc. aldis vor 1 par stiffeln von tylen etc. Und uff Pfingestin[833] 8 sc. aldis etc. Am Abinde Symonis et Jude[834] 12 eln gewand[is] und 2 par schu und 1 par hanczkin 2 m. 8 sol. ald[es] etc. D[edi]t 4 g[utte] sc. uff Weynnachtin etc.[d]

Summa.[e]

---

a Folgt Streichung *Weynnachten.*
b Oberhalb und unterhalb des Eintrags bestehen Freiräume.
c Neben der Zeile ergänzt, ersetzt unleserliche Streichung.
d Unterhalb des Eintrags folgt Freiraum bis zum Eintrag *Summa.*
e Am unteren Rand geschrieben.

[fol. 203v]

Petir schrotir etc.[a]

Item her ist uff das newge dinst vor eynen hoffe schrotir zcu mir gekamen am Abinde Urbane im LI yare[835] seyn yor lon 3 m. 8 sc. ald[is] her sal mir alle meyne cleydunge und alle meyne notdorft zcu der kamir das newge und das alde[b] machin und bessern und alle bette cleydunge alle secke tisch tuchir hanttuchir schencktuchir allirley gewant semisch und leynwot was her geheyßen wirt das mit der[c] nalden zcu bessern steet dor zcu sal her Hansen und Mertin und Henczin alle ir aldin cleydunge bessern und flicken nach meynen willen dor zcu so sal her mir 3 armen mannis und dor zcu noch 4 menschin alt adir junck dy zcu meynir kamern dynen mit erbeyt frey haldin das newge und das alde zcu machin noch meynen willen etc. Dor uff ich ym d[edi]t uff Urbane[836] ½ m. 2 sol. g[utte] etc.

Summa.[d]

---

829 Dezember 25.
830 November 11.
831 1451 Februar 6.
832 Wohl 1451 April 4.
833 Wohl 1451 Juni 13.
834 Oktober 27.
835 1451 Mai 24.
836 Mai 25.

a Oberhalb des Eintrags besteht Freiraum.
b Folgt Streichung *[l]*.
c Folgt Streichung *[nod]*.
d Am unteren Rand geschrieben.

[fol. 204r]

Peter schrotir etc.

Item ym d[edi]t uff Pfingestin[837] 4 g[utte] sc. etc. Ym d[edi]t 9 eln groe gewant dy ele vor 4 g[utte] sol. nach ym d[edi]t den fremden schrotern abe zcu lonen vor Stantekon yope brust und mantel 7 g[utte] sc. und var Clement[is] mantel undir yope brust 1 g[utten] f. var Maris yopen und brust und undir rock 5 g[utte] sc. das sal mir der schrotir widder gebin etc. D[edi]t 2 g[utte] sc. uff Weynnachtin[838] etc.[a]

Item Tyle von der Weysinburg und Anna seyn weyb fymutter sint zcu mir gekomen an Sinte Thomas Tag im LI yare[839] ir beydir yor lon 5 g[utte] m. dor uff habe ich in 1 g[utten] f. uff Weynnachtin getan etc.[b]

a Unterhalb des Eintrags folgt Freiraum bis zum nächsten Eintrag.
b Unterhalb des Eintrags folgt Freiraum.

[fol. 204v leer]

[fol. 205r]

Pflugesinde im LI yare etc.

Item Petir Petczschin son ist zcu mir gekomen am Tage Ad Alberti im L yare[840] von dem tage sal her mir III yar dynen dor von ist seyn vatir borge gewordin vor etczliche obil tete Tyburcij[841] getan und vor eynen frewil mir sunderlich te[netur] 3 g[utte] m. etc. So ist seyn yarlon 3 g[utte] m. glich eynem stalk[necht] und 2 g[utte] sc. vor 1 par schue etc. Van dem Tage S[anct] Ad Alberti[842] habe ich in beczalit und nicht an bruchin abegeslagin bys uff der Eelff Tusint Juncfrauwintag[843] ist 26 wochin etc. Item dor neest ym getan an dem Obinde

837 Wohl 1451 Juni 13.
838 Dezember 25.
839 1451 Dezember 21.
840 1450 April 23.
841 Wohl 1449 August 11.
842 April 23.
843 Oktober 21.

Mertini im L yore[844] 9 eln groe gewant vor 1 m. 21 sol. aldis etc. Und dor zcu 9 sol. ald[is] an dem tage etc. Und 4 g[utte] sc. uff Weynnachtin[845] und 1 par schue vor 11 sol. aldis uff Lichtmesse im LI yare[846] etc. Und uff Ostern[847] 4 g[utte] sc. etc. Und 9 sol. vor 1 vor geschue etc. Im d[edi]t uff Pfingestin[848] 1 g[utten] f. etc. Am Obinde Symo[nis] et Jude[849] 6 eln groe gewant und 1 par stiffeln 1 m. 8 sc. ald[es] etc. Und 1 par schue var 9 sol. aldis etc. Und am Obinde Andree[850], [a] 4 sc. vor schue und 4 sc. und 8 sol. schrotlon etc. D[edi]t ½ m. uff Weynnachtin und 1 par schue vor 4 sc. ald[is] etc.

Item[b] Symon schirmachir ist zcu mir geku[m]en uff 3 yor dinst der heysit Symon Hube van Lamegarbin am Tage Ambrosii im LI yare[851] seyn yarlon 3 g[utte] m. und 2 g[utte] sc vor 1 par schue etc. D[edi]t uff Ostern[852] mit den schuen 4 g[utte] sc. im d[edi]t uff Pfingest[en][853] 1 g[utten] f. etc.

Item Matczko pflugtreybir von der Montow 3 eln groe gewant dy ele vor 4 sol. g[utte] und 3 eln leynwot vor 9 sol. aldis und 1 par schue vor 7 sol. aldis etc. Am Obinde Egidij[854] etc. Summa 16 sc. aldis etc.

Summa.[c]

a Doppelt.
b + neben der Zeile ergänzt.
c Am unteren Rand geschrieben.

[fol. 205v]
Item nach dem selbigin Matt[his] Pagedatczsch von der Montow pfluctreybir getan 10 eln groe gewant und 1 hut und schrotlon 1 m. 22 sc. 2 sol. aldis uff der Elff Tusint Juncfrauwin Tag[855] her quam in seyn dinst am Obinde Vis[itationis] Marie im LI yare[856] seyn yarlon 1 ½ m. gutt[es] [und] 1 par schue adir 4 g[utte]

844 1450 November 10.
845 Dezember 25.
846 1451 Februar 2.
847 Wohl 1451 April 25.
848 Wohl 1451 Juni 13.
849 Oktober 27.
850 November 29.
851 1451 April 4.
852 Wohl 1451 April 25.
853 Wohl 1451 Juni 13.
854 August 31.
855 Oktober 21.
856 1451 Juli 1.

sol. etc. Und 3 g[utte] sol. uff Mertini[857] etc. Und 1 par schue vor 6 sol. ald[is] etc.

Item Michel Brosian son ist vor 1 pflugheldir zcu mir gekomen am Tage Ambrasii im LI yare[858] seyn yor lon 3 g[utte] m. und 2 g[utte] sc. vor 1 par schue etc. D[edi]t 4 g[utte] sc. D[edi]t uff Ostern[859] etc. D[edi]t uff Pfingesten[860] 1 g[utten] f. etc. Dedit 4 g[utte] sol. etc. An der Elff Tusint Juncfrauwin Tage[861] im gethan 14 eln groe gewant und 1 firtel und schrotlon und 1 hut vor 2 m. 8 sc. 1 sol. ald[is] und 3 g[utte] sol. uff Mertini etc. D[edi]t am Obinde Andree[862] 4 sc. vor schue und 7 sc. schrotlon etc. D[edi]t 1 f. aldis uff Weynnachtin[863] und 1 par schue vor 9 sol. etc.

Item Mickelis son Matt[is] Bischoff pflugtreybir ist zcu mir gekomen uff Mertini im L yore seyn yor lon 1 ½ g[utte] m. und 4 g[utte] sol. vor 1 par schue etc. D[edi]t 1 g[utten] sc. etc. D[edi]t 11 sol. aldis etc. D[edi]t 2 g[utte] sc. uff Ostern etc. D[edi]t uff Pfingest[en] 1 f. ald[is] und 1 par schue vor 4 sc. ald[is] etc. Im getan an der Elff Tusunt Juncfrauwin Tage 6 eln groe gewant und 1 hut und schrotlon 1 m. 7 sol. aldis etc. Und 3 g[utte] sol. uff Mertini und am Obinde Andree 4 sc. vor schue etc.

Summa.[a]

---

a Am unteren Rand geschrieben.

[fol. 206r]

Item[a] Niclas kemerer pflugheldir ist zcu mir gekomen uff Ambrosij im LI yare[864] seyn yor lon 3 g[utte] m. und 2 g[utte] sc. vor 1 par schue etc. D[edi]t uff Ostern[865] 4 g[utte] sc. mit den schuen etc. In des stete ist Lange Peter von Gerkindorff vorberuret etc.

Item am Abinde Divisio Appostolorum im[b] LI yore[866] quam Marcus Palen pflugtreybir in seyn dinst seyn yor unde wochelon glich andern etc. D[edi]t 1 par schue vor 4 sol. g[utte] etc. D[edi]t 4 g[utte] sol. etc. Im getan am Tage der Elff

---

857 November 11.
858 April 11.
859 Wohl 1451 April 25.
860 Wohl 1451 Juni 13.
861 Oktober 21.
862 November 29.
863 Dezember 25.
864 1451 April 4.
865 Wohl 1451 April 25.
866 1451 Juli 14.

Tusint Juncfrauwen[867] 12 eln gewant schrotlon und 1 hut ond 1 f. ald[is] uff Weynnachtin[868] etc.

Item Yorge Brosian son pflugtreybir ist czu mir gekomen uff Mertini im L yore[869] seyn yor lon 1 ½ g[utte] m. und 4 g[utte] sol. var 1 par schue etc. D[edi]t 1 g[utten] sc. uff Weynnachtin etc. Und 9 g[utte] sol. vor kogel und hut etc. Und ½ g[utte] m. czins vor seynen vatir uff Lichtmessen[870] etc. Und 4 g[utte] sol. uff Remi[ni]scere etc. Und 1 g[utten] sc. uff Ostern etc. Und 7 sol. aldis vor 1 par schue etc. Und seynem vatir 2 scheffel rockins vor 14 sol. aldis uff Pfingestin etc. Und 9 g[utte] sol. uff Pfingest[en] etc. Und 1 par schue var 8 sol. ald[is] etc. Im getan an der Elff Tusint Juncfrauwen Tage 6 g[utte] sol. etc. Summa 2 m. 14 sc. aldis dor obir ich seynem vatir beczalt 7 g[utte] sc. seyn valle lon so gedocht ist etc. Nach vor 1 hut vor 6 sol. ald[es] etc.[c]

Su[mm]a.[d]

a + neben der Zeile ergänzt.

b Folgt Streichung *X*.

c Unterhalb des Eintrags folgt Freiraum bis zum Eintrag *Summa*.

d Am unteren Rand geschrieben.

[fol. 206v]

Item[a] Stanteko Freytag pflugheldir ist zcu mir gekomen im L yare seyn yor lon 3 g[utte] m. und 2 g[utte] sc. vor schue etc. D[edi]t 9 g[utte] sol. vor kogel und hut und 2 g[utte] sc. var schue etc. Und 4 g[utte] sc. uff Ostern etc. Und 1 par schue vor 2 g[utte] sc. etc. Und vor 5 ½ ele groe gewant und vor leynwot und vor schrotlon 1 m. 3 sol. 1 f. aldis etc. In des stete ist Yorge Brosian son varberuret etc.[b]

Item Brosian Mickelis son pflugtreybir ist zcu mir gekomen am Tage Prisce Virginis im LI yare[871] seyn yor lon 1 ½ g[utte] m. und 4 g[utte] sol. vor 1 par schue etc. D[edi]t 9 sol. aldis uff Mitfasten[872] etc. Und uff Ostern[873] 2 g[utte] sc. etc. Und vor 9 eln groe gewant und vor 1 ½ ele leynwot und schrotlon 1 m. 8 sc. 2 sol. aldis etc. D[edi]t uff Pfingestin[874] 8 g[utte] sol. etc. Und 1 par schue

867 Oktober 21.

868 Dezember 25.

869 1450 November 11.

870 Februar 2.

871 1451 Januar 18.

872 Wohl 1451 April 4.

873 Wohl 1451 April 25.

874 Wohl 1451 Juni 13.

vor 7 sol. ald[is] etc. Im getan an der XI Tusint Juncfrauwin Tage[875] 1 hut var 7 sol. ald[is] d[edi]t 8 sol. uff Weynnachtin[876] etc.

Item[c] Matczko Palen von Johansborg ist zcu mir gekomen pflugeheldir uff Mertini im L yare[877] seyn yorlon 3 g[utte] m. 2 g[utte] sc. vor 1 par schue etc. D[edi]t 1 g[utten] sc. etc. D[edi]t abir 4 g[utte] sc. etc. D[edi]t 3 g[utte] sol. etc. D[edi]t 4 g[utte] sol. uff Mitfastin etc. D[edi]t uff Ostern 4 g[utte] sc. mit den schuen etc.

Summa.[d]

a + neben der Zeile ergänzt.
b Unterhalb des Eintrags folgt Freiraum bis zum nächsten Eintrag.
c + neben der Zeile ergänzt.
d Am unteren Rand geschrieben.

[fol. 207r]
Item vor 2 eln groe gewant mit dem schrotlon vor ½ m. 2 sol. aldis dem Palen etc.[a]

Item Thomas Iude pflugtreybir ist zcu mir gekomen am Tage Prisce Virginis im LI yare[878] seyn yor lon 1 ½ g[utte] m. und 4 g[utte] sol. vor 1 par schue d[edi]t 7 sol. aldis und vor groe gewant[e] 15 sc. aldis und 7 sol. aldis schrotlon und uff Ostern[879] 6 g[utte] sol. mit den schuen etc. D[edi]t uff Pfingestin[880] 1 f. ald[is] etc. Und 1 par schue vor 7 sol. ald[is] etc. D[edi]t an Synte Symo[nis] et Iuden Obint[881] 7 eln gewant 21 sc. aldis etc. Und 3 g[utte] sol. uff Mertini[882] etc. Und an dem Obinde Andree[883] 8 sol. schotlon etc. Und 1 par schue vor 8 sol. schrotlon etc. Und 1 par schue vor 7 sol. ald[is] etc. D[edi]t 4 g[utte] sol. uff Weynnachtin[884] etc.[a]

Item Awstin gense pflucktreybir ist in seyn dinst gekomen am Tage des Heyligin Crucis czu neest noch Ostern im LI yare[885] seyn yar lon 1 ½ g[utte] m. und 4 g[utte] sol. glich andern pflugtreybern etc. D[edi]t uff Pfingestin[886] 1 f. ald[is]

875 Oktober 21.
876 Dezember 25.
877 1450 November 11.
878 1451 Januar 18.
879 Wohl 1451 April 25.
880 Wohl 1451 Juni 13.
881 Oktober 27.
882 November 11.
883 November 29.
884 Dezember 25.
885 1451 Mai 3.
886 Wohl 1451 Juni 13.

etc. Und 1 par schue vor 9 sol. ald[is] etc. Im getan an der XI Tusunt Juncfrauwin Tage[887] vor 9 eln gewandis und schrotlon und 1 hut vor 1 m. 14 sc. 3 sol. ald[es] etc. D[edi]t am Obinde Symo[nis] et Jude[888] 4 g[utte] sol. vor schue etc. Und 3 g[utte] sol. uff Mertini[889] d[edi]t 4 g[utte] sol. und 1 par schue vor 4 g[utte] sol. uff Weynnachten etc.

Summa.[b]

---

a Unterhalb des Eintrags folgt Freiraum bis zum nächsten Eintrag.

b Am unteren Rand geschrieben.

[fol. 207v]

Pflugknecht etc.

Item am Sontage vor Elisabet[890] quam Niclos Palen von Jorgin Packaytin czum Reuschindorffe in meyn dinst vor pflughelder seyn yorlon glich andern an dem tage quam mit im seyn bruder zcu Bertekon garn im LI yare und Niclos getan 1 par schue vor 9 sol. am Tage Andree[891] etc. D[edi]t 4 g[utte] sol. und 1 par schue vor 9 sol. uff Weynnachtin[892] etc.[a]

Hoppener etc.

Item ym gethan am Obinde Symonis et Jude[893] 12 elen gewandes 1 par schue vor 1 g[utte] m. etc. Im d[edi]t an Sinte Niclas Tage[894] 1 g[utten] f. etc.[a]

Molner zcu Seestin etc.

Item ym gethan uff steynhauwin 1 g[utte] m. am Abinde Elisabet[895] 10 ½ ele groe gewant dy ele var 9 sol. aldis etc.[b]

---

a Unterhalb des Eintrags folgt Freiraum bis zum nächsten Eintrag.

b Unterhalb des Eintrags folgt Freiraum.

---

887 Oktober 21.

888 Oktober 27.

889 November 11.

890 1451 November 14.

891 November 30.

892 Dezember 25.

893 Oktober 27.

894 Dezember 6.

895 November 18.

[fol. 208r]

Lorencz Gruse zcum Reuschindorffe etc.[a]

Item mit im gerechint am Donnerstage[896] vor Barbare Virginis da bleyp her mir schuldig 3 m. 2 sc. aldis etc. Und dor zcu 17 sc. und 3 d. aldis etc.[b]

Reuschindorff beuten rewbir uff Thome App[osto]le im LI yore[897] etc.

Item der alde Krayel beutenir der hat sich mit mir gericht etc. Mytcze Krayls son beutenir te[netur] frewel etc. Peter Yan beutenir und Fabian seyn bruder beutenir te[nentur] frewel etc. Gregor san und Jan beutenir te[nentur] frewel etc.

Item der Alde Niclos und Jacub te[nentur] frewel und sint rotleute etc. Item Peter Francke und Lange Heynrich te[nentur] frewel etc.

Item dy abin genumptin sint beutener und rotleute und scheppin dy habin mir mit gewalt und frewel meyne geczeychinte beutin bome do wilde benen ynne woren nydder gehauwin das in

a Unterhalb des Eintrags besteht Freiraum.
b Unterhalb des Eintrags folgt Freiraum bis zum nächsten Eintrag.

[fol. 208v]

Reuschindorff beutirs rowbir etc.

Blasie und Mertin meyne dynir vor boten zcu thunde by vor lust ires halsis das in halff nicht sy hywen mir nidder widder meyn gebot meynen geczeychinten großin eych bom mit eynem crucze mit gehulffen der ganczin gemeyndin des dorff[es] dy do pflegin zcu scharwerken etc.

Item Yocub rademechir[a] und Brosian rademachir[b] und Lange Hans und Tredrich und Peter Jan schirmachir etc.

Czu Seestin honig raubir etc.

Item Pocrap[is] scholtus der irste Gregor und Jarge und Baytenike und Balczer und Cleyne Jost dy egenantin habin mir widder meyn gebot sulche gewalt und frewel an meynen benen und eychbom by dem borkwal herte by der yait buden uff dem Meytczin widder meynir dynir gebot getan glich den Rewschindorffern egedocht etc.[c]

896 Wohl 1451 Dezember 2.
897 1451 Dezember 21.

a + über dem Namen ergänzt.
b + über dem Namen ergänzt.
c Unterhalb des Eintrags folgt Freiraum.

[fol. 209r leer]

[fol. 209v]

Malcz von Resil entpff[angen] im LII yare.

Item am Obinde Allir Gotisheyligin[898] entpfing ich aus dem closter 8 leste und 34 s[cheffe]l malcz volkomelich gemessen etc. Dor zcu so lis ich meyn alt malcz uff dem melcz huße messen des was 3 leste und 54 s[cheffe]l malcz volkomelich etc.[a]

Item an dem gedochtin Abinde Allir Gotisheyligin lis ich auch meynen hoppin alt und new messin des was 300 und 21 ½ s[cheffe]l des was 40 ½ scheffel alt hoppin mit den 60 s[cheffe]l grunes hoppins dy ich van Symon Markayme koufte vor 3 m. ald[is] etc.

Item mir wart im LII yare 400 und 64 s[cheffe]l grunes hoppins dor von pflucke lon 1 m. und 22 sc. und darrelon 10 sc. etc.

Konigesberg und Resil salcz im LII yore etc.

Item zcu Konigesberg by der mutter was uff Allir Gotis Heyligin Tag 8 tonnen grop salcz etc. Und in dem clostir zcu Resil 10 tonnen grop salcz etc. So was zcu Seesten uff Sinte Mertins Tag[899] 14 tonnen weys salcz und 4 tonnen grop salcz etc.

a Unterhalb des Eintrags folgt Freiraum bis zum nächsten Eintrag.

[fol. 210r]

Ym LII yore.

Nach der Gebort Unsers Heren XIIIIC und ym LII yore nach der Heyligin Drey Konige Tage[900] habe ich Erwin[901] etc. dis nach geschrebin register lossen an hebin zcu schreybin von irsten den obir louff aus dem LI yore etc.

898 1452 Oktober 31.
899 1452 November 11.
900 1452 Januar 6.
901 Hug vom Heiligenberg, Erwin, wie S. 44, Anm. 58.

Kellir etc. Ym LII yore etc.

Item 1 tonne aldis methis und 1 cleyne ame weynis und 11 tonnen donnes methis und 1 tonne roseneken und 26 tonnen alt bir und 17 tonnen birs und 16 tonnen kovent[is] etc. Und dor zcu so koufte ich uff unsern homeystir[902] 6 tonnen Konigisbergir bir vor 6 m. aldis mit dem halcze und mit der fure etc. Und dor zcu 3 tonnen Reselisch bir vor 2 m. 1 f. aldis etc. Und 2 tonnen Danczkir bir vor 2 m. 16 sc. ald[is] etc.

Item so lis ich von der Heyligin Drey Konige Tage in dem LII yore 4 mersche bir und 1 colacien bir von 2 ½ last malcz brewen dor von so wart mir 45 tonnen birs uff unsern homeystir und 37 tonnen kovent[is] bys uff den Sontag in der Fastnacht[903] zcu iczlichim bire nympt man 8 scheffel hoppin uff das hogiste gerechint ym LII yore egedocht etc.

Item uff Reminiscere[904] vor brewin 30 s[cheffe]l malcz dor von wart 12 tonnen bir und 6 tonnen kavent[is] etc.

Item am Obinde Gregorij Pape[905] wart 30 s[cheffe]l malcz var brewen dor von wart 12 tonnen birs und 4 tonnen kovent[is] etc. Summa 10 m. 22 sc. ald[is].

[fol. 210v]

Kellir ym LII yore etc.

Item am Tage Benedicte Abbat[is][906] wart 30 scheffel malcz vor brewen so gap ich 2 scheffel in den hoff dor von wart 12 tonnen birs und 4 tonnen koventis etc. Item an der Mittewochin noch Palmarium[907] 30 s[cheffe]l malcz vor brewen dor von wart 12 tonnen colacien bir und 8 tonnen kovent[is] etc. Und 2 tonnen birs von Konigesberg vor 1 g[utte] m. etc. Item am Donnerstag nach Philippe et Jacube[908] 30 s[cheffe]l malcz vor brewen und deme pfarnir zcu Seynsburg und deme zcum Pilcze 10 s[cheffe]l malcz gegebin und in den fyhoff und torken 3 s[cheffe]l malcz gegebin etc. Mir wart 10 tonnen birs und 13 tonnen kovent[is] etc.

Summa des getrenck[es] etc.

Item so danne alle getrencke und gebrew im LII yore iczlichis vorberuret ist dor von so was nach am Tage Servartii[909] XIIII Tage vor Pfingestin in den kellern von irstin 5 ½ tonne weyn mete und 24 tonnen alt bir und Danczker und

902 Erlichshausen, Ludwig von, wie S. 53, Anm. 86.
903 1452 Februar 20.
904 Wohl 1452 März 5.
905 März 11.
906 1452 März 21.
907 1452 April 5.
908 1452 Mai 4.
909 1452 Mai 13.

Konigesbergir und Reseler und mersch bir 32 tonnen und 19 tonnen colacien bir und 11 tonnen kovent[is] etc.

Kellir etc.

Item am Pfingest Obinde[910] 30 s[cheffe]l malcz vor brewen dor von wart 11 tonnen bir und 11 tonnen kovent[is] etc.

Summa ausgobe 2 m. ald[is] etc.

[fol. 211r]

Kellir ym LII yore etc.

Item van Pfingestin[911] bys uff Visitationis Marie[912] 1 last malcz zcu czwen colacien birn vor brewen dor von so wart 16 tonnen birs und 22 tonnen kavent[is] etc. Und in der czeyt in den fyhoff und Schile Casparn und dem pfarnir zcum Pilcze 12 s[cheffe]l malcz gegebin etc.

Item von Visitationis Marie bys uff Nativitatis Marie Virginis[913] in den IX wochen und V tagin wart vor brewen 1 last malcz dor van so wart 17 tonnen birs und 25 tonnen kovent[is] etc. In der czeyt quam von Resil 1 tonne birs vor 10 g[utte] sc. mit dem holcze und 1 tonne met[is] vor 1 m. 2 sc. guttis etc. Und nach 1 tonne birs vor 10 g[utte] sc. Item von Nativitatis Marie bys uff Omnium Sanctorum[914] dy sebin wochen und IIII tage wart vor brewen 1 last malcz dor von so wart 17 tonnen birs und 16 tonnen kovent[is] so gap ich von dem malcze zcu Resil dem prior in das closter ½ last malcz so gap ich aus dem melczhusse 16 s[cheffe]l malcz den pristern und den gertenern etc.

Item an Sinte Mertins Obinde[915] 1 tonne honiges vor brewen dor von so wart 5 ½ tonne met[is] und 30 s[cheffe]l malcz vor brewen dor von so wart 8 tonnen birs und 11 tonnen kovent[is] etc. Und vor 1 tonne roseneken und vor 1 tonne birs von Rastinburg 1 ½ m. ald[is] etc.

Item uff Elisabeth[916] var brewen 34 s[cheffe]l malcz mit dem malcze das ich Meyten gap dor von wart 10 tonnen birs und 6 tonnen kovent[is] und 1 tonne birs von Fellenbom vor 10 g[utte] sc. etc. Item am[a] Obinde Andree[917] ½ last malcz vor brewen dor von wart 5 tonnen frisch bir 4 tonnen colacien bir und 5 tonnen kovent[is] etc. Item am Obinde Lucie[918] ½ last malcz vor brewen dor

910 Wohl 1452 Mai 27.
911 1452 Mai 28.
912 1452 Juli 2.
913 1452 September 8.
914 1452 November 1.
915 1452 November 10.
916 1452 November 19.
917 1452 November 29.
918 1452 Dezember 12.

von wart 5 tonnen frisch bir und 4 tonnen colacien bir 5 tonnen kovent etc. Item am Tage Thome App[osto]le[919] ½ last malcz vor brewen dor von wart 6 tonnen frisch bir und 4 tonnen colacien bir[b] und 6 tonnen kovent etc.

a Folgt verwischt Buchstabe *A*.
b Über der Zeile ergänzt.

[fol. 211v]

Koche ym LII yare etc.

Dysse noch geschrebin kochin speyse ist der obir louff aus dem LI yore etc.

Item van irstin ½ ochse ym salcze und 3 hertcz czemmel und 2 bruste 52 brotworste 7 treuge gense 20 buchschincken und von 1 ochsin treuge fleysch und von 6 schepczin fleysch 12 bern klauwin und 9 seyten aldis speckis und 13 smer 3 czemmel und abir 3 bruste und treuge fleysch von 2 wilden sweynen und von 4 bucken treuge fleysch und 6 schock trengir bresem und 6 treuge al unde 7 treuge welse und 1 ½ schock treuge zcandis und 25 treuge hechte 2 scheffel gerstin grutcze und 3 firtel von 1 scheffel habir grutcze und 1 tonne vor Swedeschir pottir dy kaufte ich var 6 m. aldis dy wart uff geslagin dor aus zcu kochin am andirn tage zcu neest der Heyligin Drey Konige Tage im LII yore[920] nach so was zcu notdorft der kochin 12 scheffel erweys etc. Und 4 scheffel hanff soyt den koufte ich vor 3 f. aldis und ½ scheffel moen soyt den kaufte ich var 1 f. aldis und ½ scheff[el] senffis den kaufte ich vor 5 sc. aldis und 1 tonne czwippeln und etczliche reye knobelochis var 20 sc. aldis nach so was dor ynne etczlich pfunt und bechir alis den koufte ich vor 8 sc. ald[is] etc. Summa ausgobe 8 m. 9 sc. ald[is] etc.

[fol. 212r]

Koche ym LII yare etc.

Item so lis ich 26 mast sweyne in dy kochin slan von der Heyligin Drey Konige Tage[921] egedocht bys zcu der Fastnacht[922] dor von dy nutczunge und das in gesnete so gewonlich ist und 13 smer etc.

Item so lis ich in der gedachtin czeyt 3 stucke rintfyes in dy kochin slan dy koufte ich vor 5 m. ald[is] dor zcu so koufte ich von dem Ayweydin 1 elant vor 2 m. 10 sc. aldis mit dem furlone den sante ich dem komptur[923] etc. Dor czu so sante

919 1452 Dezember 21.
920 1452 Januar 6.
921 1452 Januar 6.
922 1452 Februar 22.
923 Wesenthau, Eberhard von, wie S. 53, Anm. 87.

mir der pfleger zcu Rastinburg[924] 1 hirtcz und elant uff dy Fastnacht etc. Dor zcu so koufte ich 3 ree vor 1 ½ m. ald[is] dy sante ich guttin frundin keygin Konigisberg etc. Dor zcu so wordin mir von dem cloppin 3 ree dy wurdin in meynir kochin vor czert etc. Dor zcu so wurdin in der kochin dy czinshuner von Unser Liebin Frauwintag der Lichtmessin[925] fellig seyn 3 ½ schoc[k] huner vor czert etc.

Item so koufte ich uff dy Faste 2 tonnen dorsch vor 2 m. 4 sc. ald[is] und ½ tonne hering vor 2 m. 1 f. aldis etc. So sante mir der pfleger von Bartin[926] ½ tonne morenen etc. So gap ich vor 8 bergir fisch und vor 8 schok flackfisch 2 ½ m. ald[is] uff dy Vaste su[mm]a ausgobe 15 m. 20 sc. aldis etc.

[fol. 212v]

Koche ym LII yore etc.

Item am Tage Vallentin Martir[927] 1 kalp in dy koche gekouft vor 7 g[utte] sol. etc.

Item am gedachtin Tage Vallentini was 2 tonnen grop salcz abir louff und 6 ½ tonne volkomelich weys salcz ym LI yore[a] bys uff den gedachtin tag ym LII yore etc. An dem tage egedocht quomen 2 tonnen grop salcz von Resil in dy kochin etc.

Item in dy koche geslagin 2 ochsin und 2 stucke rathwilt und 1 ree und 1 kalp uff den Donnerstag[928] in der Fastnacht dor vor beczalt 5 m. aldis und var al und pfeffer kuchin vor welsche nosse var eppel und vor bebir czagel und vor kringel uff unsern homeystir[929] 4 m. 8 sol. aldis von Thorn gebracht etc. Item uff dy Ostern[930] 3 stucke rothwildes in dy kochin und 2 kelbir unde 3 czickel vor 7 g[utte] sc. unde var 14 schock eyer 10 g[utte] sc. in dy kochen uff Ostern etc.

Item uff Jeorgij[931] 1 tonne grop salcz und uff Philippe et Jacobe[932] 2 tonnen grop salcz in dy kochin von Resil gebrocht etc. Und 1 rynt vor 2 ½ m. und 4 kelbir vor 3 f. in dy koche gekomen uff Cruce[933] etc.

Summa 14 m. un[de] 4 sc. 4 sol. ald[is] etc.

---

924 Sauer, Wolfgang von, wie S. 88, Anm. 155.
925 1452 Februar 2.
926 Möglicherweise Kalb von Welthusen, Heinrich: Pfleger von Barten (1452 November 22).
927 1452 Februar 14.
928 1452 Februar 24.
929 Erlichshausen, Ludwig von, wie S. 53, Anm. 86.
930 1452 April 9.
931 1452 April 23.
932 1452 Mai 1.
933 1452 Mai 3 oder September 14.

a Folgt Streichung *uf.*

[fol. 213r]

Koche ym LII yare etc.

Item am Pfingest Obinde[934] in dy koche 1 hirtcz und 1 wilt sweyn und 2 wilde kelbir und 2 czame kelbir und 4 czickel vor das allis beczalt 10 sc. aldis und 10 ferkel aus dem hoffe etc. Item von Pfingestin[935] bys uff den Tag Visitationis Marie[936] in dy koche gekomen 1 wilt sweyn und ½ elant kalp dar vor beczalt 1 g[utten] f. und 1 ochßin und 1 kue und 1 bullen zcur kochin beczalt vor 2 g[utte] m. und vor 5 kelbir 9 g[utte] sc. und vor eyer 9 g[utte] sc. und 28 ferkeln aus dem hoffe in dy koche gekomen etc.

Pottern etc.

Item dy vorberurte tonne Swedesche potter hat zcu der kochin geweret bys uff den Obint Johannes et Paule[937] das were XVII wochin so man danne pfleget milch speyse zcu essen dy VII wachin[a] in der Fastin ist abegenomen etc.

Potter etc.

Item am Tage Johannes et Paule[938] egedacht Matt[his] dem kochemeyster 1 tonne potter geweret und dy beczalt vor 6 ½ m. ald[is] mit meynem melken fye in kan ich nicht milch und kese zcu notdorft meynir kochin und pflugesindis notdorf gehabin ich mus dor zcu kouffen etc.

Item von Johannes et Paule egedocht bynnen den III wachin by uff Divisio Appostolorum[939] in dy kochin gekouft und geslagin 1 ochsin 5 kelbir 3 schepczin 23 junge huner vor 11 schok eyer zcu hoffe gerechint 5 m. 1 f. ald[is] etc. Item von der Heyligin Drey Konigetage[940] vil gedocht bys uff den Tag der Apposteln korcz berurete 23 g[utte] m. aufgeg[eben] her noch loutinde etc.

Summa ausgobe 64 m. 4 sc. ald[is].

a Folgt Streichung *d[...].*

934 1452 Mai 27.
935 1452 Mai 28.
936 1452 Juli 2.
937 Juni 25.
938 Juni 26.
939 Juli 15.
940 Januar 6.

[fol. 213v]

Koche ym LII yore etc.

Item so dy dy 23 g[utte] m. korcz beruret ausgegebin sint von irstin dem komptur[941] 7 g[utte] m. in dy Marke und etczlichin brudern des ordins und sust andern begernden leuthin czerunge gegebin unde sust meyn und meynir dynir czerunge zcu Resil Bartinsteyn Konigesberg Schippinpil Rastinburg Seensburg zcum Pilcze und zcu Petczschindorff vor czert und vor tagelon zcu notdorft des heußis und des hoppin und der krewt garthin und vor etczliche eymir[a] und mulden und vor korbe ausgeg[eben] etc. Und sundirlich 3 m. und 4 sc. ald[is] vor allirley planczin und gartin soyt habe ich das vor genante gelt ausgegebin und zcu hoffe gerechint in der gedochtin czeyt etc.

Item am Tage All[exii] des Beychtegers[942] habe ich vor 6 tonnen grop salcz und vor 2 tonnen weys salcz beczalt 10 ½ m. aldis mit der fure etc.

Item so habe ich am gedachtin des Heyligin Beychtigers Tag 3 g[utte] m. vor etczlichin rockins beczalt so danne by den molen beruret ist etc.

Item so habe ich vor 40 wagenrade und vor 8 rade in dy fischwagin und vor 12 pflugrade unde dem schirmachir zcu Seensburg und zcum Reuschindorff und vor 8 tonnen theris und vor etczliche ther mestin und vor 6 schok bestin strenge das allis beczalt und zcu hoffe gerechint am Tage Alexij 14 m. und 1 f. ald[is] summa 30 m. 3 f. ald[is].

a Im Text als *ennir*.

[fol. 214r]

Koche ym LII yare etc.

Item am vil gedachtin Tage des Heyligin Allexij[943] hatte ich nach dy gedachtin 8 tonnen salcz im clostir zcu Resil legin und 30 seytin specks etc.

Item von Resil entpff[angen] 6 tonnen grop salcz und 2 tonnen cleyn salcz am Abinde Nativitatis Marie[944] etc.

Item von dem Tage Divisio Appostolorum[945] bys uff Nativitatis Marie[946] in dy kache geslagen 4 ochsin und 2 rinder dy beczalt vor 12 m. aldis und vor 5 schepczin beczalt 1 m. und 4 sc. aldis und vor 1 kalp 12 sol. und vor 8 gense

941 Wesenthau, Eberhard von, wie S. 53, Anm. 87.
942 1452 Juli 17.
943 1452 Juli 17.
944 1452 September 7.
945 1452 Juli 15.
946 1452 September 8.

und vor 1 schok huner 5 f. und vor 12 schok eyer 20 sc. aldes etc. Und vor 40[a] s[cheffe]l krevis aus dem clostir her noch by den molen beruret 3 m. und 20 sc. aldis etc. Und von Lenkenir 9 schok kese und von dem pfleger zcu Rastinburg[947] 4 schok von dem pfleger zcu Barthin[948] 4 schok und 200 kese von dem komptur zcur Balge[949] 100 kese etc. Von den gedachtin kesen habe ich etczlich schok beczalt vor 4 m. und 1 f. aldis etc. Und vor 31 seytin fleysch von Resil entpff[angin] am Obinde Nativitatis Marie[950] vor 22 m. aldis beczalt etc.

Item am Freytage Egidij[951] uff den abint quam der newge kompthur[952] her keygin Seesten und was den Sonnabint und den Sontag Antonij[953] hir und uff dy nacht zcu Petczschindorff do ich in ouch mit czerunge frey hilt also her keygin Johansburg czog etc. Do vor czerte ich mit ym 9 m. und 1 f. aldis etc. Item von Nativitatis Marie bys uff Mertini[954] in dy kochin geslagin 15 czegin und habir bucke und 9 schepczin dor vor beczalt 4 m. 8 sc. aldis und yn der czeyt geslag[en] 26[b] ochsin vor 37 ½ m. aldis und 2 stucke wildes von Rastinburg entpff[angin] etc. Und von meynir yait 6 ½ stucke wildis dor vor beczalt 2 m. 1 f. ald[is].

a Korrektur durch Streichung aus *45* zu *40*.
b Korrektur durch Rasur aus *21* zu *26*.

[fol. 214v]

Melczhus und backhus ym LII yore etc.

Item uff der Heyligin Drey Konigetag ym LII yore[955] was 3 leste und 49 scheff[el] aldis malcz in dem melczhuße dor zcu so was 100 und 20 scheffel hoppins etc.

Item so was uff dy czeyt in dem melczhusse und in dem backhusse 2 leste und 3 scheffel rockins und meels etc.

Item so was in dem melczhuße uff dy czeyt 9 scheffel aldis weys und 12 scheffel erweys etc.

947 Sauer, Wolfgang von, wie S. 88, Anm. 155.
948 Möglicherweise Kalb von Welthusen, Heinrich, wie S. 287, Anm. 926.
949 Wesenthau, Eberhard von, wie S. 53, Anm. 87.
950 1452 September 7.
951 1452 September 1.
952 Möglicherweise Zolr von Richtenberg, Heinrich: Vogt des Bischofs von Ermland (1436–1437), Großkomtur (1449 Oktober 14–1450 September 2), Oberster Trappier (1450 November–1452 Juli 12), Komtur von Balga (nach 1452 Mai 7–1459 September 8).
953 1452 September 2/3.
954 1452 November 11.
955 1452 Januar 6.

Item so was uff dy czeyt in dem melczhuße 1 last und 49 scheffel aldis habers etc. Dor zcu so sante mir dy burgir von Resil vor eyne erunge ½ laste habers uff Unser Liebin Frauwin Obint der Lichtmessen[956] etc.

Item so koufte ich zcu Rastinburg 10 leste habers vor 32 m. 16 sc. aldis von Lenkenir und von Nyvorgalde und von Milchir etc. Dor czu so koufte ich von meynen leuten 1 last habers vor 2 ½ m. aldis etc. Dor zcu koufte ich zcu Resil 10 ½ last minus 1 ½ scheffel habers vor 38 m. und 1 f. aldis von dem pfarnir von Schonenflis von Albrecht von Bertolt etc. Summa ausgabe 73 m. 10 sc. ald[is] vor den habir etc.

[fol. 215r]

Habir aus der schewnen yndem LII yore etc.

Item mir wart 47 scheffel habers aus meynir schewnen von der Heyligin Drey Konige Tage[957] egedacht bys uff Unsir Liebin Frauwintag der Lichtmessen[958] das was das irste und das letczste uff hebin in der czeyt von dem newgin habir was dor obir gewachsin was das lis ich hacken etc.

S[u]mmarum alle des habers so egedocht ist 24 leste unde 34 ½ scheffel dy ausgobe dor vor egedacht etc. Item so koufte ich am Sontage Philippe et Jacube 1 last habers vor 3 m. 3 f. etc.

Soymir soyt im LII yore.

Item in das felt hinder der dorff kirchin 4 leste und 34 s[cheffe]l habirs geseyget und 1 last und 23 s[cheffe]l gersten und 4 ½ s[cheffe]l erweys dor vor beczalt ½ g[utte] m. etc.[a]

a Unterhalb des Eintrags folgt Freiraum.

[fol. 215v]

Aus der schewnen in LII yore.

Item von der Heyligin Drey Konige Tage[959] in dem yore bys uff den Sontag nach Unser Liebin Frauwintag der Lichtmessen[960] wart mir aus der schewnen obir al von drin tonnen 2 leste und 13 scheff[el] korn mit dem esterich etc.

Item in der gedachtin czeyt wart mir aus der schewnen 53 scheff[el] gerste mit dem esterich etc.

956 1452 Februar 1.
957 1452 Januar 6.
958 1452 Februar 2.
959 1452 Januar 6.
960 1452 Februar 6.

Item von Girkindorff abetronstig korn 18 scheffel dor zcu gekouft 5 scheffel vor 10 sc. ald[is] und 1 scheff[el] weys vor 6 sol. aldis und 10 scheffel gersten vor 20 sc. aldis beczalt und vor 6 s[cheffe]l habers 18 sol. aldis beczalt am Tage[a] Vallentini Martiris[961] etc.

Item am Sonnabinde in der Fastnacht[962] van dem Polnischindorffe von den wustin hubin 13 s[cheffe]l kornis entpff[angin] etc. Und aus meynir schewnen 45 s[cheffe]l weys mit dem esterich und 1 last und 24 s[cheffe]l gerste mit dem efterich aus der schewnen entpff[angen] etc. Item am Abinde Reminiscere[963] aus der schewnen 32 s[cheffe]l weys mit dem efterich etc.

Item van der Heylig[in] Drey Konigetage bys uff Gregorii Pape[964] 4 ½ m. aldis vor hackelon etc.

Summa ausgobe 6 m. 9 sol. ald[is].

a Folgt Streichung *Antonij Ma[rie].*

[fol. 216r]

Aus der schewnen ym LII yore etc.

Item am Obinde Gregorii Pape[965] egedacht aus der schewnen entpff[angen] das letczste uff hebin von dem aldin weys und des nicht me zcu dresschin in was etc. 43 scheffel mit dem esterich etc. So wart uff gehabin andem tage 1 last und 53 scheffel gersten mit dem esterich etc.

Item am Obinde Unser Liebin Frauwin n[ach] Ostern[966] aus der schewnen entpff[angen] 1 last und 14 scheffel gerste mit dem esterich etc. Item am Obinde Palmarum[967] das letczste uff hebin von dem rocken 14 s[cheffe]l mit dem esterich etc. So wart am Tage Jeogrij des Heyligen Retters[968] 1 ½ last und 9 s[cheffe]l gersten uff gehaben mit den esterich etc.

Item von Gregorii Pape[969] egedocht bys uff Jeorgij Martir[970] ouch gedocht beczalte ich hackelon 7 m. und 1 f. ald[is] etc.

961 1452 Februar 14.
962 1452 Februar 19.
963 1452 März 4.
964 1452 März 12.
965 1452 März 11.
966 1452 Juli 1.
967 1452 April 1.
968 1452 April 23.
969 1452 März 12.
970 1452 April 23.

Item am Obinde Philippe et Jacube[971] 58 s[cheffe]l gersten mit dem esterich uff gehabin etc.

Item am Pfingest Obinde[972] das letczste uff hebin von der gersten 1 last 48 s[cheffe]l mit dem esterich etc. Dor von so wart geseygit so vorberuret ist etc.[a]

Summa ausgobe 7 m. 1 f. ald[is].

a Unterhalb des Eintrags folgt Freiraum bis zum nächsten Eintrag.

[fol. 216v]

Aus der schewnen im LII yore etc.

Item an Sinte Gallen Tage[973] geschach das irste uff hebin von dem newgin getreyde dyssin wynter des 49 s[cheffe]l kornis mit deme esterich etc.

Item dor nach an Sinte Mertins Obinde[974] uff gehoubin 1 last und 25 s[cheffe]l kornis mit dem esterich etc. Item an Sinte Katharinen Obint[975] 39 s[cheffe]l erweys mit dem esterich uff gehabin und nicht me was zcu dresschin etc. Item am Obinde Lucie[976] uff gehabin 1 last kornis mit dem effterich etc.

Item an des Heyligin Cristus Obinde[977] uff gehaubin 2 leste und 4 s[cheffe]l rockins mit dem esterich etc. Und 25 s[cheffe]l kornis von Mertinsdorff von dem wustin etc. Und 6 s[cheffe]l habers gedresschin etc. Item mit 34 sweynen vor mast[a] 4 s[cheffe]l erweys und 2 leste und 25 s[cheffe]l rockins dor zcu cleyen unde steyn meel etc.

Melczhaus etc.

Item der hoppenir hat von der Heyligin Drey Konige Tage[978] bys uff Pfingestin[979] 2 ½ last gerstin vor melczet in der czeyt hat Matt[his] 1 last und 40 s[cheffe]l gerste gemelczet und 40 s[cheffe]l weys und 1 last habir etc. Dy summa 5 leste und 50 s[cheffe]l vor melczet etc. Dor von so ist malcz gewordin 6 ½ last meyn gewyn[a] were 40 s[cheffe]l etc. So was noch von dem aldin malcze

971 1452 April 30.
972 1452 Mai 27.
973 1452 Oktober 16.
974 1452 November 10.
975 1452 November 24.
976 1452 Dezember 12.
977 1452 Dezember 24.
978 1452 Januar 6.
979 1452 Mai 28.

so vorberuret ist 1 ½ last etc. Also das 8 leste malcz volkomelich lag uff dem melcz husse am Tage Philippe et Jacube[980] etc.

a Folgt Streichung, unleserlich.

[fol. 217r]

Aus den drin molen Seynsburg Seestin Pilcz innam ym LII yore.

Item am Sonnobinde vor der Fastnacht[981] aus der mole Seynsburg 40 s[cheffe]l kornis 5 ½ s[cheffe]l weys 20 s[cheffe]l malcz 5 s[cheffe]l as etc. Aus der mole Seesten 28 s[cheffe]l kornis 3 s[cheffe]l weys 12 s[cheffe]l malcz 4 s[cheffe]l as etc. Aus der mole Pilcz 13 s[cheffe]l kornis und nicht me etc. Item am Grunen Donnerstage[982] aus der mole Seynsburg entpff[angen] 41 ½ s[cheffe]l rockins und 24 s[cheffe]l malcz und 4 ½ s[cheffe]l weys und 2 ½ s[cheffe]l os etc. Aus der mole Seesten 30 s[cheffe]l kornis und 6 s[cheffe]l malcz und 5 s[cheffe]l weys und 3 s[cheffe]l os etc. Aus der mole Pilcz 15 ½ s[cheffe]l kornis und 3 s[cheffe]l malcz und ½ s[cheffe]l weys etc.

Item am Pfingestobinde[983] aus den molen entpfangin von irst von Seynsburg 36 s[cheffe]l kornis und 30 s[cheffe]l malcz unde 4 s[cheffe]l weys und 5 s[cheffe]l os etc. Aus der mole Pilcz 10 s[cheffe]l kornis 4 s[cheffe]l malcz 2 s[cheffe]l os etc. Aus der mole Seesten 26 s[cheffe]l kornis 10 s[cheffe]l malcz und 2 ½ s[cheffe]l weys 2 s[cheffe]l os etc.

Aus der mole Seensburg etc.

Item am Obinde Visitationis Marie[984] aus der mole Seensburg 22 ½ s[cheffe]l kornis 2 s[cheffe]l weys 15 s[cheffe]l malcz 5 s[cheffe]l as etc. Aus der mole Seestin 17 s[cheffe]l kornis 1 s[cheffe]l weys 5 s[cheffe]l malcz 3 s[cheffe]l as etc. Aus der mole Pilcz 14 s[cheffe]l kornis und 1 s[cheffe]l as etc. Item an dem tage von Resil aus d[em] clostir 40 s[cheffe]l kornis entpff[angin] etc.

[fol. 217v]

Molen etc.

Item am Obinde Unser Liebin Frauwin der Worczeweyunge[985] von Resil 40 s[cheffe]l rock[ins] entpff[angin] etc. Und aus der molen Pilcz 9 ½ s[cheffe]l kornis und 2 ½ s[cheffe]l malcz etc. Und aus der mole Seestin 20 s[cheffe]l

980 1452 Mai 1.
981 1452 Februar 19.
982 1452 April 6.
983 1452 Mai 27.
984 1452 Juli 1.
985 August 14.

kornis und 4 ½ s[cheffe]l malcz 2 s[cheffe]l as etc. Und 1 s[cheffe]l weys etc. Und aus der molen Seensburg 21 s[cheffe]l kornis von 3 s[cheffe]l malcz etc. Item am Tage Galle[986] aus der mole Seensburg entpfang[en] 52 s[cheffe]l kornis und 28 ½ s[cheffe]l malcz und 4 s[cheffe]l weys und 10 s[cheffe]l as etc. Aus der mole Seestin 31 s[cheffe]l kornis 8 s[cheffe]l malcz 5 ½ weys 3 ½ s[cheffe]l as etc. Aus der mole Pilcz entpff[angin] 31 s[cheffe]l kornis 3 s[cheffe]l malcz ½ s[cheffe]l weys 2 ½ s[cheffe]l as etc. Item am selbigin Tage Galle czag der alde molnir aus der molen und der newge molnir czog der yn der sal III yor vort an darynne bleybin etc.

Item am Obinde Andree[987], [a] aus der mole Seensburg entpffangin 50 s[cheffe]l korn und 5 s[cheffe]l weys und 4 ½ s[cheffe]l as etc. Aus der mole Seesten 27 ½ s[cheffe]l korn und 2 ½ s[cheffe]l weys 6 s[cheffe]l malcz 4 s[cheffe]l as etc. Aus der mole Pilcz 30 s[cheffe]l korn etc.[b]

a Folgt verwischt Buchstabe *a*.
b Unterhalb des Eintrags folgt Freiraum.

[fol. 218r]

Backheus czu Seesten im LII yare etc.

Summa von der Heyligin Drey Konige Tage an zcu hebin in dem LII yore[988] bys widder uff der Heyligin Drey Konige Tage in das LIII yar[989] wart vor backen 16 leste und 24 s[cheffe]l rockens und 33 s[cheffe]l weyses dor von so liff obir an dem rocken mele 2 scheffel in das gedachte LIII yor das wore in der summe dy 16 leste und 57 scheffel etc.

Keller zcu Seesten in dem LII yore etc.

Summa in dem egedachtin yore so wart zcu Seesten vor brewen und in den fyhoff dem hoffemeyster der mutter und meyden und den pflugknechtin zcu schencke bir gegebin 13 leste und 17 s[cheffe]l malcz man nympt allis 30 s[cheffe]l malcz und 8 s[cheffe]l hoppins zcu eynem gebrew is sey merczsch bir colacien bir adir kovent[es] etc.

Item von eynem merczschin bire so wirt mir 6 tonnen valkomelich wan si vol geren ist und dor zcu 3 adir 4 tonnen colacien bir und dor zcu 7 adir by 8 tonnen kovent[is] etc.

986 Oktober 16.
987 November 29.
988 1452 Januar 6.
989 1453 Januar 6.

Item so wirt mir von eynem colacien bire 11 adir 12 tonnen und 8 adir 9 tonnen kovent[is] etc.

Item so wirt mir von eynem kovent 16 17 adir 18 tonnen kovent[is] etc.

Summa alle des bires das ich in dem gedochtin yare hatte mit dem aldin bi[r] und mit dem fremdin kouff bire 500 und 4 tonnen birs etc.

[fol. 218v leer][a]

---

a Die Seite ist mit Restaurationspapier beklebt. Vermutlich standen auf der Seite keine weiteren Angaben.

[fol. 1r]

Item dit na gescreven ys de notdorfft de men den dyneren to Schonse plecht to geven.

Item ychlikem dynere 8 ellen schon gewant [a]gekrumpen[a] edder 4 m. dar vor un[de] 1 ½ m. schu gelt.

Item vor de winternotdorft 8 ellen grawe gewant gekrumpen[b] edder 5 f. dar vor eyme ichliken un[de] ok 1 ½ m. schu gelt.

Item dem rydekoke un[de] dem kokemester den gifft ok eyme ichlikeme alze eyme dyner.

Item 1 gude m. gifft men thu offer gelde in de gemeyne den dyneren.

Item dem rydesmede gelike eyme dyner syn lan.[c]

Item dyt ys dat gesingelon[d] to Schonse[e] ichgelike Quatertempe[r].

Item 1 m. dem cappellan.

Item 15 sc. dem schulre.

Item 1 m. 4 sol. dem kelre knechte.

Item 1 m. 4 sol. dem huskoke.

Item 1 m. 4 sol. dem becker.

Item 15 sc. des beckers kumpan.

Item 15 sc. dem bruwer.

Item 5 f. den beyden dorwerdern.

Item 7 ½ f. den dren karffis knechten ichlikem 15 sc. den de dat holt up dat huß furen.

Item 3 f. dem garmester.

Item[f] 15 sc. syme kumppan.

Item 1 m. dem bodeker to Torun.

Item 15 sc. des kellermeysters un[de] ku[m]ppe[n]s stal knecht.

Item 1 m. der muter im hoffe.

Item 5 f. twen meygeden.

---

a Über der Zeile ergänzt.
b Folgt Streichung *5*.
c Unterhalb des Eintrags folgt Freiraum bis zum nächsten Eintrag.
d Sic.
e Folgt Streichung *alle*.
f Vor dem Wort Tintenfleck.

[fol. 1v]

Item 15 sc. deme veymeyster.

Item 1 m. deme swynherden.

Item 5 f. deme kuherden.

Item 1 m. deme karffen hern.

Item 3 f. der muter im karffen.

Item 5 f. deme kobelherden.

Item 1 gude m. dem scheper.

Item 1 m. deme hoffemester to Czychow.

Item 3 f. der muter to[a] Czychow.

Item 15 sc. dem herden to Czychow yde[m] 1 m. von den pferden.

[b][Summa] dess[er] oven gescreven rekenunge 24 m. 3 f. minus 3[c] sol.[b]

Item Loreke de vischmester ys gemydet eyn iar vor 8 m.

Item de smede knecht ys gemydet eyn iar vor 4 m. un[de] 1 par schu doruff hot her entphangen 2 ½ m. und 1 par schw.

Item des hern wagenknecht 1 m. de Quaterte[m]per.

Item deme oversten stalknechte 8 m. eyn iar.[d]

---

a Über der Zeile ergänzt.
b Dieser Eintrag ist mit dem Zeichen < am Zeilenanfang und mit dem Zeichen > am Zeilenende markiert. *Summa* korrigiert, evtl. aus *Supra*.
c Folgt Streichung *d*.
d Unterhalb des Eintrags folgt Freiraum.

[fol. 2r]
Item so sich de hern berichten den dach gifft men en ere fleyschkanne id gevalle up den Fridach ader Sonavent.

Item so schencket men in den heren tyden Ostern Pindest[e]n etc. Des abundes colla[cio] 2 druncke collacien bir 2 druncke olt bir ader mede un[de] thom[e] lesten den 6ten tring koffent.

Item ades morgens over dische 2 druncke collacien bir un[de] 2 druncke ald bir.

Item ade fleysch kanne is van 6 steuffen wenne wen der her[990] tho heymen im huße ist so gifft men den dyneren 6 steuffe collacien bir wenne her ewer nicht thu heyme ist so gifft men en 3 steuffe un[de] 3 broth un[de] eyne schutczele mit fleysche.

Item wenne sich de hern berichten so wil der kokemester un[de] der ridekok hebben.

Item ade dor werder der solen helpen bruwen water treden dat huß reyne maken bir faten holt howen th[om] bruwen so id not deyth.

Sunder de nederste dorwerder sal de bade stofe heyten wenne man des bederff.

Item de overste dorwerder sal den winter das reybenther heysen wenne men des behuffet.

Item thu winter holdet men 3 karff[is] knechte de wile men heytet und[e] sy furen alle dage 2 fuder holt ichliker uthgenomen wenner sye nicht meel un[de] molt furen un[de] im somer in furen holt des dages.[a]

a Unterhalb des Eintrags folgt Freiraum.

[fol. 2v leer]

[fol. 3r]
Item dat gesingelon thu Bothe.

Item 1 m. der muter.

Item 7 ½ f. dren meygeden.

Item 1 m. deme hoffeknechte.

Item 1 m. deme svinherden un[de] kuherden.

Item 5 f. deme kobelherden.

Item 1 m. deme vischer.

990 Egloffstein, Georg von: Vogt von der Neumark (1441 Juni–1448 November), Komtur von Schönsee (1448 November 11–1453 Oktober 19) und zgl. Vogt von Leipe (1448 November 11–1454 Februar).

Item 2 m. deme scheper vor 400 schape.[a]

Sump[a][b] 9 m. 3 sc.[a]

Item gesingelon thur Lyppe.

Item 1 m. der muter.

Item 5 f. twen meygeden.

Item 5 f. deme kobelherden.

Item 3 f. deme follenknechte.

Item 1 m. deme hoffeknechte.

Item[c] 5 f. deme kuherden.

Item 1 m. deme vischer.

Item.[a]

Summa 7 ½ m.[d]

---

a Unterhalb des Eintrags folgt Freiraum bis zum nächsten Eintrag.
b Im Text als *Supra*.
c Folgt Streichung *1*.
d Unterhalb des Eintrags folgt.

[fol. 3v–6v leer]

[fol. 7r]

Dis nochgeschrebene getreyde unde gelt habe ich Matt[is] Gasse entpfangen alze ich am aller irst hovemeister wart zcur Leyppe.

Lißow.

Malcher d[edi]t ½ last korn ken der Leyppe an den czins.

Michel d[edi]t 12 s[cheffe]l habir an den czins.

Herman 8 s[cheffe]l habir an den czins.

Tlutschemast d[edi]t 10 s[cheffe]l gerste an den czins.[a]

Drenow.

Steske d[edi]t 13 ½ s[cheffe]l korn an den czins.

Item d[edi]t 3 seyten fleisch.[b]

Iserlo.

Doring d[edi]t ½ last un[de] 4 s[cho]k habir an den czins.

Der alde kretczmer d[edi]t 18 s[cheffe]l gerste an den czins.[b]

Malkow.

Der scholtcze d[edi]t 27 s[cheffe]l haber.

Idem d[edi]t 1 m. an den czins.[c]

---

a Folgt Streichung *Stentczel d[edi]t 15 sc. vor hoy*. Unterhalb des Eintrags folgt Freiraum bis zum nächsten Eintrag.

b Unterhalb des Eintrags folgt Freiraum bis zum nächsten Eintrag.

c Unterhalb des Eintrags folgt Freiraum.

[fol. 7v]

Pampersee.

Der kretczmer d[edi]t 5 f. vor hoy am czinse.

Der scholtcze d[edi]t 1 m. 9 sc. v[or] hoy.

Idem d[edi]t 16 s[cheffe]l habir of den czins.[a]

Krossin.

Der kretczmer d[edi]t 1 m.

Item d[edi]t 1 m. of dy Ostern.[a]

Vom hern[991] entpfangen 1 rh. gld. un[de] 3 alde f.[a]

Ich habe vorkoft vor 4 ½ f. vische.[a]

Ich habe eynen kessil vorkoft mit des kompans wissen vor 9 sol.[a]

Ich habe mit der mutter ken Thorn gesant ½ to. potter.

Item vor 1 ½ m. kese hot dy mutter vorkoft un[de] daz gelt entpfing Iohan un[de] dy potter dor czu.[a]

Summa der entpfounge 6 m. 7 sc. minus ½ sol.

---

a Unterhalb des Eintrags folgt Freiraum bis zum nächsten Eintrag.

[fol. 8r]

Dis noch geschrebene getreyde und[e] gelt habe ich widder owsgeg[eben].

Item ken Thorn 2 leste un[de] 15 s[cheffe]l korn geantwert.

Item 4 leste und[e] 7 s[cheffe]l korn ken Thorn geantwerth.

Item kem Botin ½ last korn.

---

991 Wahrscheinlich Egloffstein, Georg von, wie S. 299, Anm. 990.

Item dem hovemanne gelegin 50 s[cheffe]l korn.

Item dem hovemanne zcu Fiddelhusin ½ last und[e] 1 s[cheffe]l korn.

Item 12 leste korn minus 17 s[cheffe]l kem Kolmen geantwert.

Item 1 last erwissin kem Kolmen geantwert.[a]

Den vischern 5 s[cheffe]l korn g[e]g[eben] of ir lon.

Item dem smede 4 s[cheffe]l korn.

Dem schicker 4 s[cheffe]l korn.

Dem kobilhirten 15 s[cheffe]l korn.

Dem kwhirten 7 s[cheffe]l korn.

Item.[b]

a Unterhalb des Eintrags folgt Freiraum bis zum nächsten Eintrag.
b Unterhalb des Eintrags folgt Freiraum.

[fol. 8v]

Dis nochgeschrebene gelt hab ich widder ows g[e]g[eben].

Item den dreschirn 1 m. g[e]g[eben] mit des kompans wissen.

Item eyner mait ½ f. of ir lon.

Item 2 meydin 5 f. g[e]g[eben].

Item 1 m. g[e]g[eben] vor hoy.

Item den meydin g[e]g[eben] 13 sol.

Item dem howsk[umpthur][a] 6 sol.

Item 5 f. g[e]g[eben] vor hoy Symonynne vom Berge.[b]

Dem heckir 10 sc.

Item dem heckir 9 sol.

Item dem kwhirten 6 sol.

Dem kobilhirten 4 sc.

Item 19 sc. g[e]g[eben] vor garn zcur kleppe.

Item 3 f. vor exßen.

Item 1 f. g[e]g[eben] vor 1 ax zcu stelin.

Item vor 10 sc. lichte gekoft.

Item ½ m. vor strenge zcum garn.

Item 12 sol. vor somen zcu seen.

Item 7 sol. vor 1 schok strenge.

Item 9 sol. vor 1 kessil zcu flicken.

Item 15 sc. g[e]g[eben] vor hoy Stentczel zcu Lißow.[b]

Su[mma] der ows gobe 9 ½ m. 1 sc. 2 sol.

---

a Folgt Streichung *1*.

b Unterhalb des Eintrags folgt Freiraum bis zum nächsten Eintrag.

[fol. 9r leer]

[fol. 9v]

Dis nochgeschrebene gelt habe ich entpfangen sint dem neuwin im LIIIten.

Item 2 ½ m. in die Io[han]nis Bap[tis]te.[992]

Item 3 m. am Obinde Margarethe.[993]

Item 1 f. die Steffani.[994]

Item ½ m. entpfangen vo[m] schreiber.

Item 4 sc.

Item 7 sol.

Item 20 sc.

Item 1 m. von Groschin.

Item 1 m. von der mutter mir von Thorn gesanth.

Item 3 m. zcur Leyppe entpfangen.

Item von Iohan 3 m.

Item 5 m. vor kese.

Item ½ m. von Malchir zcu Lißow.

Item 2 m. entpfangen vom meyme hern voyte.[995]

Item entpfangin 4 ½ m. vom kompan of drescher minus ½ f.[a]

Su[mma] 27 m. 5 sc. 2 sol. von der *owsgobe* entpfangen.

---

992 1453 Juni 24.

993 1453 Juli 12.

994 1453 August 2.

995 Egloffstein, Georg von, wie S. 299, Anm. 990.

a Unterhalb des Eintrags folgt Freiraum bis zum nächsten Eintrag.

[fol. 10r]

Gerechint daz fy zcur Leypen of dy Qua[ter]temper Mich[ae]lis am Freytage noch Francisci im LII[996] alze Matt[is] Gasse hovemeister wart.

Item 1 schok un[de] 4 cziendir pferde.

Item 3 mandiln minus 2 folin.

Item ½ schok melker kw.

Item 9 czegin.

Item 12 un[de] ½ schok gelderku.

Item 5 plucku hot der hoveman.

Item 4 schok 21 sweyn.

Item 450 un[de] 17 schoffe.

Item 13 gense.

Item 4 kessil der 5[te ist] bose.

Item 1 gropin 1 brotspis.

Item 1 dreybeyn 1 rost.

Item 3 beslagene emer un[de] 4 unbeslagene emer.

Item 4 milch muldin 3 czobir.

Item 4 holtcz exsen.

Item 5 slosse un[de] 1 vesser slos 1 kessel kethe.[a]

Viddelhusin eodem die.

Item 12 czinder pferde.

Item 15 czinder ochsin.

Item 2 pflucku un[de] 1 zcu mitte.[b]

a Unterhalb des Eintrags folgt Freiraum bis zum nächsten Eintrag.
b Unterhalb des Eintrags folgt Freiraum.

996 1452 Oktober 6.

[fol. 10v leer]

[fol. 10ar]
Deme hovemeister 2½ m. g[e]g[eben] of den weith die Io[ha]nis Bap[tis]te.[997]

Item 3 m. g[e]g[eben] am Obinde Margarethe.[998]

Item 1 f. g[e]g[eben] am Freytage Steffani.

Item 4 sc. g[e]g[eben] in Vigilia Assump[ti]onis.[999]

Item 7 sol. eod[em] die.

Item ½ m. g[e]g[eben] of drescher.

Item 20 sc. of dreschers.

Item 1 m. gesant mit Groschin.

Item 4 ½ m. minus ½ f. of drescher g[e]g[eben] die Egidij.[1000]

Item 1 m. gesant mit der mutter.

Item 3 m. g[e]g[eben] zcur Leyppe D[omi]nica p[ost] Remigij of dreschir.

[a]Su[mm]a 16 ½ m. 8 sc. 2 [sol.].[a]

a Durch andere Hand ergänzt. Unterhalb des Eintrags folgt Freiraum.

[fol. 10av leer]

[fol. 11r]
Item außge[ge]ben den hauern czů Schönse 16 f.[a]

Item den snytte[re] czů Cheiczaw 1 m. ydem 3 f.[b]

Item 21 sol. 7 frawen 1 ½ tag dy den mahen auß czogen.

Item ½ m. gegeben einen botten von Deuchczen Landen.[b]

Item ½ m. verczert Hans czu Thoran.[b]

Item 3 m. [c]4 sol.[c] gekauft fur 8 schöck kes 3 sch[ock] czu 9 sc. und 4 sol. dy andren zcu 9 sc.

Item kes verkauft [d]20 sc[hock] kes czur Leyppe.[d]

997 Juni 24.
998 Juli 12.
999 August 14.
1000 September 1.

a Folgt Streichung *Item.* Unterhalb des Eintrags folgt Freiraum bis zum nächsten Eintrag.
b Unterhalb des Eintrags folgt Freiraum bis zum nächsten Eintrag.
c Über der Zeile ergänzt.
d Über der Zeile ergänzt, darunter gestrichen *weys [warthes]wol dor von gegebin 14 sol. fur leynwat.*

[fol. 11v]

Item 2 ½ m. 12 sol. geben 9 kerel czu decken dy schuren czur Leyppe VI tag den tag 3 alt sol.[a]

Item ½ m. 3 sol. in kerel gegeben dy dy schewrn reumtten.

Item 3 ½ thunnen 1 f[irtel] butter vom [B]otten.

Item 47 ½ schock kes geantwort biß auff Egidij.[b]

Item 1 m. 22 ½ sol. fur den weyt czů stősen czur Leypp das ander mol das erst ist nicht gerechent.[c]

Item 9[d] m. 1 f.[e] kost der weyt mit allen czewey mol abczů stossen mit allen und 9 sol.

a Oberhalb des Eintrags besteht Freiraum.
b Unterhalb des Eintrags folgt Freiraum bis zum nächsten Eintrag.
c Folgt Streichung *Item 6 m. 2 sc. 1 sol. kost der weyt an den czum [B]otten.*
d Über der Zeile ergänzt, darunter Streichung *8.*
e Folgt Streichung *3 sol.*

[fol. 12r]

Item dem smyd 10 sc. czur Leypp gegeben.[a]

Item 8 sc. den czwein gegeben dy gesnytten haben czur Leypp yde[m] ½ m.

Item[b] 6 schock korns ist gefallen czu Cowicz das man dressen sal.[c]

Item 23 ½ schock k[ornis] czu vuybit das man dressen sal.[d]

Item dem dresser czu Schonse 8 sc. gegeben der schicker.

a Unterhalb des Eintrags folgt Freiraum bis zum nächsten Eintrag.
b Folgt Streichung *10.*
c Folgt Streichung *Item 14 schock k[ornis] gefallen czur Drenaw von dem.*
d Unterhalb des Eintrags folgt Freiraum bis zum nächsten Eintrag.

[fol. 12v]

Item der schicker hat entpfangen 26 m.[a] Item d[edi]t 9[b] m. d[edi]t 7 m. d[edi]t 1 m. Item ½ m. d[edi]t ½ m.

Item czum [B]otten gegeben czů sneyden 28 ½ m. 1 f. alt gelt fur 115 m. den morgen czů s[neyden].

Item 24 m. 1 f. fůr 100 morgen minus 3 morgen czu Fydelhusen.

Item 56 m. 3 sc. fůr 244 ½ morgen czůr Leyppe und Stŏrczwal.

Item 88 ½ morgen czum Schŏnse gesnitten das macht an geld 22 m. 9 sc. Item 28 morgen gehawen czu 11 sol. dem morgen das macht 5 m. 3 sc.

Item der schicker hot dem hern[1001] gelehen 8 m. Item t[enetu]r der her bleibt schuldig dem hern 24 morgen.

a Folgt Streichung *m. d[edi]t dar an 1 gutte m. d[edi]t 2½ m. d[edi]t 3½ m.*
b Über der Zeile ergänzt, darunter Streichung *8.*

[fol. 13r]
Item der her hot gekouft vom lantrichter 18 lest 22 ½ [scheffel] k[ornis] dy last czu 6 m. dar auff hat ym der her gegeb[e]n 30 m. so bleibt ym der her noch schuldig 77 m. 1 f.[a]

a Unterhalb des Eintrags folgt Freiraum bis zum nächsten Eintrag.

[fol. 13v]
Item 4 ½ last habern czum [B]otten des hat er ½ last czu sehen ydem 1 ½ last gersten.

Item 5 last czu Schŏnse. Item 1 ½ last gersten des ist 2 ½ last czu Schŏnse.

Item 3 ½ last hab[e]rn czu[a] [Scheiczen].

Item 20 schŏffel gersten da czu sehen.

Item 5 ½ lest[b] habern 2 lest gersten czůr Leyppe.

Item 40 schoffel gersten 3 lest habern.[c]

Item 1 f. geb[e]n der wescherin.

Item 1 f. dem gertner fur aůffseck am Oster Awent.

Item 8 alt sol. fur czwey cziglin.[d]

1001 Wahrscheinlich Egloffstein, Georg von, wie S. 299, Anm. 990.

a Folgt Streichung, wahrscheinlich *sol.*
b Folgt Streichung *gersten.*
c Unterhalb des Eintrags folgt Freiraum bis zum nächsten Eintrag.
d Unterhalb des Eintrags folgt Freiraum.

[fol. 14r]

Dis noch geschrebene korn habe ich entpfangen.

Der scholtcz von Malkow hot mir geantwert 1 ½ last korn vom wustin.[a]

a Unterhalb des Eintrags folgt Freiraum.

[fol. 14v]

Dis nochgeschrebene gelt habe ich widder ows geg[eben] sint dem neuwin primo.

Item 2 ½ m. g[e]g[eben] of den weith.

Item 4 m. g[e]g[eben] of den weith.

Item 4 m. minus 1 f. g[e]g[eben] of den weith.

Item 5 f. dem hecker.

Item der mutter 9 sc.

Item 1 f. g[e]g[eben] vor muldin und[e] vor 1 schok strenge.

Item dem knechte 3 f.

Item 4 sc. dem kuhirtin.

Item 7 sol. dem kobilhirtin.

Item dem heckir 8 sc.

Item 4 sc. dem clebir der dy tennewant clebethe.

Item 2 sc. dem hovemanne do her dy sneter holte.

Item 2 sc. g[e]g[eben] dem schef[i]r das hows zcu clebin.

Item 6 sol. vor leynen zcum garn.

Item ich habe dreschin lossin 20 leste korn zcu 16 sc. un[de] daz hab[a] [b]ich beczalt[b] vor 13 m. un[de] 8 sc. dy s[umma].[c]

Su[mma] der ows gobe 27 m. 5 sc. 3 sol.

a Korrektur durch Rasur *hot.*
b Über der Zeile ergänzt, darunter Streichung *der herre kumpan*. Folgt Ergänzung *beczalt.*
c Unterhalb des Eintrags folgt Freiraum bis zum nächsten Eintrag.

[fol. 15r]

Dis noch geschrebene korn habe ich von mir geantwerth.

Primo habe ich loßen seen 15 leste korn zcur Leyppe.

Item 8 leste und[e] 17 s[cheffe]l gewert ken Kolmen.

Item ken Grudentcz 4 leste minus 3 s[cheffe]l korn.

Item dem lantrichter 7 s[cheffe]l geguldin.

Item offim soller leyt 6 leste korn un[de] 16 s[cheffe]l.

Item den sweynen ½ last korn g[e]g[eben].

Item dem smede 6 s[cheffe]l korn.

Item ½ last un[de] 6 s[cheffe]l korn ken Schonsee.

Item 50[a] s[cheffe]l erwissen kem Kolmen geantwert bose un[de] guth.

Gerste geantwert ken Schonsee.

Primo 5 ½ last un[de] 11 s[cheffe]l gerste.[b]

Item 1 last un[de] 1 s[cheffe]l haber ken Schonsee geantwert.[b]

Dem hovemanne von Fiddelhousin 1 seyte fleisch gethon.

Item 1 schok kese.

Dem schicker 2 schok kese.

Item 2 seytin fleisch.

Item 1 ½ s[cheffe]l mel.

Den dreschern 12 brot un[de] 2 s[cheffe]l mel.[c]

---

a Über der Zeile ergänzt, darunter Streichung *40*.

b Unterhalb des Eintrags folgt Freiraum bis zum nächsten Eintrag.

c Unterhalb des Eintrags folgt Freiraum.

[fol. 15v]

Kese vorkoft.

Item 12 schok kese vorkoft vor 5 m.

Item 10 schok kese Groschin geantwert kem Botin zcu furn.

Item ofs hows geantwert 4 ½ schok kese.

Item 4 grosse kese ofs hows.

Item 1 tonne potter ofs haws un[de] 3 ½ schok kese.

Item 40 schok kese ken Thorn geantwert.

Su[mma] 62 schok kese.

Item 5 tonnen potter ken Thorn geantwert.[a]

a Unterhalb des Eintrags folgt Freiraum.

[fol. 16r leer]

[fol. 16v]

Diß ist dy czu sprach czu dem alten hoffmeister von der Leypp.

Item er hot lassen sehen czwu lest 20[a] sc[heffel] k[ornis] das korn ist auß gewassen gewest dy hoffma[nne] habens ym gewert er hat sy da umb geschulden und sy haben semlich k[ornis] můssen seen.

Item es ist bey seiner czeit in[b] anderhalben jar 38 pferde weck komen do er kein rechenschaft von thut dan sy sein gestorben.

Item er hot gereche[n]t 1 ½ last k[ornis] hab er entpfangen von Malkaw von dem bousten des k[ornis] ist gewest 2 lest minus 10 s[cheffe]l so rechen[t] er keinen hab[i]rn do ist gefal[len] 18 s[cheffe]l.

Item er hat auch ein m. d. von Malkaw von walt czins er haben hot er auch nicht verreche[n]t.

Item es sind czwen bawren von Lassaw entrunen dy hewser hat er vermittet das ein umb 8 sc. das ander umb 16 sc. des hat er auch nicht verreche[n]t.

Item er hat fisch lassen furen gen den Colm Colmse und Thorun dy weyl er hoffmeister gewest ist dy verkauft sind do rechent er 5 alt f. fur.

Item er hat vermidet dy wiß flecken auff dem wusten und sust des der her muß entpern.

Item er hat den amrmen leutten ir dinst botten beschaczet das sy ser clagen.

a Möglicherweise auch nur 10, da römisch X auch gestrichen sein könnte.
b Folgt Streichung ½.

[fol. 17r]

Dy czins czeddil im LIIIten von dissem ior.[a]

a Unterhalb des Eintrags folgt Freiraum mit moderner Notiz: 1453 / Zinsen des Orden-Voigts zu Schoensee.

[fol. 17v leer]

[fol. 18r]

Im iore Christo MCCCC im LIIIten hab ich bruder Hintcze Seckendorf[1002] dy czinsere of gehabin von des voyt[is][1003] wegin als an guttim gelde.

Schonsee.

Der Hillige Geist d[edi]t 2 m. minus 5 sc. gut gelt un[de] minus 8 d. unde dor an ist ab geslagin an der firmanie 5 gutte sc. minus 8 d.

Steske 1 sc. d[edi]t.

Polnsche Steske 1 sc. d[edi]t.

Peter Scampe 1 sc. d[edi]t.

Swiddirgal 1 sc. d[edi]t.

Kusche 1 sc. d[edi]t.

Michel Czhichow 1 sc.

Heynrich smit 2 sc.

Bernhardus hoveman 2 sc.

Niclos Drzeske 2 sc.

Jekil 2 sc. non d[edi]t.

Meister Matt[is] 2 sc.

Michil Hevel 2 sc.

Grune Iope ½ f.

Hensil 1 lot adir eyn alt halp f.

Dromel 1 lot.

Niclos Karos 2 sc.

Niclos sneyder 1 sc.

Bernhardus Czegenhals 1 sc.

Jocob Leyne 3 ½ sc.

Bartusch Breuwer 1 sc.

1002 Wohl Seckendorf, Heinrich von: Pfleger von Tapiau (1477 November 20–1480 Mai 10).
1003 Egloffstein, Georg von, wie S. 299, Anm. 990.

Steffenynne 1 sc.

Krol 1 sc. non d[edi]t.

Lucas 1 sc. d[edi]t.

Megerlin 1 sc. non d[edi]t.

Hensil 1 sc.

Bartusch breuwer 1 ½ sc.

Kirssebom 1 sc. non d[edi]t.

Su[mma] 3 m. 1 sol. 2 d. qui dederunt sed [quod] non dederunt non est c[om]p[rehensu]m.

[fol. 18v]
Czigeber 1 sc.

Wulfynne 1 sc.

Jekil 1 sc. un[de] 8 d. non d[edi]t.

Koulhopt 3 sol.

Sachse 1 sc.

Nickelman ½ sc. non d[edi]t.

Stentczil ½ sc. d[edi]t.

Kirssebom 2 sc.

Lucas 2 sc.

Glucke ½ sc.

Meister Matt[is] ½ sc.

Dy stad ½ f. d[edi]t.

Grune Iope 1 sc. d[edi]t.

Jekil Wayner 2 sc. non d[edi]t.

Niclos newborger 2 sc.

Dy stad d[edi]t 1 sc.

Alde Bernt 1 sc.

Dy stad 1 sc.

Mertin budener 1 sc.

Czigeler 1 sc.

Neuborger 2 sc.

Dy stad vor Routenberg d[edi]t 1 sc.

Dy stad vor den cleynsmit ½ sc.

Dy stad vor Hans smit ½ sc.

Dy stad vor Matt[is] Koler ½ sc.

Dy stad vor [Slademowl] ½ sc.

Niclos Karis 1 sc.

Rewmetasche 1 sc.

Steske beckir 1 sc.

Hans von Botin 2 sc.

Dy stad vor Rougepauwil 1 sc.

Jarant 1 sc.

Prettcze 1 sc.

Dy stad vor Eyserion 1 sc.

Neuborger 1 sc.

Jarant 1 scot.

Hovesneyderynne 1 sc.

Su[mma] 1 ½ m. 4 sol. 3 d.

[a]Gut gelt.[a]

---

a In der linken unteren Ecke ergänzt.

[fol. 19r]
Drzeske 1 f.

Dy stad vor Nesewantcz 1 lot.

Jocob Plobitcz 1 lot.

Niclos botticher ½ f.

Dy stad vor Sparbrot 1 sc.

Hans von Botin 4 sc.

Leukener 1 sc.

Jocob Plobitcz ½ f.

Martin budener 2 sc.

Megerlin 2 sc.

Megerlin 2 sc.

Rewmetasche 2 sc.

Krodin 2 sc.

Glucke ½ f.

Gartenczins.

Plobitcz 2 sc. minus 2 d.

Hans von Botin ½ m. 2 sol.

Lucas 1 ½ m. minus 40 d.[a] d[edi]t.

Hans von Botin 15 sc.

Hans von Botin ist ab geslag[e]n 1 ½ m. ger[ingis] un[de] 12 sol. ger[ingis].

Item 14 sol. von Rennebergis ger[ingis] geldis.

Lucas 1 lot.

[b]Niclus Karis.

Mertin budener 4 sc.[b]

Drzeske 1 lot.

Grune Iope 2 sc. minus 1 d.

Alde Bernt 3 ½ sol.

[c]Rewmetasche.

Jekil 1 lot. [d]Iekil no[n] d[edi]t 1 alt sc.[d]

Meister Matt[is].[c]

Glucke 2 sc.

Niclos sneyder 7 ½ sc.

Hans von Botin 2 sc.

Meister Heynrich 1 sc.

Andris Wolf ½ f.

Rulandynne ½ f. no[n] d[edi]t.

Hans von Botin 20 d.

Su[mma] 4[e] m. 5 sc. 4 sol. 4 d.

---

a Folgt Streichung *non*.

b Die Einträge *Niclus Karis* und *Mertin budener* werden mit zwei Linien mit dem Eintrag *4 sc.* verbunden.

c Die Einträge *Rewmetasche, Jekil* und *meister Matt[is]* werden mit zwei Linien mit dem Eintrag *1 lot* verbunden.

d Diese Angabe ist neben *1 lot* ergänzt.

e In arabische, darüber *4* in römisch ergänzt.

[fol. 19v]

Lucas 10 d.[a] d[edi]t.

Matt[is] leyneweber 10 d.

Leukener 20 d.

Bernhardus hoveman ½ f.

Meister Heynrich 2 sc.

Jocob Plobitcz ½ m. 2 sol.

Grune Iope ½ m.

Grune Iope 5 sc.

Jacob Plobitcz 15 sc. zo ist im abgeslagin ½ m. un[de] 4 sc. gut vor 10 s[cheffe]l maltcz of den meister Grune Iope ½ m. minus 1 sol.

Rewmetasche 7 sc.

Rewmetasche 3 ½ sc.

Rewmetasche 1 f.

Grune Iope 10 ½ sc.

Grune Iope 15 sc. zo ist im ab geslagin 1 ½ m. un[de] 2 sol. gut vor 23 s[cheffe]l maltcz.

Neuborger 15 d.

Neuborger 16 ½ sc.[b]

Schubenke.

Steske ½ f.

Leukener ½ f.

Kirssebom ½ f. te[netu]r noch 6 ½ sol. ger[ingis].[b]

Dy leymgrube d[edi]t 9 sc. gut.[b]

Su[mma] 3 ½ m. 4 sol. 1 d. [c]gut gelt[c]

a Folgt Streichung *non*.

b Unterhalb des Eintrags folgt Freiraum bis zum nächsten Eintrag.

c In der linken unteren Ecke ergänzt.

[fol. 20r]

Belitczk.

Daz dorf d[edi]t 9 m. die Marti[ni].[1004]

1004 November 11.

Item d[edi]t 8 m. un[de] 15 sc. in Virgilia Elisab[eth].[1005]

Item d[edi]t 6 ½ m. Dominica vor Barbare.[1006]

Item zo ist in abgeslagin 7 m. 11 sc. 3 sol. gut gelt alzo 3 ½ m. 2 sc. vor den molner ½ m. 3 sc. 6 d. vor den kretczmer daz her geczymmert hot 1 m. 15 d. vor 35 s[cheffe]l haber 4 sc. vor eyer.

Item 3 ½ sc[hok] rutten holtcz 2 m. minus 1 sc. hauwegelt.

Item ten[etur] noch 3 f. gut minus 2 gutte sol.[a]

Seywertczdorf.

Nicolai d[edi]t 3 m. 3 f. gut.

Jorge d[edi]t 2 m. un[de] ½ f.

Steske d[edi]t 1 ½ m. ½ f.

Mertin d[edi]t 1 m. Idem d[edi]t 2 sc.

Peter d[edi]t 10 sc.

Idem d[edi]t 16 sc.

Scholtcz d[edi]t 2 m. un[de] 3 sol.

Matt[is] d[edi]t 2 m. minus 1 f.

Idem d[edi]t ½ m. minus 1 sol. gut.

Swantke d[edi]t 1 m. un[de] 2 sc.

Item d[edi]t 15 sc. gut un[de] daz gelt hot der herre selbist entpfangen.[a]

Su[mma] 39 m. 3 sc. 2 sol. [b]gut gelt[b]

a Unterhalb des Eintrags folgt Freiraum bis zum nächsten Eintrag.
b In der linken unteren Ecke ergänzt.

[fol. 20v]

Plobitcz.

Item d[edi]t 23 gutte m.

Item d[edi]t 3 m. un[de] 8 sc.

Item d[edi]t 2 ½ m. 10 sol. minus 5 d. am Suntage vor Barba[r]e.[1007]

1005 November 18.
1006 Wohl 1453 Dezember 2.
1007 Wohl 1453 Dezember 2.

Item d[edi]t 14 sol. un[de] 3 d. die C[on]cep[ti]o[nis][1008] zo ist in abgeslagin 4 m. 10 sc. 8 d. gut alze vor 61 morgin vor 50 s[cheffe]l haber 5 ½ schok eyer un[de] 1 ½ rutte holtcz.

Andris Heyne d[edi]t te[netu]r 1 m. 4 sc. gut t[erm]inus Weynachtin.[1009]

Smit te[netu]r 14 sc.

Nickel 4 sc.

Bemke 4 ½ sc.

Kretczmer 5 ½ sc. 3 d.[a]

Lanke.

Item d[edi]t 25 ½ m. minus ½ f.

Item d[edi]t 3 ½ m. 16 ½ sc.

Item d[edi]t 1 m. 15 sc. 5 d. die C[on]cep[ti]o[nis].

Zo ist in abgeslagin 3 ½ m. 3 ½ sc. un[de] 3 ½ sol. alze von 42 s[cheffe]l habern zcu 3 ½ sol. ger[ingis] 53 morgin zcu 3 ½ sol. ger[ingis] 53 morgin 1 rutte holtcz 3 schok eyer.

Marcus te[netu]r noch 1 ½ m. 2 sc. gut un[de] 20 d.[b]

---

a Unterhalb des Eintrags folgt Freiraum bis zum nächsten Eintrag.
b Unterhalb des Eintrags folgt Freiraum.

[fol. 21r]

Pnywit.[a]

Lorke d[edi]t 3 gutte m.

Item zo ist im von dem selbigen gelde widdergekort 2 gutte sc.[b] unde 3 d. Su[mma] 3 gutte m. minus 2 sc. un[de] minus 3 d. vor 3 s[cheffe]l haber zcu 3 ½ aldin sol.

Der scholtcz d[edi]t 2 m. minus 4 sc. gut.

Item daz dorf d[edi]t 1 ½ m. un[de] 4 sc.

Item Lichow d[edi]t 2 ½ m. 1 f. 2 ½ sc. 6 d. am Suntage vor Barbare.[1010]

Item Schisko d[edi]t 11 sc. minus 6 d.

Item Tomke d[edi]t 3 f.

1008 Wahrscheinlich Conceptio Marie, Dezember 8.
1009 Dezember 25.
1010 Wohl 1453 Dezember 2.

Item Jani d[edi]t 10 sc.

Kretczmer d[edi]t 18 d. [et totum] zo ist im ab geslagin 3 ½ sol. v[or] hauwegelt.

Item daz dorf d[edi]t ½ m. specfleisch pro eis.[c]

---

a Oberhalb des Eintrags besteht Freiraum.

b Folgt Streichung *minus.*

c Unterhalb des Eintrags folgt Freiraum.

[fol. 21v]

Malkow.

Daz dorf d[edi]t 4 m. minus 1 f. un[de] minus 6 d.

Item der scholtcz d[edi]t 2 m. un[de] 2 sc.

Item der kretczmer d[edi]t 7 sc.[a]

Kottenow.

Mattis d[edi]t 2 gutte m.

Item d[edi]t 1 gutte m. minus 18 d. [totum].[b]

Item zo ist im abgeslagin 3 ½ sc. v[or] haber.

Idem te[netu]r noch 4 sc. von dissem iore un[de] 4 sc. noch von zcu iore.[c]

---

a Unterhalb des Eintrags folgt Freiraum bis zum nächsten Eintrag.

b Folgt Streichung *Idem te[netu]r noch ½ gutten f. von dissem czinse un[de] im ist abgeslagin [v].*

c Folgt Streichung *zo sal man im noch apslon.* Unterhalb des Eintrags folgt Freiraum.

[fol. 22r]

Crossin.

Daz dorf d[edi]t[a] 12 ½ m. gut.

Adam d[edi]t 1 m. gut.

Der kretczmer d[edi]t 1 gutte m.

Floming d[edi]t 4 ½ m. minus 1 ½ sc. gut.

Item zo ist im abgeslagin 1 ½ m. un[de] 1 ½ sc. gut vor 25 s[cheffe]l gerste.[b]

Clintczkow.

Dedit 13 ½ gutte m.[c]

a Folgt Streichung *20.*
b Unterhalb des Eintrags folgt Freiraum bis zum nächsten Eintrag.
c Unterhalb des Eintrags folgt Freiraum.

[fol. 22v]

Lißow.

Junge Owslenger d[edi]t 1 gutte m.

Item d[edi]t 18 m. un[de] 11 sc. gutt[is] geldis.

Item deme dorfe ist ab geslagin 7 gutte m. un[de] 1 f. gut an hauwegelde un[de] vor haber.

Item d[edi]t ½ m. 17 ½ sc. am Suntage vor Barbare.[1011]

Item d[edi]t 2 m. un[de] 10 sc. minus 6 d. am Tage Barbare.[1012]

Item Lange Jocob d[edi]t ½ m. an haber.

Item Lange Iocob d[edi]t 1 m. gut minus ½ gutten f.[a]

Eyserlo.

Daz dorf d[edi]t 14 m. minus 1 f. gutt[is] geldis.

Item zo ist in abgeslagin an habir und[e] an hauwegelde 2 m. 4 sc. 18 d. gut gelt.

Item d[edi]t 3 ½ sol. gut gelt.[b]

Daz dorf hot 22 ½ hubin czinshaftig von itczlicher hubin 3 gutte f.

Item so sint sy noch schuldig 1 gutte m.

Item d[edi]t 1 gutten f.

Item Bartisch d[edi]t 3 gutte f. tercia [feria] post Kathe[rin]e.[1013, c]

a Unterhalb des Eintrags folgt Freiraum bis zum nächsten Eintrag.
b Folgt Streichung *Daz dorf hot 20.*
c Unterhalb des Eintrags folgt Freiraum.

[fol. 23r]

Pamperse.

Daz dorf d[edi]t 4 m. der scholtus.

Item d[edi]t 1 f. vom aldinczinse.

1011 Wohl 1453 Dezember 2.
1012 Wohl 1453 Dezember 4.
1013 Wohl 1453 November 27.

Item d[edi]t 14 sol. gut gelt und[e] 4 d. vom aldin hauwegelde und[e] sint nicht mer schuldig vom hauwe gelde.

Item der scholtcz d[edi]t 1 m. am Suntage vor Barbare.[1014]

Item d[edi]t 10 ½ m. 2 sc. eodem die.

Item d[edi]t ½ m. hinderstellig.

Item d[edi]t 2 m. minus 2 gutte sol.[a]

Item d[edi]t 2 m. un[de] 1 f. gut gelt D[o]m[ini]ca O Sapiencia.[1015, b]

Kolewitcz.

Matt[is] d[edi]t 21 gutte sc.

Item d[edi]t 10 gutte sc. am[c] Suntage vor Barbare.[d]

---

a Folgt Streichung *Item d[edi]t 5 sc. und[e] 6 d. und[e] daz hot der herre selbist entpfangen von de[m] scholtczen von Dreno.*

b Unterhalb des Eintrags folgt Freiraum bis zum nächsten Eintrag.

c Folgt Streichung, unleserlich.

d Unterhalb des Eintrags folgt Freiraum.

[fol. 23v]

Dreno.

Matt[is] Reynischdorf d[edi]t 2 gutte m.

Kretczmer d[edi]t ½ gutte m.

Jorge 1 f. gut d[edi]t.

Item Matt[is] Reynischdorf d[edi]t 1 ½ m.

Item scholtcz 1 ½ m. 4 sc.

Item[a] der scholtcz d[edi]t 7 sc. 10 d. kleyn czins.

Item Kinstot d[edi]t ½ m. minus 6 d.

Hans d[edi]t 2 m. un[de] 1 f.

Jorge ½ m. minus 1 d.

Kretczmer 1 f.

Item der scholtcz d[edi]t 5 sc. 1 sol. von Reynischdorf[is] wegin.[b]

1014 1453 Dezember 2.

1015 1453 Dezember 16.

Schirokopes.

Der kretczhmer d[edi]t 1 m. D[o]m[ini]ca O Sapiencia.[1016], [c]

a Folgt Streichung, unleserlich.
b Unterhalb des Eintrags folgt Freiraum bis zum nächsten Eintrag.
c Unterhalb des Eintrags folgt Freiraum.

[fol. 24r]

Entpfangen gelt ger[ingis].

Item 2 m. minus 4 sc. ger[ingis] von vischin am Obinde Andree.[1017], [a]

a Unterhalb des Eintrags folgt Freiraum.

[fol. 24v leer]

[fol. 25r]

Dis noch geschreb[e]n habe ich widder ows g[e]g[eben] vom czinse.

P[ri]mo deme hern geantwert 128 m.[a] ger[ingis] an neuwem gelde.

Item 97 m. ger[ingis] an geringem gelde.

Item dem howskompthor zcum Redin[1018] 21 m. g[e]g[eben] D[o]m[ini]ca noch Martini.[1019]

Item 8 m. minus 1 f. Iohan g[e]g[eben] die Elisab[eth].[1020]

Item dem lantrichter 45 ½ m. g[e]g[eben] an der Mittewochin[1021] vor Andree.

Item dem hern 9 m. geantwert die Andree.[1022]

Item Phalsponter 2 m. g[e]g[eben] eo[dem] die.

Item zo hot der schreiber dem voyte[1023] geantwert vom czinse 37 gutte m. 1 d. minus 2 sc. die Kathe[ri]ne[1024] daz der herre selbist gerechint hot.

Item dor noch 2 gutte m. un[de] 10 sc. minus 6 d. daz dy von Lißow gobin.

1016 1453 Dezember 16.
1017 November 29.
1018 Ahlimb/Olym, Albrecht von: Hauskomtur von Rehden (1446).
1019 Wohl 1453 November 18.
1020 November 19.
1021 Wohl 1453 November 28.
1022 November 30.
1023 Egloffstein, Georg von, wie S. 299, Anm. 990.
1024 November 25.

Item her Gricke g[e]g[eben] 25 m. ger[ingis] die Barbare.[1025]

Item dem hern voyte geantwerth 19 m. 1 f. 4 sol. ger[ingis] am Obinde Lucie.[1026, b]

a Folgt Streichung *an.*
b Unterhalb des Eintrags folgt Freiraum.

[fol. 25v]

Ows g[e]g[eben] vom zcinse in gemeyne.

Item 8 sol. vor messegelt die Kathe[ri]ne[1027] zcu Eyserlo etc.

Item 1 f. g[e]g[eben] dem czym[m]erman[n]e der dy weitmole boute die Kathe[rin]e.

Item ½ m. g[e]g[eben] den dreschirn zcur Leyppe vor ir teyl gerste die Ka[theri]ne vor den s[cheffe]l 6 ½ sol.

Item 10 ½ sol. g[e]g[eben] vor 25 s[cheffe]l haber zcu dreschin czur Leyppe eo[dem] die.

Item 10 sc. g[e]g[eben] eyme snitter vor 2 morgen zcu Eyslo die Ka[theri]ne.

Item 9 sol. g[e]g[eben] vor 14 s[cheffe]l korn zcu dreschin eynem czur Leyppe eo[dem] die.

Item 2 m. g[e]g[eben] Thomis dem diner hoppen zcu Thorn zcu koffende die A[n]dree.[1028]

Item 5 m. minus 19 sol. g[e]g[eben] vor 20 s[cheffe]l hoppen die Andree zcu 14 sol. zcu Schonsee[a] gekoft.

Item 1 f. g[e]g[eben] eyne[m] heckir vorm house tercia feria p[ost] Kathe[ri]ne.[1029]

Item Thomis dem diner 3 m. g[e]g[eben] dem hern zcu koffende kreude weyn etc. Die Andree.

Item 3 sol. g[e]g[eben] vor hanf zcu brechin zcur Leyppe.

Item Matt[is] Preusin dem aldin hovemeister 5 f. g[e]g[eben] vor daz winter gewant die Andree.

Item eo[dem] 2 ½ m. schugelt eo[dem] die.

1025 Dezember 4.
1026 Dezember 12.
1027 November 25.
1028 November 30.
1029 Wohl 1453 November 27.

Item geg[eben] 9 sc. ger[ingis] vor 1 ax zcu Schonsee die Nicolai.[1030]

Item 1 sol. g[e]g[eben] dem kobilhirten zcu Czhicho czum Got[is] pfennige.

Item dem kellermeister 1 m. 6 sol. g[e]g[eben] dy her hatte ows geg[eben] vor daz hows im weyngartin die Nicolai.

Item dem kellermeister 21 sol. g[e]g[eben] dy her hatte ows g[e]g[eben] im herwste vor lemmer zcu schern.

---

a Folgt Streichung *die and.*

[fol. 26r]

Ows g[e]g[eben].

Item 6 sol. vorczert zcur Leyppe [und] czum Botin an bire un[de] lichten als ich den czins manen solde.[a]

Owsgobe zcu Schonsee Weynachtin.[1031]

Dem meister smede 1 m. g[e]g[eben] die Quatuortemporum.[a]

Nachtegal 7 sol.[a]

Thomas dem wechter[b] 4 sc. of Weynachtin.[a]

Tomis der daz weynhus clebete ½ m. zcu[c] in der Quatuortemper of Weynachtin.[1032, d]

---

a Unterhalb des Eintrags folgt Freiraum bis zum nächsten Eintrag.
b Aus *torwechter* korrigiert.
c Folgt Streichung, unleserlich.
d Unterhalb des Eintrags folgt Freiraum.

[fol. 26v]

Schonsee.

Pyech ½ m.[a] g[e]g[eben] tercia feria p[ost] Ka[thari]ne.[1033]

Jacobe seyme kompan ½ m.[a] eo[dem] die.

Kaplan 1 m. of Mich[ae]lis.[1034]

1030 Dezember 6.
1031 Dezember 25.
1032 Wohl 1453 Dezember 19–22.
1033 1453 November 27.
1034 1453 September 29.

Groschin dem czym[m]erman[n]e ½ m. g[e]g[eben] die Andree.[1035]

Dem schefir vorm house 3 f. g[e]g[eben] of Mich[ae]lis.

Dem ku hirten 20 sc. 2 sol. g[e]g[eben] of Mich[ae]is.

Sweynehirten 1 m. of Mich[ae]lis.

Der vimutter 1 f. of Mich[ae]l[is].

Dem beckir 1 m. 4 sol. of Mich[ae]l[is].

Seyme kompan 15 sc.

Dem schuler 7 sc. of Weynachtin.[1036]

Jacobo dem heckir 10 sc. D[o]m[ini]ca O Sapiencia.[1037]

Dem rademacher 3 f. g[e]g[eben] in Vigilia Felicis.[1038]

Jeven dem czymmermanne 1 m. g[e]g[eben] eo[dem] die.

Worczken ½ m. g[e]g[eben] eo[dem] die.

Dem neuwen czym[m]erma[n]ne 1 sc. eo[dem] die.

Dem gertener 10 sc. g[e]g[eben] of hackin.

[Computatum] mit dem botticher die Lucie[1039] im LIII un[de] alle ding mit im slecht gemacht zo bleybet man im schuldig 4 m. 4 sc. ger[ingis] of Weynachtin.[1040]

Item dor of hot im der voyt[1041] 1 m. g[e]g[eben] die Lucie.

---

a Über der Zeile ergänzt, darunter gestrichen *f.*

[fol. 27r]

Leyppe.

Dem smede 1 m. die Kathe[ri]ne.[1042, a]

Dem schefir ½ m. die Ka[theri]ne.[a]

Kachnen der vimait 9 sc. of Mich[ae]lis die Kathe[ri]ne.[a]

Margritten 4 sc. of Weynachtin.[1043, a]

1035 1453 November 30.
1036 1453 Dezember 25.
1037 1453 Dezember 16.
1038 1453 Januar 13.
1039 1453 Dezember 13.
1040 Dezember 25.
1041 Egloffstein, Georg von, wie S. 299, Anm. 990.
1042 November 25.
1043 Dezember 25.

Dem neuwen kobilhirten 1 f. g[e]g[eben] die Ka[thari]ne.[a]

Dem aldin kuhirten zcur Leyppe ½ m. vor daz daz her dy pferde dy nacht hutte die Ka[thari]ne.[a]

Stenkin dem drescher ½ m. of dreschelon die Ka[thari]ne.[a]

Dem howsk[necht] eynen f. eo[dem] die.[a]

Mertin dem vischer 6 sol. g[e]g[eben] secunda feria p[ost] Ka[thari]ne.[1044]

Dem andern vischer 4 sc. eo[dem] die.[b]

---

a Unterhalb des Eintrags folgt Freiraum bis zum nächsten Eintrag.
b Unterhalb des Eintrags folgt Freiraum.

[fol. 27v]

Botin.[a]

Schefir 1 ½ m. g[e]g[eben] in Vigilia Felicis.[1045, b]

---

a Oberhalb des Eintrags besteht Freiraum.
b Unterhalb des Eintrags folgt Freiraum.

[fol. 28r–28v leer]

[fol. 29r]

Also seint die czinser dirhaben im LII iore zcu Schonenshe.

Schonshe die stadt.

P[rimo] hath de compan[e] empfangen in der stadt[a] 7 m. 7 ½ sc.

Item der schr[eiber] sust[in]et 6 m. 9 sc. 3 sol. auß der stadt.

Su[mma] 14[b] m. 14 sol. 3 d.

Von dorferen Seiferdsdorff sal czinsen 20 ½ m. cum taberna.

Item Seyferdesdorff d[edi]t dem schreibere 12 m. minus 1 sc.

Item so haben sie geg[ebe]n dem compan 3 ½ m. 13 sc.

Item so haben sie gehauen 51 morg[en] machet 2 m. ½ f.

Item 3 ½ sc. vor 1 ruthe holcz.

Item 2 sc. vor 2 schok eyer.

1044 Wohl 1453 November 26.
1045 Januar 13.

Item 2 sc. vor 2 schok schobes.

Su[mma] 18 m. 13 ½ sc.

Restat 2 m. minus 1 ½ sc.

Belitschke sal czinsen 32 m.[c] 8 sc. 1 sol.

Item d[edi]t dem compan 29 m. 6 ½ sc.

Item 2 m. 8 sc. vor hawgelt vor 61 morg[en][d].

Item 1 f. vor eyer.

Item 3 ½ sc. vor rutenholcz.

Item 2 schok schobers 2 sc.

Item Johan hath empfangen 4 m.

Su[mm]a 31 m. 3 f.

Restat[e] 16 sol.

---

a Folgt Streichung *[6 ½] m.*

b Korrigiert aus *13½* zu *14*.

c Folgt Streichung *7*.

d Über der Zeile ergänzt.

e Folgt Streichung *14 sc. 1 sol.*

[fol. 29v]

Lankaw sal czinsen 37 m. 40 d.

Item d[edi]t dem compan[e] 24 ½ m. an gelde.

Item gehawen 61 morgen machet an gelde 3 m. minus 1 sc.

Item ½ f. vor 3 schok eyer.

Item ½ f. vor 3 schok schobes.

Item 3 ½ sc. vor 1 ruthe holcz.

Item 8 m. 1 f. ist en[en] abegeslag[en] van Andr[is] des wirtes weg[en] der kompan empfangen.

Su[mm]a 36 m. 2 ½ sc.

Restat 1 m. minus 35 d.

Plobischaw sal czinsen 38 m. 2 sc.

D[edi]t dem schr[eiber] 12 m.

Item 18 m. 10 sc. 6 d. dem[e] compan[e] und probeste.

Item 3 m. vor 72 morgen.

Item 10 sc. 8 d. vor[a] holcz eyer schobe.

Item 13 sc. hath einer haber und gerste gebrocht.

Item so hath der compan uff gelucken gesten van eines gebawren wegen 1 ½ m. 7 ½ sc.

Item 1 m. 5 sc. do erbeitet ein gebawer [an] und ouch getreide geg[ebe]n.

Su[mma] 27 m. 9 sc. 23 d.

Restat 16 sc.[b]

---

a Folgt Streichung *1 ½ ruteholcz und.*

b Unterhalb des Eintrags folgt Freiraum.

[fol. 30r]

Pamperse sal czinsen[a].

Item d[edi]t dem compan 23 m. 20 sc.

Item sie haben gehawen 78 morg[en] und seint noch pflichtig 42 morg[en] van des scharwerk[es] weg[en].

Und das ungehauen sollen sie vorbessern vor 2 ½ m. ½ f.

Drenaw sal czinsen 33 m. 7 sc. 10 d.

D[edi]t dem compan 11 m. ½ f. 5 d.

Item der kretschmer d[edi]t ½ m. dem schr[eiber] die Appolonie[1046] vor das ander borgete der schultiß.

Item 3 m. 15 d. vor haugelt 77 ½ morg[en].

Leysaw czinset 44 m. 1 sc.

D[edi]t dem compan 32 ½ m. 3 d.

Item 6 m. 20 ½ sc. vor 150 und 15 ½ morg[en] abeczuslon.

Pnywit sal geben 21 m. 21 sc.

D[edi]t dem compan[b] 7 m. ½ f.

Item d[edi]t ½ m. dem compan czu Schon[se].

Item 1 m. 10 sc. vor 34 morg[en].

Schurkopes sal czinßen 13 m. 2 sc.

D[edi]t dem compan der kretschmer 1 ½ m. 6 ½ sol.

Item 3 f. vor 18 morg[en].

1046 1452 Februar 9.

Item 8 sc. abeczuslon vor honig.

Item 4 sc. messegelt vor 100 und 24 morg[en].

Malkaw sal geben 9 m. 15 sc.

D[edi]t dem compan 5 m. ½ f.

Item abegeslagen 3 f. haugelt.

Kottenaw sal geben 5 m. 17 sc. 9 d. mit dem kretschmer.

D[edi]t dem compan 9 f.

Kolwitcz d[edi]t.

D[edi]t[c] ½ m.

a Folgt Streichung *27 m.*
b Folgt Streichung *6 m.*
c Folgt Streichung *1.*

[fol. 30v]

Yserlo sal czinsen 21 ½ m. ½ f.

Item d[edi]t 14 ½ m. 3 ½ sol.

Item 2 ½ m. abezuslon an[e] 60 morgen.

Do ist ein gebawer der heiset Mattes der sal czinsen 1 ½ m. dem slug der voit[1047] abe ½ m. an fischerey und an[e] seine anteile des haugeld[is].

Item einer heiset Michel der ist auch schuldig 1 ½ m. dem slug der voith abe 19 ½ sc. t[enetu]r noch 16 ½ sc.

Des compans empfoung[e] [112][a] und 20 sc.

Des schreibers empfoung[e] ist 31 m.[b] 9 sc.

Item Johannis empfoung[e] 4 m.

Item 29 m. minus 1 sc. vor hawgelt im haber awste.

Item 5 m. 4 sc. 8 d. abeczuslon vor getreide schob eyer honig erbeit lon fischerey messegelt.

Su[mm]a in al 262 m. minus 22 d.[c]

a Der Schreiber hat sich an dieser Stelle verschrieben, sodass geschrieben steht *100 112*.
b Folgt Streichung, unleserlich.
c Unterhalb des Eintrags folgt Freiraum.

1047 Egloffstein, Georg von, wie S. 299, Anm. 990.

[fol. 31r]

Diß nochgeschreb[e]n vihe ist czu Schonße geczalt im Lten jore am Obende Thome Ap[osto]li.[1048]

Czum ersten 400 und 29[a] schouffe.

Sweine.

Item 2 schock unde 19 sweyne.

Item 19 ferkel.

Kuwe.

Item 36 kuwe mit den dreyn kuwen die der hofeman hot.

Item 2 bollen.

Item 2 ierige ochsechen.

Item noch 10 große ochsen.[b]

Pherde.

Item 5 pherde und ½ schock.[c]

Czu[d] Tscheichaw.

Czum ersten 20[e] czog pherde.

Item 48 follen.

Kelber.

Item 6 und 1 schock kelber.

Swein.

Item 46 sweine.

Kuwe.

Item 2 mittekuwe und 2 phluckkuwe hot der hofeman.

Item die mutter hot 1 kuwe.[f]

---

a Nicht eindeutig, da durch Überschreibung Korrektur, daher auch *29* oder *24* möglich.
b Rasur auf Wasserfleck, lesbar nur: *Item noch [...]*.
c Unterhalb des Eintrags folgt Freiraum bis zum nächsten Eintrag.
d Folgt Streichung *C*.
e Folgt Streichung *1*.
f Unterhalb des Eintrags folgt Freiraum.

1048 1450 Dezember 20.

[fol. 31v]

Diß hot der here voith czur Leipe[1049] gelossen an vihe in seinem awßtzoge im LIten jore.

Czum ersten 2 schock rintvihes mit czogochsen und mit all minus 4 stucke.

Item 1 ½ schock und 4 czihende pherde.

Item ½ schock und 4 junger pherde von 2 und 3 joren.

Item 10 czegen.

Item 400 und 11 schouffe.

Item 2 ½ schock und 6 swein clein und groes.

Item 16 mastswein.

Item 5 gancz alt smer.

Item 9 alde seyten speck.

Czum Bothn.

Gelossen 1 ½ schock 3 stuck rintvihe.

Item 1 ½ schock swein.

Item 10 mastswein.

Item 500 und 20 schouffe.

Item 22 kobelen.

Item 9 monchpherde.

Item 13 seiten altspeck.

Item 1 sweick.[a]

a Unterhalb des Eintrags folgt Freiraum.

[fol. 32r]

Kochegerethe zcu Schonenshe das der voith[1050] gefunden hath.

Item 4 kessel.

Item 2 gropen.

Item 1 fleischbeil.

Item 2 hackenmesser.

1049 Egloffstein, Georg von, wie S. 299, Anm. 990.
1050 Egloffstein, Georg von, wie S. 299, Anm. 990.

Item 1 schabe.

Item 2 kellen die sein nicht gut.

Item noch 1 alden kessel.

Item 1 koppersib.[a]

Des newen gerethes ader reisegerethe.

Item 3 gropen.

Item 4 kessel.

Item 2 kellen.

Item 1 tegel.[a]

Item 41 ½ par flicken fleisch von dysem iore.

Item 26 par flicken yerig fleisch.

Item 1 par wilder flicken.

Item 1 ½ schock brotworste.

Item 1 tonne salcz klein und groß.

Item 1[b] tonne dorsch.

Item 5 smere.

Item[c] 6 steine unslit.[d]

---

a Unterhalb des Eintrags folgt Freiraum bis zum nächsten Eintrag.
b Folgt Streichung, unleserlich.
c Folgt Streichung *4*.
d Unterhalb des Eintrags folgt Freiraum.

[fol. 32v, 32ar leer]

[fol. 32av]

Dis nochgeschrebenen gelt habe ich Hintcze Seckendorff[1051] von den czinßern uff Martini an guttim gelde entpfangen im LIten jare.[1052, a]

Seyffersdorff.

Hot[b] gegeb[e]n 3 ½ m. am Sontage vor Andree.[1053]

Item 16 sc. dem compan[e].[c]

1051 Wohl Seckendorf, Heinrich von, wie S. 311, Anm. 1002.
1052 1451 November 11.
1053 1451 November 28.

---

a Unterhalb des Eintrags folgt Freiraum bis zum nächsten Eintrag.

b Möglicherweise führt ein Strich von *Hot gegeben ... compan* zum Eintrag auf der nächsten Seite *Summa 72*.

c Unterhalb des Eintrags folgt Freiraum.

[fol. 33r]

Belitzke das dorff.[a]

Hot gegeben 21 ½ m. am Tag Presentacionis [Marie].[1054]

Item noch geb[e]n 15 d. ead[em] die.

[b]Item noch geb[e]n 3 m. minus 5 ½ sol. am Sontag[e] vor Andree.[b], [1055]

[b]Item 1 gutte m. unde 5 ½ sol. an die Thome[1056] g[e]g[eben].[b]

Item d[edi]t noch 3 ½ m. und[e] 1 f. am Tage [Trium Regum].[1057], [c]

Lanckaw das dorff.

Hot gegeben 17 ½ m. am Tag Presentacionis [Marie].

Item noch gegeb[e]n 4 m. am Sontag[e] vor Andree.[c]

Plobißchaw.

Hot gegeb[e]n 12 m. und[e] 3 f. am Tag[e] Martini.[1058]

Item noch g[egeben] 2 m. und[e] 4 ½ sol. am Sontag[e] vor Andree.

Item noch g[egeben] 1 m. und[e] 9 sc. und[e] 9 d.

Item noch gegeb[e]n 1 m. und[e]11 sc. und[e] 3 d.

Summa[d] 72 ½ m. 10 sc. 21 d.

Item d[edi]t noch 3 f. dem compan.

---

a Darüber doppelt wegen Verwischung der Tinte, darüber Freiraum.

b Durch andere Hand ergänzt.

c Unterhalb des Eintrags folgt Freiraum bis zum nächsten Eintrag.

d Möglicherweise führt ein Strich von *Summa 72* zum Eintrag auf der vorherigen Seite *Hot gegeben ... compan*.

1054 1451 November 21, eventuell auch Presentatio Domini Nostri in Templo, Februar 2.

1055 1451 November 28.

1056 1451 Dezember 21.

1057 1451 Januar 6.

1058 1451 November 11.

[fol. 33v]

Der stad Schonsehe czinser sequuntur.

Steßke eyn sc. d[edi]t.

Peter Perßke eyn sc. d[edi]t.

Polnißche Steßke eyn sc. d[edi]t.

Peter Schamppe eyn sc. d[edi]t.

Hans Wayner eyn sc. d[edi]t.

Michel Scheycher[a] 2 sc. d[edi]t.

Hynrich smyd 2 sc. d[edi]t.

Bernhardus hoefema[n] 2 sc. d[edi]t.

Steßke 2 sc. d[edi]t.

Jeckel 2 sc. d[edi]t.

Meister[b] Mathis 2 sc. d[edi]t.

Michel Heynel 2 sc. d[edi]t.

Grune Joepe ½ f. d[edi]t.

Hensil[c] eyn loth d[edi]t.

Dromel eyn loth d[edi]t.

Nicklis Kariß 2 sc. d[edi]t.

Nicklis sneyder eyn sc. d[edi]t.

Barnhardius Czegenhals eyn sc. d[edi]t.

Jackop Leyne 3 ½ sc. d[edi]t.

Bortißch bruwer eyn sc. d[edi]t.

Stefphannyne eyn sc. d[edi]t.

Jennißchynne eyn sc. d[edi]t.[d]

Lucaß eyn sc. d[edi]t.

Meyerglyn eyn d[edi]t.

Heynel eyn sc. d[edi]t.

Bartußch 1 ½ sc. d[edi]t.

Jegerdorff eyn sc. d[edi]t.

Czygeler eyn sc. d[edi]t.

Wulffyn[n]e eyn sc. d[edi]t.

Jockel eyn sc. und 9 d. d[edi]t.

Jeckel 3 sol.[e] d[edi]t.

Sachße eyn sc. d[edi]t.

Nickelman ½ sc. d[edi]t.

Su[mm]a 1 ½ m.[f] 9 sc. 4 sol. 3 d.

---

a Folgt Streichung *[yn]*.
b Am Anfang der Zeile Streichung *alde d.*
c Am Anfang der Zeile Streichung *hey*.
d Folgt Streichung *Brostelynne eyn sc. d[edi]t.*
e Zwischen *sol.* und *dedit* ein Strich.
f Folgt Streichung, unleserlich.

[fol. 34r]
Item Yohan dy von der lanck sullen entwortten 1 ½ last 6 schoffel gib von den 6 scheffel meister Heinrich 4 scheffel.

Item Bostel[a] czur kleppen garn ein stuck nach dem engstten moß.

Item dar nach des engsten auch ein stůck.

Item des weytsten aůch ein stůck.

Item 8 schock seyl[b] dy drey dettig sint.

Und umb dem weiß bestol und sust umb alle ding.[c]

---

a Folgt Streichung *mit*.
b Folgt Streichung *3 drettig [posten]*.
c Unterhalb des Eintrags folgt Freiraum.

[fol. 34v leer]

[fol. 35r]
Merten buwdener ½ sc. d[edi]t.

Kyrßborm eyn sc. d[edi]t.

Kyrßbom[a] 2 sc. d[edi]t.

Lucas 2 sc. d[edi]t.

Gelucke ½ sc. d[edi]t.

Meyster Mathis ½ sc. d[edi]t.

Item d[ie] stad sal geb[e]n ½ f.

Hans buwdener eyn sc. d[edi]t.

Jackel Wayner 2 sc. d[edi]t.

Cristoffel 2 sc. d[edi]t.

Item die stad sal geb[e]n eyn sc.

Alde Bernhard eyn sc. d[edi]t.

Zeygen eyn sc. d[edi]t.

Mertyn budener eyn sc. d[edi]t 1 sc.

Jeene non d[edi]t.

Cristoffer[b] 2 sc. d[edi]t.

Item der stadt te[netu]r vor Royte[n]berger eyn sc.

Item Cleynsmyt te[netu]r der stad ½ f.

Item Hanß smyd te[netu]r die stad ½ sc.[c]

Mathis Kaeler die stad te[netu]r ½ sc.[c]

Fladenmoel te[netu]r die stad ½ sc.[c]

Nicklis Korriß eyn sc. d[edi]t.

[d]Roymetaßche eyn sc. d[edi]t.

Roymetaßche eyn sc. d[edi]t.

Hans von Boeth[e]n 2 sc.

Item te[netu]r die stad von niwe Pauwel eyn sc.[d]

Ten[etu]r.[e]

Jaranth eyn sc. d[edi]t.

Peterße eyn sc. d[edi]t.

Eyser Joen die stad te[netu]r eyn sc.

Criststoffer eyn sc. d[edi]t.

Jaranth eyn sc. d[edi]t.

Hoefesnyderynne eyn sc. d[edi]t.

Drzeßke eynen f. d[edi]t.

Nezemantcz te[netu]r die stad eyn loth.

Jackop Plobißch eyn loth d[edi]t.

Hanß smyt ½ f. d[edi]t.

Sparbrot te[netu]r die stad eyn sc.

Hans von Boet[i]n te[netu]r 4 sc.

Leuckener 2 sc. d[edi]t.

Jaokop Plobißch 2 sc. d[edi]t.

Su[mm]a 1 ½ m. ½ f.

a Am Anfang der Zeile Streichung *Lucas.*
b Zwischen *Cristoffer* und *2* ein Strich.
c Aus *eyn* korrigiert.
d Zu den Geldeinträgen verläuft jeweils eine Linie zu *ten[etu]r.*
e Neben den Geldeinträgen einmalig ergänzt.

[fol. 35v]
Merten bud[e]rner 2 sc. d[edi]t.

Megerlyn 2 sc. d[edi]t.

Roymetaßche 2 sc. d[edi]t.

Kroyden 2 sc. d[edi]t.

Glocke ½ f. d[edi]t.

Gartenczinsers sequuntur.

Jacob Plobißch 2 sc. minus 2 d. d[edi]t.

Hans von Boet[e]n te[netu]r ½ m. und[e] 2 sol.

Lucas 1 ½ m.[a] minus 40 d. d[edi]t.

Hans von Boethen[b] 15 sc. te[netu]r.

Lucas eyn loeth d[edi]t.

Nicklis Karіß 4 sc. d[edi]t.

D[edi]t[c] Drzeßke eyn loth te[netu]r.

Grune Joepe 2 sc. minus 1 d. d[edi]t.

Alde Bernd 3 ½ sol. d[edi]t.

[d]Wulffyn[n]e. Jeckel. Meister Mathis.[d] 1 loth d[ede]runt.

Glucke 2 sc. d[edi]t.

Nicklis sneyder 7 ½ sc. d[edi]t.

Hanß von Boet[e]n 2 sc. te[netu]r.

Meyster Hy[n]rich eyn sc. d[edi]t.

Jaeranth ½ f. d[edi]t et te[netu]r adhuc 19 d.

Mathis Menczel ½ f. te[netu]r.

Hanß von Boet[i]n 20 d. te[netu]r.

Lucas 10 d. d[edi]t.

Matticz leyne[n]weber 10 d. d[edi]t.

Leuckener 20 d. d[edi]t.

Hanß smyd ½ f. d[edi]t.[e]

Meister Hinrich 2 sc. d[edi]t.

Schuebencke.

[f]Scheycher ½ f. Leuckener ½ f. Steßke ½ f. Kyrßbom ½ f.[f] De[de]runt.

Item te[netu]r die stad vor die brotbencke 3 f.[g]

Item von der badstoebe ten[etu]r 3 f. D[edi]t. Item von der leymg[ru]be 9 sc. Die stad te[ne]ntun.[h]

Su[mma] 3 ½ m. 5 sc. 2 sol.

---

a Folgt Sreichung *m.*
b Folgt Streichung *l.*
c Neben der Zeile ergänzt.
d Zu den Nameneinträgen verläuft jeweils eine Linie zu *1 loth d[ede]runt.*
e Folgt Streichung *Roymeta[sche].*
f Zu den Währungsangaben verläuft jeweils eine Linie zu *de[de]runt.*
g Folgt Rasur *d[edi]t.*
h Unterhalb des Eintrags folgt Freiraum bis zum nächsten Eintrag.

[fol. 36r]

[a]Su[mma] von der stad entpfang[e]n 7 m. 7 ½ sc.[a]

[Computatum] mit den borgern zo bleybe wir in schuldig 1 m. un[de] 7 ½ ger[inge] sc. vor haber an der Mittewochin vor Martini im LI ior[1059] un[de] alle ding slecht.[b]

Item Hans vom Botin abegerechint 2 ½ m. ger[ingis] dy dy Merkener Langerbeyn un[de] ander geste me vorczert habin.[b]

Item der stad abegerechnt vor 1 last haber 7 m. ger[ingis] [c]

---

a Durch andere Hand ergänzt.
b Unterhalb des Eintrags folgt Freiraum bis zum nächsten Eintrag.
c Unterhalb des Eintrags folgt Freiraum.

[fol. 36v]

Klyntczkow das dorff.

Item d[edi]t 11 ½ m. feria sexta p[ost] Kathe[r]ine.[1060], [a]

Pamperssee.

Hot gegeb[e]n 10 ½ m. feria sexta p[ost] Katherine.

1059 1451 November 10.
1060 1451 November 26.

Item gegeben 6 m.

Item noch gegeben[b] 4 m. und[e] 3 sc.

Item 1 m. und[e] ½ f.[c]

Rottenaw.[d]

Hot gegeb[e]n 2 m. und[e] 1 f. feria sexta p[ost] Kathe[r]ine.[e]

Su[mm]a 35 ½ m.[f]

a Unterhalb des Eintrags folgt Freiraum bis zum nächsten Eintrag.
b Folgt Streichung *4*.
c Folgt Streichung *Item dedit 2 m. 2 sc. am Montag[e] nach Do[ro]thee dem compan und schr[eiber].*
d Oberhalb dieser Überschrift eine unleserliche Streichung.
e Unterhalb des Eintrags folgt Freiraum bis zum nächsten Eintrag.
f Unterhalb des Eintrags folgt Freiraum.

[fol. 37r]

Krossyn.

Hot gegeben 13 m. Sabbato p[ost] Kathe[r]ine.[1061]

Item hot gegeben 6 m.[a]

Yserlo.

Hot gegeben 4 ½ m. Sab[ba]to p[ost] Kathe[r]ine.

Item d[edi]t 3 m. 1 f. und 3 ½ sol. ead[em] die.

Item noch gegeben 6 m.

Item ½ m.[b] und 5 sc.[c]

Malkaw.

Hot gegeben 9 f. Sabb[a]to p[ost] Kathe[r]ine.[d]

Item noch gegeb[e]n 1 ½ m. und[e] 9 sc. und 6 d.

Item noch gegeb[en] ½ m.[e]

Summa 38 m. 9 sol.[f]

1061 1451 November 27.

a Unterhalb des Eintrags folgt Freiraum bis zum nächsten Eintrag.
b Unterhalb der Streichung ergänzt, *last* gestrichen.
c Unterhalb des Eintrags folgt Freiraum bis zum nächsten Eintrag.
d Folgt Streichung *Item noch geg[eben] 3 m. 1 f. und 3½ sol. eod[em] die.*
e Unterhalb des Eintrags folgt Freiraum bis zum nächsten Eintrag.
f Unterhalb des Eintrags folgt Freiraum.

[fol. 37v]

Leyssaw das dorff.

Hot gegeben 17 ½ m. Sabbato p[ost] Katherine.[1062]

Item hot gegeben 10 ½ m.[a]

Item hot gegeben 1 m. und[e] 9 sol.

Item noch gegeben kleynen czinß 1 ½ m.

Item 8 sc.[b]

Pnyebit.

Hot geben 4 ½ m.

Item noch gegeben 1 ½ m.[b]

Drenaw.

Hot gegeben 2 ½ m. und[e] 4 sc.

Item d[edi]t 6 m. und[e] 10 sc.

Item der schultcze von siener oebermoße hot gegeben 7 sc. und[e] 5 d.[c]

[d]Summa 46 m. ½ f. 4 sol. 5 d.[d]

a Folgt Streichung *und[e] 4 sc.*
b Unterhalb des Eintrags folgt Freiraum bis zum nächsten Eintrag.
c Folgt Rasur *[...] Summa 11 m. ½ f. 5 d. Summa 46 m. ½ f. 4 sol. 5 d. Item sie haben gehawen 78 morgen haber hay und gerste vor [...] m. und sollen noch wol [...] morgen hawen das haben [...] dorff thun. Restat [...] m. [minus] [...] sol.*
d Geschrieben von anderer Hand.

[fol. 38r]

Schyrokopes.

Hot gegeben 1 ½ m. und[e] 6 ½ sol.[a]

1062 1451 November 27.

Kowitcz.

Item d[edi]t ½ m.[b]

Summa 2 m. 6 ½ sol.[b]

Summa summarum aller entphounnge von czinße 200 m. und[e] 2 m. 5 sc. und[e] 5 d. an guttem gelde.[c]

---

a Am Rand nachgetragen: *nota sol. vel sc.*, folgt Freiraum bis zumnächsten Eintrag.
b Unterhalb des Eintrags folgt Freiraum bis zum nächsten Eintrag.
c Unterhalb des Eintrags folgt Freiraum.

[fol. 38v]

Plobißchaw.[a]

Item hot noch gegeben boben das do vor gegebin ist 3 f. von dem kretczem Tage Blasii.[1063, b]

---

a Oberhalb des Eintrags besteht Freiraum.
b Unterhalb des Eintrags folgt Freiraum.

[fol. 39r leer]

[fol. 39v]

Pampershe.

D[edi]t 2 m. und 2 sc. am Montag[e] nach D[orothee][1064] dem compan und schr[eiber].

Villa d[edi]t hewer 23 m. 20 sc.

Item t[enetu]r noch 9 m.

Item sie haben gehawen 78 morg[en] und seint noch pflichtig 42 morg[en] von scharwerkes weg[en] und das ungehauwen sullen sie vorbessern das machet 2 ½ m. ½ f.[a]

Drenaw.

Item villa d[edi]t 7 f. eod[em] die dem compan und schr[eiber].

Summa in al 10 ½ m. ½ f. 5 d.

Item 72 ½ morgen geslagen machet 3 m. 15 d.

Restat 17 m. 2 sc. 21 d.

1063 1451 Februar 3.
1064 Wohl 1451 Februar 8.

Item der kretschmer d[edi]t ½ m. am Mitwoch die Appolonie[1065] und vor das ander ist der schultiß burge geworden die empfing der schr[eiber].[a]

Leysaw.

Item d[edi]t 1 ½ m. ½ sc. am Montag[e] doselbist.

Su[mm]a 32 ½ m. 3 d. an gelde geg[eben].

Item 6 m. 21 ½ sc. vor 150 und 15 ½ morgen abeczuslan.

Der czins ist gefellig[b] gar[c] 54 m. 1 sc.

Restat 4 ½ m. ½ f.

Kowitcz.

Item d[edi]t ½ m. t[enetu]r 20 sc. minus 1 sol.

Kottenaw.

Sal geben 5 m. 17 sc. 9 d. mit dem kretschem.

D[edi]t 9 f.

Restat 4 m. 11 sc.

---

a Unterhalb des Eintrags folgt Freiraum bis zum nächsten Eintrag.
b Doppelt.
c Folgt Streichung *45 m. 13 sc.*

[fol. 40r]

Pnywit.

Villa d[edi]t 6 m. und sie sullen geben 22 m. 21 sc.

Item dovon ist abeczuslon an hawgelde 1 m. 10 sc. vor 34 morg[en].

Item d[edi]t 1 m. ½ f. dem kompan und schr[eiber].[a]

Item d[edi]t ½ m. czu Schon[se] dem schr[eiber].

Restat 12 ½ m. 8 sc.[b]

Schirokopes.

Item 9 hub[en] czinsen czu marken.

Item 4 hub[en] zcu 20 sc.[c]

Item der kretschmer czinset[d] 3 f.

Su[mm]a 13 m. 2 sc.

Item d[edi]t der kretschmer 1 ½ m. 6 ½ sol.

1065 Wohl 1451 Februar 10.

Item abeczuslon 3 f. vor 18 m.

Item[e] 8 sc. abeczuslon vor honig.

Item 4 sc. messegelt vor 100 und 24 morg[en].

Restat 10 m. 13 ½ sol.[b]

Malkaw.

Hath 11 ½[f] besatczte hub[en] die sullen geben 8 ½ m. 3 sc.

Item 1 m. der kretschmer.

D[edi]t dem kompan und mir ½ m.

Su[mm]a des geg[eben] 5 m. ½ f. 6 d.

Item 3 f. hawgelt.[g]

Restat 3 m. 3 f.[h]

---

a Folgt Streichung *Restat 14 m. 11 sc.*
b Unterhalb des Eintrags folgt Freiraum bis zum nächsten Eintrag.
c Folgt Streichung *S[umma] 12 m. 8 sc.*
d Folgt Streichung *[...] m.*
e Folgt Streichung *16 sc.*
f Über der Zeile ergänzt, darunter Streichung *12.*
g Folgt Streichung *Restat 4½ m.*
h Unterhalb des Eintrags folgt Freiraum.

[fol. 40v]

Yserloe.

Haben 27 ½ hub[en] die sullen zcinsen 21 ½ m. ½ f.

Doruff haben sie geg[eben] 14 ½ m. und 3 ½ sol.

Item 2 ½ m. abeczuslon an[e] 60 morg[en].[a]

Item Mattes sulle czinsen[b] 3 m. ger[ingis][c] dovon ist em abegeslagen vor fischerey und vor haugelt 1 m. ger[ingis] t[enetu]r 2 m.

Item Michal ist abegeslagen von 3 ger[ingen] m. seinen zcins 8 sc. vor haugelt. Item 7 sc. vor erbeitlon 5 f. der fischerey mit dem grosen garne. Item 1 m. vor fischerey[d] vom Awste biß Martini.[1066] Idem t[enetu]r 1 m. 9 sc. ger[ingis] gelt.

Item Matte.

Restat 2 m. 21 sc. 6 d. gut gelt.

1066 November 11.

Belitschke.

Item sie sullen czinsen 32 m. 8 sc. 1 sol.

D[ederun]t 29 m. 6 ½ sc.

Item gehawen 56 morgen vor den morgen 1 sc. das machet 2 m. 8 sc.

Item 1 f. vor eyer 6 schok.

Item 3 ½ sc. vor rutenholcz.

Item 2 sc. vor 2 schok schob.

Restat 16 sol.[e]

---

a Folgt Streichung *Restat 4½ m. 3 sol.*
b Folgt Streichung *3 sol.*
c Weiter vorn über der Zeile ergänzt.
d Folgt Streichung *mit.*
e Unterhalb des Eintrags folgt Freiraum.

[fol. 41r]

Lankow.

Sal czinsen 37 m. 40 d.

D[edi]t 24 ½ m. an gelde.

Item gehawen 71 morg[en] machet an gelde 3 m. minus 1 sc.

Item ½ f. vor 3 schok eyer.

Item ½ f. vor 3 schok schob.

Itm 3 ½ sc. vor eine ruthe holcz.

Item 8 m. 1 f. ist en abegeslagen von Andrean des winters wegen.

Restat 1 m. minus 35 d.[a]

Seiferdsdorff.

Das sal czinsen 20 ½ m. mit dem kretschem.

D[edi]t 16 m. 4 sc.

Item so haben sie gehawen 51 morgen 2 m. ½ f.

Item 3 ½ sc. vor 1 rutte holcz.

Item 2 sc. vor 2 schok eyern.

Item 2 schok schob 2 sc.

Restat 2 m. minus 2 ½ sc.[b]

a Unterhalb des Eintrags folgt Freiraum bis zum nächsten Eintrag.
b Unterhalb des Eintrags folgt Freiraum.

[fol. 41v]

Plobitschaw.

Sal czinsen 38 m. 2 sc.

So han sie geg[eben] 12 m. dem schr[eiber].

Item 18 m. 10 sc. 6 d. dem compan und probeste.

Su[mm]a 30 m. 10 sc. 6 d.

Item 3 m. vor 72 morg[en].

Item 10 sc. 8 d. vor 1 ½ rute holcz 2 schok schobe 3 schok eyer.

Item[a] einer hoth[b] haber 8 s[cheffel] gebrocht den s[cheffel] zcu 1 sol. und 12 s[che]ff[el] gerste zcu 21 d. den s[che]ffe[l]. Su[mm]a 13 sc.

Item 1 ½ m. und 7 ½ sc. hath der compan gesten von eines gebaweres wegen uff gelucke czu Schonense. Item 1 m. 5 sc. ist em gebawer do hath der compan getreide und erbei[s] hacken an genomen.

Restat 16 sc.[c]

a Folgt Streichung *1 m. 5 sc. de[m] [hacker].*
b Folgt Streichung *und hath.*
c Unterhalb des Eintrags folgt Freiraum.

[fol. 42r]

Act[a] sunt hec die Appolonie.[1067]

Item der scholtiß von Drenaw hath auwßgeborget einen alden man von Drenaw der sal geben innen XIIII tag[en] uff Mathie[1068] ½ gut[te] m. und en[en] weder czu gestellen.[a]

Item so sullen 5 gebawer von Drenaw erbeiten[b] dreschen etc. Vor die hath her geloubet.

Item so hath her vor en[e][c] geg[eben] ½ m. und hath vor en[n] vordan geloubet in XIIII tag[en] zcu stellen.

Item noch den kretschmer und Gregor sal her gestellen innen XIIII[d] tag[en].

1067 Wohl 1451 Februar 9.
1068 Februar 24.

Item der scholtiß von Drenaw ist aber burge geworden und ouche ein gebawern und ouch der kretschmer von Drenaw vor den schultissen von Pnywith und ouch vor einen gebauwern innen XIIII tag[en] zcu gestellen.f

a Folgt *Item.*
b Folgt Streichung *und.*
c Folgt Streichung, unleserlich.
d Folgt Streichung *1.*
e Folgt Streichung *zwene.*
f Unterhalb des Eintrags folgt Freiraum.

[fol. 42v, 42ar leer]

[fol. 42av]

Ußgobe an aldem gelde im LIten jore.

Item g[egeben] meister Hinriche dem smede zcu Schonsee uff siene erbeid 4 m.

Item her Joh[a]nnes dem pristerhern gegeben 7 m. minus 1 sc. am Sontage vor Andree.[1069]

Item dem smede czur Orlow g[ebeben] 4 m.

Item dem schefer zcum Boethen 1 m.

Item deme smede zcu Leyssaw 10 m. minus ½ f. vor syn erbeyt.

Item deme smede zcur Leybe 3 f.

Item vor eyne thonne byr uff die urkunde 14 sc. und[e] 1 sol.

Item dem kwhirthen czum Boethen 4 sc.

Item dem messer zcur Leyppe 17 sc. und[e] 3 d.

Item Czander von Reychenaw 15 m.

Item vor ½ last Dantczker byer 7 m.

Item vor 2 thonnen dorßch 3 m.

Item vor 1 steyn wachs 3 m. und[e] ½ f.

Item vor ½ thonne heryng 9 f.

Item vor 2 sloesse 12 sol.

Item eynen thorwechter und[e] 1 thonne zcu bynden zcu Thorun 2 sc.

Item 7 sol. vor 1 eele gewant

Item vor 1 stoff weyn 4 sol.

Item vor 4 walt axe 2 m. und[e] 8 sc.

1069 1451 November 28.

Item vor 1 hantbeyl 1 f.

Item vor garn 1 ½ m.

Item vor bornleyne 1 m.

Item vor strenge zcu eyner kleppe 4 sol.

Item den tregern 6 sol.

Item vor flacfißch ½ m.

Item vor floß 20 sc.

Item dem wirthe zcu Thorun vor kaste und[e] vor delen 1 m.

Item 4 frauwen als Gritten Kethen Barbaren und[e] Hedwig hinderstellig snethelon 4 ½ f.

Item dem swynhirtten zcu Schonsee snetegelt eynen f.

Item meister Hynriche deme smede zcu Schonsee 6 ½ f. und[e] 9 d.

Item zcu Thorun Nicolaen 4 m. vor gewant uff eyne rechenschafft.

Summa 73 m. 11 sc. 1 sol.

[fol. 43r]
Item dem raedemecher zcu Fredecke von rade 12 sol.[a]

Item Cordula der frauwen von Kobelaw von befelunge des homeisters[1070] vor die gekoyften 3 huben zcu Kowitcz 18 m. am Tage Katherine[1071] und[e] ist die letczte beczalunge.

Item Hans zcum Boethen beczalt 1 ½ m.

Item beczalt vor den hoefeman zcum Boethen 5 m. und[e] 4 sc.

Item dem kwhirthen und[e] kobelhirtten zcum Boethen 1 m.

Item g[egeben] dem hoefemanne zcum Boethen uff gerste zcu entwertten 2 m.

Item[b] dem alden hoefeknechte do selbigist 22 sc.

Item dem kwhirthen do selbigest ½ m.

Item dem koebilhirthen do selbigest ½ m.

Item dem smede zcu Leyßaw uff erbeid 1 m.

Item her Otten von Plenchow von des smedes wegen von Leyssaw 1 ½ m.

Item dem smede zcur Leyppe uff anrichtunge zcu siener erbeid 2 m.

Item Orthyen eyner mayth zcur Lieppe ½ m. ir loen.

1070 Erlichshausen, Ludwig von: Vogt von Leske (1440), Vogt von Grebin (1441 Oktober 14), Komtur von Schönsee und zgl. Vogt von Leipe (1442 November 13–1447), Komtur von Mewe (1446 Oktober 28/November 4–1450), Hochmeister (1450 März 21–†1467 April 4).

1071 1451 November 25.

Item dem hoefemeister zcur Lieppe g[egeben] 3 m. minus 4 sol. die her uß hotte gegeben als den czwen hoefelewthen 2 m. und[e] vor 1 thonne byr 13 sc. und[e] 1 sol. und[e] 8 sc. schergelt.

Item der vyhemuther zcur Leyppe uff ir loen geg[eben] 1 f.

Item Michel dem ko̊chenjungen 1 f.

Item 5 f. die der schrieber schuldig waß bleben uff den awst.

Item vor 5 s[cheffe]l hanffzoem dor von eele zcu machen ½ m.

Item vor der[c] wyn czu decken 5 f. 2 sol.

Item vor 46 s[cheffe]l hoppen 4 m. 1 f.

Item der Bomgertennerinne vor hoppe 4 sc.

Item dem brower 4 sol.

Item den hanffbrecherinne 1 m.

Item dem schefer zcu Schonsee 5 f.

Item vor 2 waltaxe 5 f.

Item dem meyster gesant 35 m.

Summa 84 m. 4 sc. 4 sol.

---

a Doppelt.

b Am Rand daneben *Nota*.

c Korrektur des Wortes durch Überschreibung aus *dor* zu *der*.

[fol. 43v]

Item habe ich verczert zcu Thorun ½ m.[a]

Item vor 1 redebuwtel 13 sol.

Item vor pappyr 4 sol.

Item dem hecker zcu Scheychaw ½ f.

Item dem gesynde g[egeben] oppergelt 1 f.

Item dem hoefemanne zcum Boethen vor gerste 1 m.

Item den fißcherknechten zcu Schonsehe 3 f.

Item dem koebilhirthen zcu Scheichow 1 f.

Item dem muntczemeister 100 m.

Item Peter dem hecker zcu Schonsee 11 sc.

Item 3 pfunt pheffer 1 m.

Item 3 pfunt rozynen 8 sc.

Item 2 pfunt mandeln 14 sol.

Item 1 pfunt reyß 6 ½ sol.

Item von 1 sack leynen 2 sol.

Item von 2 hackemesser 16 sc.

Item vor 2 wyndereyffen zcu den garn 1 ½ m.

Item dem schicker g[egeben] 1 m. minus 2 sc.

Item vor 2 thonnen Dantczkerbyr 2 ½ m.

Item vor 2 axe ½ m.

Item vorczert 15 sc.

Item vor 2 thonnen methe 2 ½ m.

Item vor 2 thonnen Dantczker byr 2 ½ m.

Item vor 3 schock kastanigen ½ f.

Item vor 3 thonnen grobsaltcz 4 m.

Item vor 1 thonne kleynsaltcz 8 ½ f.

Item vor 12 stoeffe weyn 1 m.

Item den heckern zcu Scheychow 8 sc.

Summa 127[b] m. 7 sol.[c]

---

a Oberhalb des Eintrags besteht Freiraum.

b *I hundert* wurde nochmals als Erklärung über der Angabe *I^C* (Bestandteil der Zahl I^C XXVII) notiert und mit einem Strich mit der Angabe *I^C* verbunden.

c Unterhalb des Eintrags folgt Freiraum.

[fol. 44r]

Dis geld ist aws g[e]g[eben] dem gesinde uff dy Quatuortemper.

Item zcu Weynnachten[1072] czu Schonsee 20 m. minus 1 f.

Item der[a] muter von Scheichaw 1 m.

Item dem becker 7 f. minus 3 d.

Item dem kwe hirten 5 f. unde 2 sol.

Item dem kowelhirten 5 f.

Item Porlencke 15 sc.

Item dem garnmeister 3 f.

1072 Dezember 25.

Item der muter 1 m.

Item 2 vie meiden 5 f.

Item 3 karwiskn echten ochzenknechten[b] 1 gutte m. minus ½ f.

Item 2 thorwechter 5 f.

Item dem kowelhirten von Scheichaw 6 ½ f.

Item dem scheffer 1 gutte m. uff eyn rechenschaft.

Item dem koche 17 sc.

Item dem kellerknechte 1 m. unde 4 sol.

Item dem brauwer 15 sc. unde 1 m. uff rechenschaft

Item dem cappellan 1 m.

Item dem sweynhirten 1 m.

Item dem sneyder 1 f. Nicklis.

Item Mat[this] dem dyner 1 ½ m. uff seyn notdorft.[c]

Summa 22 ½ m. 7 sc. 3 d.

Summa summarum des oeben geschreben an aldem gelde ußgegebenen geldis 300 m. 5 ½ m. und[e] 7 ½ sol.[d]

---

a Korrigiert durch überschriebenes *r*.

b Über der Zeile ergänzt.

c Folgt verwischte Tinte *Summa [...]*.

d Unterhalb des Eintrags folgt Freiraum.

[fol. 44v]

Item boben das vorgeschrebenen noch uß gegeben vom czinße an aldem gelde.

Item beczalt Andreen dem wyrthe zcu Thorun 78 m.

Item noch Andreen gegeben 2 m. vor hoppe den der schrieber geborget hatte.

Item vor das groe gewant das die diener kregen zcu ermeln 1 ½ m.

Item meyster Hynriche dem smede zcu Schonsee 3 ½ m.

Item noch den fißchern zcu Schonsehe 3 f.

Item den heckern noch zcu Scheychaw 7 sc.

Item vor byr do der muntczemeister was czur Leyppe 9 sol.

Item vor lampen oele 1 f.

Item vor huffebeslag zcu Thorun 1 f.

Item Michelen dem diner 6[a] sc. 6 sol. seine notdorft.

Item 4 sc. vor strenge.

Item 2 sc. vor seyfe.

Item 14 m. dem hern gegeben.

Item dem hern gegebn 5 m.

Item dem hern gegeben 1 ½ m.[b]

[fol. 45r–47v leer]

---

a Korrigiert durch Rasur von *8* auf *6*.

b Unterhalb des Eintrags folgt Freiraum.

7 Zusatzmaterial

7.1 OBA 9919: Erwin Hug vom Heiligenberg, Ausrüstung und Ausgaben für Soldaten (1449)

1449 Mai 22.

Geheimes Staatsarchiv Preußischer Kulturbesitz, GStA PK, XX. HA, StA Königsberg, OBA 9919.

Erwin Hug vom Heiligenberg berichtet an Hochmeister Konrad von Erlichshausen über Ausrüstungen und Ausgaben für zwei im Krieg gegen Livland eingesetzte Soldaten; Gefangenschaft eines Dieners.

1 Blatt (25,5 x 21,3 cm), Papier, Siegelspuren, kein Wasserzeichen, von einer Hand, auf der Rückseite: Dem gar irwirdigin unsers homeysters gnoden mit gar ganczer allir irwirdik[eit] ane allis sewmen geg[eben] Seestin am Freytag noch Ostern [1449 April 18] etc. Vor mittage hora VI. K[ommen] und gan[gen] von der Ilaw am Sonnobende dornoch am mittag hora XII.

Regest: Liv-, est- und kurländisches Urkundenbuch nebst Regesten (1444–1449), hrsg. F. G. VON BUNGE u. a. Bd. 10, Riga, Moskau 1896, S. 450, Nr. 603.

Meynen gar schuldigin willigin undirteingin gehorsam mit gar demuttiger meynir befelunge czu euwirn gar irwirdigin gnodin von mir alle czeyt. Gar irwirdiger gnediger lieber her homeyster[1073] so euwir irwirdige gnode begeret zcu wissen dy ausrichtunge von mir getan[a] in den neestin krig keygin Leyflant vorgangin. So geruche euwir irwirdige gnode zcu wissen das ich czweyne dynir dor hyn ausrichte vor dy gap ich dem ersamen komptur zcur Balge[1074] vor

1073 Erlichshausen, Konrad von: Unterkumpan des Hochmeisters (1415 Juli 11–1418 Juni 22), Vogt von Roggenhausen (1420–1421 November 11), Vogt von Grebin (1418 August 18–1421 Juni 24; 1423 Dezember 16–1425 September 24), Komtur von Ragnit (1425 September 24–1432 November 19), Großkomtur (1432 November 11–1434 Mai 24), Oberster Marschall zgl. Komtur von Königsberg (1434 April 6–1436 Oktober 17; 1440 März 1–1441 April 12), Komtur von Althausen (1436 September 6–1440 Februar), Komtur von Thorn (1437; 1438 Juni 18–1440 Februar 22), Hochmeister (1441 April 12–†1449 November 7).

1074 Wesenthau, Eberhard von: Vogt des Bischofs von Ermland (1435), Oberster Tressler (1436 März–1438 November), Komtur von Schwetz (1438 November 6–1440 Februar 14), Komtur von Thorn (1440 Februar–1440 Juni), Oberster Trappier (1440 Mai 12–1441 Juli 4), Komtur von Balga (1441 Juli 4–nach 1452 Mai 7).

kostunge mit seynen dynern hyn und widder 70 m. aldis. So stunden dy czweyne dynir mich an czerunge und cleydunge dy ich in mete gap wol 30 m. aldis so gap ich in mete 2 stelen panczer 2 kolnir 2 harnisch kappen 2 eyßin hutte 2 bruste 2 par neews eyßin 2 par hanczken 2 armbroste gurtel krige kochir und eyn schok hewspfeyle und 2 setel mit ir zcu gehorde das allis ich nicht zcu gelde gerechin iczlichis nach seynir wirde nicht in kan. Sunder euwir gar irwirdige gnode eyn sulchis zcu gelde zcu schatczin selbist mechtig ist sunder ich hatte dor zcu vil hulffe und fruntschaft von dem komptur zcur Balge sust hette mich dy reyse vil me gestandin. So wart mir eyn dynir Sleysiger genant abe gefangin der vor lor des seynen wol 24 m. aldis[b] an gelde und an ander ware so her mir berechint zcu alle der ausrichtunge ee gedacht. So in hatte ich keyne hulffe von alle den freyen und andern undirsosen dis pfleger amptis[1075] auch so in woren keyne freyen adir sust nymandis aus dissem kamer ampt by meynir czeyt in Leyflant gesant danne alleyne dy czweyne meyne dynir so danne das euwirn gar irwirdigin gnodin des kompturs zcur Balge ersamk[eit] meyne ausrichtunge dor hyn wol der czelen wirt etc. Geg[eben] zcu Seesten an dem Tage Unser Heren Hymmelfart[1076] in dem XLIXten yore.

Pffleger zcu Seesthen.

a Folgt Streichung *[ume]*.
b Über der Zeile notiert.

7.2 OBA 10378: Georg von Egloffstein, Schulden (1450)

1450 September 21.

Geheimes Staatsarchiv Preußischer Kulturbesitz, GStA PK, XX. HA, StA Königsberg, OBA 10378.

Georg von Egloffstein bestätigt seine Schuld über 250 m. bei Casper Langenbeyn, welche in Korn zurückzahlbar ist.

1 Blatt (15 x 22 cm), Papier, Kerbzettel, aufgedrücktes, rundes Wachssiegel, kein Wasserzeichen, von einer Hand, Rückseite leer.

Wissenlich sey allen den disser briff fur kumpt ader horen lesen das ich bruder Jo̊rg vom Eglofstein[1077] voyt czur Leypp schůldig bin Casper Langenbeyn

1075 Hug vom Heiligenberg, Erwin: Hauskomtur von Marienburg (1434; 1436), Hauskomtur von Brandenburg (1435), Pfleger von Lochstädt (1441 Juli 25), Hauskomtur von Ragnit (1443 Juni 4), Pfleger von Seehesten (1446 März 3–nach 1455 November 24).

1076 1449 Mai 22.

1077 Egloffstein, Georg von: Vogt von der Neumark (1441 Juni–1448 November), Komtur von Schönsee (1448 November 11–1453 Oktober 19) und zgl. Vogt von Leipe (1448 November 11–1454 Februar).

burger czum Elwing [a]ym seiner haus[fruen][b] und [iren] rechtten erwen[a] rechtter wissenliche schuld 250 m. breus[isch] geringes geldes dafur ich ym korn geweren sal yo dy last fur 5 m. geringes[c] biß ich ym sulch sům geldes mit korn becza[hl]et hab czu foller genug und an abe seinen schaden. Und was ich im von korn dar auff gewern wird da sal er einen außgesnytten czedel haben und ich ouch einen und des czu merer sicherheyt. So hab ich obgeschr[eben] voyt ein czedel auß der andern lassen sneyden und meines amptes sigel dar an lassen drucken. Gegeben czu Schonse am Tag Mathee[1078] inden L jare.

---

a Neben der Zeile mit Einfügungszeichen ergänzt.
b Durch mehrere Korrekturen schwer lesbar.
c Oberhalb des Wortes *m.* ist wahrscheinlich *firdung* geschrieben. Neben der Zeile ergänzt mit Einführungszeichen, vermutlich an dieser Stelle zu ergänzen.

7.3 OBA 10562: Georg von Egloffstein, Schulden (1451)

1451 Januar 30.

Geheimes Staatsarchiv Preußischer Kulturbesitz, GStA PK, XX. HA, StA Königsberg, OBA 10562.

Georg von Egloffstein bestätigt erneut seine Schuld bei Casper Langerbeyn, diesmal in Höhe von 262 ½ m., die in Korn zurückzuzahlen sind.

1 Blatt (15,5 x 21 cm), Papier, Kerbzettel, aufgedrücktes, rundes Wachssiegel, kein Wasserzeichen, von einer Hand, Rückseite leer.

Wissentlich sey allen den yenen den disser briff fůr kůmpt ader hőren lesen das ich bruder Jőrg vom Eglofstein[1079] voyt czůr Leypp schuldig bin Casper Langerbein bůrger czům Elwing ym und seinen rechtten erben rechtter wissenlicher schůld 262 ½ m. breußis geringes geldes hy fur ym czů gewěren fůnfczig lest rocken czwischen hy und nest kummen[den] Pfingsten[1080] yen Graůdencz sůnder alle seinen schaden. Wer es sach da Got vor sey das der obgeschr[iben] Casper einigen schaden dar umb nem den selbem schaden gelob ich obgeschr[eben] voyt ym aůß czů richten mit samt der obgeschr[eben] sům. Und des czu merrer sicherheyt so hab ich ein czedel auß der andern lassen sneyden der Casper eine hat und ich obgeschr[eben] voyt aůch ein. Geschr[eben] czů Marienwůrg am nesten Sunobent vor Purificacionis Marie in dem LI

1078 1450 September 21.
1079 Egloffstein, Georg von: Vogt von der Neumark (1441 Juni–1448 November), Komtur von Schönsee (1448 November 11–1453 Oktober 19) und zgl. Vogt von Leipe (1448 November 11–1454 Februar).
1080 1451 Juni 13.

jare.[1081] Auch so habe ich obgeschr[eben] voyt czu einer sicherheit meins amptes sigel czu ende disser [schreben] lossen drucken.

7.4 OBA 11170: Georg von Egloffstein, Rechenschaft (1452)

1452 April 22.

Geheimes Staatsarchiv Preußischer Kulturbesitz, GStA PK, XX. HA, StA Königsberg, OBA 11170.

Georg von Egloffstein rechnet mit seinem Schreiber Martin Nummergut ab, bezeugt durch den Vogt zu Roggenhausen, Eglof von Rosenberg, den Kumpan Hentcze von Seckendorf, sowie Roder von der Nele und Rudecher Closterchen.

1 Blatt (24,5 x 32 cm), Papier, Kerbzettel, aufgedrücktes, rundes Wachssiegel, kein Wasserzeichen, von einer Hand, Rückseite leer.

Wir bruder Jorge von Eglofstein[1082] voith zcur Leype bekennen mit disser[e] schrift das Martinus Nummergut unser[e] schreiber[e] uns eine rechenschaft getan hath am Sunnobende vor Georgij[1083] und wir uns mit em der selbigen rechenschaft vortragen haben vor den[en] ersamen und erbaren als bruder Eglof vom Rosenberge[1084] voithe czcu Roghawßen bruder Hentczen von Seckendorff[1085] unserm compan Roderen von der Nele Rudecheren Closterchen vom Leßken in disser nochgeschrebenen weiße. Czum irsten so wellen wir alle gelegen gelt beczalen noch awßweisung der rechenschaft und wir uns des vor den vorgeschrebenen mit em vortragen haben. Ouch neme wir zcu uns zcu beczalen die schulde Hinrich Cotmannes zcu Thorun noch awßweisung seiner czedel die her uns gesant hath bey Johan unserm diener[e] awßgenomen disse nochgeschrebene stucke als funf elen brawnen harras czwe elen parcham einen halben stein wachs und funf f. vor erwissen ger[ingis] geld[is] das steet uff Martinen. Ouch sal Martinus beczalen alle das salcz das her dem hern berechent hath awßgenomen was Cotmannes czedel innehelt das wollen wir beczalen. Ouch so sal der here beczalen dreicze[en] elen weiß gewant gekrumpen und geschoren Hans Winterer noch auslage des tuches. Ouch sal der here beczalen czwei grobe laken gewant Caspar Doringe und 3 gute f. vor weiß futertuch und der schreiber sal dem selbigen Caspar[n] beczalen ein blo awßlendisch tuch das

1081 1451 Januar 30.

1082 Egloffstein, Georg von: Vogt von der Neumark (1441 Juni–1448 November), Komtur von Schönsee (1448 November 11–1453 Oktober 19) und zgl. Vogt von Leipe (1448 November 11–1454 Februar).

1083 1452 April 22.

1084 Rosenberg, Eglof von: Vogt von Brattian (1447), Pfleger von Meselanz (1447–1447 Oktober 15), Vogt von Roggenhausen (1448–1454 Februar).

1085 Wohl Seckendorf, Heinrich von: Pfleger von Tapiau (1477 November 20–1480 Mai 10).

her von em genomen hath. Ouch sal der schreiber des kompthurs von Thorun[1086] kemerer beczalen vierdehalbe gute m. vor funfczig scheffel hoppen. Vort sullen wir Jorge von Eglofstein aller schulde und beczalung vortrag haben und frey sein von Martino Nummergut und von allen anderen von den her geborget hath von unseren wegen. Alleine die obengeschreben stucke die wir den zcu uns en[de] zcu vortreten genomen haben und dor[u]ß sullen wir Martino obengenant geben sechs gute m. zcu de[n] obengeschr[ebenen] vortretungen und vort haben wir einen zcedel awß dem andern lasen sneiden Martinen eigene hantschrift der wir eine und her eine haben und des czu merem geczeugnisse und sicherheit so hath der voith von Roghausen obengeschreben seines ampthes ingesegel uff die beide awßgesnetene zcedelen unden uff lasen drucken die geg[ebe]n und geschreben sein uff unserem hofe Bothen am Obende Georgij Martiris im LII iore.[1087]

7.5 OBA 12135: Kumpan des Vogts zu Leipe, Angelegenheiten des Bezirks Leipe (1453)

1453 Juni 21.

Geheimes Staatsarchiv Preußischer Kulturbesitz, GStA PK, XX. HA, StA Königsberg, OBA 12135.

Kumpan des Vogts zu Leipe an Hochmeister Ludwig von Erlichshausen über die schwierige Lage seines Gebietes, Geldangelegenheiten und Sturmschäden.

1 Blatt (31,2 x 32,4 cm), Papier, Siegelreste, Teile eines Wasserzeichens, von einer Hand, auf der Rückseite: Deme gar erwirdigen homeister mit aller erwirdik[eit] [gegeben].

Meynen gar willigen undertanigen demuttigen gehorßam nw und[e] zcu allin geczeiten stetis zcu. Vor gar erwirdiger gnediger liber her homeister[1088] zo alze ich am neestin bey euwern erwirdigen gnadin zcu Marienborg gewesin bin und[e] aldo etliche schelungen und[e] gebrechin dißes ammechtis euwern erwirdigen gnoden vorczalte alze sunderlichen von geldis gebrechunge wegin zcu dißem zcu komendin auste zo daz mich euwer erwirdige gnade an Gotcze Robitten borger zcu Thorn weisete von im etlich gelt in Herman Witten kegenwertik[eit] von euwern erwirdigen gnadin wegin zcu vordernde zo geruche euwir erwirdige gnade zcu wissen daz ich mit Herman Witten zcu Thorn

---

1086 Kalb/Kalp, Albrecht: möglicherweise Pfleger von Lesewitz (1432), Hauskomtur von Balga (1435–1437), Hauskomtur von Königsberg (1443–1446), Komtur von Thorn (1446 November 6–1454 Februar).

1087 1452 April 22.

1088 Erlichshausen, Ludwig von: Vogt von Leske (1440), Vogt von Grebin (1441 Oktober 14), Komtur von Schönsee und zgl. Vogt von Leipe (1442 November 13–1447), Komtur von Mewe (1446 Oktober 28/November 4–1450), Hochmeister (1450 März 21–†1467 April 4).

gewesen bin und Gotczen nicht eynhemisch gefundin habin und seyne howsfrow uns underrichte sprechende wy daz Gotcze ir man were zcu Dantczke un[de] vormutte sich wol daz her bynnen dreyen adir IIII wochin nicht worde heym komen un[de] her ir och nicht bevolin hette. Dorumme zo habe ich mich hart dor nach zcu richten wen Got weis daz hir geldis halbin gros gebroch ist wen dy leute im weyngartin wellin gelt habin dy of dem weite des geleichin zo sal ich habin von des voyt[es][1089] wegin rade pflug eysen und faste ander geschirre zo leyt is als an geldis gebrechunge und[e] ofte ofs felt reyten adir geen mus of daz ich von den leuten ungemanet bleybe unde yn nicht under ogen komen thar und[e] itczunt ouch leute of den auste faste gewynnen sulde. Zo weis ich an gebrechunge des geldis zcu nymandis zcu vorsicht wen zcu euwirn erwirdigen gnodin zcu habinde. Was euwir erwirdige gnade hy bey thun will daz steeth zcu euwern gnadin. Och zo habe ich keyn korn von des voyt[es] wegin of alle den hо̊fen wen dy hoveleute hirten schefir etc. alle korn von mir habin wellen und[e] ich in keyns habe zcu gebin wen ich wol 3 leste korn sint daz der voyth am neesten ist owse gewesin ken Thorn von des voyt[es] wegin habe must beczalin und[e] nw selbist korn zcu des hoůsis nottorft mus leyen und[e] borgen und[e] thun wy ich mag und[e] nicht wy ich wil. Zo habe ich ouch keyne gerste adir maltcz dor zcu schir keyn collacien bir und[e] was von mertischim bire[a] is daz werde ich mussen den owsspeisern lossin gebin alze dißer brifczeger euwer erwirdigen gnadin der sachin gestalt och mu[n]tlich[e]n wol vorczelin werth. Sunderlich[e]n habe ich euwern gnadin ouch vorczalt alze von der schewnen wegin dy der wint zcu Czhichow zcu slagin und[e] nydder geworfin hot sint daz der voyth am neesten ist owsse gewesin wy ichs do methe haldin sal bitte ich euwir erwirdige gnade mirs zcu schreibende. Och zo habin euwir erwirdigen gnadin arme leute dißes gebittes faste schadin genomen eres gebowdis alze schewnen windeshalbin zcu brochin und[e] heuser nydder geworfin und[e] bey mir gewesin sint umme etlich bouweholtcz ows der Schonseeschin und[e] Leypischin heyden bittende en zcu gebinde of daz sy widder bouwen mochtin zo habe ich en keyns torst gebin do andirs macht ane lege ane euwer gnadin wissen und[e] willen. Vorth zo ist eyn arm gebowr bey mir gewesin vom Malkow ows dem Leypischin gebitte dem alle seyne pferde sint abegangen bes of eyns und[e] hot 2 hubin und[e] mich zcu mole fleislichen umme 1 pfert gebetin hot im methe behulflichen zcu seyn worde ich daz nicht thun zo muste her dy hubin legin loßen als is denne an im selbist ist.[b] Sal ich im eyns gebin daz steeth zcu euwern gnadin. Gar erwirdiger gnediger[c] liber her homeister ich euwer erwirdige gnade mit demuttiger bethe bitte mir der obeneberurten sachen

1089 Egloffstein, Georg von: Vogt von der Neumark (1441 Juni–1448 November), Komtur von Schönsee (1448 November 11–1453 Oktober 19) und zgl. Vogt von Leipe (1448 November 11–1454 Februar).

bey dissem brifczeger eyn antwert schreibet wy ich mich in allin sachin haldin solle of daz ich widder euwir erwirdige gnade[d] noch widder den voyth nicht gebreche. Wo methe ich euwern erwirdigen gnadin zcu willen und[e] dinste kan werdin thu ich mit allim gehorßam williclichen gerne.

Geg[eben] zcu Schonse am Donnerstage vor Iohannis Baptiste im LIIIten ior.[1090]

Des voythis czcur Leypen kompan.

a Folgt Streichung *ist.*
b Über der Zeile ergänzt.
c Doppelt, umpunktet.
d Folgt Streichung *nicht.*

7.6 OBA 12796: Hochmeister Ludwig von Erlichshausen an Pfleger Erwin Hug, Dienstaufruf (1454)

1454 Februar 8.

Geheimes Staatsarchiv Preußischer Kulturbesitz, GStA PK, XX. HA, StA Königsberg, OBA 12796.

Hochmeister Ludwig von Erlichshausen ruft Pfleger Erwin Hug vom Heiligenberg mit Dienern und weiteren Männern nach Marienburg. Dorsualvermerk: Gefangennahme des Pflegers von Rastenburg und dessen Ertränkung; Gefangennahme des Pflegers Erwin Hug vom Heiligenberg.

1 Blatt (9,5 x 22 cm), Papier, kein Wachssiegel, kein Wasserzeichen, von einer Hand, auf der Rückseite: An der Mitwochen [1454 Februar 13] noch der gebunge disses brifes wort her Surer seligen gedechtnisse[s] czu Rastenborg gefangen. So wart ich Erwen dor neest an dem Freitage czu Resil gefangen. Dor neest off den Sontage wart her Surer vor trencket. – Euger gar erwidige gnode gesant Erwyn dem phleger in der czeit czu Seesten.

Homeister. [1091]

Her pfleger[1092] wyr bevelen euch daz ir euch van stunden unde in ansicht deses briffes mit allen euwern dinstpflichtigen dienern und andern getruwen die ir ufbrengen konnet mit harnisch und wopen fertiget unde uffmachet unde yo ee io besser her ken Marienburg ins hůws komet. Wurden euch die dinstpflichtigen nicht wellen folgen so komet ir selbest mit euweren dienern und andirn getrowen

1090 1453 Juni 21

1091 Erlichshausen, Ludwig von: Vogt von Leske (1440), Vogt von Grebin (1441 Oktober 14), Komtur von Schönsee und zgl. Vogt von Leipe (1442 November 13–1447), Komtur von Mewe (1446 Oktober 28/November 4–1450), Hochmeister (1450 März 21–†1467 April 4).

1092 Hug vom Heiligenberg, Erwin: Hauskomtur von Marienburg (1434; 1436), Hauskomtur von Brandenburg (1435), Pfleger von Lochstädt (1441 Juli 25), Hauskomtur von Ragnit (1443 Juni 4), Pfleger von Seehesten (1446 März 3–nach 1455 November 24).

alzo ur sterligt konnet unde moget. Wir haben dem pfleger czu Rastenburg[1093] euch geschreben eebesser her czu komen und dor umb[e] weres wol rat daz ir miteynander qwemet und beyeynander blebet. Lasset eynen diener in euwerm huwze her beware is alzo her beste kann. Huttet euch yo am wege forderet euch und leget io nicht in den steten und nemelich czihet uffin Prewsschemarkt addir sust andere beqweme wege uff das ir alzo vor den Elbinge weg komet. Sewmet ouch nicht dor an tut ir uns czu dancke.

Geben czu Marienburg am nesten Freitage noch Dorothee in etc. LIIIIten jare.[1094]

1093 Sauer, Wolfgang von: Vogt von Roggenhausen (1446 Dezember 8–1448), Pfleger von Rastenburg (1450 August 10–†1454).

1094 1454 Februar 8.

8 Register

In den alphabetisch sortierten Registern sind die der Schreibweise des Quellentextes entsprechenden Begriff dargestellt. Ähnliche Schreibweisen wurden zusammengefasst, wobei nur eine häufige Schreibweise eines Begriffs jeweils gelistet wurde.
Das Register der *Personen* listet neben den Personennamen noch ggf. ergänzende Informationen auf, welche aus dem jeweiligen Zusammenhang entnommen sind.
Unter dem Register Berufe, Ämter und Personen ohne Namensbezeichnung werden eben solche gelistet.
Im Register *Handelswaren, Güter und Kosten* werden eben solche verzeichnet.
Die *Ortsnamen und Ortsbezeichnungen* wurden im gleichnamigen Register zusammengefasst.

8.1 Personen

B

C

D

I

J

K

8.2 Berufe, Ämter und Personen ohne Namensbezeichnung

L

M

8.3 Handelswaren und Wortregister

C

H

M

N

8.4 Ortsnamen und Ortsbezeichnungen

C

D

E

Q

R

Y